JN240706

勝瑞館（しょうずいやかた）推定復元図と出土遺物

勝瑞城館は，阿波守護細川氏，これに替わった三好氏の館を中心とする「館城群」だ．出土遺物にも威信財が多く見られ，この城館が，細川氏・三好氏が阿波において室町幕府型の権威を表象する「場」であったことが偲ばれる．

牟岐（むぎ）城と牟岐湊

「牟岐湊」は『兵庫北関入舩納帳』にも記載がある中世由来の港津だ．牟岐城は，これを見下ろす丘陵に築かれている．経済交流拠点の港津と一体化した城館．瀬戸内で多く見られる島嶼の要塞化とは異なる，阿波風の「海城」といえよう．

徳島城城山と表御殿庭園

阿波・淡路二国を治めた蜂須賀氏の居城．その麓の表御殿庭園は，藩主居館に隣接する名庭で，国指定・名勝．背後の城山山中には織豊系の石垣が築かれている．庭石として珍重される結晶片岩のみで築かれた日本唯一の城だ．

一宮城本丸石垣

一宮城は，阿波国最大の山城．麓から，曲輪群を巡りながら山頂にたどり着くと忽然と織豊系の石垣が姿をあらわす．長宗我部氏阿波侵攻時の前線基地から，新たに入国した蜂須賀氏の最初の拠点という，動乱を経た姿を今にとどめる．

移設された高松城艮(うしとら)櫓

高松城は，戦国大名生駒親正によって築城された後に，松平氏によって増改築が繰り返された「海城」である．現存する櫓と石垣は城の変遷を今もありありと語りかけてくる．

屋嶋城城門南側石塁

屋嶋城は，『日本書紀』の記述によって圧倒的な知名度を誇ってきた．威容を誇る城門が招き入れようとした人物は一体誰だったのか．歴史の謎は尽きることがない．

丸亀城南東山麓の野面積み石垣

戦国大名生駒親正は，石垣を導入することによって，讃岐国内に進歩的な城のネットワークをつくりあげた．丸亀城の野面積み石垣には，親正の国の統治への強い意志を見ることができる．

城山城の石塁（坂出市教育委員会提供）

城山城の規模と構造は，全国の朝鮮式山城の中でも屈指である．吉備地方や美作地方に覇を唱えた古代豪族蘇我氏への強い警戒心のもとに，大和王権によって築城されたと考えられる．

四国の名城を歩く

徳島・香川編

松田直則・石井伸夫・西岡達哉［編］

吉川弘文館

刊行のことば

徳島県と香川県は、四国の中でも面積の小さい両県であるが中国地方や畿内に近く瀬戸内海や紀淡（きたん）海峡を利用した海上流通もさかんで四国の玄関口でもある。

徳島県は、吉野川や那賀（なか）川、四国山地、讃岐（さぬき）山脈、紀伊水道をはじめとする自然が多く残っている。県北部を東西に横断する吉野川は、四国山地と讃岐山脈の間を縫うように流れ、紀伊水道に流れ注いでいる。吉野川に沿うようにして形成された徳島平野には国史跡にもなっている勝瑞館城や徳島城が築かれ、阿波における歴史舞台の中心となっている。

香川県の城といえば、高松城と丸亀城が有名である。高松城は、別名「玉藻（たまも）城」とも呼ばれているが近世城郭の海城として有名である。江戸時代になると、歴史的な背景から東は高松藩が治める東讃（とうさん）、西は丸亀藩が治める西讃（せいさん）に二分されていた。

阿波では、古代より撫養（むや）港が南海道における四国の玄関口を担い、海上水運で運ばれたさまざまな物資は吉野川をはじめとする大小河川や陸運によって運ばれている。阿波の室町時代の幕開けと同時に足利一門の細川氏が入部して、初期守護所は秋月に置かれたと推定されている。細川氏は、頼之（よりゆき）の代を境に管領職を継承した細川京兆家と阿波守護家の二つの系統に分化している。細川氏は、明応の政変（一四九三年）以後内紛もあり衰退してゆくが、三好郡を拠点にしていた三好氏が台頭してくる。三好長慶（ながよし）のときには、畿内に進出して幕府の実権を握るほどであった。戦国時代の末には、長宗我部元親が阿波にも侵攻してくるが、秀吉の四国平定により阿波国は蜂須賀氏が封ぜられた。当初徳島市西部にある一宮城に入るが、渭山(いやま)に徳島城を新たに築き入城しておりその統治は明治維新まで続いた。

讃岐では、管領を務めた細川京兆家が室町期を通じて守護職を執った。このため阿波や讃岐の国人も中央へ出る機会が多く、『南海通紀』などの通史では香西氏、香川氏、安富氏、奈良氏の四氏は細川四天王と称されている。香川氏の天霧城や香西氏の勝賀城は、発掘調査が実施され国史跡となり成果が上がっている。戦国時代には讃岐国の分郡守護代である安富氏と香川氏が東西で大きな勢力を擁している。しかし安富氏は細川・三好氏の援助を受けた三木郡の十河氏に臣従し、讃岐国は三好氏の支配下に入り三好長慶の弟である十河一存(かずまさ)が讃岐国を領した。戦国時代の末になると、土佐を統一した長宗我部氏が讃岐へ侵攻する。これにより、織田信長による四国攻めを招くことになった。長宗我部元親が秀吉に屈服すると讃岐は仙石秀久(ひでひさ)に与えられ、その後は尾藤氏や生駒氏が相次いで封ぜられる。江戸時代に入ると、生駒氏が生駒騒動によって出羽国へ移されると、水戸徳川家の嫡流である松平頼重(よりしげ)が高松に東讃高松藩一二万石を、京極氏が丸亀に入って西讃丸亀藩五万一〇〇〇石を領する。途中、京極丸亀藩は支藩として多度津藩一万石を分立させたため、江戸時代の讃岐国には三つの藩が並立することになった。

徳島県では、平成十六年から徳島県中世城館跡総合調査の予備調査が始まった。池田誠と共に全国的に城郭の縄張研究を牽引されてきた、本田昇の縄張図を多く使用している。さらに総合調査を担当した辻佳伸の縄張図が新たに加えられている。本田昇の徳島県内の縄張調査で、小規模城郭が多い点が阿波の特徴であることも指摘されている。

香川県では、平成九年から六ヵ年をかけて中世城館跡の詳細調査を実施している。縄張図は、その多くを池田誠や松田英治が作成しており本書にも掲載されている。池田誠は、高知県でも多くの城の調査を実施し縄張図を作成しており、土佐の城郭の特徴を掴んで讃岐の城を見ており、長宗我部氏が侵攻し改修した城の構造も捉えている。

四国の名城を歩くシリーズは、徳島・香川編と愛媛・高知編の二分冊の刊行となる。本書はその一冊として編んだものであるが、各自治体の調査担当者に執筆をしていただいており、城の見どころエキスを紹介してもらっている。また、掲載されている池田誠や本田昇の作成した縄張図を見ると、城郭研究者による鋭い遺構の観察がされた緻密な縄張図であることがわかる。各城に認められる遺構の特徴を縄張図から読み取りながら香川・徳島の名城を巡ってもらえれば幸いである。

令和六年七月

松田直則
石井伸夫
西岡達哉

目次

香川

徳島県の中近世城館

石井伸夫

【徳島県の概況と城郭の分布】　平成十八年度から二十二年度にかけて行われた「徳島県中世城館跡総合調査」の報告書『徳島県の中世城館』（徳島県教育委員会、二〇一一年）には、四一八ヵ所の城館跡が記載されている。もとより、そのすべてが同時に存在していたわけではないが、徳島県の城館数を考える際の基礎的なデータとなっている。この四一八ヵ城のうち、所在地をピンポイントで確認できるものを地図上にプロットすると、その分布に明瞭な偏りのあることに気づく。約八割の城館が、県の北部を東西に貫流し、徳島平野を形成する吉野川の流域に集中しているのだ。また、これより密度は下がるが、今一つの集中地域といえるのが紀伊水道沿岸部である。中世以降、河口部や海岸線の湾入部に簇生（そうせい）した港津と対になるかたちで城館の立地が認められる。これらの地域に対して県域の中央に位置する剣山（つるぎさん）系では、城館の立地はまばらだ。同地域でも中世以降、名主層などの活動を確認することはできるが、その拠点となる屋敷地は、城を把握する際の基準となる堀、土塁、切岸などの遮断施設を伴わないものが大半を占めており、調査の対象外となっている。将来的には、城館以外の視点からの地域調査の必要があろう。

さて、これら城館の特徴であるが、一に、小規模城館が圧倒的多数を占めることがあげられる。山城を例にとれば、切岸と堀切で区画された単郭もしくは二～三の郭で構成されるものが大半であり、土塁、空堀等の遮断施設を伴うものはごく少数である。その理由としては、室町・戦国期における阿波細川氏、これに続く三好氏権力の安定期が長く、国内を二分するような紛争期が短期間であったことなどが考えられる。いずれにしても小規模城郭の卓越は、徳島県の城館の最大の特徴といえよう。このような傾向のなかで、例外的に多郭化、大規模化した城館がいくつか確認できる。その多くはある時期の阿波国の政庁的な役を担った城である。

【阿波国の政庁となった城館】　中世阿波の政庁として、まず思い浮かぶのが**勝瑞城館**（しょうずいじょうかん）（藍住町）である。阿波細川氏の守護所であり、三好氏の戦国城下町の中核となったもので、吉野川下流域に形成された沖積平野の微高地に立地する平地居館だ。古くから一辺八〇メートル程度の方形館として把握されてきたが、平成六年以降、二〇年以上におよぶ地元藍住町教育委員会の発掘調査の結果、現在では一町四方を基本とする方形館が最低六区画以上隣接して所在する「館城群」であることが明らかになっている。各郭は大規模な壕で区画されるが、一部を除いて土塁は存在せず、壕の掘削土は館の整地（地上げ）に用いられている。いわゆる「館造り」の居館である。三好一族は戦国期の畿内では芥川城、飯盛城など石垣を用いた先駆的な城郭を構築しているが、本国の阿波においては、館と庭園からなる室町幕府型の権威空間創出を、統治の手法として重んじたのであろう。

一方、勝瑞城館と併行する時期に、阿波国最大の山城となっていったのが**一宮城**（いちのみや）（徳島市）だ。鎌倉期の守護・小笠原氏の系譜を引く有力国衆一宮氏の居城である。南北朝期の築城と伝わるが、室町から戦国末期にかけて随時拡張されながら、現在確認できる構造になったと考えられる。一宮氏は、戦国末の動乱期に、反三好派の代表勢力として活動しており、この時期の争乱に伴い多郭化が促進されたのであろう。

一宮氏滅亡後は長宗我部氏の阿波における中心拠点となり、四国平定戦で長宗我部氏を追った蜂須賀氏も、阿波入部直後にこの城に入り、一時的な居城としている。このようなことから、現在城内では、切岸主体の阿波の築城技法に加えて、土塁囲み、連続堀切、横堀・竪堀を連結した「ひの字」堀などの長宗我部系の技法、また、蜂須賀氏が導入したと考えられる織豊系の石垣技法も確認することができ、城郭研究上も重要な遺構群となっている。

天正十三年（一五八五）の四国平定後、豊臣大名として阿波に入部した蜂須賀氏は、先述のとおりいったん一宮城に入城するが、その年のうちに、吉野川河口デルタに位置する渭山（猪山）を中心に、新たな居城・**徳島城**（とくしま）（徳島市）とその城下町の建設をはじめる。この地は、中世の港津・渭津が所在したところで、城下の建設に伴い「徳島」と改称された。前代の勝瑞が川湊を擁し、近傍の撫養や別宮などの海港とは一定の距離を置いていたことに対して、先行する海港そのものを直接城下に取り込む、近世的な立地の城となっている。城は標高六二メートルの独立丘陵とその南東に隣接する御殿曲輪を中心区画とし、その周辺のデルタを形成する幾本かの河川を惣構（そうがまえ）的に取り込む大規模なもので、豊臣系大名の築城としては初期の作例として重要である。城は山上の本丸構築以降、段階的に整備されたと思われ、城内では、天正期から寛永期にかけての各時期の石垣が確認できる。また、その石材は、地元で産出する結晶片岩（緑色片岩・紅簾片岩）が用いられており、石垣の総てが結晶片岩で構築された全国唯一の事例となっている。

以上の三城が、政庁もしくはそれに準じるものとして大規模化した事例であるが、その他の大部分を占める小規模城郭も、立地条件によって特徴的な構造を持つものが散見される。以下ではこれらの諸城を紹介していこう。

【吉野川中流域の河岸段丘上の城館】 吉野川中流域は、河岸段丘が典型的に発達した地域として知られる。吉野川河畔の低位段丘面から山手の中位段丘面にかけては、比高差三〇メートルから地域によっては五〇メートルを越える急峻な段丘崖が形成されており、これを自然の切り岸として中世城館が築かれた。代表的な城館を、吉野川の上流域から下流域に向かって紹介していこう。

最も上流に位置するのが、長宗我部氏の四国経営の中心拠点となった**白地城**（三好市）と、その北方に位置し出城的な役割を果たしたと思われる**花駒屋敷**（三好市）である。ここから吉野川は東西方向に向きを変えるが、流路変換点の段丘上には、戦国期の有力国衆・大西氏の居城であり、後に徳島藩の支城である阿波九城の一つとなった**池田城**（三好市）がある。また、その対岸、北東方面には、三好氏発祥の地との説もある**芝生城**（東みよし町）が所在する。さらに東に目を転ずると**重清城**（美馬市）がある。土塁囲みの主郭を徳島県内で唯一例となる二重空堀が取り巻く構造を持つ。そのさらに東側に位置し、この類型の城館分布域の東端をなすのが**脇城**（美馬市）だ。段丘上の城としては県内で最も典型的な構造で、河川に開析された渓谷と段丘崖に挟まれた三角形の平面形状を持つ台地を、幅一〇メートルを優に越える大堀切で区画し複数の郭を形成しており、推定される城域の面積は県内最大級である。

【紀伊水道沿岸の海城】 今一つ、立地条件で注目を要するのが、紀伊水道沿岸部の小丘陵上に、港津と対になるかたちで形成された城館群である。いわゆる海城のカテゴリに属す。一般に海城は、離島に位置し島嶼全体を要塞化するものと、沿岸に築かれ隣接する港津を扼するものとに大別できるが、多島海を擁しない徳島県では後者が大半を占めている。紀伊水道に沿って北部に、**土佐泊城**（鳴門市）、**岡崎城**（鳴門市）、**木津城**（鳴門市）の三城が、県南部では、蒲生田岬以南のリアス式海岸沿いに**由岐城**（美波町）、日和佐城（美波町）、牟岐城（牟岐町）、海部城（海陽町）、愛宕城（海陽町）などの諸城が点在している。その規模は大半が小規模城郭の範疇に納まり、縄張も単純なものであるが、唯一、**海部城**のみが多郭化、大規模化している。城に隣接する海部湊は『兵庫北関入船納帳』に記載が見られ、史料からは、海部の池称が隣接して所在する鞆、奥、赤松などの個別港津の総称であり、複合的な大規模港津であったことが読み取れる。同城が多郭化・大規模化していった理由は軍事的側面からではなく、これらの城館に接して密生する港津群との関係の中で検討する必要があろう。

一方、島嶼部に立地する阿波国唯一の城郭が**野々島城**（阿南市）だ。県南のリアス式海岸の中で最も深く湾入する椿泊湾を、蒲生田岬とともに形成する椿泊半島の北方沖合に位置する。山頂の主郭には小規模な石垣と枡形虎口を備えており、中世の水軍拠点を近世に改修した可能性が考えられる。椿泊半島の突端部に位置する中世以来の港津・椿泊には、近世初頭から徳島藩の船方を担った森水軍の拠点、**松鶴城**が所在する。直接海に接する石垣造りの方形居館であるが、半島を介して表裏の位置にある野々島城と相互に城郭機能分担していた可能性が指摘されている。

【土佐の技法による城館】 戦国末期の長宗我部氏の侵攻にともない、阿波国にも土佐で発達した連続堀切、土塁囲み、「ひの字堀」などを用いた城郭が築かれ、切岸を主体とする阿波の城館のなかで異彩を放っている。その分布は、北部では吉野川北岸の撫養街道沿いに西から東へ、南部では土佐街道沿いに南北に点在するなど、長宗我部氏の阿波侵入ルートに対応している。以下、地域ごとに南北に分けて代表的な城館を確認していこう。

北部では、土塁囲みで三連続堀切を持つ**田尾城**（三好市）、これと同様のプランに横堀が加わった**東山**

城（東みよし町）、先述の二重空堀を有する重清城、県内で唯一の畝状竪堀群を持つ木津城などがあげられる。一方南部では、土塁と「ひの字」堀遺構を持つ**吉田城**（海陽町）、土塁囲みの主郭を持つ**牟岐古城**（牟岐町）、三連続堀切と主郭に土塁が見られる**高源寺城**（阿南市）、主郭、二郭ともに土塁を構築する**西方城**（阿南市）、四連続堀切が見られる八多城（徳島市）などが、南から北へと点在している。特に南部においては、地元国衆が拠点とする海城と対峙するかたちで、内陸部に位置する街道沿いにこれらの城郭が配置されており、争乱期の阿波の政治史を検証するうえで興味深い。

【いわゆる阿波九城】 天正十年（一五八二）の長宗我部氏侵攻による勝瑞城館の廃絶、その三年後の羽柴（豊臣）秀吉による四国平定と蜂須賀氏の入部によって、阿波の近世が幕を開ける。新たに入国した蜂須賀家政は国内の九ヵ所に支城を設け、重臣を城番とし、兵三〇〇人（脇城は五〇〇人）を付けて各城に派遣した。池田城、脇城、**川島城**（吉野川市）、西条城（阿波市）、一宮城、**牛岐城**（阿南市）、**和食城**（那賀町）、海部城がこれにあたり、総称して「阿波九城」とよばれる。

「阿波九城」関しては、近年の研究によって、いくつかの観点からの見直しが進んでいる。第一点は、戦国末期、正確には天正四年（一五七六）の細川真之の勝瑞出奔と三好長治の討ち死、すなわち、阿波三好氏体制の崩壊以降、天正十三年（一五八五）の蜂須賀入部までの一〇年間の争乱期に、史料で確認できる城館の約八割が後の蜂須賀氏の支城、いわゆる「阿波九城」と重複すること、したがって戦国末の地域拠点と支城の選択に相関関係があることの確認である。第二点は、歴史地理的な検討の結果、九城のほぼすべてが、川湊もしくは海港を扼する立地条件にあり、支城の配置が、軍事的・政治的目的にとどまらず、流通・経済の把握を意図したものであるとの指摘である。また、第三点として、九ヵ城のうち六ヵ城で天正期から慶長期にかけての石垣が残存しており、石垣遺構が極端に少ない阿波国において例外的な状況にあることの確認がある。さらに第四点として、「阿波九城」の語自体が、近世後期に作成された史料で初めて確認できる二次的用語で、同時代史料には見られないこと、また、支城の廃絶時期もそれぞれに差異があり、制度的に常に九ヵ城がそろっているものではないとの指摘があげられる。

以上の新たな知見を総合すると、いわゆる「阿波九城」とは、戦国末の地域拠点のうち、流通拠点となり得る立地条件を持つ城館を対象に、蜂須賀氏が城番、城兵を配置したものであり、支城化にあたって、本城の徳島城と同様に、新たな権力の権威表象として石垣が導入されたケースが多いこと、また、城の存在した期間は、徳島藩の施策の変化に応じて各城様々であり、支城の数は九ヵ所に限定されるものではなく、漸次減少しながら、寛永年間に徳島城一ヵ城体制に推移したと総括することができる。

最後に、九城の城下町についても触れておこう。九城所在地のうち一宮と西条を除く七ヵ所は、絵図を中心とする諸史料で、近世中期以降に在郷町化していることが確認できる。従来、九城城下と近世在郷町との関係については、直接検討対象とする研究が少なく不明瞭な状況にあったが、これも近年の研究の結果、寛永前期の阿波国絵図の古写図「阿波国之図（あわこくのず）」（東京大学総合図書館南葵文庫所蔵）に、九城の旧城下を対象に、「池田町」「脇町」「富岡町」「とも町」などの「町」表記のあることが確認された。これは九城段階ですでに町場が形成されていたことを示す史料として重要である。先述のとおり、九城所在地が中世以来の地域拠点であったこと、海港、川湊を扼する流通拠点的な立地にあること、近世初頭に支城制にともなう駐屯兵員が消費人口として新規移住し町場化が促進された可能性があることなどと併せて、支城の城下町が後の在郷町の主要な都市因子となり、その機能が後世に継承されていったと考えられる。

【参考文献】『徳島県の中世城館』（徳島県教育委員会、二〇一一）、拙稿「中世阿波国南部における城館の立地と港津の支配」（同、前掲書）、石井伸夫・重見髙博編『三好一族と阿波の城館』（戎光祥出版、二〇一八）、拙稿「室町・戦国期の阿波国における城館の展開」（同、前掲書）、重見髙博「発掘調査から考える守護町勝瑞の範囲と構造」石井伸夫・仁木宏編『守護所・戦国城下町の構造と社会　阿波国勝瑞』（思文閣出版、二〇一七）、山村亜希「室町・戦国期における勝瑞の立地と形態」（同、前掲書）、根津寿夫「城下町徳島と渭津」中世都市研究会編『港津と権力』（山川出版社、二〇一九）、阿波九城研究会「阿波九城の成立・展開・終焉と近世徳島城下町の完成」（同、前掲書）、拙稿「中近世移行期の阿波における支城制の意義」『中近世移行期における城・寺・まち・ムラ』（武家拠点科研・徳島研究集会実行委員会、二〇二一）、拙稿「中世後期の阿波における港津の簇生と「海城」の展開」徳島地方史研究会編『地域社会と権力・生活文化』（和泉書院、二〇二二）、宇山孝人「阿波九城の成立と終焉」石井伸夫・重見髙博・長谷川賢二編『戦国期阿波国のいくさ・信仰・都市』（戎光祥出版、二〇二二）、平井松午「阿波国絵図にみる近世初頭の徳島城下と阿波九城」（同、前掲書）、拙稿「中近世阿波国における「海城」の立地とその機能」『西国城館論集』Ⅳ（中国・四国地区城館調査検討会、二〇二二）

香川県の中近世城郭

西岡達哉

【研究略史と喫緊課題】 縄張研究に基づく香川県の城郭研究は、秋山忠によって先鞭が付けられた。かつて徳島県を中心として活動し、全国的にも先駆者であった本田昇の縄張研究の手法をいち早く取り入れることにより、香川県の研究を推進した。また、香川県からはほぼ同時期に池田誠が登場した。「中世城郭研究会」の主導者の一員として、全国の城郭を対象とした調査研究活動を精力的に行っていることはよく知られるところである。秋山と池田の調査研究の成果は、『日本城郭体系』および『中世城郭事典』として結実した。その後、秋山が学校教育に奔走し、池田が首都圏を活動拠点としてからは、高松市在住の松田英治が丹念かつ地道な活動を行ってきた。現在の香川県の研究の中心的存在である東信男と近藤武司も、松田の影響を強く受けている。

こうした先駆者などの研究成果を踏まえ、香川県の城郭研究を総括した活動としては、平成九年から同十四年までの期間で実施された香川県教育委員会主体の「香川県中世城館跡詳細分布調査」があげられる。従来、文献史学、考古学、歴史地理学、地理学などの研究者が個別に調査研究を行ってきた中で、当該調査は各分野の研究者が一堂に会することにより、学際的な視野をもって城郭研究を推進しようとしたものであった。

この悉皆調査を経て、香川県内で三九三ヵ所の城郭が発見され、文献資料、縄張、古地名などについて精力的な解析が行われた。その結果、香川県の戦国時代史の空白を埋めたり、歴史像を覆したりする成果が得られ、同時代史の究明に大いに貢献した。

さらに当該調査は、城郭の保護を主目的とするものであったことから、調査成果を受けて、東かがわ市**引田城**および高松市**勝賀城**については、各所在地の自治体によって国史跡の指定を目的とした調査組織が編成され、先述の香川県教育委員会主体の調査以上に精緻な調査研究が行われた。こうして、引田城については令和二年に、勝賀城については令和六年に国指定史跡となったことは記憶に新しい。

現在の香川県の城郭に関する県民の興味関心事は丸亀市**丸亀城**の石垣の復旧である。平成三十年に崩落した石垣の積み直しが本格化する段階に入ったからである。復旧作業を通じて、全国の城郭の石垣の維持管理のモデルができ上ることが期待されている。

なお、本稿のテーマは「中近世城郭」であるが、香川県には七世紀後半に築城されたとされている朝鮮式山城としての高松市**屋嶋城**と丸亀市・坂出市**城山城**が存在することから、これらの現況にも触れておきたい。前者は、『日本書紀』に記載されていることから知名度が極めて高く、城門周辺の石塁が整備されたことにより、多くの見学者が訪れているところである。一方の後者については、屋嶋城以上に規模が大きく、遺構の保存状態も抜群であるにもかかわらず、『日本書紀』のみならず他の文字資料がないために、存在自体を知られていないという現状がある。こうした状況下において、坂出市在住の梶英憲の活躍には眼を見張るものがある。高齢にもかかわらず、雑木や雑草の除去、案内板の設置、現地説明などに孤軍奮闘している姿には脱帽するばかりである。今後、梶の活動の輪が若年層にも広がることに期待したい。

【分布の特徴】　三九三ヵ所の城郭は、徳島県との県境を成す阿讃山脈の傾斜面と山稜を除いて、島嶼部を含む県土のほぼ全域に広範囲にわたって分布している。これらの分布密度が平野部において高いことは全国的にも標準的な状態と理解することができるが、香川県の大型河川である春日川、香東川、綾川、土器川、財田川などを遡った阿讃山脈の山麓の谷地形部にも分布していることは注目点である。当該谷地形部は現在でも集落規模が小さく、耕地面積もわずかであるために、戦国時代頃においても国衆などの優勢な勢力が成長した事実はない。したがって、当該谷地形部の城郭こそがかつて藤木久志が実証した「村人の避難所」の実例と捉えることができるものと考えている。三九三ヵ所の城郭のうち一部の大型城郭を除いた大部分については避難所として機能したことが想定できる。

さらに城郭の分布の特徴として、平野部の中でも河川の氾濫原（はんらんげん）や河口などの低湿地に立地する城郭が多いことが指摘できる。香川県は県土の面積が全国最小であるが、平野部の面積の占める割合は高く、過去に氾濫した河川によって形成された低湿地が広い範囲を占地している。これらの低湿地内に存在する旧河道跡を自然の堀様の防御施設として利用していた城郭が多く存在する。

【圧倒的多数の簡素な城郭群】　三九三ヵ所の城郭のうちのおよそ一五〇ヵ所の城郭において遺構が現存することがわかっているが、後述の長宗我部元親の讃岐侵攻から生駒親正の讃岐支配にかけて出現した一部の大型城郭を除いて、大部分は小規模で、簡素な構造である。この要因としては、有力な戦国大名に成長した国衆や有力な宗教者が出現しなかったことと、長宗我部元親の侵攻まで県土を巡る大規模な攻防戦が展開されなかったことなどが指摘されている。ところが、香川県の地形的な特徴がその要因となっている。前述のとおり自然の旧河道跡が防御施設として利用できることや、丘陵の尾根が未発達であることと、独立した円錐形の丘陵が多いために、丘陵の自然の傾斜面がそのまま防御施設として利用できることは注目できる。もちろん、円錐形の丘陵上を占有したがために山頂部に単郭程度の曲輪を造成することが限界であったことも強く影響している。

一方で、集落の規模や生産力および経済力などが小さく、とりわけ、城郭の経営者が村民であった場合には、大規模な城郭は不要であったことも大きい要因である。

【開発領主の城郭】　善通寺市中村城やまんのう町大堀城に見るように城郭の外郭線と条里地割の方形の土地区画が完全に一致する城郭が存在する。多くの城郭が要害堅固さを求めて、城郭優先に地形を自由自在に改変した状況が認められる中で、これらは、既存の条里区画に基づく水利網の維持を最優先にするために城郭の範囲を限定して築城されたことが推察されるものである。おそらくは、当該城郭の周辺地帯を支配していた開発領主によって築城されたものと考えられる。

【守護代の城郭】　室町時代において旧讃岐国を統治していたのは細川頼之を筆頭としたいわゆる細川京兆家である。細川氏は現宇多津町と現高松市香南町を根拠地としていたが、常時の現地統治は守護代の香川氏と安富氏に委ねられていた。前者の居城が善通寺市・三豊市・多度津町**天霧城**であり、後者の居城がさぬき市**雨滝城**である。いずれも海岸線近くの丘陵上に占地されており、北方に瀬戸内海を、南方に阿讃山脈を臨むとともに、統治する土地を一望にすることができる点と、眼下に南海道を掌握できる点において共通性がある。

後述のとおり当該二城は、香川県では稀有な大規模な城郭であるが、その規模が守護代当時に完成していた可能性は低く、当時は丘陵の山頂部を平坦地化した程度の構造であったと考えている。

【島嶼部の城郭】　三九三ヵ所の城郭のうち二〇ヵ所以上の城郭が島嶼部に所在する。これらのうち、直島町高原城（たかはら）と丸亀市本島笠島城（かさじま）について、共通する特性が明らかになってきた。まず立地は、ともに独立島の東海岸に所在する標高二〇～三〇メートルの低丘陵を占有しており、おおむね島の東方向からの敵襲に備えたものと考えられる。また集落との位置関係においては、いずれも山麓の集落は城郭の西側に所在することから、やはり島の東方向からの敵襲に対して城郭をもって防御するという思想の現われと判断できる。

特筆すべき遺構として、ともに城郭の南端部には大規模な堀切が存在する。高原城では最大幅約七メートル、深さ約二メートル、笠島城では最大幅約八メートル、深さ約五メートルと異様な存在感を放っている。これらの大規模な堀切の意味としては、本来は海という最大の防御施設を有する特性に恵まれていながら、いざ敵襲が島内におよんだ際には、海に代わる鉄壁の防御施設としての堀切が求められ、必要以上の規模の堀切の開削に及んだものと考えられる。

【長宗我部元親の讃岐侵攻と城郭】　香川県の城郭の大部分が小規模かつ簡素であることを先述したが、天正六年（一五七八）からの長宗我部元親の讃岐侵攻に伴って、主に丘陵上の城郭が短期間のうちに大型化するとともに、精巧な造作となったことが判明している。好例としては、東かがわ市虎丸城（とらまる）、雨滝城、高松市上佐山城（うわさやま）、勝賀城、高松市内場城（ないば）、丸亀市西長尾城（にしながお）、天霧城、観音寺市藤目城（ふじめ）などがある。

これらのうち天霧城は、曲輪が総延長およそ一・二キロの範囲内に密集する香川県随一の規模を誇る城郭であるが、その背景としては、長宗我部元親の二男親和の香川氏との養子縁組を想定することが妥当である。親和の入城に伴い、長宗我部氏の本拠地の高知県南国市岡豊城において培われた土木技術により、城郭が改修されたために、この大型化に至ったと考えられる。

また、西長尾城においては、長宗我部元親の重臣の国吉甚左衛門による改修の痕跡とともに、天正十年（一五八二）の長宗我部氏の軍勢一万二〇〇〇人の集結の古記録を裏付けるような城域の大規模な拡張の痕跡が現認されている。

さらに他の大型城郭についても、長宗我部氏による攻城戦の伝承があり、同氏の存在と不可分である。長宗我部元親の讃岐侵攻の結果が、香川県の城郭の進化を推し進めたことは、皮肉な結果と言わざるを得ない。

【生駒親正の讃岐支配と城郭】 近年の調査研究の結果、石垣を有する城郭の発見例が増加している。従前においては高松市高松城と丸亀城に精巧な石垣の存在が知られるのみであったが、現在は引田城、雨滝城、勝賀城、高松市**室山城**、天霧城、観音寺市**九十九山城**、同**獅子ヶ鼻城**などに石垣が認められている。

特に引田城の石垣は、香川県では出現期の遺構に属するものと考えられている。従前から生駒親正の入城説が定説化していることの後押しもあって、生駒親正による野面積み方式による石積の痕跡と認定されている。

同様な野面積み方式の石垣が先述の雨滝城などの数ヵ所の城郭においても確認できるが、これらの石垣についても生駒親正の讃岐支配に伴う城郭網整備の痕跡と見ることができる上に、各城郭の所在地が海岸近くと香川県の東西端部に集中することから、海上防衛と旧阿波国および旧伊予国との国境の防衛を目的として配置された可能性を示唆している。

【高松城と丸亀城】 生駒親正によって築城されたこの二城が香川県の城郭の進化の最高到達点であるが、

いずれも当時の先進的な築城思想によって築かれた城郭である。

まず高松城は「海城」と分類されるように、海岸を埋め立てることにより、平野部の面積を拡張した上で築城されたものである。この築城方法は一見、香川県におけるかねてからの低湿地を城郭化する習慣の発展形態と理解することができる。しかしながら、根本的な築城思想としては、生駒親正が臣従していた織田信長の愛知県清須城や豊臣秀吉の滋賀県長浜城などに見るように、低湿地や湖岸を利用した築城方法そのものであり、生駒親正が讃岐国へ入部するに際して、これらの築城方法と香川県の築城の習慣を巧みに融合させたものと理解することができる。さらに海岸を埋め立てることは、既存の農地の減少を防ぐだけでなく、新たな城下町などを創出することができるという長所がある。この点についても織田信長の安土城の築城方法に倣ったものと考えることができるであろう。

次の丸亀城についても、海岸近くの丘陵を占地する発想は織田信長の滋賀県安土城の築城思想そのものである。やはり讃岐国の支配に際しての城郭網の整備に織田信長の築城思想が遺憾なく発揮されていることがわかる。

また、丸亀城は丘陵上に高い石垣が現存することでも著名である。石垣を用いた築城方法は、やはり織田信長の安土城に端を発することが定説化しており、生駒親正が同城をモデルとしたことは明白である。石材が香川県の島嶼部を中心として産出されていたために入手しやすい環境下にあったことと、長い石材加工の歴史の中で加工技術が卓越した状態に成長を遂げていたことが築城の追い風となったことは容易に想定できるのである。

以上のように、高松城と丸亀城の立地や築城方法などを詳細に観察すると、香川県の城郭の進化だけに留まらず、戦国時代末期に全国を席捲した織田信長と豊臣秀吉の城郭に関する思想が如実に伝わってきて、興味関心が尽きることがない。

【参考文献】香川県教育委員会『香川県中世城館跡詳細分布調査報告』（二〇〇三）以降の主なもの。西岡達哉「城館跡に見る長宗我部氏の讃岐侵攻」『私の考古学　丹羽佑一先生退任記念論文集』（六一書房、二〇一三）、松田英治『香川県中世山城踏査記録』（二〇一八）、西岡達哉「四国の中世城館研究の展望」『四国の中世城館』（岩田書店、二〇一八）、東信男「西長尾城跡・天霧城跡の石垣について―讃岐国における長宗我部氏の拠点城郭及び関連城郭の築城事例から」『城郭研究と考古学　中井均先生退職記念論集』（二〇二一）、乗岡実「四国における戦国期城郭の石積み・石垣」『城郭研究と考古学　中井均先生退職記念論集』（二〇二一）、西岡達哉「旧讃岐国における戦国大名生駒親正の築城思想」『列島の考古学Ⅲ　渡辺誠先生追悼論集』（六一書房、二〇二四）

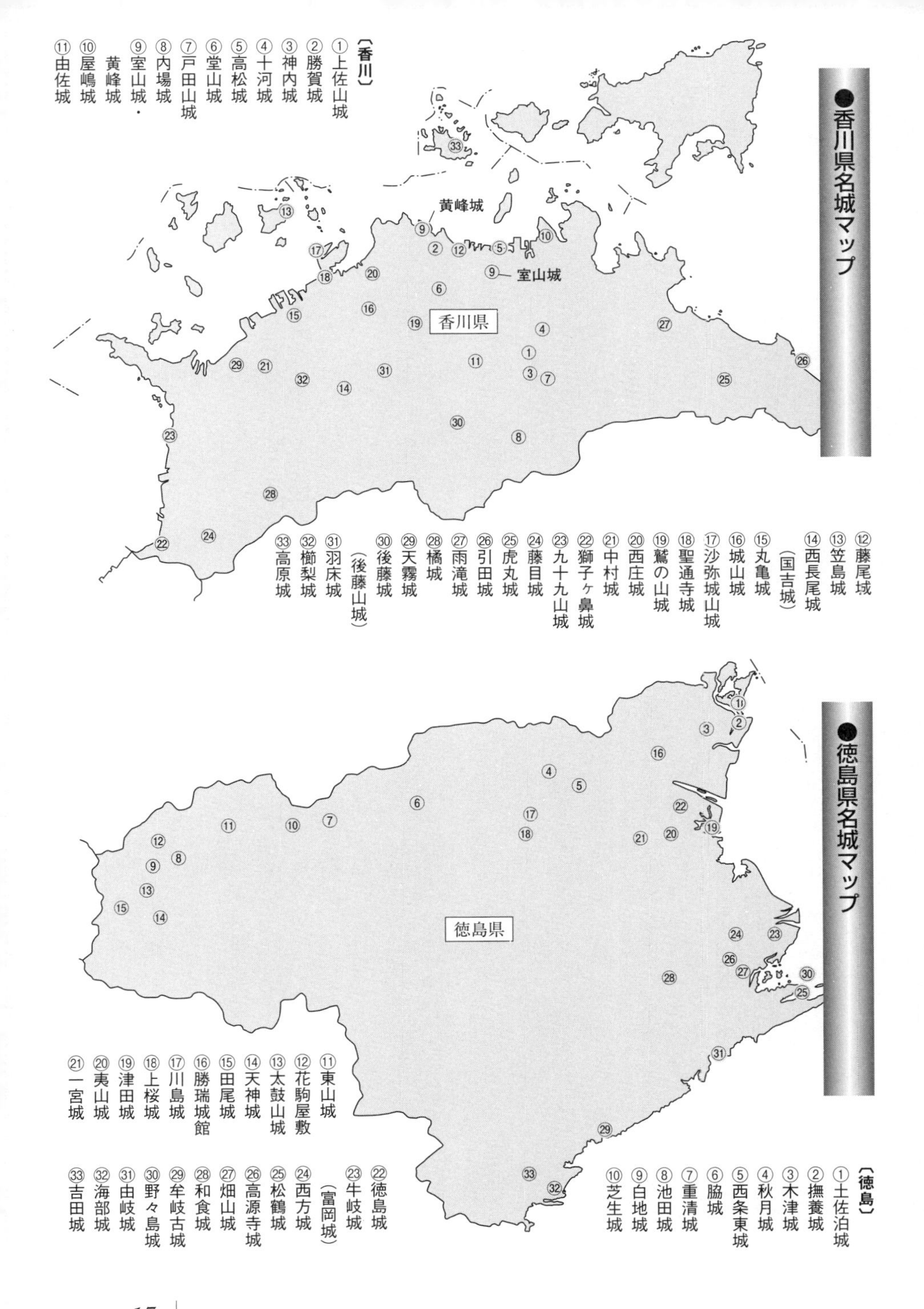
●香川県名城マップ
〔香川〕
①上佐山城
②勝賀城
③神内城
④十河城
⑤高松城
⑥堂山城
⑦戸田山城
⑧内場城
⑨室山城・黄峰城
⑩屋嶋城
⑪由佐城
⑫藤尾城
⑬笠島城
⑭西長尾城（国吉城）
⑮丸亀城
⑯城山城
⑰沙弥城山城
⑱聖通寺城
⑲鷲の山城
⑳西庄城
㉑中村城
㉒獅子ヶ鼻城
㉓九十九山城
㉔藤目城
㉕虎丸城
㉖引田城
㉗雨滝城
㉘橘城
㉙天霧城
㉚後藤城（後藤山城）
㉛羽床城
㉜櫛梨城
㉝高原城
黄峰城
室山城
香川県
●徳島県名城マップ
〔徳島〕
①土佐泊城
②撫養城
③木津城
④秋月城
⑤西条東城
⑥脇城
⑦重清城
⑧池田城
⑨白地城
⑩芝生城
⑪東山城
⑫花駒屋敷
⑬太鼓山城
⑭天神城
⑮田尾城
⑯勝瑞城館
⑰川島城
⑱上桜城
⑲津田城
⑳夷山城
㉑一宮城
㉒徳島城
㉓牛岐城（富岡城）
㉔西方城
㉕松鶴城
㉖高源寺城
㉗畑山城
㉘和食城
㉙牟岐古城
㉚野々島城
㉛由岐城
㉜海部城
㉝吉田城
徳島県

徳島

海部城遠景

●秀吉の四国平定の基点となった森水軍の本拠

土佐泊城（とさどまりじょう）

〔鳴門市指定史跡〕

〔所在地〕鳴門市鳴門町土佐泊浦
〔比　高〕七六メートル
〔分　類〕山城
〔年　代〕戦国末期
〔城　主〕森志摩守元村
〔交通アクセス〕ＪＲ鳴門線鳴門駅から徒歩四〇分・渡船利用五分。

【城の概要】　戦国末期の阿波水軍の将、森志摩守元村（もとむら）が本拠とした城で、長宗我部氏の阿波侵攻で唯一落城しなかった城である。通称古城・新城と呼ばれる二つの城で構成されている。

【立地】　城は小鳴門（こなると）海峡の東側入口の丘陵先端部に立地する。丘陵の奥手（西側）に古城が、海側（東側）に新城が並んで築かれている。海峡に面して砂浜海岸があり、港が形成されており海城としての機能を有する。城の位置する小鳴門海峡近傍の海域は、古くから海上交通の要衝として重要な場所であった。土佐泊が潮流が激しい鳴門海峡を往来するときに潮待ちする港であったことが、紀貫之の『土佐日記』の記述からわかる。ここは、紀伊水道と瀬戸内海の接点にあたり、古代から中世にかけて、両地方間を行き来するさいの主要な動線であり、恒常的に使用されていた水路であった。

●─土佐泊城全景

【城の歴史】　城の歴史的変遷は不明であるが、初代城主森志摩守元村が天文年間（一五三二〜一五五五）にこの場所を本拠と

●—土佐泊城縄張図（作図：本田昇）

定めたさいに築城されたと考えられる。本田昇は、新城は古城との縄張構成の差異から、天正十年（一五八二）以降の築城と考えている。長宗我部氏の阿波侵攻以降、城主の森元村は阿波の牢人衆を保護し、秀吉の四国平定を待った。また、四国平定戦に際しては羽柴秀長の軍勢を迎え入れ、木津城攻撃に備えさせた。土佐泊城は、四国平定後に阿波を拝領した蜂須賀家政が森氏を当地から阿南市の椿泊に移したことで廃城となった。

【構造と評価】 古城については、開墾や急傾斜地保護のための工事などで改変を受けているものの全体的によく残っている。一方、新城については、土地の改変が著しく、旧状をとどめておらず、確認できることは少ない。以下、それぞれの遺構ごとに略記する。

〔古城〕主郭は標高五一メートルの山頂部にあり、南北約二〇メートル×東西約一〇メートルの半月状に形成される。主郭北西には一段下がって曲輪があり北側尾根は堀切で分断される。主郭西側には小区画の石積みの段が連続して築かれるが、曲輪か畑などの開墾の痕跡かは不明である。古城から新城へつづく尾根は細く、途中谷を分断する土手状となっているが、現地での観察により本来は堀切があり、新城が築かれた際に土手を築き接続されたと考えられる。

〔新城〕新城は現在痕跡がほとんど残っておらず、本田昇が作成した縄張図が城跡を記す唯一の資料となっている。

主郭は東西約三二メートル×南北約一七メートルで細長い台形状である。ここから南には四段の曲輪が築かれ、尾根の下方には二つの曲輪が距離を置いて築かれている。このうち小鳴門海峡にもっとも近い曲輪には布積みの二段の石垣が築かれており、城の往時の遺構である可能性を有するが、近世の遠見番所の痕跡であるとの説もあり、今後の確認と検証が必要である。

土佐泊城は、長宗我部氏の阿波侵攻にも落城せず、秀吉の四国平定戦の起点となった城であり、阿波の戦国史をかたるうえで欠くことの出来ない重要な城館であるといえる。

【参考文献】 下田智隆「土佐泊城」『徳島県の中世城館』（徳島県教育委員会、二〇一一）、森清治「土佐泊城」石井伸夫・重見髙博編『三好一族と阿波の城館』（戎光祥出版、二〇一八）

（石井伸夫）

●阿波海陸交通の結節点を掌握した城

撫養城

〔鳴門市指定史跡　岡崎城跡〕

〔所在地〕鳴門市撫養町林崎字北殿町ほか
〔比　高〕六一メートル
〔分　類〕山城
〔年　代〕戦国期（築城年不明）〜寛永十五年（一六三八）
〔城　主〕小笠原氏、四宮加賀守、真下飛騨守、益田正忠、益田正利
〔交通アクセス〕JR鳴門駅から徒歩二〇分、同駅前からバス「林崎」下車。自動車は、妙見山ドライブウエイを上がり、中腹の妙見山公園駐車場が利用可。

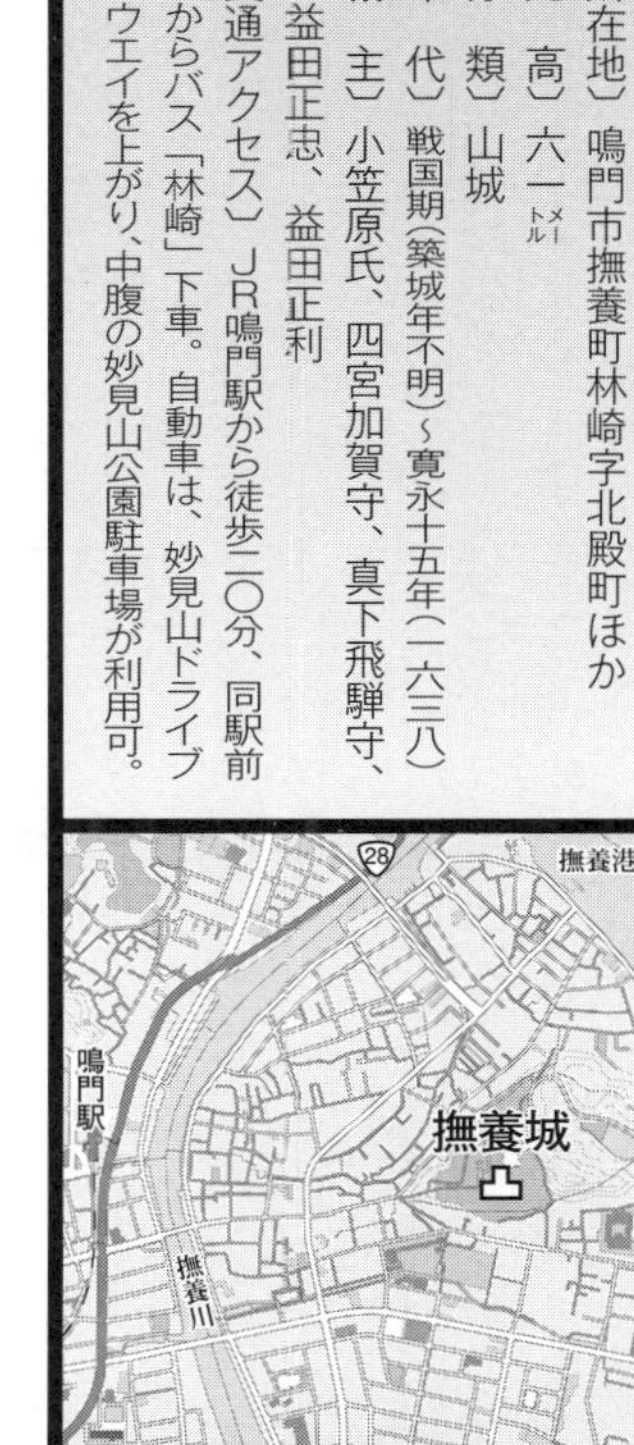

【城の歴史と由来】　築城年代は不明であるが、この時期に関する記述が諸史料に散見される。『公卿補任』によると、大永三年（一五二三）に室町幕府第一〇代将軍足利義稙が撫養で客死したとされ、『阿波志』では、その墓である将軍塚が岡崎山中にあるとする。また、『足利季世記』では、第一四代将軍足利義栄も織田信長に京を追われ撫養で没したとする。

これらから、少なくとも一六世紀前葉には地域の拠点となる城館が付近に存在していたと考えられる。つづく戦国期には、小笠原氏から城を譲り受けた四宮加賀守・同左近太夫の兄弟が三好氏配下として拠っていた（『城跡記』）。天正十年（一五八二）に起きた中富川の戦いを制し、阿波のほぼ全域を掌握した長宗我部氏は、家臣の真下飛騨守を撫養城の守備に置いたとされる（『古将記』）。その後、天正十三年（一五八五）に蜂須賀氏の阿波入封後、「淡州渡海の押さえ」として益田内膳正正忠が兵三〇〇を与えられて城番に配された。『城跡記』などには「公命じて新城を築く」とあり、撫養城

●—撫養城を西から望む

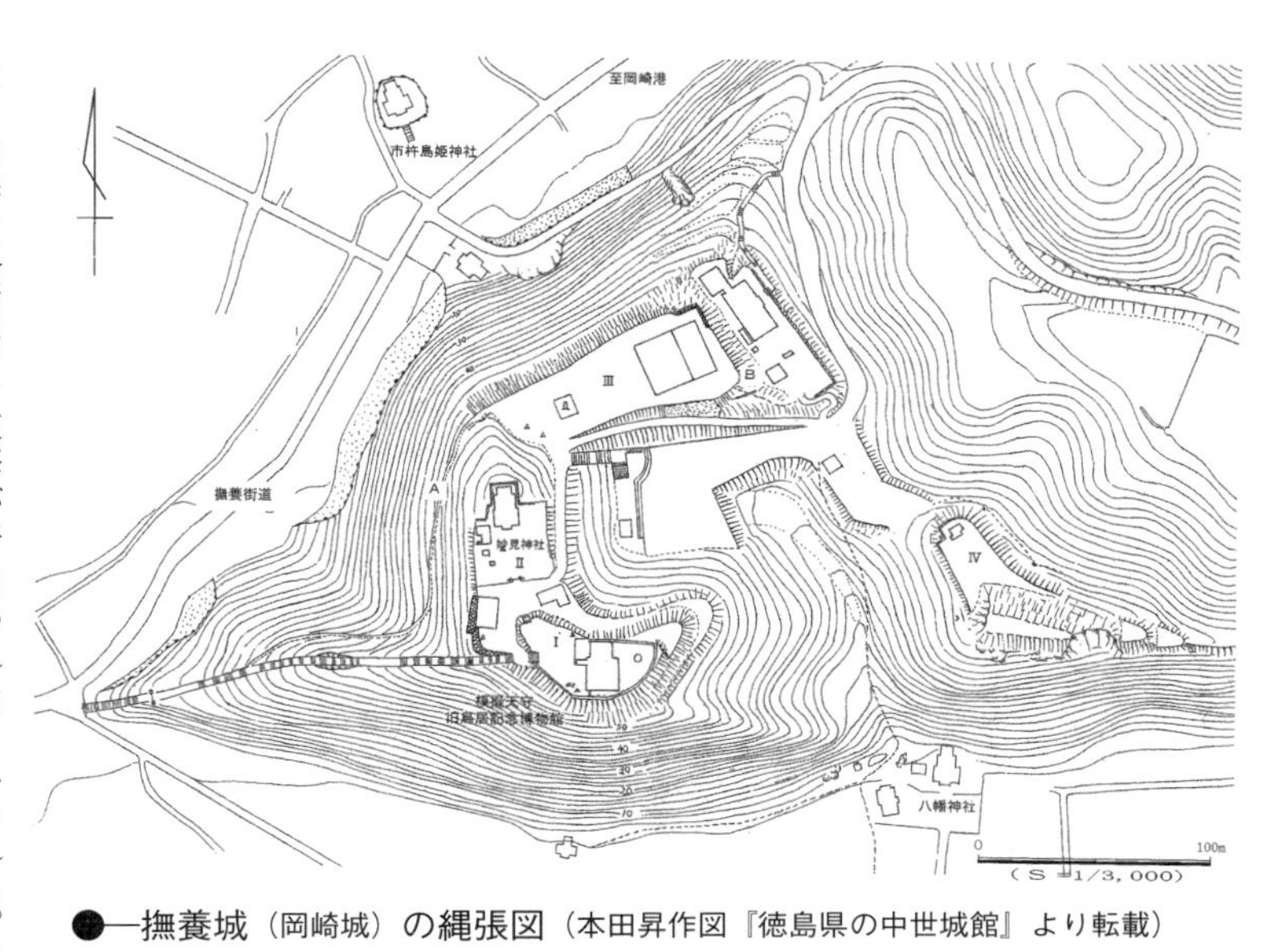

●―撫養城（岡崎城）の縄張図（本田昇作図『徳島県の中世城館』より転載）

はこの時に全面的な改修が行なわれたとみられる。以降は、すでに廃城となっていた木津城・土佐泊城が持っていた流通・軍事面の機能が撫養城下に集約化されていった。

これにより城下では、港湾部周辺や主要街道である撫養街道筋の発展が進み、阿波北方（きたがた）の玄関口として海陸交通の拠点となっていった。しかしその後、撫養城は、寛永十五年（一六三八）の一国一城令により破却され、城番も廃止された。藩政期の阿波国内では、沿岸警備や諸産物の輸出入の監視などを目的として番所が設置されていく中、撫養地域の中心的な役割を持つ岡崎御役所（御屋敷）が整備された。あわせて、かつて城郭として機能していた土佐泊や北泊の海上監視機能が重視されたことにより、これらは土佐泊御番所・北泊御役所として残されることとなる。

【城の構造】　四国と淡路の間にある鳴門海峡は、古来より急激な潮流や渦潮で知られる海上交通の難所で、この西側に島嶼部を挟んで並行する小鳴門海峡は、鳴門海峡よりも潮流が穏やかで航行に適した海路として知られてきた。小鳴門海峡の南側開口部は、太平洋航路から延びる紀伊水道の航路の北端であるとともに、淡路渡海の結節点でもある。開口部西岸の独立丘陵上（妙見山）には撫養城があり、対岸となる開口部東岸（大毛島）で半島状に突き出た丘陵上に土佐泊城がある。撫養城から眼下に望む撫養港は、旧吉野川の支流である撫養川の河口部にあたる。城は、この河口部の南岸に位置する標高六一メートルの独立丘陵上（妙見山・古城山）にある。

妙見山北麓の岡崎御屋敷が立地する海岸部や、撫養街道でつながる郷町（藩指定の商業地域）の林崎一帯を除き、近世初頭以降は丘陵周辺で塩田の開発が大規模に行なわれ、昭和期の半ばまで鳴門地域の原風景ともいえる景観をなしていた。塩田造成以前の中世末期までは水深の浅い海域が広がっていたと想定され、築城期には、半ば海城のような景観であったと考えられる。

本田昇の縄張図によると、標高六一メートルの最高所（曲輪Ⅰ）が主郭になるとみられるが、昭和四十年（一九六五）の模擬天守（旧徳島県立鳥居龍蔵記念博物館、現トリーデなると）が建設されたことにより、主郭部分の遺構は大きく破壊を受けている。施設が整備される以前は曲輪上の平坦部が残存していたとみられ、東西約六〇メートル、南北二五メートルの曲輪は、諸資料から「太鼓櫓」「櫓床」などの名称が伝わる。主郭の東方尾根には、二段の曲輪が残る。

主郭の北側で一段下がった場所（曲輪Ⅱ）には、妙見神社が鎮座する。この神社は、前出の足利義稙が西国へ下向し、周防の大内家に身を寄せていたときに妙見尊星の守護を受けた後、撫養滞在時に、この山に勧請して社殿を造営したのが起源とされる。その後、社殿は長宗我部氏の兵火で焼失したとされ、現在の社殿と境内地は、天保元年（一八三〇）にかつての撫養城主四宮加賀守の子孫である四宮三郎左衛門と、林崎の豪商近藤利兵衛らが再興したものである。城跡のある山を「妙見山」と呼ぶのはこれにもとづく。

拝殿の両側から本殿の背後にかけて、社殿一帯を囲むように丘陵部が残り、その内側にはコの字状に囲んだ石垣が構築されている。また、拝殿よりも一段奥の高い所に設けられた本殿の両側前面には、扇の勾配の精美に積まれた石垣が残る。コの字区画の内側の石垣は、総じて打込接の技法で構築され、横目地が通った布目積みとなっている。また、一辺五〇センチから一メートル程度の比較的大きめの石材が使用されているのが特徴的である。これは、近世以降に撫養各地で整備された神社の石垣が、見栄えがよく四角に整形された人頭大程度の石材を使う切込接のものが多いことなどと比べても異質である。一方、コの字区画の丘陵部の外側は、高さ二メートル程度でほぼ直立する野面積の石垣が、最大四段まで積まれた箇所が複数確認でき、使用された石材は総じて五〇センチ以下の不整形に粗割りされた石材が多い。これらは、丘陵外側の土留めの石垣として機能していると考えられ、各段の石垣は全体的として曲線状に繋がるよう構築されている。

石垣全体の平面プランからは、石垣の上部に櫓や回廊などの建物を設置するために構築されたものとは考えにくく、内側・外側の石垣ともに、社殿を中心とした配置を念頭に、丘陵上での強風対策も踏まえて構築されたと考えられる。このことから、現存の石垣は、天保年間の神社再建時の構築によるものと推測される。加えて、コの字区画内側の石垣に使用されている石材の大きさからみても、石材調達にあたっては、新規調達ではなく、大半の石材を丘陵上の曲輪に構築されていた撫養城の石垣などから転用して再利用したものと考えられる。以上から、この曲輪Ⅱには、妙見神社の構築以前に、石垣をともなった曲輪が存在した可能性が考えられる。

妙見神社のある曲輪Ⅱから北に一段下がると、「千畳敷(せんじょうじき)」と呼ばれる平坦な場所(曲輪Ⅲ)が残る。東西九四メートル、南北三三メートルの長方形基調の平面形を有する城内最大の広さをもつ曲輪である。曲輪の西寄りには慰霊碑や忠霊塔、中央部には植栽帯、東寄りには上水道配水池を兼ねた階段状の展望台が建設され、曲輪の旧状をうかがうのは困難である。「千畳敷」から東側に一段下がった場所にも平坦な曲輪が残り、古絵図などからも城跡の曲輪にあたるものとみられるが、名称も不明である。ここには、昭和三十八年(一九六三)にユースホステルが建設され、周囲の斜面を削り込んだり、コンクリート擁壁を築くなど大きな地形改変もされており、旧状をうかがうことができない。その中で、「千畳敷」の南東隅から斜面下方に下る途中で大きさ一メートル前後の自然石がおおむね水平に並び、南面した状態の石垣とみられる遺構(図中B)が残っている。石垣の下部や西側延長部は埋没している状態であり、現状で最大二段までしか観察することはできないが、これらは「千畳敷」に関係する城郭遺構の石垣にあたるものと考えたい。

曲輪Ⅲの南側は、丘陵の南側から入り込む谷部となっており、「泉谷」との名称が残る。現在、公園の駐車場として谷の最奥部は埋め立てられているが、かつては駐車場のやや南寄りに「書院の井戸」と呼ばれる深い井戸があった。

駐車場から「泉谷」を挟んだ東側に南東方向に延びる尾根があり、本田昇の縄張図では尾根筋に残る細長い高まりと、その前後に展開する階段状の曲輪Ⅳが記録されている。現在、その尾根を大きく削平して美術館が建設されており、曲輪が部分的に破壊されているが、建物の整備が及んでいない東側の尾根筋には、二段の曲輪が残っている。

曲輪Ⅳから北東側の眼下に望む谷部には大きな池があり、かつては「馬洗池」や「舌洗池」とも呼ばれていたことから、城郭との関連もうかがわれる場所である。現在は大池と呼ばれている。

曲輪Ⅳから大池を挟んだ北東側には、「千畳敷」のある曲輪Ⅲから北東に延びて下る尾根筋が南東方向に向きを替えて長く延びる尾根が展開している。地元で「円山」と呼ばれていたこの尾根の上には、古絵図や本田氏の縄張図に曲輪の記載は無い。ここは「宝珠寺裏山古墳群」として遺跡周知されており、尾根上には古墳時代の墳墓の埋葬施設とみられる結晶片岩が一部露出している。かつてこれらの墳墓が『阿波志』などを根拠に足利義稙の墓と呼ばれたこともあったが、現在では誤認であると確認されている。

以上のように、妙見山には、新旧大小にかかわらず開発の手が多く入っており、明瞭な城郭遺構を把握することは難しいのが現状である。しかし、現況の各曲輪と部分的に残る石垣遺構などから、往時の城郭構造を想像することは可能である。また、模擬天守を始め、丘陵上各所からの眺望は非常に良好であり、小鳴門海峡対岸の土佐泊城や遠くは鳴門海峡、そして木津城・勝瑞城方面の位置関係を広く視界に収めることができる。

なお、撫養城に関連する発掘調査事例としては、平成十三年に鳴門市教育委員会が道路建設にともない、妙見山北麓にある岡崎御屋敷の想定地内を発掘調査している。調査では、砂地の遺構面で主に柱穴が確認されたほか、一六世紀後半〜一七世紀初頭の遺物（土師器皿・鍋・釜、備前焼擂鉢、瀬戸・美濃焼皿、青磁・白磁皿、青花碗・皿）が大量に出土したことから、岡崎御屋敷の成立以前に港湾に関連する拠点的施設が置かれていた可能性が考えられる。なお、調査地点に近接した岡崎公園は、御屋敷跡の敷地の一部が残存した場所にあたると推定され、現地に説明板が設置されている。

●—撫養分間絵図（部分。文久３年（1863）。徳島県立文書館提供）

【参考文献】『改訂　徳島県神社誌』（徳島県神社庁、二〇一九）、本田昇「岡崎城について」『鳴門路　第二号』（鳴門郷土史研究会、一九八七）、『岡崎御屋敷跡発掘調査報告書』（鳴門市教育委員会、二〇二二）

（下田智隆）

●長宗我部氏の改修が顕著に見える城

木津城（きづじょう）

〔鳴門市指定史跡〕

〔所在地〕鳴門市撫養町木津字城山
〔比　高〕約六〇メートル
〔分　類〕山城
〔年　代〕永禄～天正期
〔城　主〕篠原肥前守自遁、東条関之兵衛
〔交通アクセス〕ＪＲ鳴門線教会前駅から徒歩一五分。

【城の立地と由来】　木津城は、讃岐山脈の南東部から鉤状に突出し、東西に連なる山塊の西端付近に位置する。標高約六四メートルの丘陵で、東に孫右衛門山、西にも小山があるがいずれも低い鞍部で分断されており、独立した丘陵状になっている。頂部からは南に勝瑞城、更に吉野川を挟んで一宮城が遠望できる。城を囲むように小河川が流れており、天円山の東麓から南流する中山谷川が木津城の北麓から西麓に沿って流れ、新池川に合流する。新池川は、大代谷川から分流して木津城の南を東流して撫養川に流れ込む。

木津は、『南海流浪記』には建長元年（一二四九）に、高野山の僧道範が罪を許されて配流先の讃岐国から高野山へ帰るさいに乗船した湊として名前がみえる。また、「兵庫北関雑船納帳」には、「木津」を船籍地とする船舶が木材を積んで延べ三四回にわたり同関を通過した記録があり、木津が有数の薪材積出港であったことがわかっている。

●―木津城遠景

さらに、木津城の南麓、新池川との間には撫養街道が東西に通過し、藩政期には駅路寺の長谷寺が置かれるなど、陸上交通の要地でもあったことを併せて考えると、当地は水上交通および陸上交通の結節点として重要な位置を占めていたことがうかがわれる。

【城の歴史】　築城時期は不明であるが、永禄期～天正十年（一五八二）には篠原肥前守自遁（じとん）が居城していた。天正五年、細川真之（さねゆき）を討つために荒田野に出陣した三好長治（ながはる）が、一宮成祐（なりすけ）や伊澤頼俊（よりとし）に攻められ永原（現、松茂町）で自害した後、新たに勝瑞城主となった十河存保（まさやす）に対して一戦を挑むなど、自遁は自立した動きを見せるが、結局存保に従うこととなる。天正九年の段階では、自遁は織田信長の下で四国攻略を進める羽柴秀吉と連絡を取り合っていた。九月十二日付けの秀吉からの書状（黒田家文書）によれば、「阿州自遁かた」からの注進を受け取った秀吉は、仙石秀久（ひでひさ）には淡路衆を連れての勝瑞入城を、生駒甚介・明石与四郎には「自遁城」までの渡海の指示をしたことを黒田官兵衛に伝え、官兵衛には野口孫五郎の城に在城して生駒・明石両名を木津城に入れるように命じている。また、秀吉からは木津城と土佐泊城に兵糧米と玉薬（たまぐすり）が送られている（十月十日「羽柴秀吉書状」黒田家文書）。

天正十年の中富川の合戦をへて、長宗我部氏が阿波を制圧すると、自遁は開城して淡路に退去したとされる（『三好記』など）。しかし、「香宗我部家伝証文」には「天正十一年四月是月、長宗我部元親の弟香宗我部親泰（ちかやす）、阿波木津城を攻めて之を抜く」という記述があり、この段階まで三好方の勢力下にあったことも考えられる。

その後、木津城には長宗我部元親によって元桑野城主の東条関之兵衛が配された。このときに木津城は改修の手が入ったと考えられ、『三好記』には「木津ニハ元親ヨリ城ヲ構ヘテ」、『藤家忠勤録』には「木津・一宮両城は元親新築之」などと記されている。

元親によって改修された木津城は「木津城ノ後ノ山ハ四方カ、トシテ敵ノ付場容易カラス」と堅固を誇ったが、天正十三年に羽柴秀長を総大将とする秀吉の四国攻略の軍勢によって攻められ、関之兵衛は降伏した。

【城の構造】　本田昇は、『角川日本地名大辞典三六　徳島県』の「木津城」の項目で「城山は東西二つの曲輪と、その北側に一段低い帯曲輪を配して、その下方に北から西にかけて空堀が巡らされていた。しかし、昭和三十三年（一九五八）に鳴門市上水道配水池が作られ、その後、周りの斜面が採土のため崩され、現在遺構らしきものは何も残っていない。」とする。

現在、現地では本田が記す「東西二つの曲輪」のうち東側

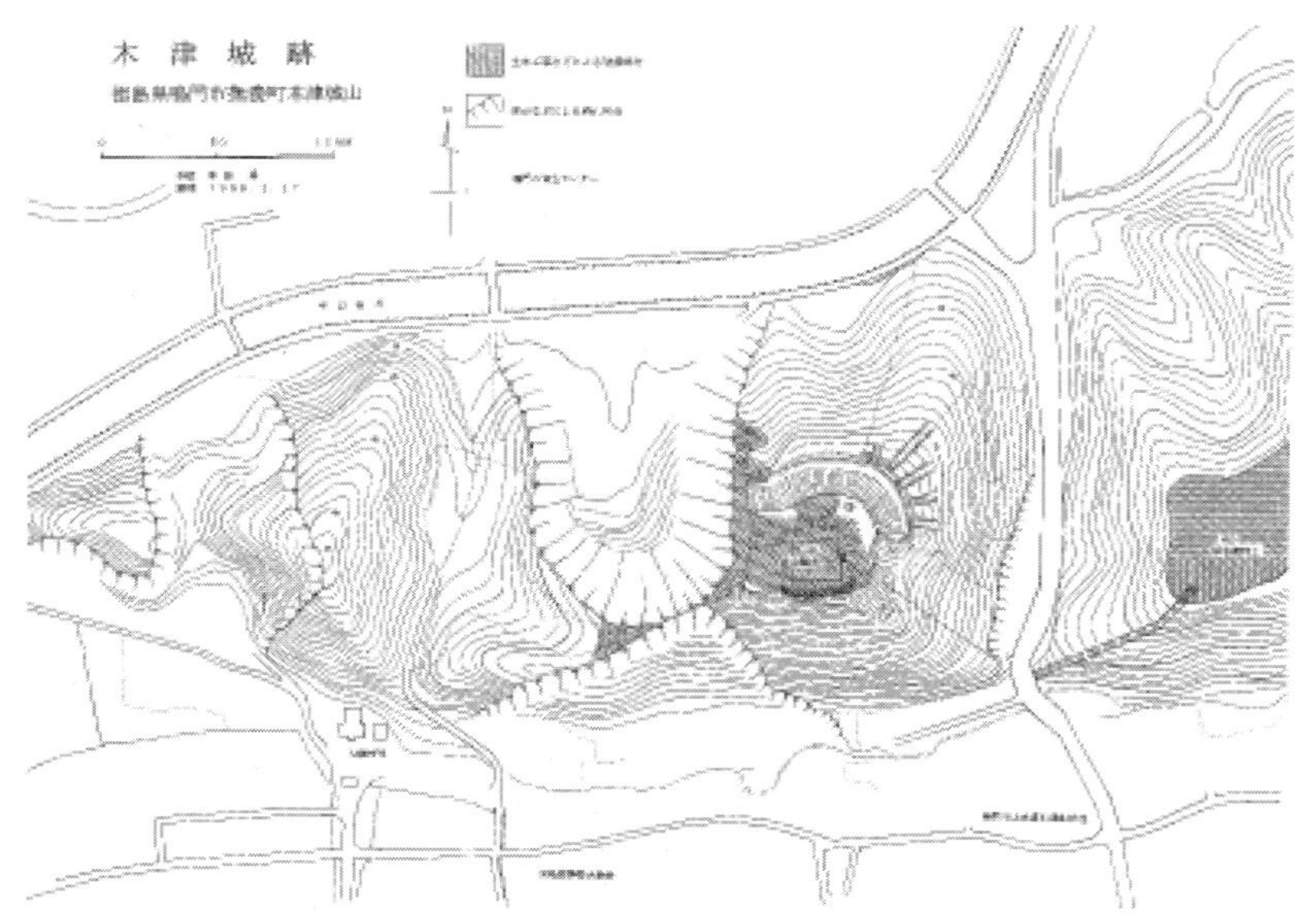

●―木津城縄張図（本田昇作図）

●―帯曲輪で検出された礎石建物

の曲輪とその北側帯曲輪、それを北から東に取り巻く横堀、そこから展開する五本の連続竪堀（たてぼり）が確認できる。連続竪堀は、もっとも傾斜が緩い北東の斜面に限定的に築かれている。城山の南斜面は、鳴門断層の急崖であるため、防御は主に北側の緩斜面を意識していると思われる。

平成十六年（二〇〇四）には、鳴門市教育委員会により地形測量と、現状の遺構を確認するための部分的な発掘調査が行なわれた。調査では帯曲輪を確認し、その一角で東西一間（二メートル）以上、南北三間（六メートル）以上の砂岩円礫を礎石とする建物が検出されている。建物の性格は不明だが、帯曲輪を取り巻く横堀の堆積土中から、礎石として利用していたと考えられる五〇センチ以上の砂岩円礫が十数点確認されており、帯曲輪から落ち込んだものと考えられている。このことから、このような礎石建物がこの他に数棟あったことが想定されている。また、横堀は九〇メートルの長さで検出され、調査した地点では幅三・六メートルを測る。横堀から北東側に下る斜面には五本の竪堀と六本の竪土塁が連続して築かれており、連続竪堀となっている。

帯曲輪の西側トレンチでは厚い焼土層が検出されており、ここからは多くの遺物が出土している。備前焼擂鉢（すりばち）や甕（かめ）、徳利（とっくり）、中国磁器の青磁酒海壺や香炉、青花皿、ベトナム産の白磁碗、その他焼けた壁土や瓦片とともに青海波文の軒平瓦が出土している。遺物の年代は、おおむね一六世紀後半に収まるものである。また、青海波文の軒平瓦は四天王寺系の瓦で、勝瑞城からも同文の瓦の出土がみられる。焼土層は、帯曲輪あるいはその上部の曲輪の火事場整理に起因するものと考えられており、長宗我部氏の木津城攻略による火災、その後の改修時の火事場整理が考えられ、そうであればこれらの遺物は篠原自遁の段階のものであるとみることができる。

●―竪堀跡

木津城は、長宗我部元親によって改修の手が入っているため、篠原自遁段階の姿は明らかではないが、出土遺物からは瓦葺の建物が想定され、文化的な生活が営まれる空間があったことが推定される。

しかし、元親入城後は防御機能が強化される。この城の特徴である北東部の緩斜面に築かれた連続竪堀は、阿波では用いられていない城郭の軍事的防御施設で、元親の手によるものであろう。背景には、秀吉の四国攻略があり、元親によって四国防御の最前線として重要な役割を与えられた城へと変容したことがうかがわれる。

【参考文献】『角川日本地名大辞典　三六　徳島県』（角川書店、一九八六）、『日本歴史地名体系　三七　徳島県の地名』（平凡社、二〇〇〇）、「木津城跡発掘調査現地説明会資料」（鳴門市教育委員会、二〇〇四）、『徳島県の中世城館』（徳島県教育委員会、二〇一一）、森清治「木津城」石井伸夫、重見髙博編『三好一族と阿波の城館』（戎光祥出版、二〇一八）

（重見髙博）

●室町期の初期阿波守護所

秋月城（あきづきじょう）

〔阿波市指定史跡〕

〔所在地〕阿波市土成町秋月
〔比　高〕約五〇㍍
〔分　類〕平山城
〔年　代〕一四世紀
〔城　主〕細川和氏・細川頼春・細川頼之
〔交通アクセス〕ＪＲ徳島線「鴨島駅」から車で一五分。徳島自動車道土成ＩＣから車で一〇分。

凸 秋月城
吉野川
318
鴨島駅
122

【城の由来】　秋月城は吉野川中流域の北岸にあり、讃岐山脈から南流する指谷川（さしだにがわ）が形成した標高四七～五〇㍍の複合扇状（せんじょうち）地扇頂部に位置している。東側の指谷川旧河道と西側の指谷川に挟まれた台地状の自然地形を利用して築かれた城とされている。

建武二年（一三三五）、鎌倉にいた足利尊氏は後醍醐天皇の建武新政に反旗を翻した。尊氏は、足利軍討伐のため京都から進軍してきた新田義貞軍を箱根竹下で破り、敗走する新田軍を追って京都へ進撃し、一時京都を占領した。しかし、足利軍は背後から追尾してきた北畠顕家（あきいえ）の奥州勢に敗れいったん九州に逃れた。建武三年（一三三六）、尊氏は敗走途中の室泊（むろのとまり）（兵庫県たつの市）で軍議を開き、四国には細川和（かず）氏（うじ）・頼春（よりはる）・師氏（もろうじ）の兄弟、それに従弟の細川顕氏（あきうじ）兄弟の細川一族を配した。和氏は弟頼春とともに阿波に入部し、すでに尊氏から譲られていたとされる秋月荘に入り築いたのが秋月城とされており、室町幕府が成立した後は阿波守護所となった。阿波国内で恩賞を行なう権限を与えられていた和氏

●—堀跡　指谷川旧河道　北から

●—秋月城付近遺構図（作図：本田昇・「細川氏初期守護所秋月城について」）

は、富吉荘（藍住町・板野町の川端）西方の地頭漆原三郎五郎の勲功を賞するなどの手腕を発揮し領国経営の基盤を固めていった。『阿波志』や『城跡記』には、細川頼春が阿波郡秋月村に城を築き、頼春の四男讃岐守詮春の頃に、守護所を秋月から勝瑞（板野郡藍住町）に移し、その後、秋月氏一族が秋月城を守っていたと記されている。しかし、勝瑞への移転時期については諸説あり明らかになっていない。

【城の構造】　秋月城は『阿波郡誌』によると、東から北側は堀跡といわれている指谷川旧河道、西から南側には指谷川をめぐらし、これらに囲まれた東西で最大約一町、南北三町半の台地状地形の内郭を持つとされている。この範囲が「秋月城跡」として阿波市史跡に指定されている。内郭は、現在、県道船戸切幡上板線

（遍路道）で南北に分断されており、北側は「的場」、南側の広い部分は「馬場屋敷」と呼ばれている。また『阿波郡誌』は、堀の東側に方二町の「御屋敷跡」と呼ばれている場所を外郭としており、東北隅は「門城」と呼ばれ、城門の跡としている。『土成村史』では、「御屋敷跡」を守護館と想定している。この「御屋敷跡」の区画内には、三宝荒神社付近に「お竈場」、「城藪」と呼ばれる屋敷南端の段差や、民家内にある「御原泉」と呼ばれる井戸などがある。このように、

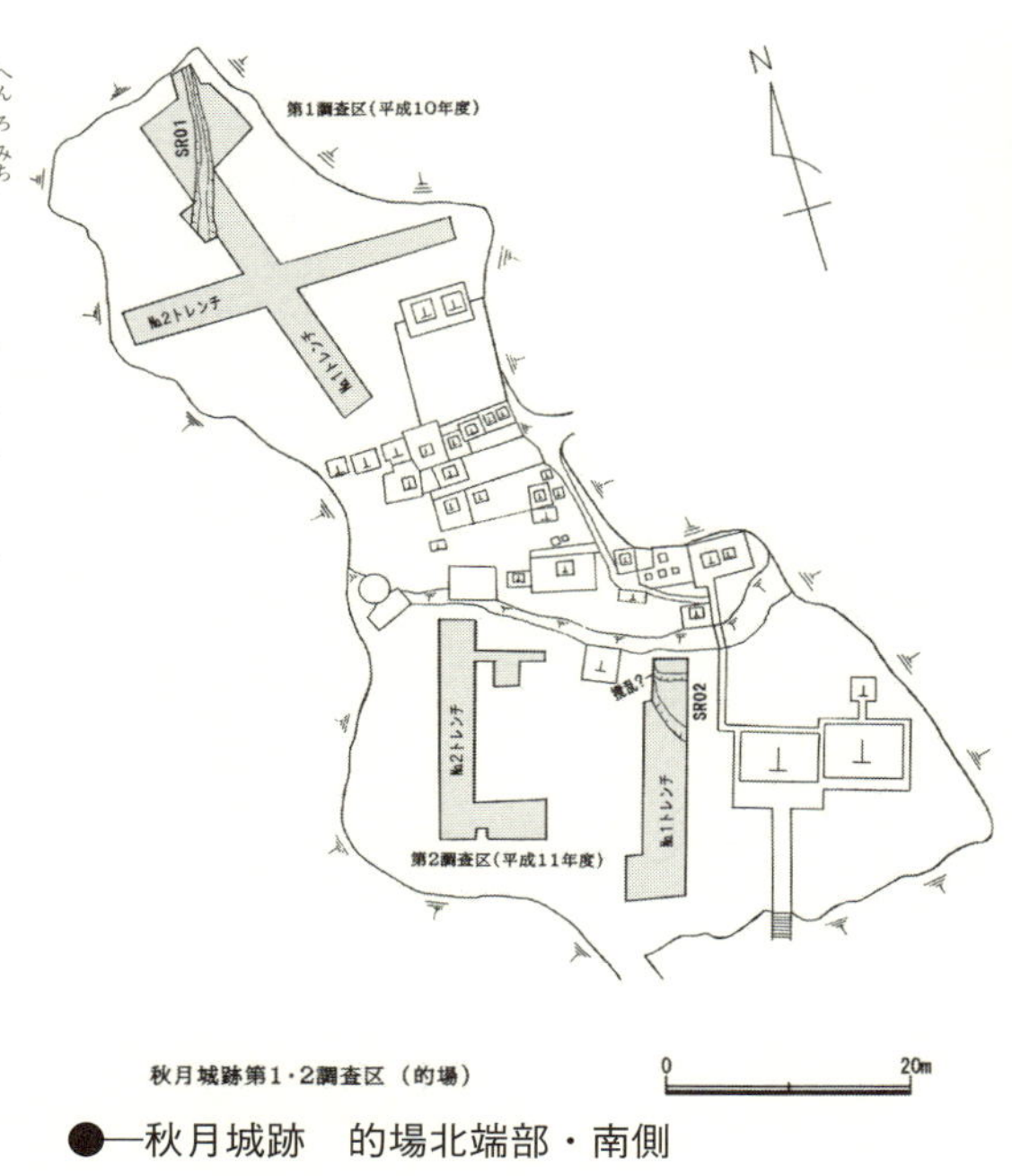

●—秋月城跡　的場北端部・南側

秋月城と補陀寺（安国寺）の周辺部には、史料に裏付けられたものではないが、城や寺院にまつわる伝承や地名が残り、関連遺構と伝わる地形もみられる。

秋月城の発掘調査は、平成十年度から十四年度にかけて、的場北端部（①）、的場南側（②）、馬場屋敷中央部・三宝荒神社北側（③）、城藪南側（④⑤）の計五地点で実施されている。的場南側（①②）の地点は、従来内郭と考えられてきた地点であるが、遺構・遺物は確認されていない。③〜⑤の地

●—発掘調査位置図（『発掘調査概要報告書』）

点は外郭のお屋敷跡にあたるが、遺物の出土は④のみで、青花碗（一五世紀後半～一六世紀前半）、静止糸切の土師質皿（一五世紀後半～一六世紀）、白磁皿（一六世紀）、備前甕片・土錘などが出土している。しかし、すべて初期守護所の想定時期より後のものであり、付近に遺構面があったことは考えられるが、初期守護所の時期に相当する遺構・遺物は確認できていない。

　これまでの調査からは、城跡関連の遺構が確認できた地点はなく、秋月城が初期守護所だと考えられるような成果もあがっていない。

【細川氏による寺院造営】　秋月城から東三〇〇メートルにかけて、細川氏が建立した南明山補陀寺（のちの阿波安国寺）の寺域が推定され、背後の山林中腹には補陀寺の「経蔵跡」（現輪蔵庵）が伝えられている。『光勝院寺記』には、暦応二年（一三三九）、和氏は夢窓疎石を開山として秋月府内に補陀寺を創建し、のちに尊氏が全国に安国寺建立を命じた一寺一塔により安国寺と改めたと記されている。また『阿波志』には、頼之が板野郡萩原（現鳴門市大麻町萩原）に移すとあるが、これは頼之が貞治二年（一三六三）に父頼春の菩提を弔うために補陀寺の東隣に建立した光勝院のことで、時期は不明であるが補陀寺と合併し移転したと考えられている。頼之は至徳二年（一三八五）に、絶海中津を招いて補陀寺の西隣に大雄山宝冠寺を建立したとも伝えられている。ただ、『光勝寺縁起略』では、補陀寺の本当の開山は、和氏の五男で頼之の猶子となった笑山周念で

●—伝細川和氏の墓

●—古丹波蔵骨器

あって、笑山が師の夢窓を名目的な開山に迎えたとしている。これらの寺院跡は、後に補陀寺の経蔵跡地に建てられた輪蔵庵南側の山裾から、南側の県道船戸切幡上板線（遍路道）までの間にかけて所在していたと推定されている。

【寺院の構造】　寺院推定地付近で確認されている遺物や遺構として、細川和氏の墓と伝えられている凝灰岩製五輪塔・宝篋印塔や、輪蔵庵北側の山林開墾中に発見され和氏の蔵骨器と推定される古丹波蔵骨器（鎌倉後期）、安国寺に瓦を供給した蛭子瓦窯跡、補陀寺の什器と考えられる水瓶などがあげられる。凝灰岩製五輪塔は、文久三年（一八六三）、輪蔵庵北西に溜池を築造したさいに現在地に移転されたもので、隣に並ぶ宝篋印塔は後に溜池から引き上げられたと伝わっている。火葬骨が収められていた古丹波蔵骨器は、康永元年（一三四二）に四七歳で死去、秋月府内の塔が谷に葬られたとされる細川和氏のものと考えられている。蛭子瓦窯跡は、農地の区画整理中に発見され、昭和五十三年（一九七八）に徳島県教育委員会が発掘調査を行なっている。窯体は全長二・四五メートル、最大幅は焼成室で約一・三メートルを測る半地下式有牀式平窯である。灰原から丸瓦・瓦塼・平瓦などが出土している。寺院推定域はほとんどが民家や耕作地になり伽藍を偲ぶことはできない。平成八年度から十七年度（一九九六〜二〇〇五）にかけて、細川氏の関連寺院として調査が実施されている。調査地点は、南明山補陀寺（阿波安国寺）の経蔵跡とされている輪蔵庵敷地⑥、古丹波蔵骨器出土地点⑦、安国寺跡推定地⑧⑨、宝冠寺跡推定地⑩の計五地点である。

輪蔵庵敷地⑥の調査では、庵の本堂下から地山を成形した一辺六・四メートル、高さ三〇センチの方形と推定される雨落溝をともなった基壇が確認された。基壇中心には、心礎の抜き取

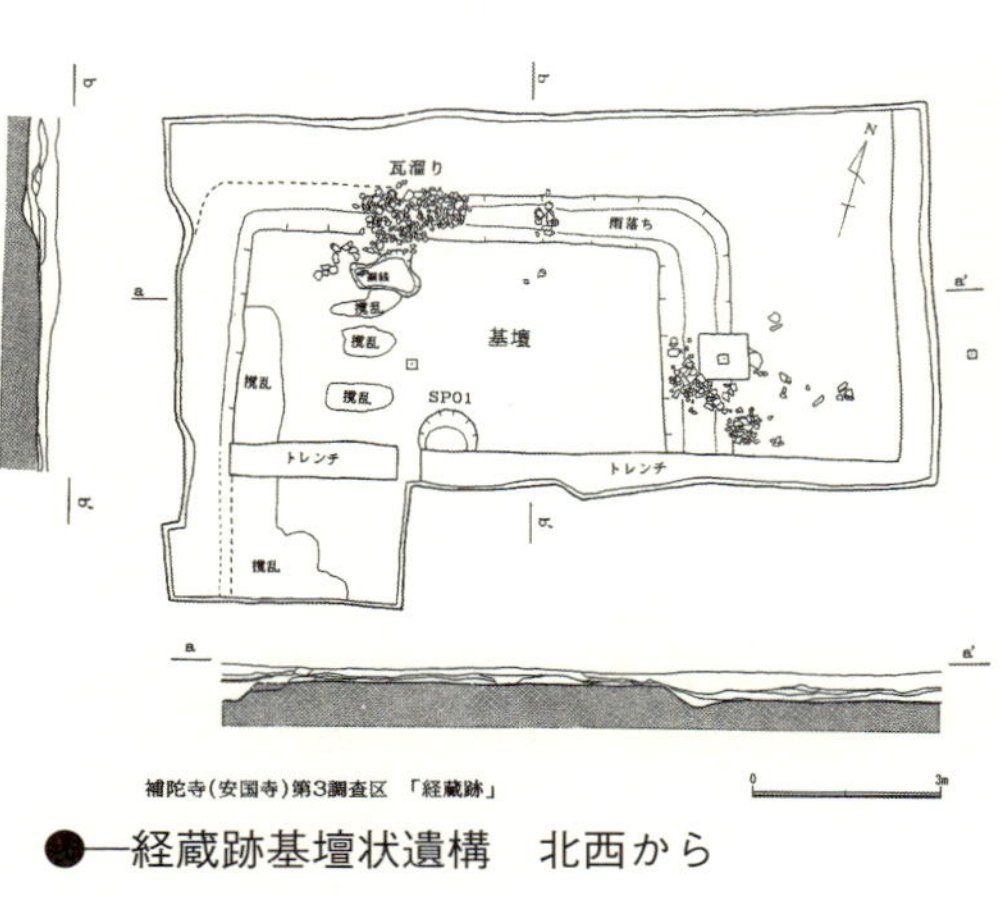

●—経蔵跡基壇状遺構　北西から

●—経蔵跡出土瓦

り痕と思われる直径一メートル・深さ四〇センチの柱穴が検出された。遺物は、雨落溝から多量の丸瓦・平瓦片、数点の鬼面瓦、基壇上には一緡（さし）の銅銭が出土している。

過去に古丹波蔵骨器が出土した地点（⑦）（名月中世墓）では、底部二・三×三メートル、上部一・五×二・二メートルの土壇を砂岩で囲み、外表を白円礫と緑色片岩平石で覆った基壇が検出された。基壇は砂岩で二分割に区画されており、二基の古墓があったと推定された。

●—名月中世墓　北東から

安国寺跡推定地（⑧⑨）では、経蔵（輪蔵庵に比定）以外の伽藍配置は、地普（じぶ）請（しん）などの影響で特定には至っていない。遺物は量的にはさほど多くはないが、整地層から青磁碗（一二世紀後期〜一三世紀）、青磁碗（一五世紀）、備前焼擂鉢（すりばち）（一五世紀前期〜中期：Ⅳ前期・備前焼甕片、瓦器片〈前田型〉）、土師器杯片、羽口片などが出土している。現段階では、細川氏との関連を裏付ける直接的な考古資料はないが、従来の説と考え合わせると、現在の推定地が南明山補陀寺（阿波安国寺）跡であると考えたい。

宝冠寺跡推定地（⑩）では、整地層から多数の瓦片が出土しているものの、遺構は確認されていない。

以上のように、秋月城周辺に整備された寺院については、全体的な伽藍配置の特定には至っていないが、一定の成果が得られており、寺院が所在したことは推定できる。また、出土した瓦は、蛭子瓦窯跡出土瓦と類似していることから、蛭子瓦窯から供給されたものと考えられる。

【参考文献】徳島県板野郡土成町史編纂委員会『土成町史 上巻』（一九七五）、徳島県教育委員会文化課『徳島県文化財調査概報』（一九七八）、土成町文化財保護審議委員会『土成町指定文化財ガイド』（一九九二）、市場町史編纂委員会『市場町史』（一九九六）、阿波市教育委員会『秋月城跡・阿波安国寺跡発掘調査概要報告書』（二〇〇六）、徳島県教育委員会『徳島県の中世城館 徳島県中世城館跡総合調査報告書』（二〇一一）

（林　泰治）

●讃岐方面を押さえる阿波九城の一つ

西条東城（さいじょうひがしじょう）

〔所在地〕阿波市吉野町西条字町口
〔比　高〕二メートル
〔分　類〕平城
〔年　代〕一六～一七世紀初頭
〔城　主〕岡本氏、森氏
〔交通アクセス〕JR徳島線「牛島駅」から車で一〇分。徳島自動車道土成ICから車で一〇分。

【城の由来】　西条東城は、吉野川の沖積平野に臨む扇状地（せんじょうち）の扇端部に位置する。扇状地は讃岐山脈から流れ出す宮川内谷川の堆積に起因するもので、沖積平野は吉野川による自然堤防と後背湿地で形成されている。本城は、この扇状地と後背湿地との境界の緩い変換点に立地している。南約三〇〇メートルに吉野川の旧堤防の大牛堤があり、かつては吉野川に近接しており、吉野川を利用した水運が推定されている。

また、城の北辺は近世以来の主要道の一つである八幡街道に面しており、河川と街道を意識した選地といえる。古絵図には、天守台を持ち、水濠と土塁に囲まれた広大な平城であったことが描かれているが、現在は田畑に埋もれ一部は宅地となり、わずかに水田の地割に濠の面影をとどめるだけであ

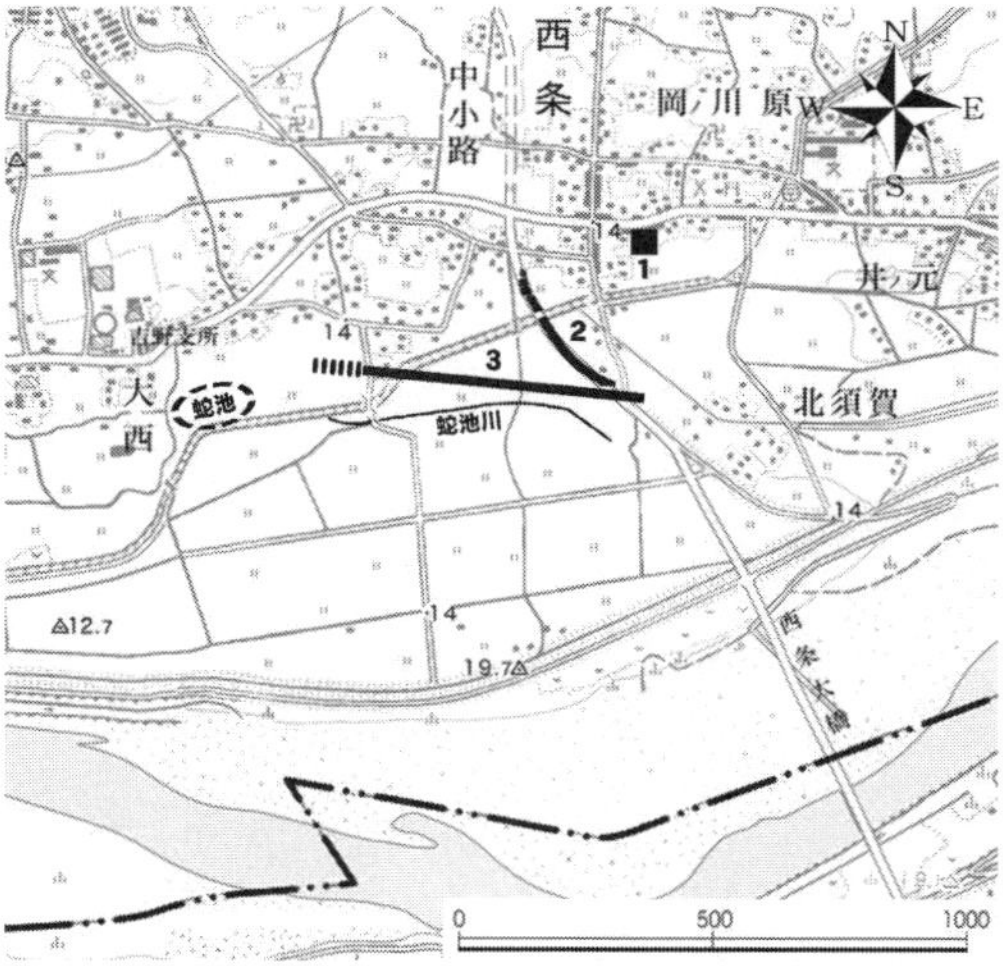

●—西条東城の立地（1：西条東城　2：町口遺跡　3：大牛堤）

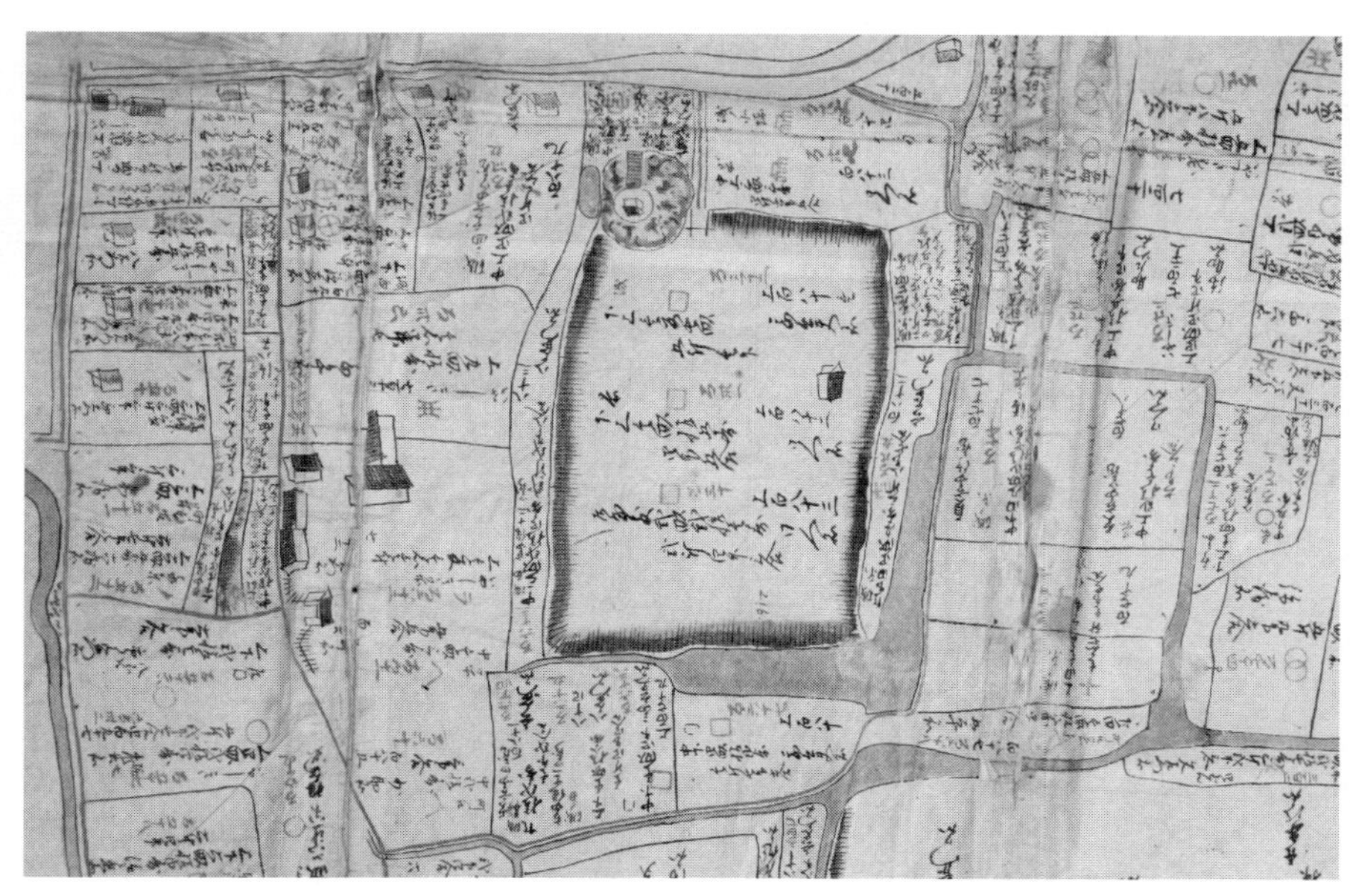

●—板野郡西条村給地絵図（文化〜天保期）

る。また、本城の西約一・九キロには、西条西城と呼ばれる平城も伝えられている。

西条東城は、戦国期は、守護細川持隆や三好実休の舅で、細川真之や三好長治・十河存保の祖父にあたる岡本美作守の居城であったとされる。江戸時代初期には阿波九城の一つとして、蜂須賀氏は重臣の森監物を配置し、讃岐方面への備え、阿波郡統治の要としての役割を果たした。廃城時期は、一国一城令の元和元年（一六一五）が有力であるが、寛永十五年（一六三八）の可能性も否定できない。

【城の構造】 現在の城跡は、耕作地や宅地として利用され、土塁や濠などの遺構はみられない。本城の構造を伝える史料としては、『板野郡村誌』に「西條東城址　本村中央字町口ニアリ境域詳ナラス村民天守臺ト唱ルモノ凡圓形ニシテ周囲拾七間直立弐間其南ニ東西参拾五間ノ堀跡アリ余ハ耕宅地トナル」、『吉野町史』に掲載される「三木家系図」の注記には、「城は西条戎台の上に高櫓あり其周囲に館構えにて東西二百歩南北約百五拾歩その内外に壕を繞らし大樹あり櫓の台地は高さ二丈周囲六拾歩櫓の高さは二丈五尺ありき」とあり、天守台や濠があったことが記されている。天守台は後世に取り崩され、現在は宅地となり、わずかに祠や石碑で存在が偲ばれる程度である。また、本城の構造は「板野郡西条村給地絵図（仮称）」（阿波市立吉野笠井図書館蔵）から推定でき、同絵図を分析した羽山久男が、『徳島県の中世城館』の「西城東城跡の古絵図について」で詳細に述べている。この絵図は、図中に記される給人（きゅうじん）の氏名から文化～天保期（一八〇四～四四年）頃の作成とみられ、筆ごとに小字名・面積・収穫高・名負人・給人などが書き込まれている。羽山は、絵図の地割りと現区画がほぼ一致していることから、県道宮川内牛島停車場線の東八〇～一五〇メートル付近にある南北約九〇メートル、東西約八〇メートルの方形地を城跡と推定している。この方形地の内郭には、藪に囲まれた南北約七五メートル、東西約五〇メートルの方形地があり、さらにその東と南の外郭には逆L字形の水路が描かれる。藪に囲まれた方形地の北二筆の小字は「城」、南一筆は字「居屋敷」とあり、ここに城館があったことをうかがわせる。藪に囲まれた方形地の北西隅には、天守台とみられる石段のある小山が描かれ、頂上に小祠と推定できる建物があり、「城ノ北」と記される。また、その隣の地は「城ノ北堀」と記されている。一方、L字形の東側は「城ノ東」、藪に囲まれる方形地の西には「城ノ西」と記されている。羽山は、絵図に記された各筆の面積から、内郭の面積を六三六坪、外郭地の面積を五四八坪と推測している。

文献や地籍図や絵図から想定される阿波九城時代の西条東城の規模は、八幡街道に面した北西隅に東西一五メートル、南北二〇メートルの天守台を配した東西八〇メートル、南北一三五メートルの主郭、その東側に副郭とみられる東西四五メートル、南北六五メートルの方形区画が附属したものであったと考えられる。主郭を取り囲む濠跡は、東側で幅一〇メートル、西側で一〇メートル、南側二五メートルがその痕跡と捉えられるが、北側は宅地などで明確でない。

本城から約五〇〇メートル西方の地点で、平成十一～十四年にかけて、県道改良工事にともなう発掘調査が行なわれ、一三～一四世紀と一六世紀の周溝屋敷地が検出された。この町口遺跡は、吉野川下流域北岸の標高約一二メートルの沖積平野に立地し、現在の吉野川河道までは四五〇メートルの距離で、吉野川旧堤防の大牛堤とは至近距離に所在している。検出された周溝屋敷地の規模は、推定で東西一一〇メートル×南北九〇メートルあり、幅約五メートル、深さ約一メートルの溝二条で区画された一辺約九〇メートルの方形屋敷地が二区画あり、区画内部では掘立柱建物二五棟が復元され、四×七間、床面積一二三平方メートルの県下最大級の掘立柱建物跡も検出されている。区画溝の一部には、船着き場とみられる石列やテラスが設けられ、繋留用とみられる杭跡も確認された。調査区周辺に広がる現在の水田区画は、屋敷地を囲む溝に一致しており、この区画を踏襲している。

出土遺物は、青磁・白磁・染付などの貿易陶磁器が多く、

●―西条東城と町口遺跡の模式図

県内では城館や流通拠点に限定される瀬戸美濃焼もまとまって出土している。また、県内では二例しかない青磁酒海壺も一点見つかっている。

城南側の水路・配水管埋設工事にさいして、溝跡の落ち際が検出されていることなどから、西条東城周辺には周溝屋敷地が連続して広がるものと推定され、城周辺の防御や城下の形態を表すものと考えられている。

また、天守台跡地付近の住宅建設に際しては、絵図に描かれた石段の一部が確認されており、削平された天守台の基礎部分は地下に残存しているとみられる。

【参考文献】徳島県板野郡吉野町史編纂委員会『吉野町史上巻』（一九七七）、徳島県板野郡吉野町史編纂委員会『吉野町史下巻』（一九七八）、湯浅利彦「西条東城」・羽山久男「西条東城跡の古絵図について」徳島県教育委員会『徳島県の中世城館 徳島県中世城館跡総合調査報告書』（二〇一一）、宇山孝人「二つの「一国一城令」と阿波九城の終焉をめぐって」『徳島県立文書館研究紀要第六号』（二〇一四）、宇山孝人「阿波九城の成立と終焉をめぐって」徳島地方史研究会編『史窓四七号』（二〇一七）、辻 佳伸「西条東城」・島田豊彰「町口遺跡」石井伸夫・重見高博編『三好一族と阿波の城館』（二〇一八）、中世都市研究会 徳島大会実行委員会編『紀伊水道内海世界の権力と港津』（二〇一八）

（林 泰治）

●西阿波の重要拠点の一つ

脇城

〔所在地〕美馬市脇町字西城山
〔比　高〕約六〇メートル
〔分　類〕山城
〔年　代〕戦国時代
〔城　主〕三好氏、稲田氏
〔交通アクセス〕ＪＲ徳島線「穴吹駅」下車、徒歩五〇分。または、徳島自動車道脇町ＩＣから車で一〇分。

【立地】　脇城は吉野川中流域北岸の標高約一一〇メートルの河岸段丘上に位置する。城の谷川や山根谷川などの開析谷によって南西方向に突き出した形で形成された、高さ約六〇メートルにおよぶ舌状台地の先端を利用し、台地続きの段丘面を大規模な堀切で二重三重に遮断して築城している。山城の麓には居館があったとされ、現在も「大屋敷」の地名が残り、堀跡などの名残をみることができる。

【由来】　脇城は古くは藤原仲房の居城とされ、戦国時代初期には脇権守という人物が館を構えたといわれている。天文二年（一五三三）に三好長慶によって修築され、家臣の三河守兼則に守らせるとともに城下の発展を推進したといわれる。戦国期には武田信顕が在城した。天正七年（一五七九）に長宗我部元親の阿波侵攻により武田氏も長宗我部方に降った。

同年の脇城外の合戦では、三好康俊や三橋丹後守と共に土佐方に与し、森飛驒守、矢野駿河守など三好方の主力を壊滅させている。天正十年（一五八二）、武

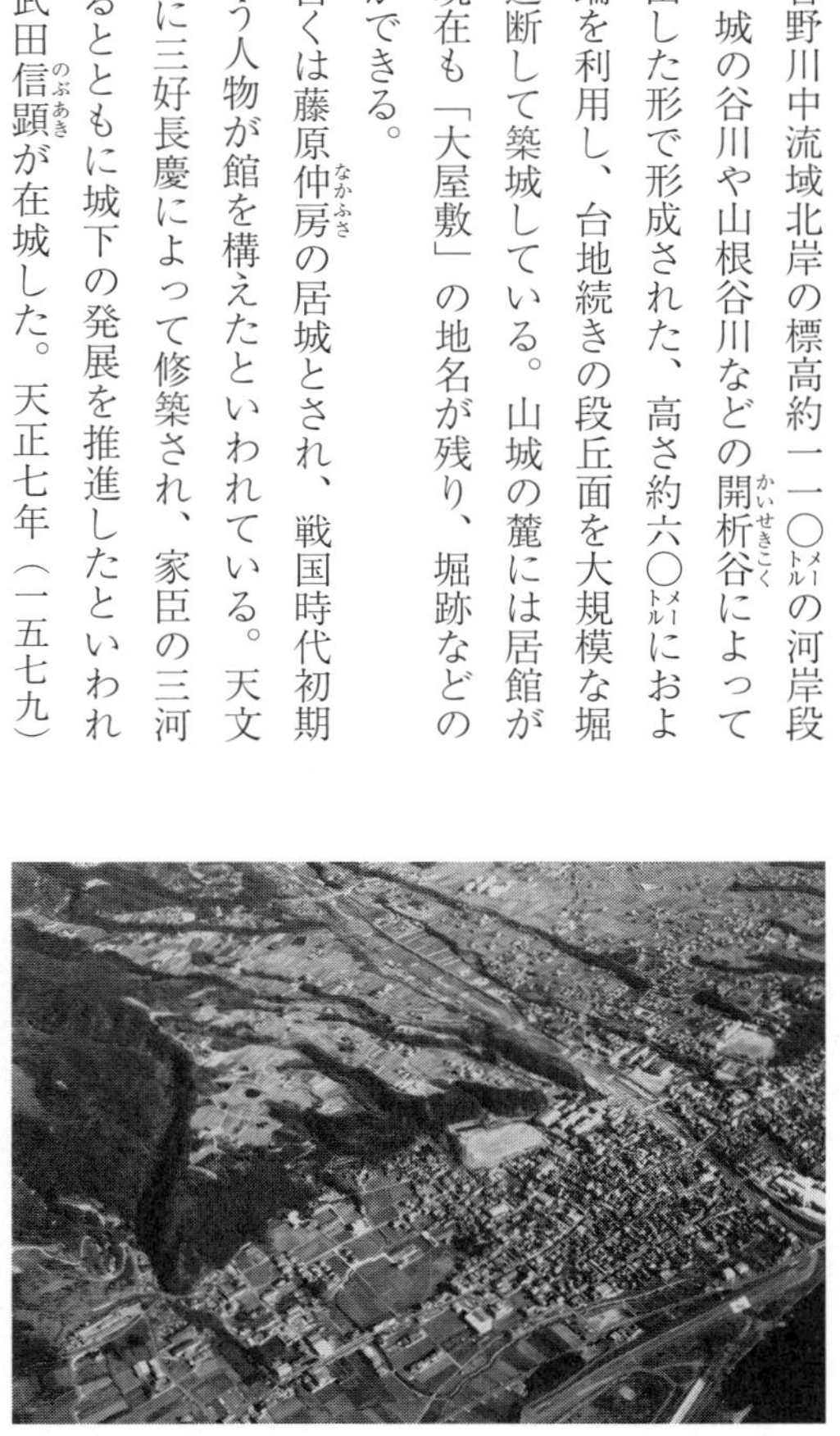

●―脇城空撮

田信頼は三好康長の勧めに応じ、ふたたび三好方となるが、長宗我部方の攻撃で脇城は落城、信頼は讃岐へ逃亡し、子の信貞は自害したといわれる。その後、長宗我部氏は脇城に長宗我部親吉を入れて支城とした。天正十三年（一五八五）、羽柴秀吉が四国平定を開始した。脇城は羽柴秀次による攻撃を受け開城した。秀吉から秀次への書状には、四国攻めの最終目標に一宮城、脇城の名が挙がっており、脇城が重要拠点であったことがうかがえる。同年、秀吉より阿波を拝領した蜂須賀家政は領国支配のため、阿波九城と呼ばれる九つの支城を配した。九城の一つである脇城には筆頭家老の稲田植元を派遣した。慶長十九年（一六一四）の大坂冬の陣および翌年の夏の陣の功績により蜂須賀至鎮は徳川家康より阿波に加えて淡路を拝領する。これにより、寛永八年（一六三一）、稲田示植は淡路由良城代となったことにより脇城を去り、脇城は徳島藩の直轄となった。寛永十五年（一六三八）に幕府の命を受けた徳島藩の施策により脇城は廃城となるが、その後も脇町は在郷町として発展を続けた。

●―土橋

●―堀切

【山城】　山城部分は大規模な堀切により三つの曲輪を造り出している。

主郭Ｉは南北約八〇メートル、東西約六〇メートルの三角形状で舌状台地の先端に位置する。南東以外の周囲を土塁がめぐり、北側斜面には空堀や段が設けられる。主郭南西に延びる尾根上にも小曲輪を配する。主郭の東は幅約二〇メートルの堀切で遮断している。堀切の北側斜面も竪堀により遮断している。堀切には南北二ヵ所に土橋を設けているが、南側の土橋が主郭への通路であったとみられる。昭和四十五年・五十七年の本田昇作図の縄張図には、主郭南東隅に内枡形の虎口が

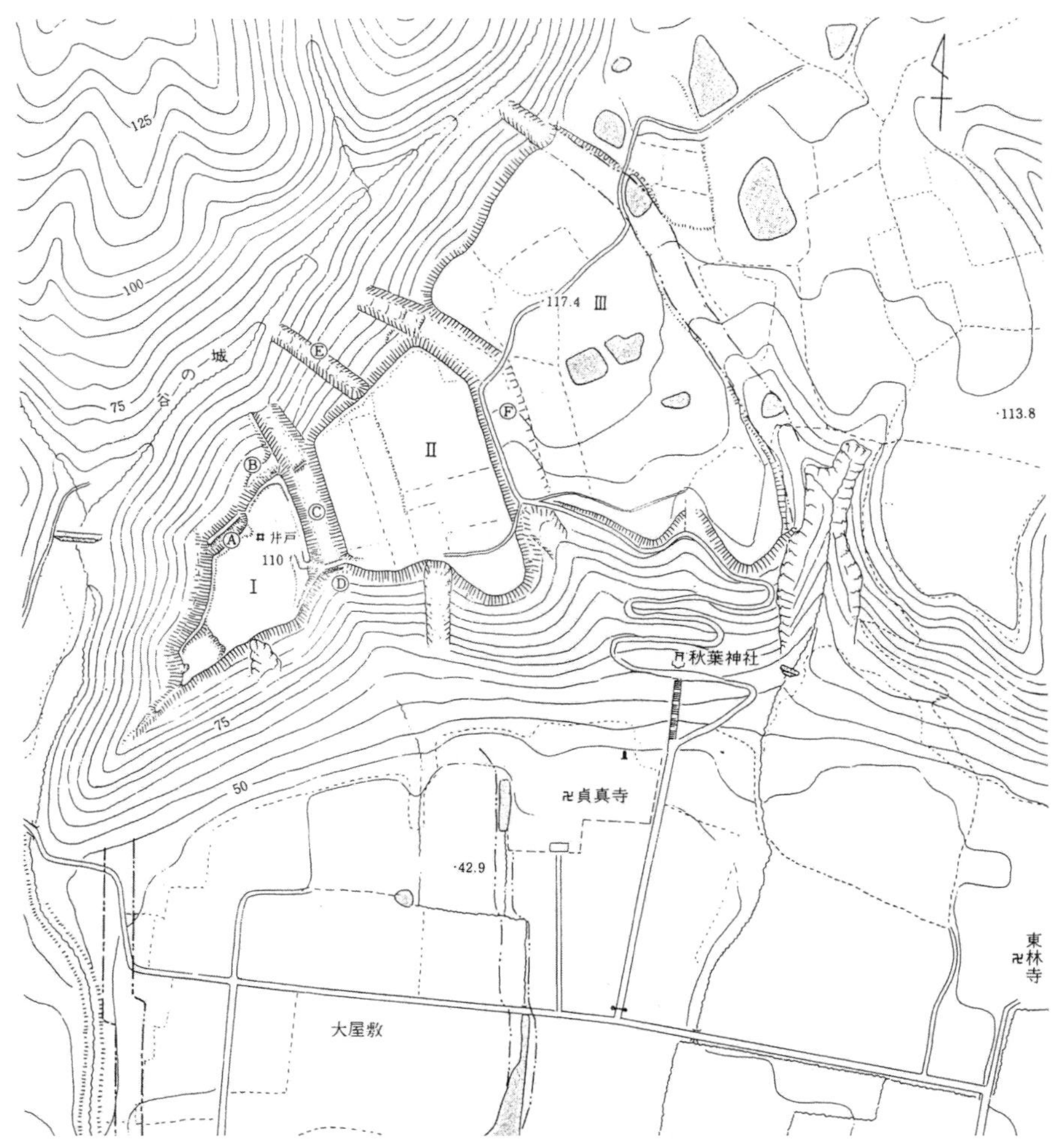

●―本田昇作図　脇城縄張図（徳島県教育委員会『徳島県の中世城館』2011）

あったことが確認できるが、近年の破壊を受けて現存しない。周辺には石材や瓦が散乱していることから、往時は石垣造りで瓦を使用していたとみられる。主郭中央の北西寄りには直径約二・八メートルの石組み井戸が残る。

主郭Ⅰの東側に位置する曲輪Ⅱは、南北約一二〇メートル、東西約八〇メートルの台形状で、南東部に張出を持つ。全体が耕作地や竹林となっている。北辺には土塁状の高まりを確認できる。北側と南側の斜面には竪堀を設ける。曲輪Ⅱの東側は幅約三〇メートルの堀切で遮断される。堀切は堀底が道路として利用されており、保存状態は良くない。

曲輪Ⅱの東側には曲輪Ⅲが位置するが、現在は宅地や田畑となっており詳細は不明である。

【居館】　山城の麓には居館があったとされ、「大屋敷」や「畳屋敷」の地名が残る。現状は宅地や水田となっているが堀跡とされる水路や土塁状の高まりが確認できる。

山城の裾部分には稲田家の菩提寺である貞真寺（ていしんじ）がある。貞真寺は、稲田植元が母の貞真尼の菩提を弔うために慶長年間に建立した寺院とされる。本堂は昭和三十年に火災により焼失したが、近年再建された。本堂前には一八世紀中頃建築の山門（美馬市指定文化財）が現存する。近年修理が行なわれ色鮮やかな朱塗りの門が復活した。寺の北東には稲田家の墓所（美馬市指定史跡）があり、稲田植元やその父貞祐（さだすけ）らの五輪塔がある。

●—稲田家墓所

●—貞真寺山門

貞真寺西側にはかつての水堀の一部とみられる湧水地があり、そこから南へ水路が延びている。水路は二〇〇㍍程南下したのち山根谷川と合流し、脇人（わきひと）神社へ向けて西へ曲がり、神社に沿って南下する。神社の北東部には土塁状の高まりが残る。この水路が居館の東を区切るとみられる。居館の西側は城の谷川によって区画されるとみられ、居館の規模は南北約二〇〇㍍、東西約二二〇㍍と推定される。美馬市教育委員会所蔵の文政年間『美馬郡脇町分間絵図』には山城部分は「城山」の表記があり、居館跡付近には「古城跡」の表記がみられる。

居館跡南端に位置する脇人神社は稲田氏が武田信頼・信定父子を祀るために慶長年間に開かれたと伝わる。

【参考文献】徳島県教育委員会『徳島県の中世城館』（二〇一一）、脇町『脇町史　上巻』（一九九九）

（拝郷哲也）

●県下で数少ない二重堀がある城

重清城（しげきよじょう）

〔美馬市指定史跡〕

〔所在地〕美馬市美馬町字城
〔比　高〕約一〇メートル
〔分　類〕平山城
〔年　代〕鎌倉時代〜戦国時代
〔城　主〕小笠原氏
〔交通アクセス〕JR徳島線「阿波半田駅」下車、徒歩四〇分。または、徳島自動車道美馬ICから車で一〇分。

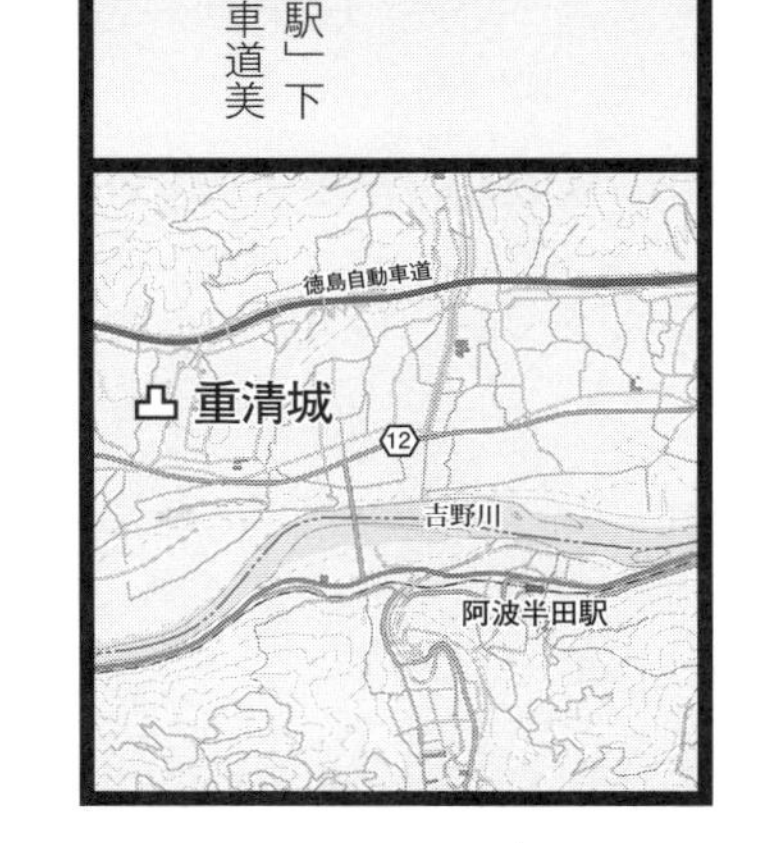

【立地】　重清城は吉野川中流域北岸の標高約一〇〇メートルの河岸段丘上に築かれている。周辺の城跡は眺望の良い段丘先端に築かれる場合が多いが、重清城は段丘中央部付近に築かれている。西側は船屋谷川、北側は城ヶ谷に接する。

【由来】　重清城は鎌倉時代末期に阿波守護小笠原長房の孫の小笠原長親が築城したと伝わる。南北朝期には、南朝方の一宮城主小笠原成宗が正平十八年（一三六三）に北朝方の細川頼之に降り、重清に退隠したといわれている。戦国期には、三好氏の被官として長親の子孫の重清豊後守長政が重清城に拠っていた（『古城諸将記』）。天正五年（一五七七）に土佐の長宗我部元親が阿波へ侵攻を開始した。同六年（一五七八）、元親の意を受けた馬路城主大西上野亮頼包は中島城主久米刑馬と共謀し、重清豊後守父子を謀殺した。元親は、元白地城主の大西覚養を城番とした。十河存保は直ちに重清城を攻め、城を奪取したが、同年六月、元親は大軍をもってふたたび奪い返した。以後、元親は重清城を本陣とし、岩倉城攻めに備えたといわれている（『阿州古戦記』）。その後、織田信長の四国平定による元親軍の後退と阿波への再侵攻の最中、天正十年（一五八二）に落城したといわれている（『城跡記』）。

重清城の南側の段丘先端付近には、天正十年の元親軍との戦いの際に焼失したといわれる圓通寺跡に建立された枯木庵や小笠原一族の墓がある。その他、城の南側では埋納銭が出土したとの伝承があり、重清城と関連する施設が存在した可能性がある。

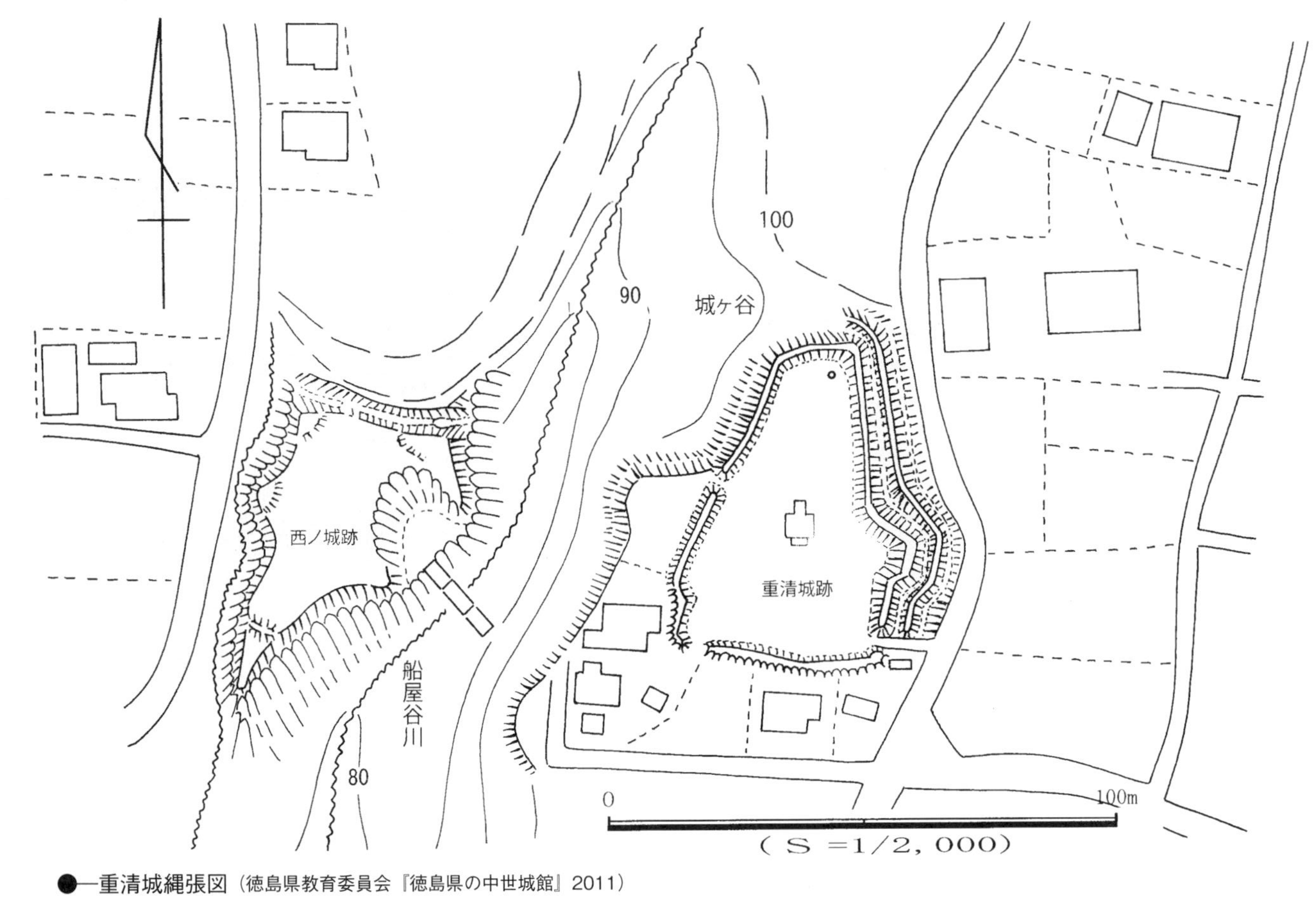

●—重清城縄張図（徳島県教育委員会『徳島県の中世城館』2011）

●―主郭内部

【主郭】　重清城は主郭とその西側に付随する副郭から構成されている。主郭は、南北約六五メートル、東西約四五メートルで北側が狭くなる台形状を呈する。西側には一段下がって副郭がある。北側は城ヶ谷の急崖を利用して防御している。東側は県下でも類例のほとんどない二重堀と土塁をめぐらす。堀は外側が幅約四メートル、内側が約七メートル。土塁は城内側で高さ約〇・六〜二メートルで虎口の存在する南東部がもっとも高い。土塁裾には部分的に土留めとみられる石積みが確認できる。南東隅にある虎口の北側には虎口側と北側の横矢を意識した土塁の折れを設ける。土塁の折れは一〇メートル四方の方形に張り出す形状で、内側に井楼櫓が置かれたことも想定されている。主郭南側には土塁がめぐるが、土塁外側は現在宅地となっている。

平成十五年に徳島県埋蔵文化財センターが実施した発掘調査では南側にも二重の堀跡が確認されている。規模の判明している外側の堀は幅約四メートルである。発掘調査では、堀跡から一四〜一五世紀の遺物が出土しているが、築造年代を特定できるまでの成果は得られていない。

主郭中央部には歴代城主を祀る小笠原神社が鎮座している。また、北東隅には石組みの井戸が残る。

【副郭】　主郭西側の副郭は、主郭より約一メートル低い。南側は宅地となっているため正確な範囲は確定できないが、南北約四〇メートル、東西約一二メートルで長方形を呈する。平成十五年の発掘調査では主郭との境に幅約三メートルの堀跡が確認されている。

【西ノ城】　船屋谷川を挟んで西側に西ノ城と称される曲輪がある。北側を幅約五メートルの堀切で遮断し、曲輪南側の突端に土

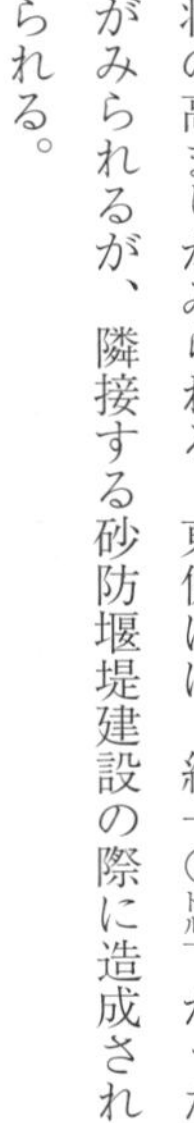

塁状の高まりがみられる。東側には、約一〇メートル下がった平坦面がみられるが、隣接する砂防堰堤建設の際に造成されたとみられる。

重清城にみられる明確な横矢のための折れをともなう二重堀は徳島県内では類例がほとんどなく、長宗我部氏による改修によるものとみられている。主郭南側は宅地となっているが、その他の部分は良好な状態で残されており、貴重な城跡である。

●—二重堀と土塁

●—主郭内井戸

【参考文献】徳島県教育委員会『徳島県の中世城館』（二〇一一）、「重清城跡」徳島県埋蔵文化財研究会『平成十五～十六年度　指定史跡等保存活用事業埋蔵文化財発掘調査報告書（Ⅰ）』（二〇〇六）、美馬町『美馬町史』（一九八九）

（拜郷哲也）

●国境の要にある最西端の阿波九城

池田城（いけだじょう）

〔三好市指定史跡〕

〔所在地〕三好市池田町ウエノ
〔比　高〕約二〇メートル
〔分　類〕山城
〔年　代〕鎌倉時代～寛永十五年（一六三八）年
〔城　主〕小笠原氏、大西氏、牛田氏、中村氏
〔交通アクセス〕ＪＲ阿波池田駅から徒歩約一〇分。

【城の概要】 城は、ウエノ台地とよばれる標高一二七メートルの河岸段丘上の東部に位置する。北は阿讃山脈を隔てるように吉野川が流れ、南は中央構造線のずれにより生じた急な断層崖で守られており、市街地との比高差は二〇メートル近くもある。また池田は阿波最西端の地域として、古来より讃岐、伊予、土佐を結ぶ交通の要衝地であったことから、国境防衛はもとより経済・行政面でも重要な役割を担ったとみられる。このことは、戦国期に阿波に入部した蜂須賀氏が、阿波九城の一つとして池田城を整備したことからもうかがえる。

【築城から廃城にいたる背景】 築城時期については諸説ある。まず承久の乱で戦功をあげ阿波国守護に任命された小笠原（源）長清が池田城を築いたとされる説があるが、長清は六波羅の評定衆として在京していたことから、守護職を引き継いだ二代目長経の築城ともいわれている。その一方で、長清・長経は守護所を井隈荘（現在の藍住町勝瑞）に置いたともされ、築城は三代目長房であったとの説もあり、いずれも定かではない。

阿波を本拠とした小笠原氏は、建武三年（一三三六）足利尊氏率いる北朝方の細川和氏らが阿波に入部したことに反発し、白地城の大西氏などとともに南朝方として戦ったが、小笠原義盛の時に細川氏の勢力に下り、三好郡一帯の守護代として地位を確保した。南北朝末期～室町初期に三好郡の在名をとって、三好氏を称するようになり、戦国末には四国・近畿一円に勢力を拡げることとなる。

京都と深いつながりを持った阿波守護細川氏は、阿波入部以来、守護所を秋月（阿波市土成町）に置いていたが、一五世紀にこれを勝瑞に移した。三好氏もまた勝瑞を本拠としたため、池田城は白地城主大西氏の支配下へ入った。

天正四年（一五七六）には長宗我部元親の阿波侵攻が始まり、結果的に三好方は敗北し、統治権は長宗我部氏に移っていく。

しかし天正十三年（一五八五）、今度は羽柴秀吉の四国侵攻により、長宗我部氏が敗れると、先述のように蜂須賀家政が阿波に入部し領内に支城を配置した。池田城はいわゆる阿波九城の一つとなり、牛田一長（後に掃部一長）が兵三〇〇とともに城番として入城した。その後の慶長三年（一五九八）には、海部城から中村右近重勝が城番に代わり、蜂須賀家に恭順しない祖谷山や郡内の一部勢力の平定など、領地支配の安定化に努めた。

●—池田城空中写真

やがて、寛永十五年（一六三八）、幕府の命をうけた藩の施策により池田城は廃城となる。廃城後、要衝地としての統治機能を維持するために、海部郡鞘浦（後に日和佐）、撫養（岡崎）とともに、池田にもウエノ台地下に陣屋が置かれた。現在でも「陣屋通り」という通り名が町に残されている。

廃城により、城郭や塀・櫓は取り壊され、石垣は地中に埋められたため、永らくその姿は忘れ去られた。

【城の構造】　池田城の規模については、明治十四年（一八八一）『阿波国三好郡村誌』「池田城又大西城トモ云フ　本村北ノ方字上野ニアリ東西二町　南北壱町　回字ノ形ヲ為ス　今畑トナレリ　東西ニ濠跡アリ　東ニ城門ノ跡アリ」の記述が具体的である。まず東西に約二一八・二メートル、南北に約一〇九・一メートルの規模で、「回字ノ形」の記述から主郭を囲むように濠などをめぐらせた方形の曲輪が想定できる。その東西には、南北方向に走る濠跡が残り、城門は東側、現在の池田小学校校庭付近に設けられていたと思われる。東の濠位置は校庭西側付近に想定される。西の濠は、昭和の聞き取り調査にもとづくと、池田中学校プール付近のものに加え、現在の

●―池田城地籍図（1/6,000）

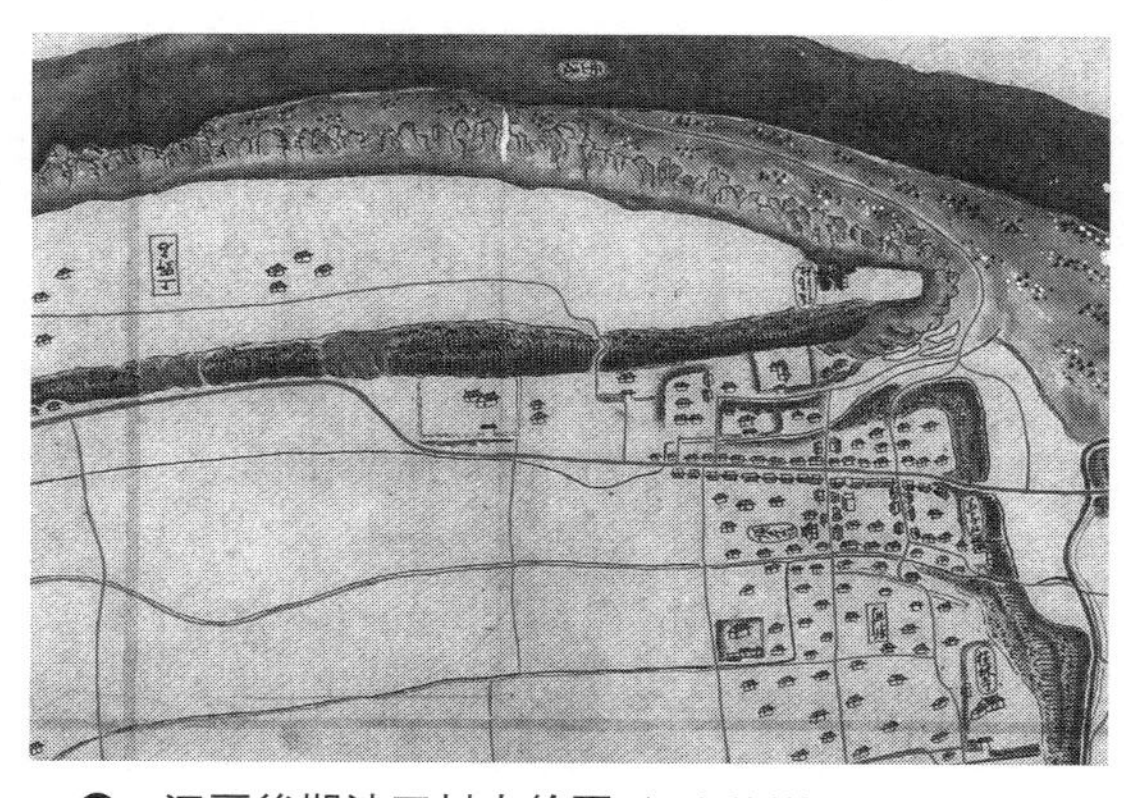

●―江戸後期池田村古絵図（一部抜粋）

池田幼稚園の西北端から北の墓地付近にもやや狭い堀（中の濠）が存在したらしく、西側は二重の堀で守られていたことになる。いずれにしても『郡村誌』が書かれた当時の城跡は畑地となっており、石垣は埋設された状態であったが、諏訪公園の整備や小学校建設など大規模な削平が入る以前と思われる城跡の形態がわかるのは貴重といえる。なお地籍図では、濠跡と想定される南北の細い地割、曲輪と思われる方形区画が確認できる。現地踏査では史跡範囲の北面、池田中学校裏手に、濠の残欠ともとれる窪み地形がみられるが、雑草などの周辺環境もあり遺構の観察は困難である。

【石垣の発見と発掘調査】 昭和二年（一九二七）五月十八日の『徳島毎日新聞』に「剣戟の往時を偲ぶ池田城址発見」と記事が出された。当時の池田尋常高等小学校の敷地を拡張するため工事を行なっていたところ、長さ二〇軒、深さ四尺の城址の石垣が掘り出されたとあり、さらに掘り進めると「弥々築城の跡歴然として顕れ」地域の大きな関心を呼んだという。文政年間（一八一八〜二一）頃と推定される池田村（および大西町）などが描かれた分間村絵図には、ウエノ台地の東端に諏訪社がある以外に池田城の規模や痕跡を表すものは描かれておらず、石垣はおよそ三〇〇年ぶりに日の目を見たこととなる。

残存していた石垣は、蜂須賀氏が支城として再整備した慶長期のものと考えられている。石垣は露出されたまま、昭和二十九年（一九五四）には町立の幼稚園が建設され、池田町（現三好市）の文化財（史跡）指定はそこから遅れること昭和三十二年（一九五七）のことであった。

昭和五十三年（一九七八）、城跡に立地する池田幼稚園が鉄筋コンクリート園舎に改築されるさい、石垣は東北隅と東側の北から半分を残して埋め立てられることが決定し、その年の八月に池田町教育委員会による発掘調査が実施された。調査の目的は城跡としての遺構などの残存状況および「弥生式土器の散布地」でもある当該地に関連した遺構調査の二点であった。調査区内では、戦国期に属する遺物（土師質皿・備前焼甕・青磁碗・白磁皿・青花皿・瓦）などが出土し、層位を観察するための筋状トレンチからは、基盤土壌上に西高東低のゆるやかな傾斜の畑地（耕作土層）が確認でき、長期にわたり削平による地形の変化（平地化）を受けていることを捉えるにとどまったとされている。

●—昭和53年調査時の北面石垣

●—池田幼稚園に保存された石垣

【参考文献】『徳島県の中世城館』（徳島県教育委員会、二〇一一）、『池田町史　上巻』（池田町教育委員会、一九八三）、『池田城跡発掘調査報告書』（池田町教育委員会、一九七九）、『三好郡の城址』（みよし広域連合、二〇〇六）、石井伸夫・重見高博編『三好一族と阿波の城館』（戎光祥出版、二〇一八）、『日本城郭大系　第一五巻　香川・徳島・高知』（新人物往来社）、『三名村史』（山城町、一九六八）

（秋田愛子）

●西阿波を代表する大規模城郭

白地城（はくちじょう）

〔三好市指定史跡〕

〔所在地〕三好市池田町白地
〔比　高〕約四〇メートル
〔分　類〕平山城
〔年　代〕鎌倉時代～天正十三年（一五八五）
〔城　主〕大西氏、長宗我部氏
〔交通アクセス〕JR三縄駅から徒歩約二〇分・阿波池田BTより四国交通バス「白地城址」下車すぐ、または市営バス「三好橋」下車後、徒歩約一〇分。

【歴史的背景】　白地城は、鎌倉時代末期に西園寺家の荘園「田井ノ荘」の荘官として京から派遣された近藤氏の荘官館がその始まりといわれる。

建武三年（一三三六）細川氏が北朝勢力として阿波に配置され、白地城主であった大西氏は池田城の小笠原氏と南朝方に与し共闘していたが、康永二年（一三四三）、ともに細川氏の支配下に転じた。以降、大西氏は小笠原氏の被官となり、戦国期に入ると三好氏（小笠原氏の改姓）が勝瑞へ移るにあたり大西氏が池田城も管理下におさめ三好郡西部で存在感を持った。

天正四年（一五七六）、土佐の長宗我部元親が四国侵攻を開始すると、大西覚養は弟の頼包を人質にいったん恭順を示したが、まもなく反旗を翻したことにより長宗我部軍が侵攻を再開し白地城を攻略する。覚養は讃岐麻城へ逃亡、畿内から戻っていた老年の頼武も自決した。支配権が長宗我部氏に移ると四国統治の本拠地になるべく、城は大規模な改修が行われた。天正十三年（一五八五）、羽柴秀吉による四国攻めのさい、長宗我部氏はまさに白地城に本陣を構え相対したが土佐へ撤退。白地城は阿波に入部してきた蜂須賀家政が池田城を支城として残したため、廃城に至ったとされる。

【城の構造と現況】　白地城は、池田町を北流する吉野川の左岸側、標高一五三メートルの河岸段丘上に位置する。東の段丘崖は比高差四〇メートルにおよび、北方を風呂の谷川、南方を大岩谷川の浸食を受け、独立的な丘陵状の地形を呈している。城郭の

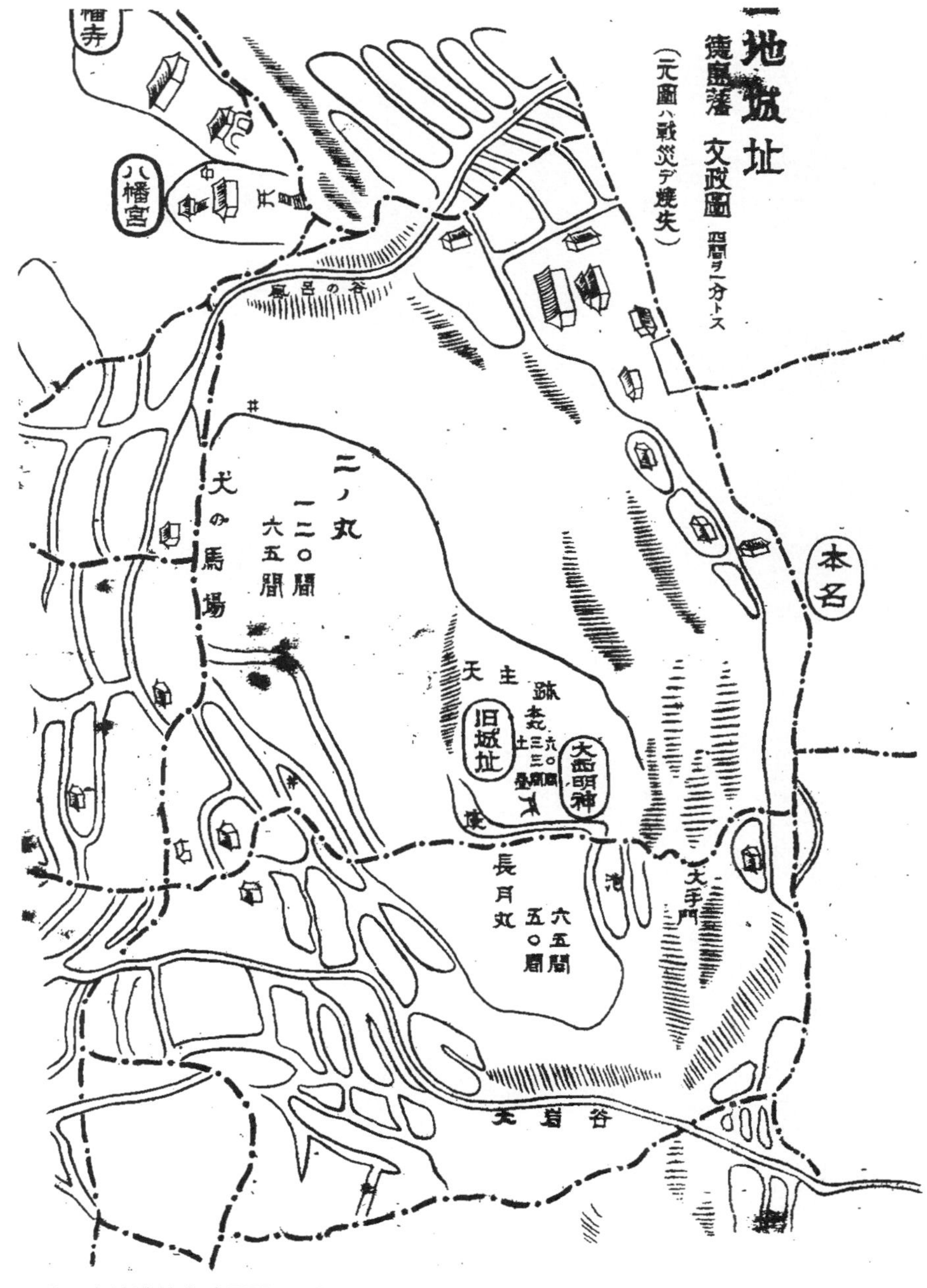

●—白地城址文政図写し（『佐馬地村史』）

●—白地城跡遠景

背となる西側は、ややくびれた地形と台地を挟み山岳地帯に連なっている。

四国のほぼ中央部に位置し、土佐、伊予、讃岐の三国に向かうための交通の要衝にあたる重要拠点であったため、馬路(うまじ)川を挟んで北に構えられた「花駒屋敷」や、吉野川本流を挟んだ南東の「太鼓山城」など、近辺には防衛を固めるための出城などが配置されていた。

白地城跡の規模や形状の記録としては、文政年間(一八一八〜三〇)に記録された『白地城址文政図写』(『佐馬地村史』掲載)がある。北西の「二の丸」一二〇間/六五間、土塁囲みの「本丸」六〇間/三三間、南に面する曲輪「長月丸」六五間/五〇間と、各区画の位置と法量がわかる。また東側の「大手門」と「池」、二の丸より西側の「犬の馬場」の位置も描かれる。

明治十四年(一八八一)の『阿波国三好郡村誌』からは、東西を四〇間(約九〇メートル)・南北を一町四〇間(一八〇メートル)という巨大な城郭の規模がうかがえる。また西南方向には幅三間の堀跡、東と北の二方は藪になっており、城域の中程には、一間四尺(約三メートル)の高さをもつ「中央高キ所」が存在し、その上面は、二五坪(約八二・五平方メートル)の広さをもっていた。さらに、四方には幅二間の堀切跡が残っていたという。

いずれも、中世期の規模は不明で、記録上の法量・形状は近世長宗我部氏による改修が行なわれた後、天正十三年（一五八五）廃城の頃もしくはそれ以降の姿であると考えられている。

城址は、昭和四十二年（一九六七）阿波池田簡易保険保養センターの建設からはじまり、度重なる後世の開発事業により、本丸をはじめその大部分が削平された。

北側の風呂の谷と八幡神社の境界には、竪堀とおぼしき最大幅一六メートル、掘肩上部最大幅四・五メートル、垂直部最大幅三メートル、基底部一・八メートルほどの遺構が一部痕跡として確認できる。また本丸まで通じる東崖面の大手道に、文政図で長月丸と描かれた曲輪部分の切岸とみられる遺構などがわずかに残っている。

現在の白地城は、民間の宿泊施設となっており、敷地内には、大西覚養（又は頼武）を祀る大西神社や、昭和十五年（一九四〇）十二月に建立された「白地城址」記念碑などが残されている。城址は、昭和四十六年（一九七一）に池田町（現三好市）の文化財（史跡）に指定された。

【参考文献】『徳島県の中世城館』（徳島県教育委員会、二〇一一）、『池田町史 上巻』（池田町教育委員会、一九八三）、『三好郡の城址』（みよし広域連合、二〇〇六）、石井伸夫・重見高博編『三好一族と阿波の城館』（戎光祥出版、二〇一八）、『佐馬地村史』（田村左源太佐馬地教育会、一九五一）

（秋田愛子）

芝生城（しぼうじょう）

●三好之長・元長の拠った城

〔所在地〕三好市三野町芝生
〔比　高〕約八一メートル
〔分　類〕居館
〔年　代〕室町から戦国時代
〔城　主〕三好之長・三好元長
〔交通アクセス〕ＪＲ徳島線「江口駅」下車、徒歩約二キロ（約三〇分）。

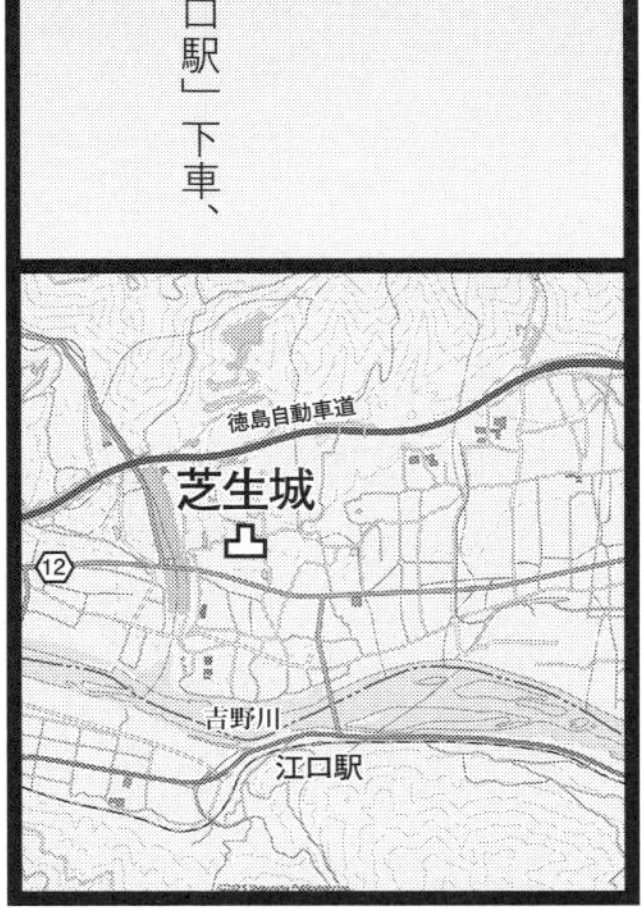

徳島自動車道
芝生城
12
吉野川
江口駅

【撫養街道と芝生津の結節点】　吉野川北岸の標高八一メートルの河岸段丘に位置する。城跡の比定地には遺構などの痕跡は残っておらず、後世の造成などにより北から南に向かい一五〇から二五〇センチの段差のある耕作地が連続している。案内板と昨今建てられた石碑が建つ城跡へは車で入っていくことができ、気軽に訪れることができる場所ではある。

城跡の比定地から南へ五〇〇メートルの芝生の町を撫養街道が東西に通っている。また、『阿波志』に記載がある吉野川畔の芝生津には南岸とを結ぶ渡し船があった。江戸時代、南岸から芝生へ、さらに真鈴峠や樫の休場を通る阿讃越えのルートは主要なものの一つであった。

【字名からみる構造】　「字殿屋敷ニアリ西南切岸東北堀跡アリ回字形ヲナス地面凡壱町三反歩」（『三好郡村誌』）との記述があることから、西と南を切岸で東と北に堀をめぐらせた一辺一町ほどの方形館と推定されていた。

大正五年（一九一六）の地籍図では、字殿屋敷の字界付近の東側と北側に不定型な水田地割（現状は道路）がみられ、幅一〇から一二メートル程度の幅の堀跡と思われる。切岸に関しては、西の字風呂谷との字界や南の犬ノ馬場との字界の竹林地割が当てはまる。この部分は段丘崖で比高差は五メートルを越える。地籍図や現況から考えられる規模は、東西一四〇メートル、南北九〇から一七〇メートルの台形状の範囲と推定されている。

殿屋敷周辺の字名では、北に大善寺、東に馬場・門所、南には犬ノ馬場・市、南西には土居・島土居などがあり、西に約二キロの太刀野山が吉野川に迫る場所には木戸口の地名もみえる。段丘上・段丘下に関連した施設などが広がっていたのかもしれない。犬ノ馬場などは、室町期に隆盛した「犬追物」を連想でき面白い。

また、一説には付随する山城が字殿屋敷の北西に延びる「亭山」にあったとする伝承（『三好郡の城址』記載）もあるが、後世の改変が著しく、亭山の大半が消滅している。

【三好之長・元長】『阿波志』には、「芝生村山麓に在り源之長及び男元長此に拠る」との記述があることから、三好長慶・実休の父である元長や曽祖父にあたる之長が拠った城として三好氏発祥の城であるとの説もある。

これまでの踏査では、字寺ノ前において、一六世紀代の青磁碗の破片や土師器片などが採集され、字大善寺の長山先端の墓地周辺で小型の凝灰岩製五輪塔の集積も確認されている。

【参考文献】『三好郡の城址』（三好郡郷土史研究会編、二〇〇六）、『徳島県の中世城館』（徳島県教育委員会、二〇一一）、石井伸夫・重見高博編『三好一族と阿波の城館』（戎光祥出版、二〇一八）

（岡本和彦）

●—芝生城看板

●—字大善寺

●—芝生城周辺の字名

●長宗我部氏の色彩が強い堅固な城

東山城（ひがしやまじょう）

〔所在地〕三好郡東みよし町東山字柳沢
〔比　高〕約三〇〇メートル
〔分　類〕山城
〔年　代〕南北朝?～天正年中
〔城　主〕大西備中守
〔交通アクセス〕JR土讃線「箸蔵駅」下車、徒歩約三キロ（約三〇分）。

【街道の結節点を押えた立地】　城は吉野川北岸にあって、徳島県東部と西部を結ぶ撫養（むや）街道と、香川県西部の満濃（まんのう）に抜けるルートの結節点に位置する。標高四〇一メートルの城山（じょうやま）山頂にあり、南側に位置する集落との標高差は約三〇〇メートルにも達する。

この要害の城への進入路は道路や駐車場もあるものの、状態は良くなく、東側の団地から尾根状に歩いて登っていくルートをお薦めしたい。比較的緩やかで、古くからの登城コースとも考えられる。また、この団地は開発前に弥生時代の土取遺跡が発掘された箇所でもあり、周辺が古くから開発されていたことも窺い知ることができる。

【実戦的な縄張】　主な遺構は東西方向に約一〇〇メートル、南北方向に約一六〇メートルの範囲で確認でき、残存状況も良好である。主郭は東西二五メートル、南北六〇メートルで北東部が入り角状となっており、北側には櫓台（やぐらだい）と思われる低い高まりと土塁がある。南西側には、一段下がった位置に三角形状の曲輪がある。また、西側には幅が約五メートルの帯状の曲輪があり、主郭へと通じる平入りの虎口が設けられている。主郭の南側・東側は横堀が廻り、南側に一ヵ所、東側に二ヵ所竪堀（たてぼり）を配置し、横方向への動きを断っている。主郭の南東側の曲輪には、現在、四阿が設置されており、その東側には、尾根からの侵入を防ぐ堀切が設けられている。主郭の北側には連続する三重の堀切が配されている。この三つの堀切は平行でもなく、形状・規模も異なる造りとなっており、北側から侵攻する敵の動きにタイムラグをつくり、画一的な行動を取らせないための配置と思われる。なお、縄張図には記されていないが、北側に延びる尾根上には、距離は離れているものの、これ以外にも堀切とも考えられる窪みが数ヵ所ある。

【築城時期と縄張の特異性】 東みよし町の道路標識には、東山城址（阿波の千早城）と案内されている。南北朝期の南朝方の城ともされるが、史料に基づく推定ではない。ただ、過去の城館調査のさいに主郭において一四世紀代の亀山焼甕の破片が採集されており、築城時期を考える上での史料となっている。

●—東山城登り口

『阿波志』には「東山村山上に在り東西に渓在り大西備中守此に拠る」とあり、戦国期には白地城主大西氏の一族が治めていたとされる。現存する遺構からは、横堀・連続堀切・竪堀を多用する徳島県下の山城としては極めて異例な縄張であることから、大西氏による縄張とは考えづらく、長宗我部氏の侵攻により落城し、その後に改築されたと考えるのが妥当である。特に、北側への三重の堀切など香川県側から侵攻を意識する縄張であり、羽柴軍の四国攻めに対応するものと思われる。

【参考文献】『三好郡の城址』（三好郡郷土史研究会編、二〇〇六）、『徳島県の中世城館』（徳島県教育委員会、二〇一一）、石井伸夫・重見高博編『三好一族と阿波の城館』（戎光祥出版、二〇一八）

（岡本和彦）

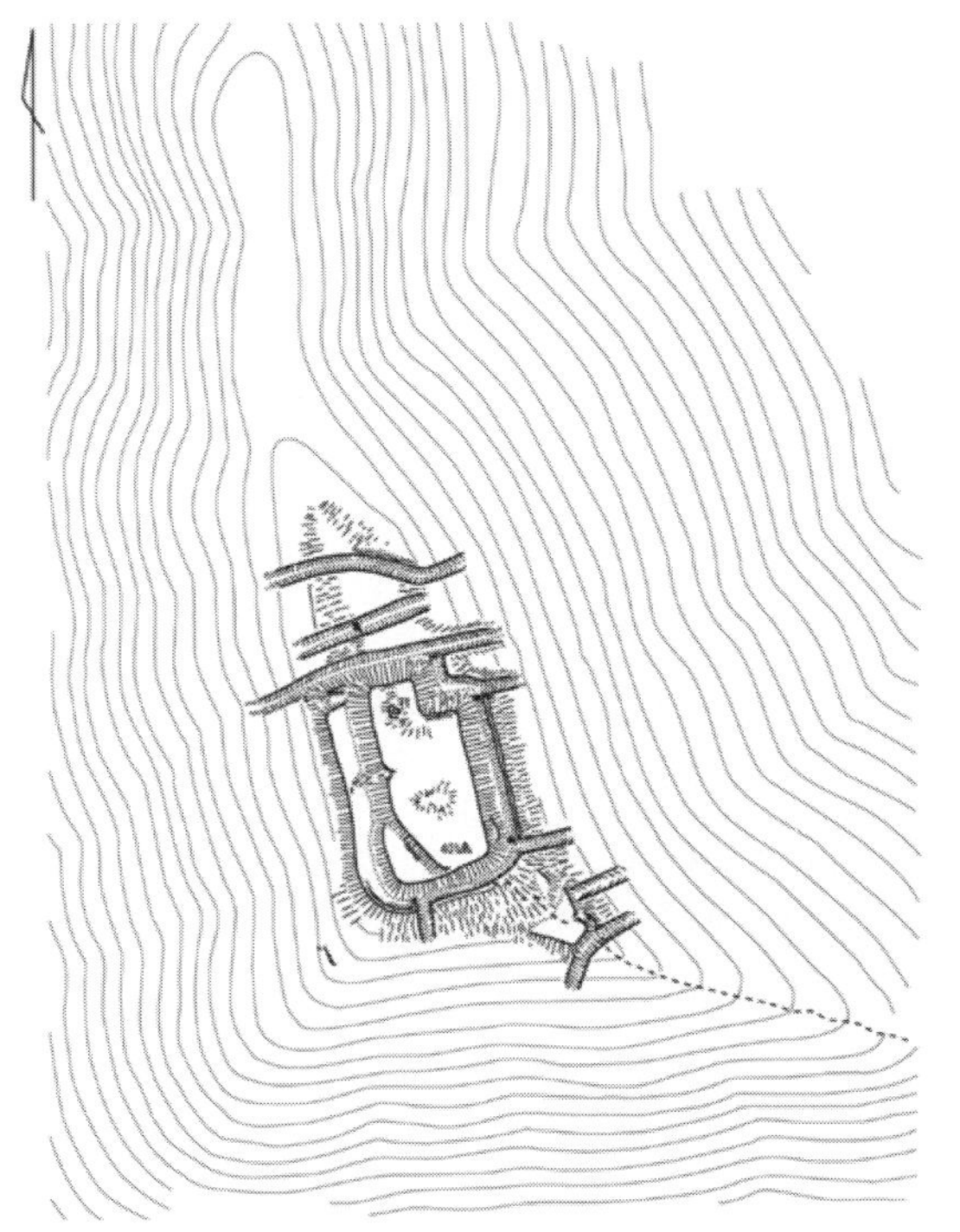

●—東山城縄張図（作図：本田昇 1983 年を再トレース）

花駒屋敷（はなこまやしき）

●抜群の眺望をもつ白地城の出城

〈所在地〉三好市池田町白地井ノ久保
〈比　高〉約三〇メートル
〈分　類〉山城（河岸段丘上の方形館）
〈年　代〉戦国時代末期
〈城　主〉花駒弾正
〈交通アクセス〉ＪＲ阿波池田駅から車で約一五分。

【城の概要と立地】　戦国期西阿波の有力国衆であった白地城主大西氏の重臣、花駒弾正（だんじょう）の屋敷跡と伝えられる。白地城の北方〇・四キロにあり、吉野川と馬路川の合流点に突き出した段丘状の尾根端部に位置する。交通面からは吉野川および馬路川水運の結節点と、伊予方面への街道を押さえる要衝であり、戦略的には、白地城の出城としての機能を有する立地である。

【城郭の構造】　城跡には現在、住吉神社と天満宮がまつられ、忠魂碑が建っている。主郭は南北五五メートル、東西二五メートルを測る。東側およ

花駒屋敷

●—花駒屋敷遠景　手前は吉野川

●—主郭全景

び南側は、吉野川へと落ちる絶壁であり、西側も同様の断崖となっている。尾根につづく北側には、幅五メートル、長さ三〇メートルの土塁状の高まりがみられる。土塁の中央部は、現在は公園の入口となっているが、元は虎口であった可能性が高い。土塁の西側には西向きに竪堀(たてぼり)状の抉れが確認できる。また主郭西斜面にもわずかではあるが土塁の痕跡が残っている。曲輪Ⅱは、主郭南側に付属する東西二〇メートル、南北一五メートルの削平地であるが、緩斜面となっており加工度は低い。

●—花駒屋敷土塁跡

【周辺の状況】 城跡からの眺望は極めて良好で、南に向かって吉野川に沿うかたちで、白地城、中西城、太鼓山城が、西に向かっては馬路川に沿って、粟野屋敷、馬路城、佐野城方面までを一望のもとに見通すことができ、この城館が本城と各支城の連携をとるために機能していたことがわかる。花駒屋敷は、単郭に近い単純な構造ではあるが、白地城の出城として水陸交通の結節点を押さえるという意味で重要な城館である。

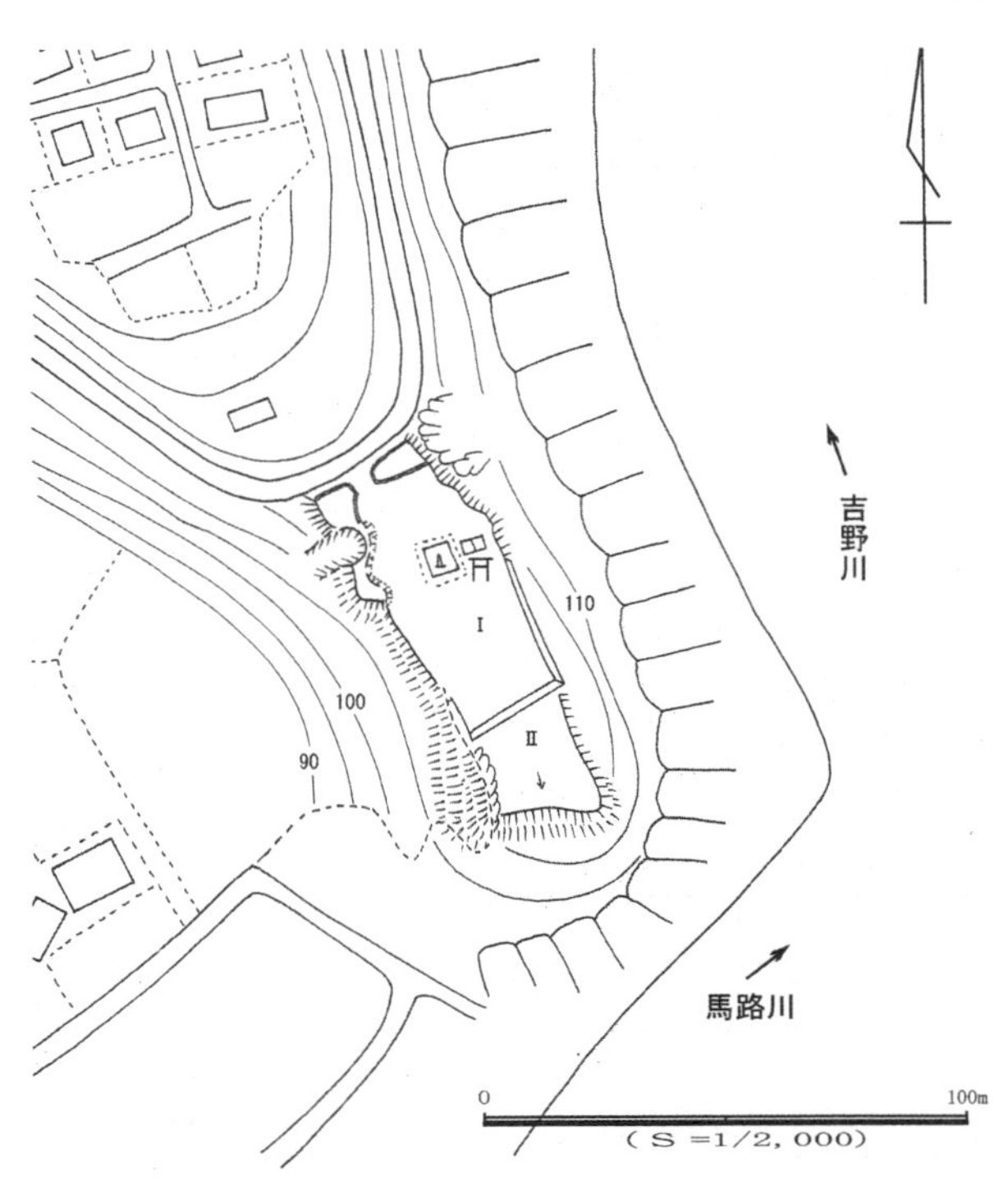

●—花駒屋敷縄張図(作図:石井伸夫)

【参考文献】石井伸夫「花駒屋敷」『徳島県の中世城館』(徳島県教育委員会、二〇一一)、辻佳伸「花駒屋敷」石井伸夫・重見髙博編『三好一族と阿波の城館』(戎光祥出版、二〇一八)

(石井伸夫)

●土塁を持つ、白地城直近の支城

太鼓山城（たいこやまじょう）

〔所在地〕三好市池田町白地字本名
〔比　高〕一一〇メートル
〔分　類〕山城
〔年　代〕戦国期
〔城　主〕不明
〔交通アクセス〕ＪＲ阿波池田駅から車で約二五分。

【城の概要と立地】　白地城直近の支城である。『三好郡志』に「城の臺（だい）」とよばれ堀切（ほりきり）があったと記され、『三名村史』では白地城南方の「城の台」を、有事に太鼓で白地城に合図を送った故事から「太鼓山城」を別名として記している。城は、池田町の中央部、吉野川に突き出した標高二二四メートルの尾根先端部に位置している。吉野川河畔の白地集落から南方の田尾城方面に向かい、土佐へと抜ける旧街道沿いに築城されている。白地城下の吉野川に架かる三好大橋に立つと、正面に台形状に屹立した山容が望める。城主については

太鼓山城

●—太鼓山城遠望

●—主郭跡と竜王社

伝承もなく不明とせざるを得ないが、白地城との位置関係などから、大西氏の支城の一つに位置づけられる。

【城郭の構造】 最高所の主郭Ⅰは、長径一七メートル程度の楕円形を呈し、西縁部から北部にかけて土塁をめぐらせており、現状でも三〇センチ程度の高まりとしてその存在を確認することができる。主郭から北東尾根に向かっては、三段の曲輪が配されている。曲輪Ⅱは主郭を取り囲む幅六メートル程の帯曲輪で、北西側に曲輪Ⅲから通じる虎口を設けている。曲輪Ⅳは幅五メートルの、これも帯状の曲輪で、北側中央部に虎口を設ける。北東端部には、高さ一メートルの土塁を二〇メートルにわたりめぐらせ防備を固めている。曲輪Ⅲとの比高差は約八メートルである。また、北側の緩斜面にも削平の甘い平坦地が数ヵ所確認できる。主郭の背後は、南西側尾根筋との比高差が一〇メートル以上ある急斜面で、切岸を加えて防御を固めている。また、主郭直下の古道の一部が石積の橋となっており、もとは堀切で遮断されていたと考えられる。太鼓山城は、小規模城郭が卓越する阿波にあって、比較的大規模で土塁や数段に配された遺構がよく残っている。

●—太鼓山城縄張図（作図：辻佳伸）

●—主郭北側の切岸

【参考文献】石井伸夫ほか「太鼓山城」『徳島県の中世城館』（徳島県教育委員会、二〇一一）、辻佳伸「太鼓山城」石井伸夫・重見髙博編『三好一族と阿波の城館』（戎光祥出版、二〇一八）

（石井伸夫）

天神城（てんじんじょう）

●岩塊を削平した構築された見張り台

〔所在地〕三好市池田町大利字大田
〔比　高〕約一〇〇メートル
〔分　類〕山城
〔年　代〕戦国期
〔城　主〕大西氏
〔交通アクセス〕三縄駅より徒歩約五〇分。

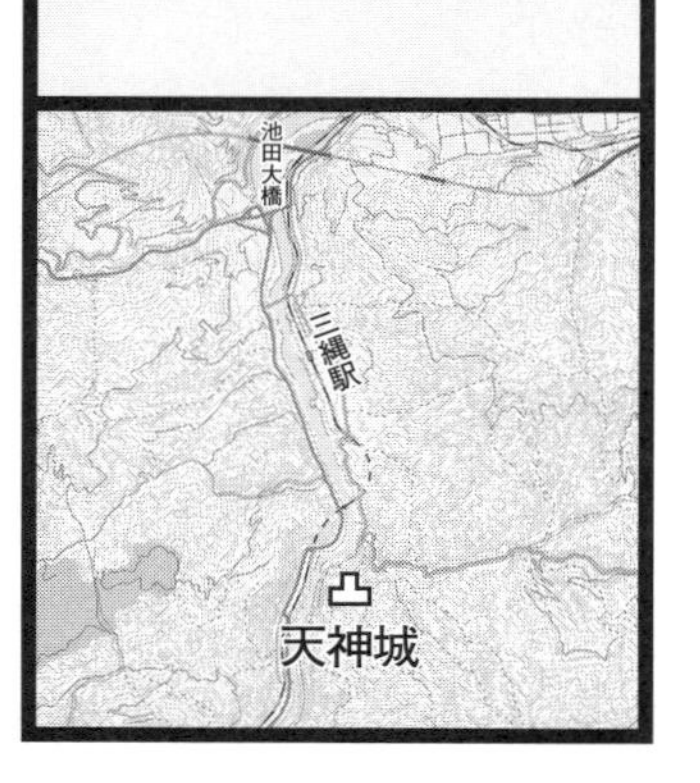

【城の概要と立地】　白地城の南方三・一キロに、吉野川に面して所在する山城である。『三縄村史』に白地城主大西氏が長宗我部氏の侵攻に備え、祖谷口を防御するための詰城として築いたとされる。城跡は、吉野川右岸の南北に延びる標高二一八メートルの尾根上に立地する。非常にやせた尾根で、両側は断崖となっており、要害と呼ぶにふさわしい。この地点は、大利方面から中西へ抜ける旧祖谷街道と漆川方面へ抜ける古道の合流点に位置し、二本の古道と吉野川の結節点を押さえる立地となっている。現状は山林であるが、落葉広葉樹の

●—天神城主郭

●—天神城堀切

雑木林であり、冬場の高台からの眺望は抜群である。主郭からは、中西城および太鼓山城への眺望が効くことから、その北方に位置する白地城との関係で立地を考える必要がある。その機能は、本城である白地城へのつなぎの狼煙（のろし）場、または見張り台であったと考えられる。

【城郭の構造】 最高点に位置する主郭は、結晶片岩の岩盤を削平した長径八メートルの小規模なもので、ここから北側の尾根先端に向かい幅五メートル前後の小規模な曲輪が階段状に七段連属している。南側は尾根続きに三段の曲輪が連続し、その南を幅六メートルの堀切で遮断している。さらに南に二五メートル離れて一条の堀切が配されているが、この堀切は大利に向かう旧祖谷街道の切通し道ともなっている。

なお天神城は、明治から昭和にかけて活躍した郷土史家・近藤辰郎の手になる『古城址地図』にも「しろ山」として記載されている。ここには主郭の北に六段の曲輪、南には一条の堀切が描かれるが、旧祖谷街道の切り通し道は、堀切としては認識されていない。

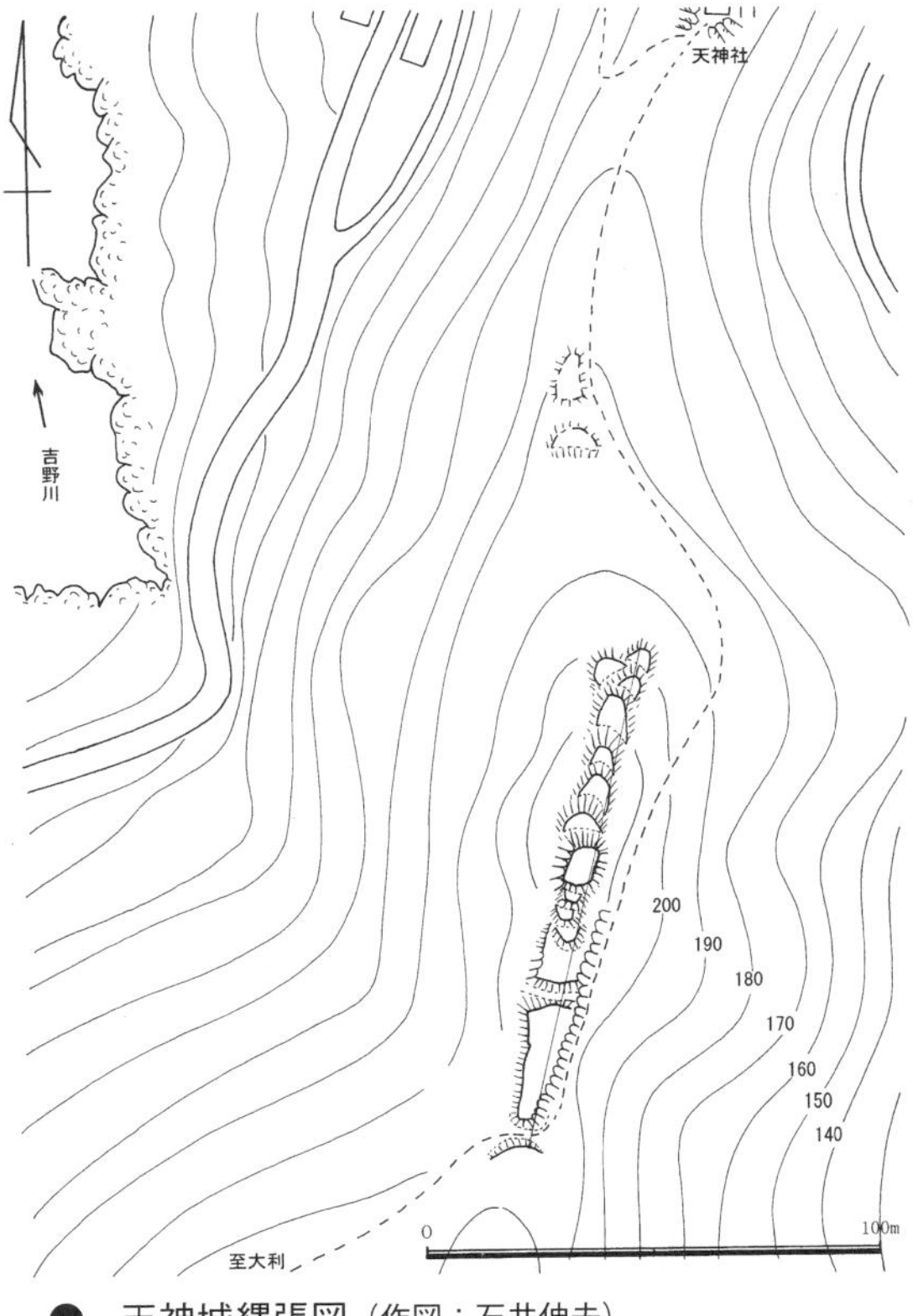

●—天神城縄張図（作図：石井伸夫）

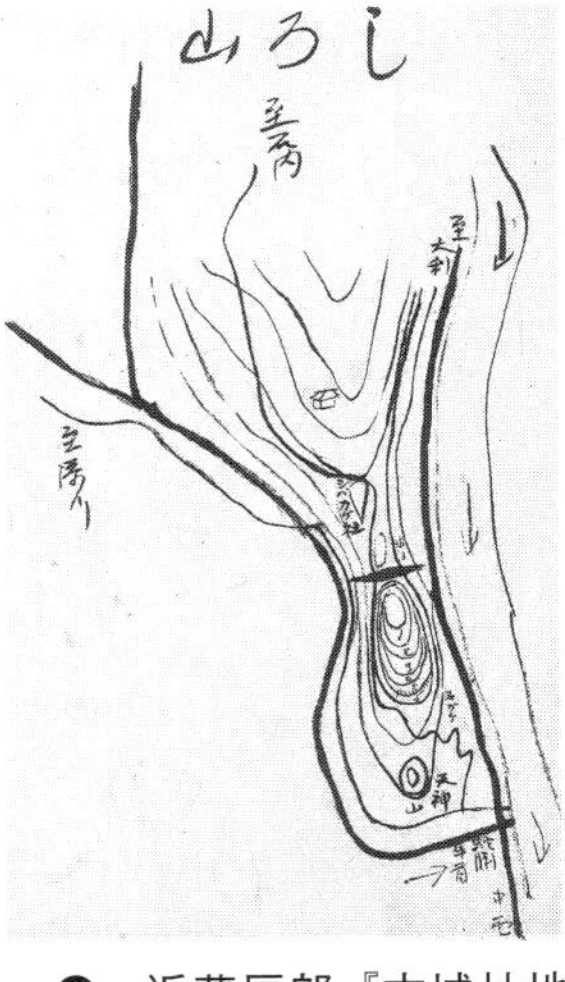

●—近藤辰郎『古城址地図』天神城跡縄張図（徳島県立博物館蔵）

【参考文献】近藤辰郎『古城址地図』（徳島県立博物館蔵）、石井伸夫「天神城跡」『徳島県の中世城館』（徳島県教育委員会、二〇一一）、辻佳伸「天神城」石井伸夫・重見髙博編『三好一族と阿波の城館』（戎光祥出版、二〇一八）

（石井伸夫）

●対長宗我部戦の嚆矢となった山城

田尾城

〔三好市指定史跡〕

〔所在地〕三好市山城町黒川・岩戸
〔比　高〕約三五〇メートル
〔分　類〕山城
〔年　代〕南北朝期・戦国期
〔城　主〕小笠原氏・大西氏
〔交通アクセス〕阿波川口駅より車で約三〇分。

【城の概要と立地】　吉野川沿いの旧街道筋に位置する山城である。南北朝時代に、南朝方の小笠原頼清が築城したとされるが、詳細を示す文献はない。『山城谷村史』では、長宗我部氏の三好郡侵攻に対するため、白地城主大西氏が土豪らを督して築城したものとする。『城跡記』『阿波志』には、大西覚用の弟、大西右京進頼信が守っていたとある。

天正五年(一五七七)の土佐勢の阿波西部への侵攻にあたり、最初の攻防の舞台となった城である。城は、山城町北部、吉野川の支流銅山川右岸の標高四六二メートルの山頂部に位置す

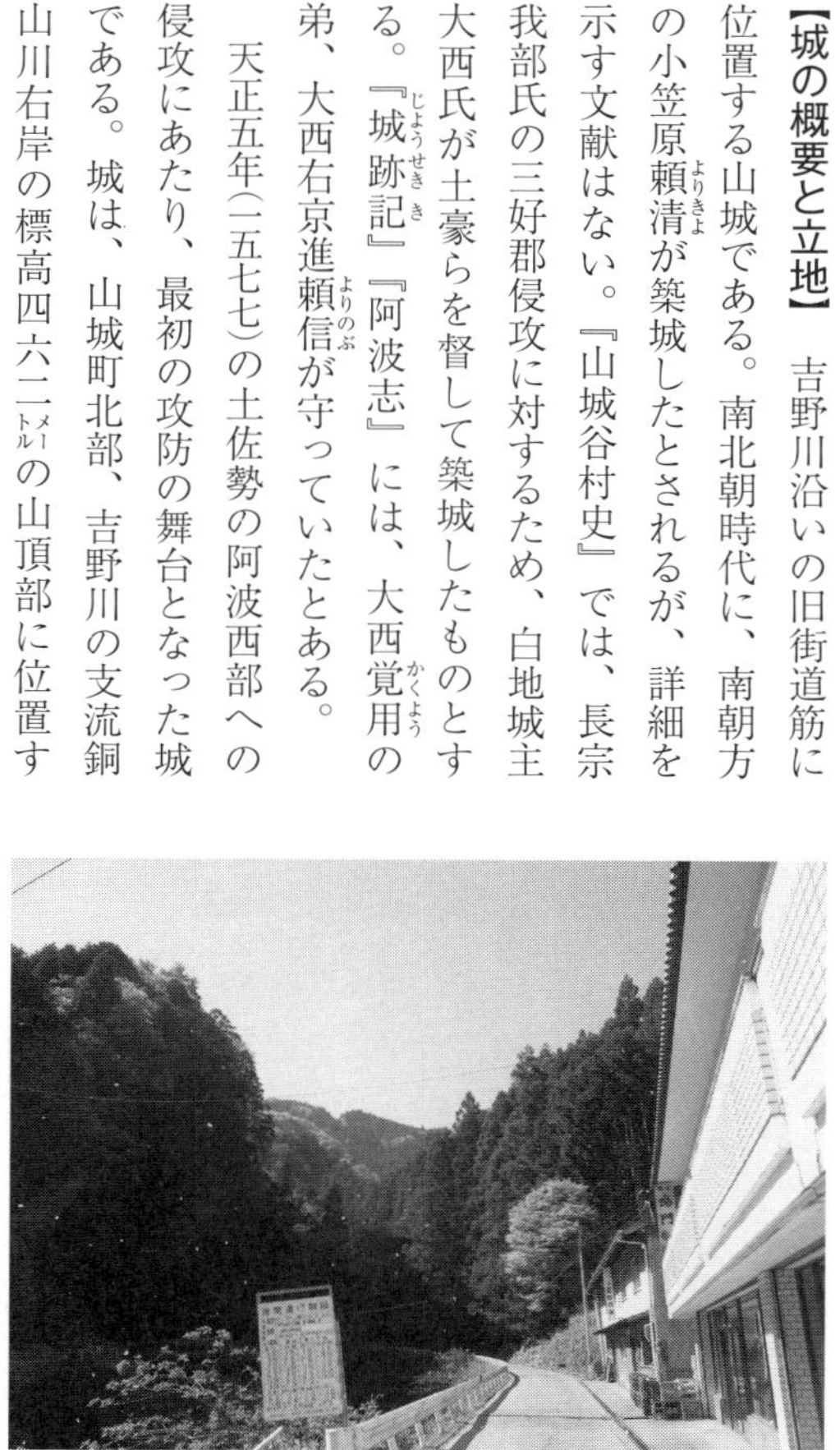

●―田尾城遠望　前方上方の鞍部のある山

●―田尾城全景

る。田尾城は吉野川の左岸にあって、土佐にいたる街道に接している。城名の「タオ」が尾根の鞍部を意味することから、当地点は街道の峠の一つであり、立地の上からは、街道を押さえるための築城とみることができる。城は南北に延びる尾根の二ヵ所のピークを利用して築かれ、それぞれ南城、北城と称されており、保存状態は良好である。

【城郭の構造】南城の主郭Ⅰは径二〇メートルの円形プランで、周囲に土塁をめぐらせ、南北に虎口を開口している。虎口南側の尾根は急傾斜で、途中に小規模な曲輪を四段配し、八〇メートルほど下った鞍部を幅五メートルの堀切で遮断する。一方、主郭北側は三条の連続堀切と土塁で遮断している。南城と北城の間は、三〇メートルにおよぶ岩石の路頭がつづき、天然の防御施設となっている。北城は、南北一〇〇メートル、東西五〇メートル、最高所の主郭Ⅰを中心に帯曲輪をめぐらせ北東方向の尾根筋を堀切、竪堀、土塁で遮断している。

南城は土塁と堀切の多用による防御、北城は曲輪の連続により防御とするというように、築城手法に明瞭な差異が認められる。その理由として、南城を長宗我部氏の改修とする説、大西氏の改修とする説など諸説があるが、いずれにしても、南北両城の築城に時期差がある可能性は高い。

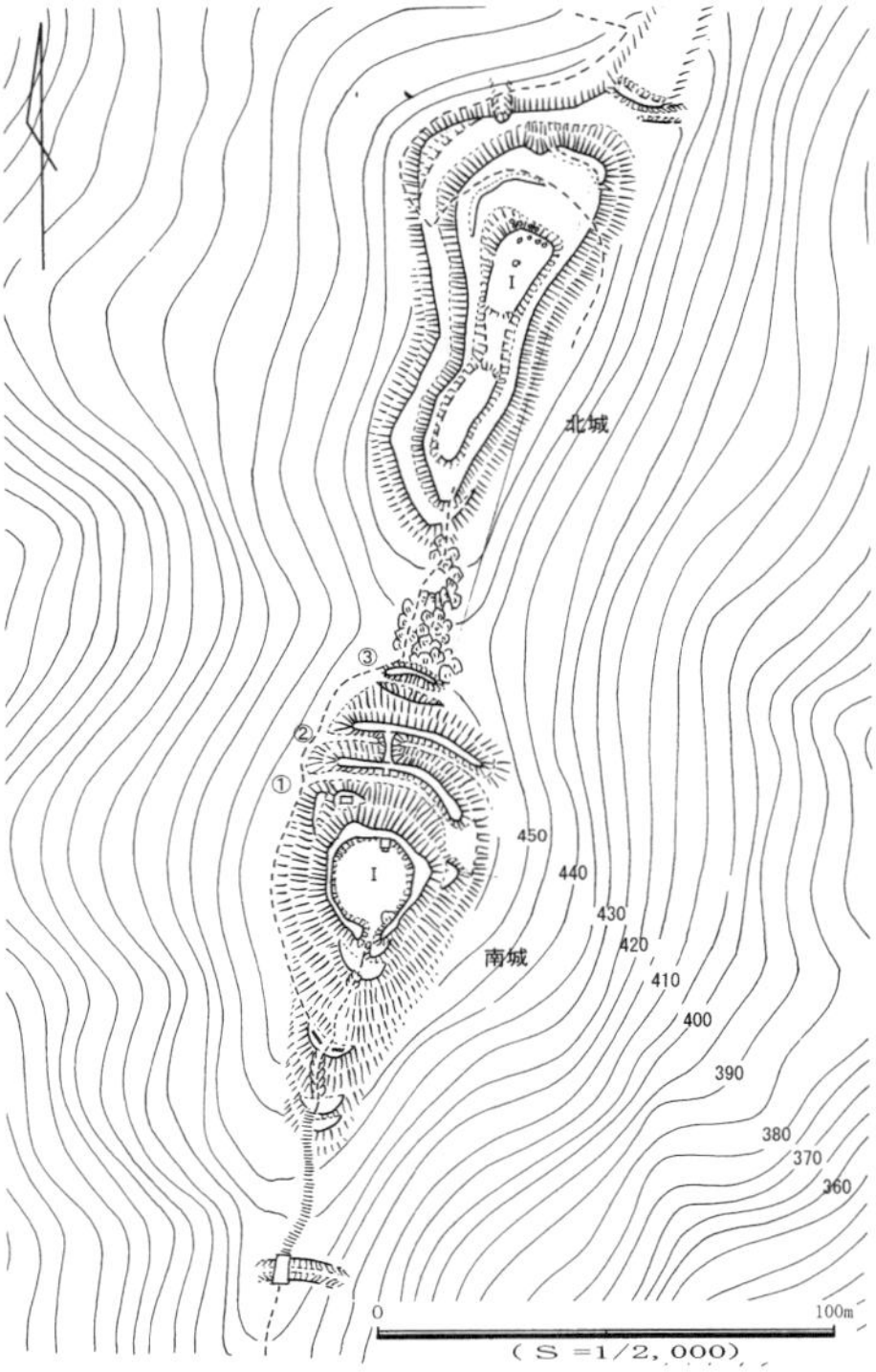

●—田尾城縄張図（作図：辻佳伸）

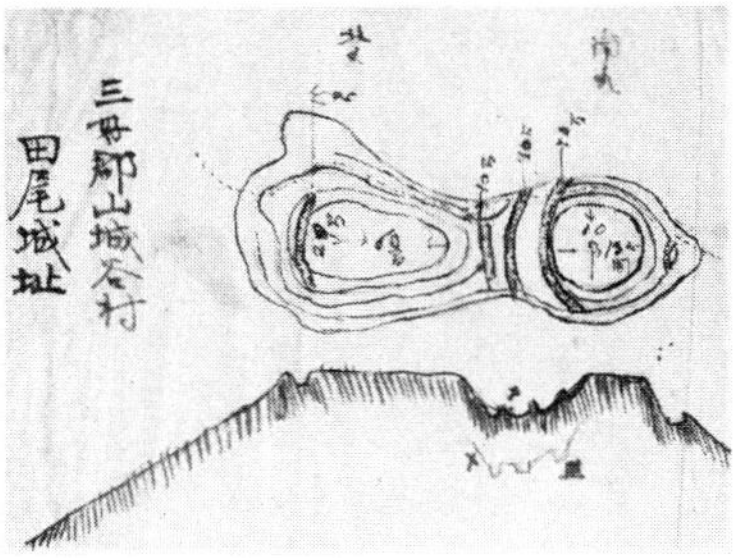

●—遠藤辰郎『古城址地図』田尾城縄張図（徳島県立博物館蔵）

【参考文献】辻佳伸ほか「田尾城跡」『徳島県の中世城館』（徳島県教育委員会、二〇一一）、辻佳伸「田尾城」石井伸夫・重見高博編『三好一族と阿波の城館』（戎光祥出版、二〇一八）

（石井伸夫）

●吉野川下流域に築かれた泰平の世の中世城館

勝瑞城館(しょうずいじょうかん)

〔国指定史跡〕

〔所在地〕板野郡藍住町勝瑞
〔比　高〕約一㍍
〔分　類〕平城
〔年　代〕一五世紀〜天正十年（一五八二）
〔城　主〕細川成之・氏之・真之、三好実休・長治・存保
〔交通アクセス〕JR高徳線「勝瑞駅」下車、徒歩約八〇〇㍍。

【城の立地】

勝瑞城館は、旧吉野川南岸に形成された自然堤防上に立地する。北を旧吉野川、南を吉野川が西から東に向かって流れ、今切川(いまぎれがわ)が勝瑞(しょうずい)の東側で旧吉野川から分流して、南へ流れる。大規模な河川によって囲まれた立地で、河川を介して撫養(むや)や土佐泊、木津、別宮などの海港と結節しており、河川交通によって発展した城館であることがうかがわれる。

街道については、城館北方の讃岐山脈の麓を東西に撫養街道が延びる。撫養街道は、古代官道の南海道とほぼ一致しており、城館からはさほど離れていない。

これらのことから、水陸の交通の要衝に立地した城館であると評価できる。

【城の歴史】

勝瑞は、阿波守護細川氏が守護所を置いた地である。足利尊氏の命で阿波に入部した細川氏は、当初足利氏の所領であった秋月（阿波市）を本拠とする。室町時代初頭には秋月に守護所を置き、寺院を建立するなど整備に努めたが、後に勝瑞に守護所を移転する。移転の時期は諸説あるが、近年の文献と考古学からの研究によって、一五世紀前葉と考えられる。守護所移転当初、守護は在京が原則であったが、一五世紀後半から一六世紀初頭頃に阿波細川家の中心として活躍していた成之(しげゆき)は、文亀二年（一五〇二）に阿波に下向し、以後は在国するようになる。このことが、守護所勝瑞が発展する一大画期である。成之は、後に京兆家を継いだ澄(すみ)元(もと)の祖父で、将軍からの信任が厚く、幕府の中枢で重きをな

した人物であった。また、文化人としても良く知られており、丈六寺が所蔵する「細川成之画像」は自画像と伝えられている。また、能楽や造園にも長じており、京都の将軍邸の庭木の選定に招かれている。そして、自らの京都の屋敷の庭園も素晴らしいものであったことが公家の日記などからうかがうことができる。勝瑞城館跡では、この成之が作庭者と推定される池泉庭園が発掘調査で見つかっている。

阿波細川家は、細川京兆家の祖となった頼之を輩出しており、京兆家ともっとも近い系統として重んじられ、京兆家に養子に迎えられることや、管領代に就任することもあった。しかし、永正三年（一五〇六）には、細川京兆家の家督をめぐる争い「両細川の乱」に巻き込まれる。この内輪もめは、天文二十一年（一五五二）に三好長慶が細川氏綱を家督継承者とするまでの間、断続的に続き、細川氏の勢力が衰えるきっかけとなった。

細川氏に代わって台頭するのが、細川氏の阿波支配の一翼を担っていた三好氏である。三好氏は、鎌倉時代の阿波守護小笠原氏の後裔とされる氏族で、県西部の三好郡内に居住した小笠原氏がその土地の名前を名乗ったのが始まりといわれる。三好氏の名が初めて史料にみえるのは寛正六年（一四六五）二月二十四日付「細川成之奉行人飯尾真覚奉書写」で、阿波三郡守護代の三好式部少輔が登場する。

その後、史料に実名がみえるのは三好之長で、之長は永正三年に、管領細川政元の養子となった阿波守護家出身の澄元の後見人として上洛し、畿内で名の知られる存在となる。しかし、永正十七年（一五二〇）五月十一日、澄元と家督を争った高国に敗れて百万遍（京都市左京区）で自害した。

之長没後は孫の元長が跡を継ぐ。元長は、之長とともに畿内へ出陣していたが、之長が没すると阿波へいったん帰国する。しかし、大永七年（一五二七）には管領細川晴元とともに足利義維を擁してふたたび堺へ渡海した。元長は、細川高国や足利義晴を軍事的に圧倒し、ついには堺を拠点として幕府政治を左右するほどにまで力をつけた。しかし、次第に晴元と対立するようになり、享禄五年（一五三二）六月四日、顕本寺（大阪府堺市）で自害に追い込まれた。このとき千熊丸（元長の長子で、のちの長慶）と千満丸（のちの実休）もともに畿内に滞在していたが、阿波勝瑞へ逃れた。

その後、元長の跡を継いだ長慶は翌年の天文二年（一五三三）にふたたび畿内へと進出する。阿波では、次男の実休が勝瑞を拠点に阿波と讃岐、淡路島南部を支配した。

天文二十二年（一五五三）、勝瑞で大きな事件が起こる。守護細川氏之が三好実休によって自害に追い込まれるのである。その後、実休は当時幼少であった氏之の子真之を推戴するが名目的なもので、実権は三好氏が握るようになる。永禄三年（一五六〇）、実休は長慶の命で河内高屋城（大阪府羽曳野市）に移り、河内南部や和泉方面も勢力下に収めた。永禄四年三月には御相伴衆となり実休の存在は大きくなるが、永禄五年三月、和泉久米田の合戦で戦死した。

実休の跡は長治が継ぐ。天正期に入り、織田信長の統一戦争の一端に巻き込まれる阿波では、信長派と反信長派による争いが起こる。天正四年（一五七六）十二月五日、細川真之は密かに勝瑞を抜け出し、県南の仁宇谷で反三好の旗を揚げる。真之は一宮氏らの反三好勢力や、土佐の長宗我部氏と結び、天正五年には勝瑞の主であった長治を滅ぼした。

長治没後は、讃岐の十河氏の養子となっていた弟の存保が勝瑞の主となる。

天正十年の土佐の長宗我部氏の侵攻を受けて、存保は讃岐へ退く。これにより、細川氏の守護所として、また三好氏の戦国城下町として発展を遂げた勝瑞の町も終わりを告げることとなった。

【勝瑞城館の構造】 城は、標高三メートル前後の平野部に立地する平城である。現在、県道松茂吉野線によって南北に分断されており、県道の北側に勝瑞城跡、南側に勝瑞館跡が所在する。しかし、これらは本来一体のものであり、この付近を中心として直径約三〇〇メートルの範囲に広がる城館であったと推定されている。

平成六年度からは発掘調査が行なわれており、大規模な濠で囲まれた複数の屋敷地が確認され、屋敷地内には礎石建物や庭園、ゴミ穴や溝などの生活の痕跡（遺構）が検出されている。そして、そこからは大量の土師質土器皿や貿易陶磁器、国産の陶器、金属製品や木製品などの当時の生活用具（遺物）が出土した。

以下、発掘調査などからうかがわれる勝瑞城館の構造とその変遷を紹介する。

勝瑞城館の築城年代は明らかではないが、一五世紀代には守護館が造営されていたであろうことは推定できる。しかし、その時期の遺物はみられるものの、遺構が確認されておらず、詳細は不明である。

細川成之が阿波に下向し、在国を始める文亀二年（一五〇二）を、守護所勝瑞が発展する一大画期とする。この時期の遺構としては池泉庭園とそれにともなう礎石建物が確認されている。池泉庭園を持つこの区画（区画Ⅰ）は、この時期には幅五メートル程の溝で区画されており、その範囲は一〇〇メートル四方程度と考えられる。そして、周辺には幅二メートル程の溝で区画された一四メートル×三〇メートル程の屋敷地が確認できる。守護細川氏の館とその家臣団の屋敷地という景観であろう。しかし、一六世紀の中葉には区画Ⅰの池泉庭園は廃絶し、この区画では土師質土器皿の焼成窯や廃棄土坑（ゴミ穴）が確認されるようになる。

一六世紀の中葉以降、屋敷地を囲む幅一〇メートル・深さ二メートル以上の大規模な濠が掘られる。区画Ⅰ周辺にあった屋敷地は、区画ⅡやⅢといった大きな区画に統合される。区画Ⅱ―①では枯山水庭園も確認されている。

この時期の勝瑞城館の特徴は、大規模な濠を掘るが、その土を盛り上げて土塁を作るといった行為をしないことである。これは、阿波の城の特徴とも一致する。一般に戦国期とされる一六世紀前葉から中葉にかけて、阿波においてはほとんど戦乱が起こらない。このことが阿波の城の様相を特徴づけたのであろう。戦乱がないため、戦いに備えた防御機能が発達しないのである。

では、大規模な濠を掘ったときに出る大量の土の処理はどのようにしたのであろうか。勝瑞館跡の敷地内は基本的には地上げのための盛土造成がされており、ここに大量の土が使われていることがわかっている。勝瑞城館の立地する地域は、四国三郎の異名を持つ吉野川の氾濫に悩まされた地域でもある。大規模な濠の掘削と併せ

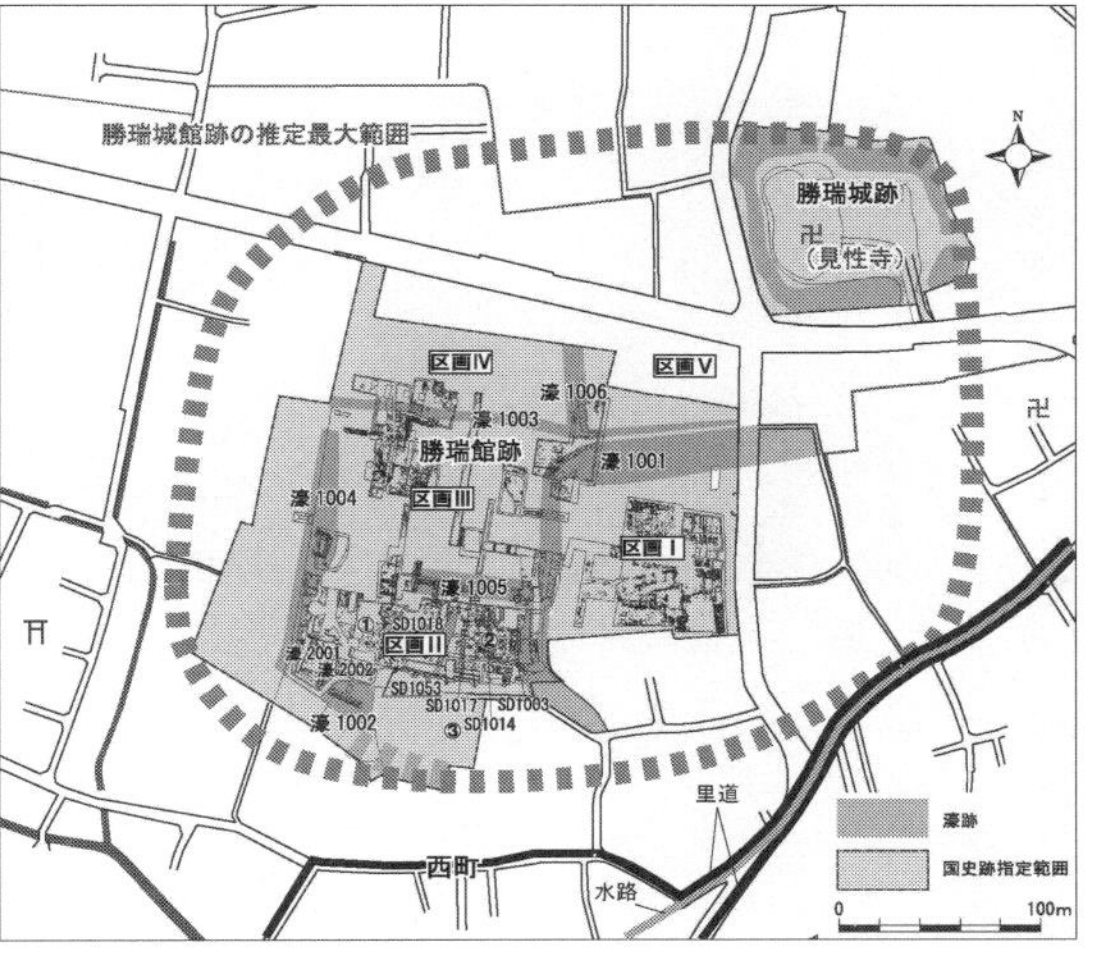

●―勝瑞城館遺構配置図

●―勝瑞城館跡俯瞰写真

●―勝瑞城館跡で検出された池泉庭園

●—勝瑞城跡の濠

て敷地の造成は、恐らく洪水対策であり、自然災害から身を守るための備えであったと考えられる。

しかし、戦乱のない平和な世の中も、織田信長を中心とする大規模な戦争の一端に巻き込まれることによって終わりを告げる。天正八年（一五八〇）には城主の目まぐるしい変遷がみられる。三好長治の没後に阿波三好家を再建した十河存保は、織田信長や羽柴秀吉と通じて、当時阿波に侵攻していた長宗我部元親や一宮成助を引き込んだ篠原松満らと対立し、一時讃岐へ退去する。このとき、一宮成助が勝瑞に入るが、その後、信長と本願寺の和睦に反対して本願寺を退去した牢人や紀伊・淡路の軍勢が勝瑞を奪い籠城する。これに対して秀吉は、黒田孝高や生駒親正、仙石秀久らを阿波へ派遣して勝瑞を攻略した。しかし、阿波へはさほど深く介入しなかったため、最終的に天正九年正月にはふたたび十河存保が勝瑞を奪還することとなる。さらに、翌年には土佐の長宗我部氏の勝瑞侵攻もあり、戦国時代を通じて軍勢が迫るような危機的な状況がなかった勝瑞は一気に戦乱の渦中に入る。

勝瑞城の区画が築かれたのは、まさにこの時期である。ここは、大規模な濠が今も残る区画であり、その北西部には土塁も残されている。

勝瑞城館は、戦乱がなく平和な中世阿波において、細川氏や三好氏が文化的な生活を営んだ時代から、天正期以降に戦乱に巻き込まれていくという阿波の社会情勢を大いに反映する遺跡と評価できる。

【阿波の経済基盤としてのマチ】　徳島県内の中世城館の特徴として、吉野川下流域デルタに多くの城が所在することが挙げられる。このデルタには、島状に点在する微高地が確認でき、そこには集落が展開する。その中枢として平地居館が築かれているのである。勝瑞城館についても同様で、勝瑞字東勝地の微高地に展開する集落の中枢として勝瑞城館が位置付けられる。

勝瑞城館は、阿波の政治・経済・文化の中枢であり、その周辺には阿波一国を支えうる経済基盤となるマチがあったことが想定される。しかし、今までの発掘調査や文献の調査、歴史地理学的な調査からは、勝瑞のマチには多くの寺院があったことが推定されるが、経済基盤となりうる市や町場は確認されていない。経済基盤については、水運で結ばれていることが想定される撫養や別宮などの海港に求めることも考えられるが、『阿州三好記大分前書』（『阿波国徴古雑抄』所収）には七〇三六人にのぼる三好氏配下の被官・奉公人・職人が記されており、彼らの居住地は勝瑞あるいは勝瑞からさほど離れていない位置であったことが想定される。

こうしたことを踏まえて、近年勝瑞のマチのあり方が見直されつつある。江戸時代後期に編纂された地誌である『阿波志』には、勝瑞城の範囲として「貞方・馬木・住吉・吉成・音瀬・高房等皆羅城中」という城の縁辺に位置する集落を城域に取り込む記述がみられる。これらの場所は、吉野川下流域デルタの微高地であり、そこには中世以前に遡る石造物などや伝承がある真言宗寺院が立地している。併せて、近世のものであるが川湊も確認できる。今後多くの部分を検証していく必要があるが、それぞれの地域には中世にマチが形成されていた可能性が高いと思われる。マチは、川湊を中心とする経済活動によって形成されたものであり、寺院はそのマチの経済活動を基盤として成立したのであろう。

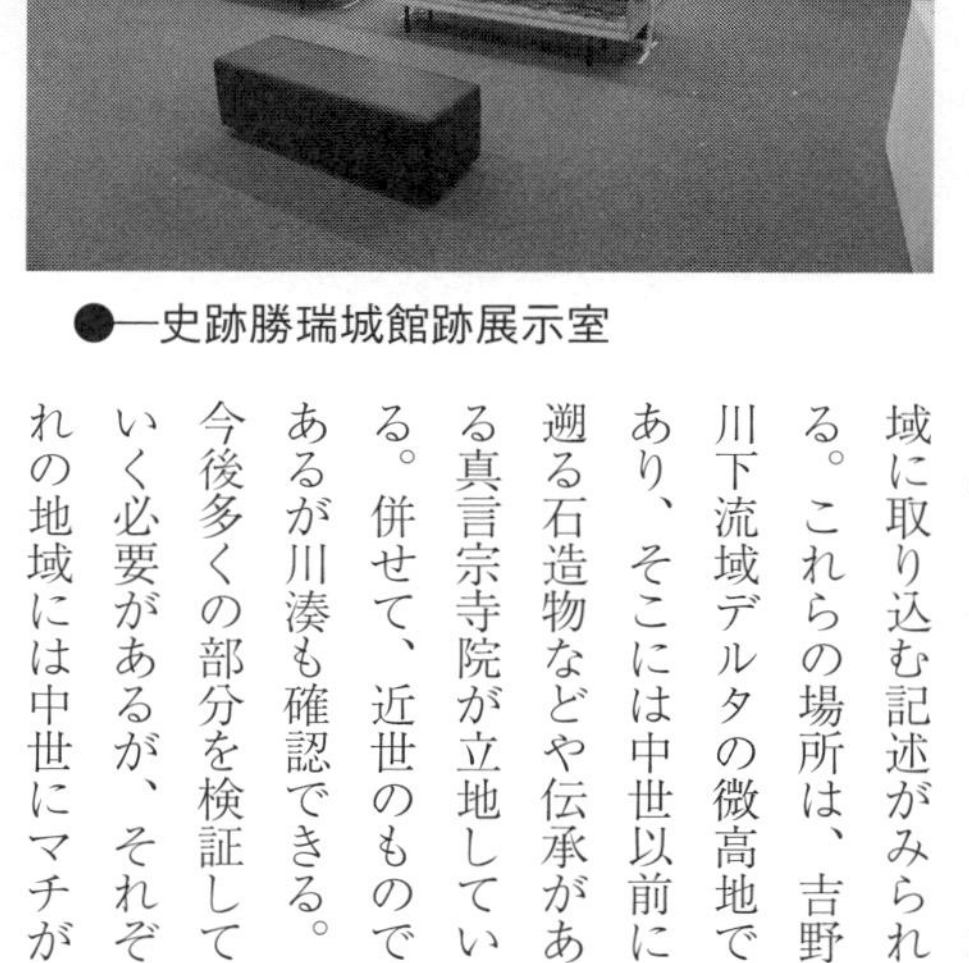
●—史跡勝瑞城館跡展示室

そして、それぞれの地域は勝瑞のマチの機能の一端を担っており、当時はこれが「勝瑞城」の範囲と考えられるほどに密接なつながりを持っていたエリアであったために『阿波志』において勝瑞城の範囲として記載されているのではないだろうか。それらの地域は恐らく河川交通によって連携されていたであろうし、それぞれの川湊付近に造立された真言宗寺院はその一翼を担っていたことも考えられるであろう。

つまり、勝瑞のマチは、川湊を介したネットワークによって阿波の経済基盤としての機能が形成されていた可能性が想定できるのである。

【参考文献】『徳島県の中世城館　徳島県中世城館総合調査報告書』（徳島県教育委員会、二〇一一）、石井伸夫・重見髙博編『三好一族と阿波の城館』（戎光祥出版、二〇一八）、重見髙博「周辺の港津からみた守護町勝瑞」中世都市研究会『港津と権力』（二〇一九）

（重見髙博）

●川湊に隣接する絶景の城館

川島城（かわしまじょう）

〔吉野川市指定史跡〕

〔所在地〕吉野川市川島町城山
〔比　高〕三七メートル
〔分　類〕山城
〔年　代〕一六世紀第４四半期
〔城　主〕河島兵衛之進
〔交通アクセス〕ＪＲ阿波川島駅から徒歩約一〇分。

【城の立地と由来】　城は、「城山」と呼ばれる四国山地南麓の川島丘陵から吉野川に向かって突き出した山塊の突端に立地する。城山北麓は吉野川に面しており、河畔には川島浜と呼ばれる川湊がある。また、城山の南麓には伊予街道が通っており、城は水陸交通の要衝に立地したことがうかがわれる。

伊予街道は、城の東から吉野川に沿って西進し、城の南で南へ折れる。この南北方向に延びる街道沿いに町場が形成されており、江戸時代を通じて郷町川島（ごうまちかわしま）として発展を遂げる。町場の形成時期については明らかではないが、城との間にある古い川の流れによって空間が分断されており、城にともなって形成されたものではないであろう。古代寺院である川島廃寺跡や、中世にさかのぼる板碑がみられることから、町場は築城以前には形成されていたものとみられ、ここに形成されていた経済基盤に寄生する形で城が築かれたものと考える。周辺には「舟戸」などの地名も残る。

築城時期は不明であるが、一説には天正元年（一五七三）の上桜合戦で戦功のあった河島兵衛之進が三好氏から領地を与えられて築城したといわれる。兵衛之進は天正七年（一五七九）十二月に脇城外の合戦で矢野駿河守、森飛驒守や麻植郡の諸将とともに討ち死にしたとされる。

天正十三年（一五八五）に羽柴秀吉から阿波を拝領した蜂須賀家政（いえまさ）は、川島城を徳島の地域支配拠点の一つとし、与力の林図書助能勝（よしかつ）（道感）に兵三〇〇を付けて城番としたとす

●—伊予街道沿いの板碑

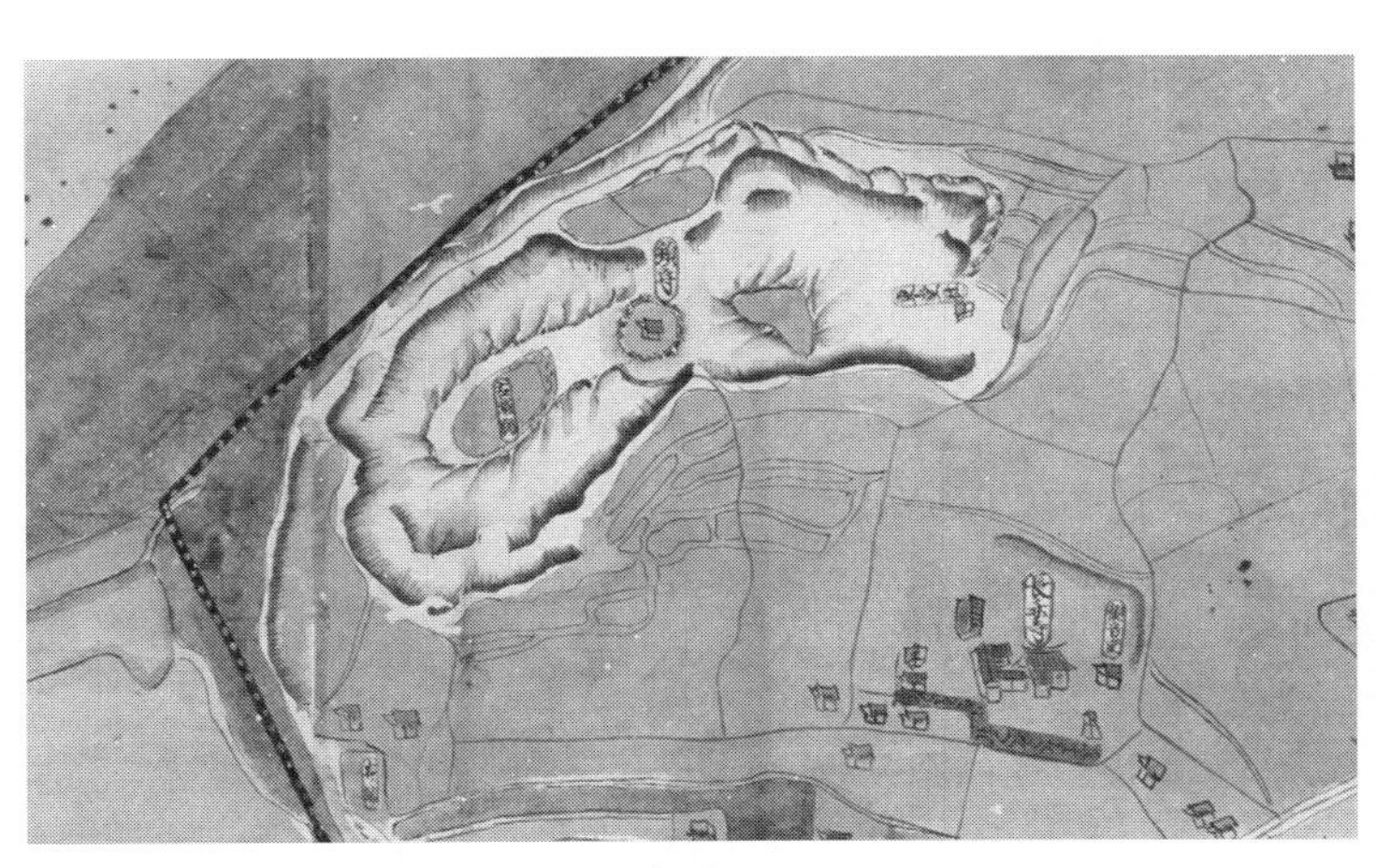

●—『麻植郡川島町全図』の川島城

る。その後、道感は隠居し養子の林内膳が継ぐが、内膳は慶長十九年（一六一四）に大坂陣中で乱心したために家は断絶した。隠居していた道感に「川嶋屋敷方之跡」を下げ渡したとの記録があるが、道感は元和二年（一六一六）二月に没した。以後、川島城は文献にみられなくなることから、事実上廃城となったと思われる。

【城の構造】 国道一九二号線から川島神社の鳥居をくぐり直進すると右側に鉄筋コンクリート造の模擬天守があるが、本来の城はその西側約二〇〇メートルの丘陵上に立地する。城山は明治から大正にかけて石切り場となり、さらに川島公園とし

●—「岩ノ鼻」からの眺望

て整備されており、ほぼ全壊状態にある。

『麻植郡村誌』には頂上に本丸、つづいて二ノ丸、三ノ丸があったと記されており、城跡は大きく三つの曲輪で構成されていたとされる。

また、『麻植郡川島町全図』（以下「川島町全図」という）によると、城山の西端に「古城跡」と記される地点があり、その東に「鎮守」と記される地点、さらに東に平面が三角形を呈する地点と、三ヵ所の曲輪跡らしき平坦地がみえるが、これらがそれぞれ対応しているのであろうか。

川島町全図と現代の地図を重ね合わせると、「道感原」と呼ばれる高台の西端の一段高い東西一三×南北八メートルの範囲が「本丸」の一部と推定され、「古城跡」の記載のある部分に当たる（この部分は以下「曲輪Ⅰ」という）。曲輪Ⅰは、廃城以降の石材採取によって地形が大きく改変されている。曲輪Ⅰ北西部は結晶片岩、いわゆる「青石」の岩盤が露出しており、通称「岩ノ鼻」と呼ばれる。この場所は吉野川に向かって景観が開けており、上流からの吉野川の流れや、対岸の善入寺島を見渡すことができ、さらに眼下には川島浜を見下ろすことができる絶好の眺望地点である。

曲輪Ⅰから南東側に下ると、ミニ四国八十八箇所が並ぶ。ここでは若干破壊がみられるものの、一定の幅を持つ曲輪であったことが認められ、本来は主郭南廻りの帯曲輪であったとみられる。

帯曲輪を東に進むと、大正十三年（一九二四）建立の忠魂碑がある。ここからさらに東へは一連の平坦地となっており、二ノ丸（以下「曲輪Ⅱ」という）に相当すると推定される。曲輪Ⅱの南東下には真福寺や城山稲荷神社がある。

真福寺は、天正年間の兵火によって焼失した大日寺（川島廃寺）の本尊を移して、河島兵衛之進が建立したとされる。兵衛之進敗死後一時衰えたが、林能勝が再興した。真福寺は以後にふたたび廃寺同然となったが、明治二十一年（一八八八）に宥性が堂宇を再建し、現在に至っているという。境内には貞治五年（一三六六）二月銘のものをはじめ、永和年間（一三七五〜一三七九）、応永年間（一三九四〜一四二八）の板碑や凝灰岩製の五輪塔が残されている。また、前述の忠魂碑へつづく階段の両側には削平段があり、石積みがある。石積み自体は新しい時代のものであるが、その一部に大日寺の礎石との伝承がある巨石が組み込まれている。

●—真福寺境内の板碑

曲輪Ⅱの東側は、城山の北側に整備されたグラウンドへの通路のために大きく削られているが、曲輪Ⅲへは尾根続きであったであろう。さらに、曲輪Ⅲの東側には大正五年の善入寺島の改修工事にともない、同島にあった浮島八幡宮を川島神社として移してきている。その際にも曲輪Ⅲは大きく削られており、現状では狭小な平坦地が残るのみで、公園の施設として四阿が建てられている。

周辺に残る関連の文化財としては、城跡の東側に道感を祀った碑や、道感が朝鮮出兵のさいに連れてきたという女性の墓がある。

また、現在川島町桑村にある真言宗御室派長楽寺は、寺が所蔵する文書によると、貞治年間（一三六二〜一三六八）に桑村に建立され、初めは源光寺と号していたが、元亀三年（一五七二）から四年頃に再興され、天正四年に川島城跡に移ったという。川島城全図には城山の南東側に長楽寺が描かれている。長楽寺には、上桜城主篠原長房の念持仏という愛染明王像や長房が愛用したとされる宣徳香炉などが伝わる。

【参考文献】『日本歴史地名体系第三七巻　徳島県の地名』（平凡社、二〇〇〇）、『徳島県の中世城館　徳島県中世城館総合調査報告書』（徳島県教育委員会、二〇一一）、宇山孝人「阿波九城の終焉をめぐって」『史窓　第四七号』（徳島地方史研究会、二〇一七）、石井伸夫・重見髙博編『三好一族と阿波の城館』（戎光祥出版、二〇一八）

（重見髙博）

●阿波を支えた篠原長房　悲劇の城

上桜城（うえざくらじょう）

〔県指定史跡〕

〔所在地〕吉野川市川島町植桜
〔比　高〕一二二メートル
〔分　類〕山城
〔年　代〕一六世紀第４四半期
〔城　主〕篠原長房
〔交通アクセス〕ＪＲ阿波川島駅から徒歩約四〇分。

【城の由来】　城は、吉野川市川島町と美郷（みさと）の境界の山塊から北に延びた通称前山と呼ばれる標高一四二メートルの尾根上およびその南方の小突起に位置する。東側は急斜面で、深い谷側に面している。

築城時期は不明だが、一説には南北朝期に南朝方の川村氏が拠ったとされる。室町時代後半には篠原長房（ながふさ）の居城であった。

馬部隆弘によると、篠原家は守護細川家の内衆であったが、三好家と血縁関係を結び、両家は常に対となって動くようになったという。篠原長房は、阿波三好家の当主実休を支え、実休が畿内へ進出した後も引き続き阿波三好家を支えた。永禄五年（一五六二）に実休が和泉久米田の戦いで討ち死にした後は、阿波三好家の跡を継いだ当時まだ八歳であった長治（ながはる）を補佐し、分国法である『新加制式』を制定するなど、阿波三好家において中心的な役割を果たした。永禄九年（一五六六）には足利義栄（よしひで）を擁立し、細川真之（まさゆき）や三好長治とともに兵庫に上陸し、義栄を将軍職に就かせる立役者となった。この時期の長房は、『フロイス日本史』には、「阿波国においては絶対的執政であった」と記されるほどの存在であった。

しかし、長房に反発する勢力も生まれてきており、また反信長であった阿波三好家が方針を変更し、信長と結ぶ動きを見せたことで反信長の主戦派であった長房は孤立することとなった。そして、ついに天正元年（一五七三）に細川真之や三好長治らによりその居城、上桜城は攻め落とされた（上桜合戦)。これは、信長を中心とする広範な地域を巻き込む大規模な戦いの一端であり、以後、長宗我部氏の侵攻など、阿波が戦国乱世に巻き込まれるきっかけとなった。

【城の構造】 城は、東西二ヵ所に曲輪が確認でき、『麻植郡誌』などによると、東の曲輪を本丸、西の曲輪を西ノ丸と呼んでいたようである。『麻植郡川島町全図』には東側に「古城跡」として記された、西部が三段になった東西に長い曲輪が描かれており、これが本丸に当たると考えられる。また、西側にも削平段とみられる箇所が認められ、これが西ノ丸であろう。

現地は、昭和四十九年(一九七四)に国営麻植開拓パイロット事業にともなう道路建設によって西の曲輪の一部が大きく破壊されているが、それ以外の部分は残りが良く、城跡は平成元年に徳島県史跡に指定されている。

東の曲輪は、現状では大きく二段の曲輪で構成されていることが確認できる。最高所の曲輪Ⅰは東西二七×南北一七メートルで、東側に平入の虎口を設ける。曲輪Ⅰの西端には高さ三メートルほどの高まりがあり、櫓台と考えられている。その下部に小曲輪を配し、南西側から続く尾根を堀切で遮断する。堀切の先は曲輪Ⅰ・Ⅱの南側を廻る帯曲輪につながる。現在、曲輪Ⅰには城主を祀った上桜神社の祠(ほこら)があり、その前は展望台と

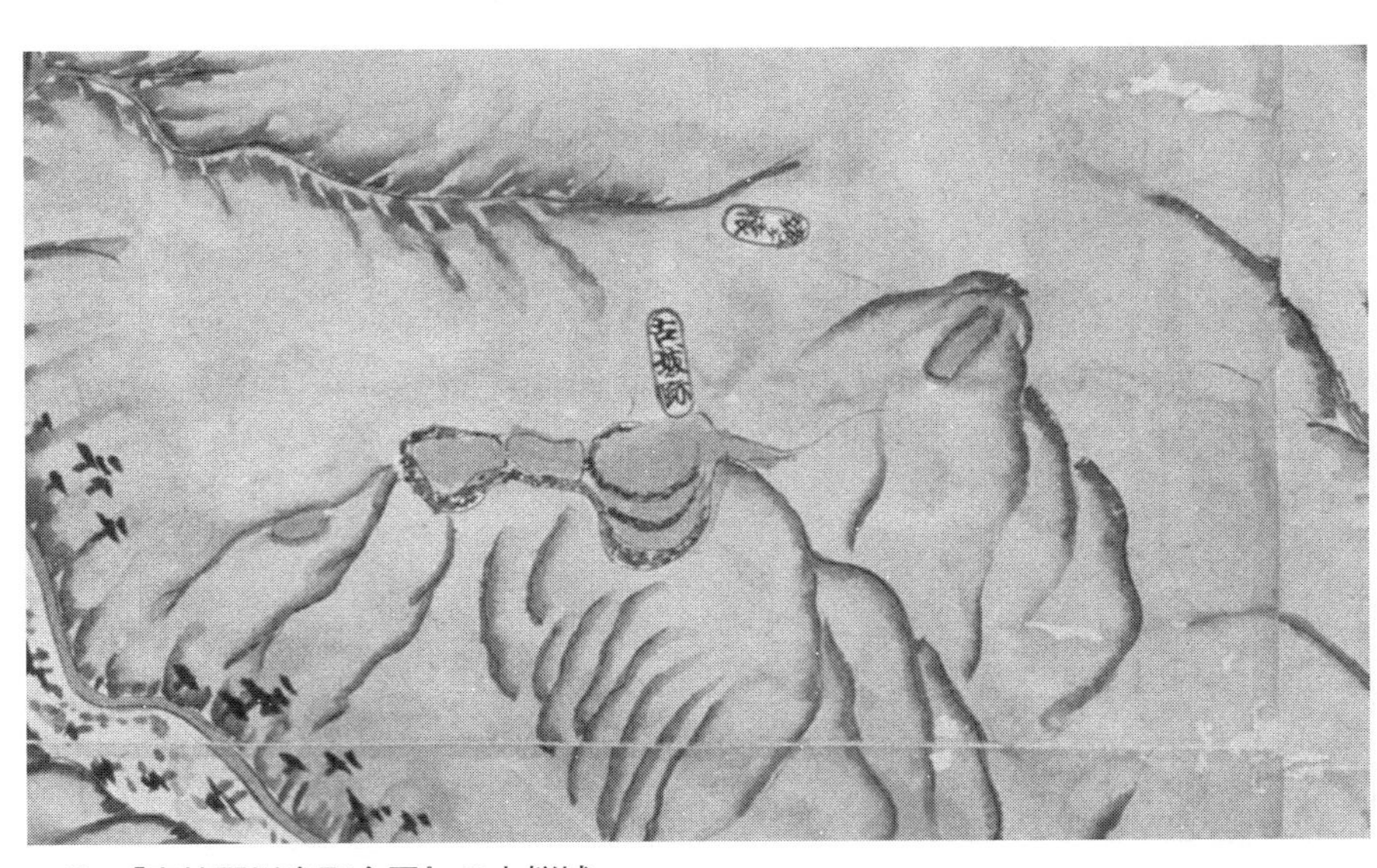

●—『麻植郡川島町全図』の上桜城

●—東の曲輪の上桜神社の祠と城址碑

●—東の曲輪からの眺望（眼下に吉野川と川島城が見える）

●—西の曲輪の堀切

して整備されている。眺望は非常に良く、北から東方面に吉野川流域の平野を河口付近まで見渡すことができる。近世に郷町川島が形成された伊予街道沿いの町並みや、水運路である吉野川を一望できる立地は、交通の要衝を掌握するものとして評価できる。

西の曲輪は東の曲輪と尾根続きで、南西側約一四〇メートルに位置している。南北四〇×東西一〇メートルの単郭で、南端部に東西一〇×南北八メートルの櫓台と考えられる高まりを配した構造であったが、その部分が前述の道路建設で破壊されている。櫓台は高さ約四メートルほどあったといわれ、後方尾根を幅八メートルの堀切で遮断する。

本田昇は、西の曲輪が東の曲輪の弱点となる南西側の尾根筋に位置する点や、縄張が直線的な部分が多い上、堀も深く、全体的に新しい造りをしていることから新城、東の曲輪を古城としている。

【参考文献】『日本歴史地名体系第三七巻 徳島県の地名』(平凡社、二〇〇〇)、『徳島県の中世城館 徳島県中世城館総合調査報告書』(徳島県教育委員会、二〇一一)、石井伸夫・重見髙博編『三好一族と阿波の城館』(戎光祥出版、二〇一八)、馬部隆弘「細川晴元の取次と内衆の対立構造」『戦国期細川権力の研究』(吉川弘文館、二〇一八)

(重見髙博)

●徳島城下に近い津田浦を臨む城

津田城（つだじょう）

〈所在地〉徳島市津田西町
〈比　高〉約四一メートル
〈分　類〉平山城
〈年　代〉戦国期
〈城　主〉桑村隼人亮
〈交通アクセス〉JR徳島駅から徳島市営バス津田線「津田一丁目」下車、西に徒歩二分／徳島南部自動車道の徳島津田ICより車で七分。

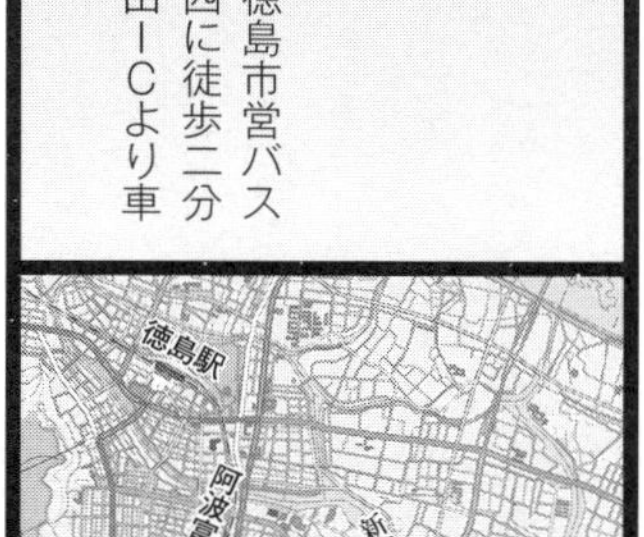

【城の立地と由来】　津田浦は、中世春日神社領であった津田島の名を残す港津である。藩政期には商漁港として賑わい、徳島城下にもっとも近い重要港として川口番所が置かれた。

城は新町川河口部の津田浦南西に位置する津田山の標高四一メートルの頂にある。『阿波志』によると現在山麓にある津田八幡神社は元来津田山上にあり、慶長年間に現在地に遷座したという。

『城跡記』や『阿波志』によると、城主とされる桑村隼人亮（はやとのすけ）は日奉（ひまつり）氏の家系で、佐古城主田村大和守吉利（よしとし）の一族とされ、井戸城主薬師寺阿波守政村（まさむら）の子孫である。三好実休（じっきゅう）のために堺で兵器を購入した帰りに淡路生石崎（おいしざき）で海賊に遭い戦死し、実休は当地に生石権現を建立して隼人亮を祀ったという。兵庫県洲本市の生石（いずし）神社には、現在もその伝承が残されている。

【城の構造】　山の西側と北側は後世の石取りによって大きく削平され、主郭とみられる山頂部の平坦地は非常に狭くなっている。このため、城の規模や構造を把握することが困難な状況にある。主郭の南側にも狭い平坦地が階段状に存在するほか、その南側には山中でもっとも広い平坦地が二段ほどつづく。ほかにも曲輪状の平坦地はいたる所に存在するが、石取りや公園整備など後世の開発によるものか遺構かは判断できない。なお、『日本城郭大系』で城跡とされている津田山の南の標高七七メートルの山頂部には現在城跡らしき遺構は見受けられない。

居館についての伝承はないが、『徳島県の中世城館』によると津田八幡神社と津田寺の境内地が山城の直下にあり、周辺の集落より一段高い方形の区画を示すため山麓居館候補地とされている。なお、津田寺境内には室町期頃の結晶片岩製の阿弥陀三尊種子板碑が一基残されている。

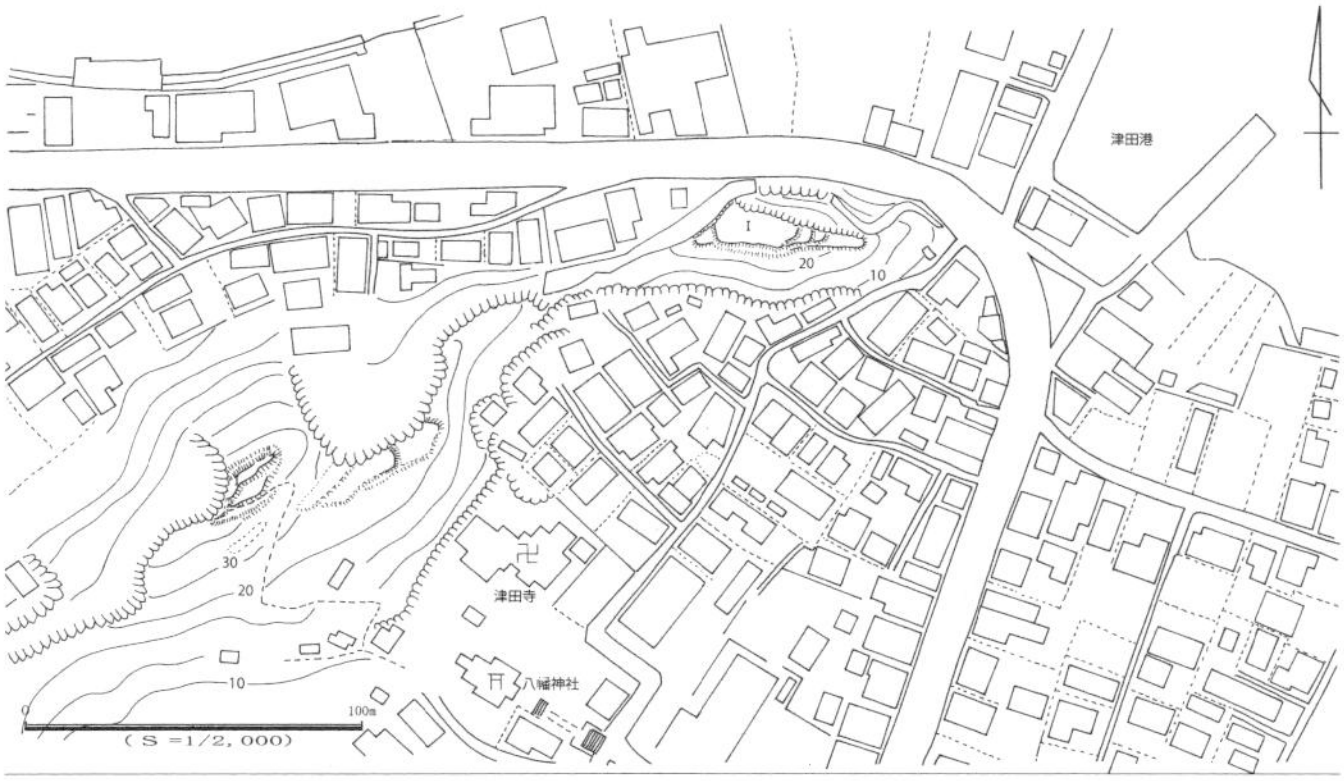

●—津田城縄張図（杉原賢治作図，『徳島県の中世城館』より転載）

●—津田八幡神社

また、津田山の北東に連なる尾根の先端にも削平地が存在する。尾根頂部を削平し、東西三〇×南北十五㍍の平坦地を作り出しており、北東方向には小曲輪状の平坦地が連続し、東側には帯曲輪状の平坦面が認められる。津田港に面していることから、城の出丸として機能した可能性も考えられるが、寛永年間の城下絵図である『御山下画図』（国文学研究資料館所蔵）では川口番所の施設とみられる高櫓状の建造物が港の背後の山尾根突端部に描かれているため、番所にともなう削平地である可能性もある。北東には細長い平坦地や石垣のようなものも一部にはあるが、後世の祠などにともない造成されたものであろう。

【参考文献】『日本城郭大系』（新人物往来社、一九八〇）、『徳島県の中世城館』（徳島県教育委員会、二〇一一）

（西本沙織）

●眉山南麓・園瀬川左岸の要塞

夷山城（えびすやまじょう）

〔所在地〕徳島市八万町夷山
〔比　高〕約一七メートル　〔分　類〕平山城
〔年　代〕戦国期
〔城　主〕細川真之（天文年間）、篠原佐吉兵衛（永禄年間）、庄野（荘野）和泉守兼時（天正年間）
〔交通アクセス〕ＪＲ徳島駅から徳島バス市原方面行「下福万」下車、南東に徒歩五分。

【城の立地と由来】　夷山城跡は園瀬川左岸の東西に連続する独立丘陵上にあるが、現在「夷山緑地公園圓福寺公園」として整備・改変されている。東側の丘陵直下には真言宗御室派の圓福寺がある。徳島市街地南部の平野に築かれた小規模城郭であるが、三好氏・長宗我部氏による争奪戦の舞台となった阿波の戦国史上欠かせない城郭である。別名蛭子山城、八万城、楯塁とも呼ばれる。

天文年間に細川真之によって築城されたというが定かではない。永禄期には上桜城主篠原長房の弟・篠原佐吉兵衛が城主であった。『古城諸将記』によると、佐吉兵衛は永禄五年（一五六二）に和泉久米田の合戦で戦死し、長房はその遺児鶴石丸を養育したとされる。篠原氏は城の鎮守として夷山の麓に蛭子祠を建て、これが城名の由来とされるが、圓福寺に隣接していた蛭子神社は明治の神仏分離令によって市内中心部の通町へ移転し、事代主神社となった。

その後、『城跡記』によれば天正年間には篠原氏家臣の庄野和泉守兼時が守ったが、長宗我部元親の阿波侵攻で落城し、城には香宗我部親康が入り、庄野氏は土佐方に属したという。

天正十年（一五八二）五月には三好氏の求めに応じ、織田氏の四国攻略軍の先鋒として阿波に入った三好康長が夷山城を攻める。これにより土佐方は一時撤退し、城には三好方が入るが、同年六月の中富川の合戦で再度落城する。阿波を制圧した長宗我部氏は、天正十年十月十六日（諸説あり）に同盟関係にあった一宮成祐（なりすけ）を夷山城に呼び出して謀殺したとされる。『阿波志』などによると庄野氏は元親により八万所領をふたたび安堵されたというが、天正十三年（一五八五）羽柴秀吉による四国攻めで土佐に敗走し、夷山城も廃城となったという。

夷山緑地公園西側には一宮成祐の供養碑が建っている。これはかつて城跡から南に一〇〇メートルの位置にある集合住宅内にあったもので、大正期に子孫が再建したものである。供養碑の横には五輪塔があり、その地輪には慶安二年（一六四九）の年号と秋月道運禅定門という戒名が刻まれている。郷土史家高田豊輝によると、下八万村庄屋河原氏の先祖の墓で、一宮氏の家臣・河原氏の縁者のものではないかということである。

●—一宮成祐供養碑

【城の構造】 主郭と考えられる部分は、現在私有地のため立ち入ることはできないが、南側の標高一七メートルの丘陵頂部で南北三一×東西一四メートルを測り、忠魂碑が建てられている南側は一段高く、櫓台跡と考えられている。北側虎口はいったん折れて曲輪に入るが、高さ一・五メートルの石垣で固められ、北側には横矢を意図した方形の張出が設けられる。北側丘陵は、本田昇の縄張図では北西方向の尾根に曲輪が記載されているが、平成七年（一九九五）の公園整備に際し消滅している。また、縄張図には城跡南辺に沿い水濠が描かれているが、現在は暗渠や公園の一部となっており現存しない。

居館については『徳島県の中世城館』では主

●—夷山城遠景（北西より）

郭直下の現・圓福寺にあったものと推定している。また、『阿波志』には庄野和泉守宅跡として八万町向寺山の延生軒（えんじようけん）が挙げられている。

【参考文献】『徳島の歴史民俗研究録』（高田豊輝、二〇一一）、『徳島県の中世城館』（徳島県教育委員会、二〇一一）

（西本沙織）

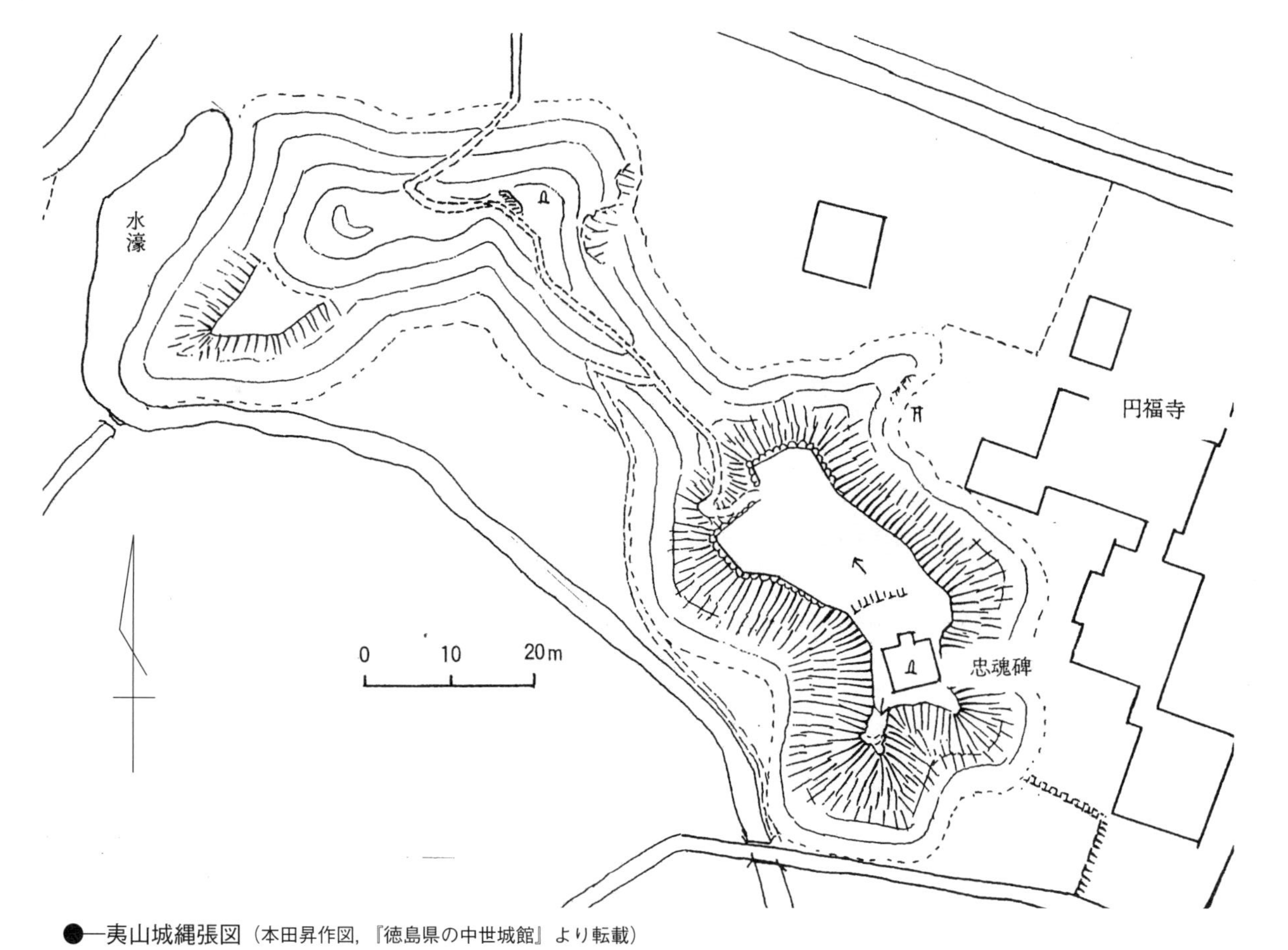

●―夷山城縄張図（本田昇作図,『徳島県の中世城館』より転載）

●石垣で築かれた、県内一の規模を誇る山城

一宮城（いちのみやじょう）

〔徳島県指定史跡〕

〔所在地〕徳島市一宮町宇和山西山
〔比　高〕約一二六メートル
〔分　類〕山城
〔年　代〕一四～一六世紀
〔城　主〕一宮氏・長宗我部氏・蜂須賀氏
〔交通アクセス〕JR徳島駅から徳島バス「一の宮札所前」下車、登城口まで徒歩一分。または、徳島自動車道「藍住IC」から県道一号線及び国道一九二号線経由県道二一号線で一九分。

【城の立地】　一宮城は、徳島市の南西部に位置する。急峻な峰々がつづく東龍王山（ひがしりゅうおうさん）山系から延びる尾根の突端に所在する標高一四四メートルの急峻な山塊頂部に築かれている。この地は、北の気延山（きのべやま）と、北東に所在する眉山（びざん）に挟まれた谷合に位置する。城山の北山麓には鮎喰川（あくいがわ）、東には船戸谷川（ふなとだにがわ）が流れ、その先には徳島平野へとつづく扇状地が広がる。山麓には、神山方面へ抜ける古道も通る交通の要衝であると同時に、北に目を向けると阿波守護の居館である勝瑞館（しょうずいやかた）を望む立地になっている。

さらに、晴れた日には、城山頂部に位置する本丸や明神（みょうじん）丸（まる）・才蔵丸（さいぞうまる）からは、徳島平野越しに淡路島や、紀伊水道に向けて眺望が開ける要害の地である。

●―一宮城遠景

【城の歴史】　一宮城の築城時期は明らかではないが、一説では、南朝に属した阿波守護小笠原長房（ながふさ）の系譜を引く小笠原長宗（ながむね）が、南北朝時代の暦応元年（一三三八）に築城し、その子孫が一宮氏と称し在城したとされる。当初南朝方に属した一宮

氏は、後に鞍替えし、阿波国の守護であった細川氏の被官となる。室町期から戦国期の城主の動向は不明であるが、一宮氏が代々在城していたと考えられる。

一宮城が史料に登場するのが、天正四年（一五七六）の阿波守護の細川真之と、三好実休の後継者であった長治の対立から始まる阿波国騒乱である。この騒乱は、阿波国内の有力武将が、勝瑞館を本拠とした長治および、その弟の十河存保を推戴する勝瑞派と、真之を奉じる反勝瑞派に分かれ、天正四年から天正十年（一五八二）まで争った内乱を指す。

この時の一宮城主は、一宮成祐である。阿波国騒乱では、成祐は、真之を奉じ反勝瑞派の旗頭として活動し、一宮城は勝瑞派と反勝瑞派の間の激しい争奪戦の場となる。

また、この内乱では、勝瑞派・反勝瑞派は、畿内を制圧しつつあった織田信長や土佐国の長宗我部元親と、状況に応じ手を結ぶなど離合集散を繰り返した。これが、天正十年の本能寺の変により、状況が変化する。この隙を突き元親が阿波国への侵攻を強め、同年の中富川の戦いで、十河存保率いる勝瑞派を破り、阿波の大半が平定されると、一宮城は長宗我部氏の拠点として重要視され、成祐に代わって元親の家臣である江村親俊と谷忠澄が城番として置かれた。

しかし、長宗我部氏の在城は短く、天正十三年（一五八五）に、羽柴秀吉の四国平定戦が開始されると、一宮城は長宗我部方の最前線の城として、羽柴軍との戦闘が行われ、一ヵ月以上持ちこたえたが降伏し城を明け渡す。四国平定戦後は、新たに阿波国を拝領した蜂須賀家政が阿波国の拠点とし入城するが、翌年には、渭山に徳島城を築城しここに移った。

その後、一宮城は、徳島藩の支城の一つとして益田宮内少輔や中村重勝が城番となるが、慶長年間には城番が不在となり記録にも登場しないことから、その後まもなく廃城となったと考えられる。

【城の構造】 一宮城は、城山の山頂となる標高一四四メートル地点の本丸を中心に、本丸の東側と南西側の尾根沿いに曲輪群を配置する構造で、東西約八〇〇メートル、南北五〇〇メートルの範囲に築かれる徳島県最大の城郭である。

本丸東側は、明神丸と才蔵丸と呼ばれる曲輪群が広がる。明神丸の北には倉庫跡（西）、谷を挟んで、東に倉庫跡（東）と呼ばれる曲輪がある。

本丸南西側には、小倉丸・椎丸・水ノ手丸の各曲輪群が、谷筋に作られた貯水池を取り囲む。水ノ手丸の北西の尾根の先端には、西丸台がある。以上の曲輪群とは別に、鮎喰川と山上の城郭部に挟まれた平地部には御殿居（里城）と呼ばれる場所も伝わる。

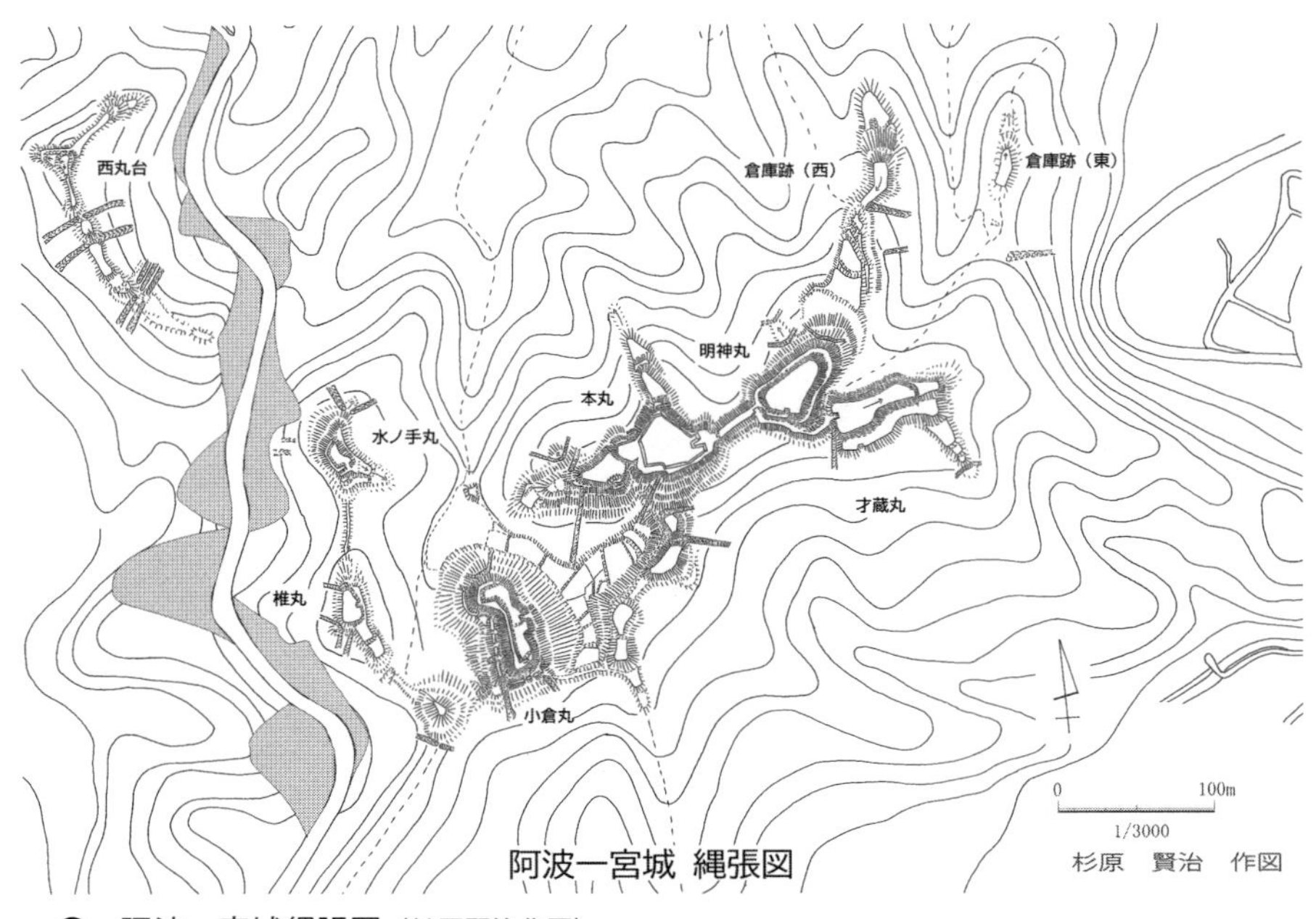

●—阿波一宮城縄張図（杉原賢治作図）

一宮城は、本丸を中心に独立性の高い曲輪群が各尾根の頂部に点在する構造であり、一つの曲輪群が徳島県でみられる一般的な城郭と同等の規模を持つことから、ここからは山上にある曲輪群ごとに説明を行なう。

【本丸曲輪群】 本丸は、横矢を意識した不等辺五角形を呈する東西四〇×南北三三メートルの曲輪で、東南部には張出部をともなう平虎口が開口する。この曲輪は、徳島県内では珍しい石垣によって築かれている。石垣は、城山で採れる結晶片岩を使用したもので、高さは約四メートルを測る。その工法は、目地を通すが、ほとんど反りはなく、隅部は立石を一部ともなうが全体は算木積となる。

なお、本丸北西側の石垣内側には、先行する石垣の痕跡も見られ部分的な拡張のあったことが伺える。徳島市教育委員会により平成二十九年度および平成三十年度に、国史跡指定を目指した発掘調査が行なわれ、その結果一六世紀末と考えられる東西四間×南北五間規模の礎石建物が確認され、その構造や出土遺物から、本丸の普請は、蜂須賀氏の時代と考えられる。

本丸の直下には、犬走状の細長い帯曲輪が付随し、この曲輪の北西側も三〜四段程度の低い石垣が確認できる。

本丸の北・西・南側は、尾根に沿って階段状に曲輪を配置し、その先を竪堀（たてぼり）もしくは堀切で尾根筋を遮断している。

【明神丸】 本丸東の標高一四一メートル地点に、明神丸（みょうじんまる）と呼ばれる曲輪群がある。中心曲輪は、東西二五×南北四〇メートルの縁辺が、緩やかな曲線となる三角形のプランであり、自然地形を生かした形状を色濃く残す。南側には石段をともなう平虎口が開口している。令和元年度には、徳島市教育委員会により発掘調査が行なわれ、曲輪中央部から、南北両端に縁側状の付属施設をともなう方四間（かたよんけん）規模の礎石建物が検出されている。また、建物周辺からは、整地土内ではあるが一六世紀中葉〜末頃の遺物が出土している。このため、本丸曲輪群のように、土塁や石垣や地形改変をともなう大幅な普請は行なわれていないが、この曲輪も蜂須賀氏の時代に使用されていたと考えられる。

こちらも、中心曲輪の周囲には犬走状の帯曲輪が付き、北と北西側斜面は、浅く幅の狭い堀切で尾根筋を遮断する。ま

0 100m

●—本丸図

●—本丸石垣

●—明神丸，中心曲輪

●—才蔵丸，中心曲輪北側切岸を望む

た、才蔵丸に接する東側は、大規模な堀切を設けており、本丸や明神丸への堀切道としての役割も併せ持つ。

【才蔵丸】　明神丸の東に延びる尾根の標高一一九メートル地点に、才蔵丸と呼ばれる曲輪がある。東西約六一メートル、南北一一～二一メートルの東西に細長い曲輪で、各所に横矢を意識した人工的な折れをともなう。特に北側の切岸斜面は、倉庫跡（西）につづく城内の道に対し威圧的に横矢がかかる構造となっている。この曲輪の南側は細長い帯曲輪と尾根に沿って数段小規模な曲輪が連なり、南の尾根の先端部は堀切で遮断している。

【小倉丸】　本丸の南西、標高一二三メートル地点に小倉丸と呼ばれる東西一五×南北五八メートルの南北に細長い形の二段に分かれた曲輪がある。この曲輪の北・西・南側には、幅一メートル、高さ二メートルの岩盤を削った土塁が配置され、西端には櫓台と伝わる場所がある。北東側は急斜面となっており、これを天然の防壁としたためか、土塁などの防御施設はない。

この曲輪の直下には、西から南側にかけ外側に土塁を配し岩盤を箱堀状に削って構築された横堀がみられ、横堀の先端は竪堀が連結している。東と西の尾根筋に堀切などは見当たらないが、北側斜面には竪堀を連結したような堀切がみられる。また、南東には、堀の上部に石垣を伴う竪堀がある。

【椎丸】　小倉丸の南西、標高一二七メートル地点には椎丸（しいのまる）がある。中心曲輪は、東側に平虎口を備えた東西二〇×南北二二メートルの台形状で、明神丸と同様に自然地形を生かした形状となる。

0　100m

●—小倉丸図

中心曲輪の直下には、犬走状の帯曲輪と小曲輪を配置し、西と北の尾根筋には、それぞれ幅一メートルの堀切があり、帯曲輪の西端には竪堀が一条延びる。

【水ノ手丸】　椎丸の北、標高一二〇メートル地点に水ノ手丸（みずのてまる）と呼ばれる曲輪がある。東西一〇×南北二八メートルの中心曲輪は、小倉丸のように幅一メートル・高さ一メートルの直線的な土塁で曲輪の北・西・南を取り囲んでいる。南側には、崩れているため不明瞭だが平虎口のような部分も確認できる。中心曲輪の東と南側は犬走状の帯曲輪が配置している。帯曲輪の南側尾根筋には、何段か小規模な曲輪が付随し、北側尾根

●—小倉丸南東にある竪堀（上部が石垣となる）

●—水ノ手丸中心曲輪の土

筋には曲輪の代わりに幅一メートルの堀切状の竪堀で尾根を切断している。

なお、土塁を持つ曲輪は、水ノ手丸と小倉丸の二つのみで、いずれも外周の三方を取り囲むよく似た構造をしており、前述した本丸などの曲輪とは改修時期が異なると考えられる。

0　100m

●—西丸台図

【西丸台】　水ノ手丸の北西に延びる尾根筋の先端に位置する標高一〇五メートル地点に、西丸台と呼ばれる曲輪群が存在する。

西丸台の中心曲輪は、北は絶壁となる尾根の先端に位置する自然地形を加工した東西五×南北一〇メートルの三角型の曲輪で、虎口も確認できない小規模なものである。しかしながら、ほかの曲輪群と同じく小規模な犬走状の帯曲輪や東と西の尾根筋に小規模な曲輪を配置するなど狭い地形を巧みに使用する。また、東側の水ノ手丸方面に向け曲輪群を尾根上に作り、尾根を切断するように多重堀切を配置している。この曲輪は、本丸や水ノ手丸側に防御施設である曲輪や堀切を多用しているため、一宮城を攻めるために使用された可能性が考えられ、その他の曲輪群とは別の意図で作られた特殊な曲輪群と思われる。なお、西丸台と水ノ手丸の間は、運動公園建設の際の道路整備時に尾根が丸ごと削られており、この間の遺構については不明である。

そのほかにも、倉庫跡（西）、倉庫跡（東）と呼ばれる曲輪もある。

【一宮城の構造上の特徴について】 一宮城の本丸と各曲輪は、複雑に入り組んだ尾根により繋がってはいるが、いずれの曲輪群も独立性が高い。また、尾根の頂部に中心曲輪を配置するという基本的な構造はいずれの曲輪群にもみられるが、土塁や石垣などの防御施設の構築状況が曲輪群ごとに異なるところが、徳島県内のほかの城郭ではみられない一宮城の特徴となる。また、当城は、中世城郭から近世城郭の転換期に使用された城郭と伝わり、本丸以外の中世城郭色が強く残る場所は、蜂須賀氏時代には放棄されたと考えられていた。しかし、近年の発掘調査により蜂須賀氏が使用した最終段階においても、本丸以外の曲輪群については、できるだけ手を加えずそのまま使用したこともわかってきた。このように、一宮城の遺構は、城郭の拡張や変遷を考える上においても極めて貴重なものといえよう。

なお、現在一宮城は、国指定史跡の指定を目指し整備が行なわれている。

●—西丸台　中心曲輪

【参考文献】『徳島県の中世城館　徳島県中世城館跡総合調査報告書』（徳島県教育委員会、二〇一一）、『全国城郭縄張図集成「阿波を中心とした中世城郭研究論集」』（本田昇、二〇一五）、宇山孝人「阿波九城の成立と終焉をめぐって」『史窓47』（二〇一七）、『阿波一宮城』（「阿波一宮城」編集委員会編、一九九三）、『阿波一宮城　本丸　現地説明会資料』（徳島市教育委員会、二〇一九）、『阿波一宮城　明神丸　現地説明会資料』（徳島市教育委員会、二〇二〇）、『阿波一宮城　小倉丸　現地説明会資料』（徳島市教育委員会、二〇二一）、山下知之「戦国末期の阿波守護家細川真之の動向と諸勢力」『戦国史研究』（二〇一九）、杉原賢治『縄張りから読み解く阿波一宮城の構造と変遷』（中世城郭研究会「中世城郭研究第37号」、二〇二三）

（杉原賢治）

●青石で築かれた蜂須賀氏の居城

徳島城（とくしまじょう）

〔所在地〕徳島県徳島市徳島町
〔比　高〕約六一メートル
〔分　類〕平山城
〔年　代〕一五八五（天正十三年）
〔城　主〕蜂須賀家政
〔交通アクセス〕JR高徳線徳島駅下車、徒歩五分

【概要と立地】 徳島城は吉野川河口の三角州に位置する。標高六一・七メートルの「城山」山上に郭を配置する山城部分と、御殿や西の丸等が置かれた山麓の平城部分から成る大規模な平山城である。近世の徳島城は阿波淡路二五万七〇〇〇石を治める蜂須賀氏の居城で、藩政の中心であった。周囲を流れる助任（すけとう）川や新町川、旧寺島川などの河川を外堀や内堀として利用しており、またこれら河川は紀伊水道と直結するなど、当該地は海上交通の面においても絶好の立地にある。

【沿革】 近世徳島城成立以前は、城山山頂付近に中世城郭、猪山（いのやま）城（別名渭山城、渭城、渭津城）があったとされる。「猪山」の名は、山の形が臥した猪（いのしし）に似ていることから付けられたという。

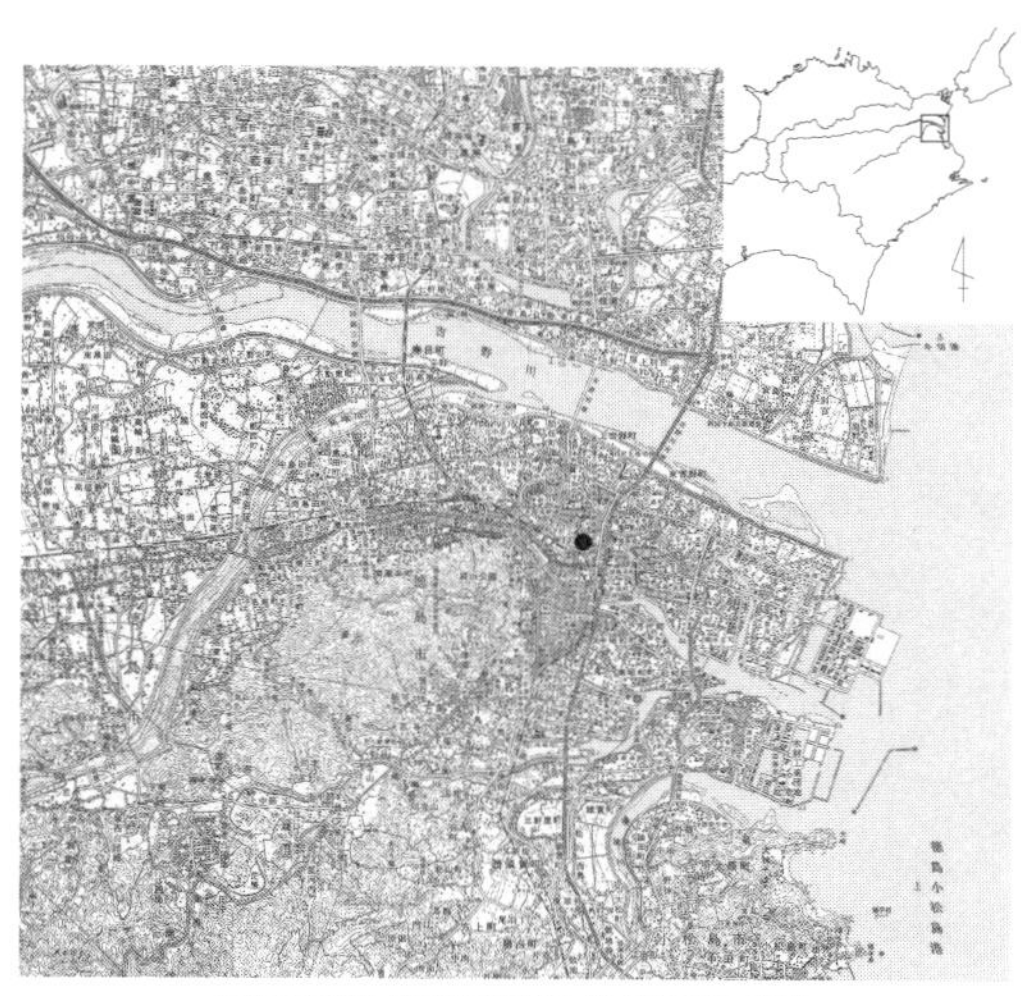
徳島城跡位置図（国土地理院発行1/50,000「徳島」使用）

●―徳島城位置図

●—下乗橋と大手枡形石垣

猪山城は、至徳二年（一三八五）に阿波守護細川頼之が築き、家臣の三島外記に守らせたとの伝承が残るが、詳細は不明である。その後の歴代城主についても不明な点が多いが、戦国期には切幡城主森飛騨守が当城を有し、その家臣が守ったという。天正十年（一五八二）には、阿波国をほぼ掌中に収めた土佐の長宗我部元親が、家臣の吉田康俊を配置するも、天正十三年（一五八五）の羽柴秀吉による四国平定戦にさいして、康俊は戦わずして土佐に敗走した。同年に秀吉から阿波国を与えられた蜂須賀家政は、当初一宮城（徳島市一宮町）に入ったが、一年を待たずして渭山（猪山、現在の城山）に城を築き始める。この選地には秀吉の意が大きく関わったとされ、この時中世の港津であった「渭津」の地が「徳島」と改称された。なお、城の設計者は武市常三と林道感とされるが、詳細は不明である。

秀吉は築城にあたって近隣大名などに協力させ、小早川隆景、長宗我部元親、比叡山の衆徒等が動員されている。天正十四年（一五八六）までには近世城郭としての徳島城の中核部分が完成したとされる。その後、慶長五年（一六〇〇）の関ヶ原合戦の際には、家政は隠居し当城を一時豊臣家に返上、毛利軍に接収されるが、合戦後ふたたび蜂須賀家の居城となり、明治維新に至る。

【構造】〔山城〕山上の本丸（Ⅰa・Ⅰb・Ⅰc）を中心に、東二の丸（Ⅱ）、西二の丸（Ⅲa）、西三の丸（Ⅲb）がそれぞれ地形に沿うように高低差をもって配置される。また、それらはほぼ東西軸で直線状に並ぶ連郭式の曲輪配置となって

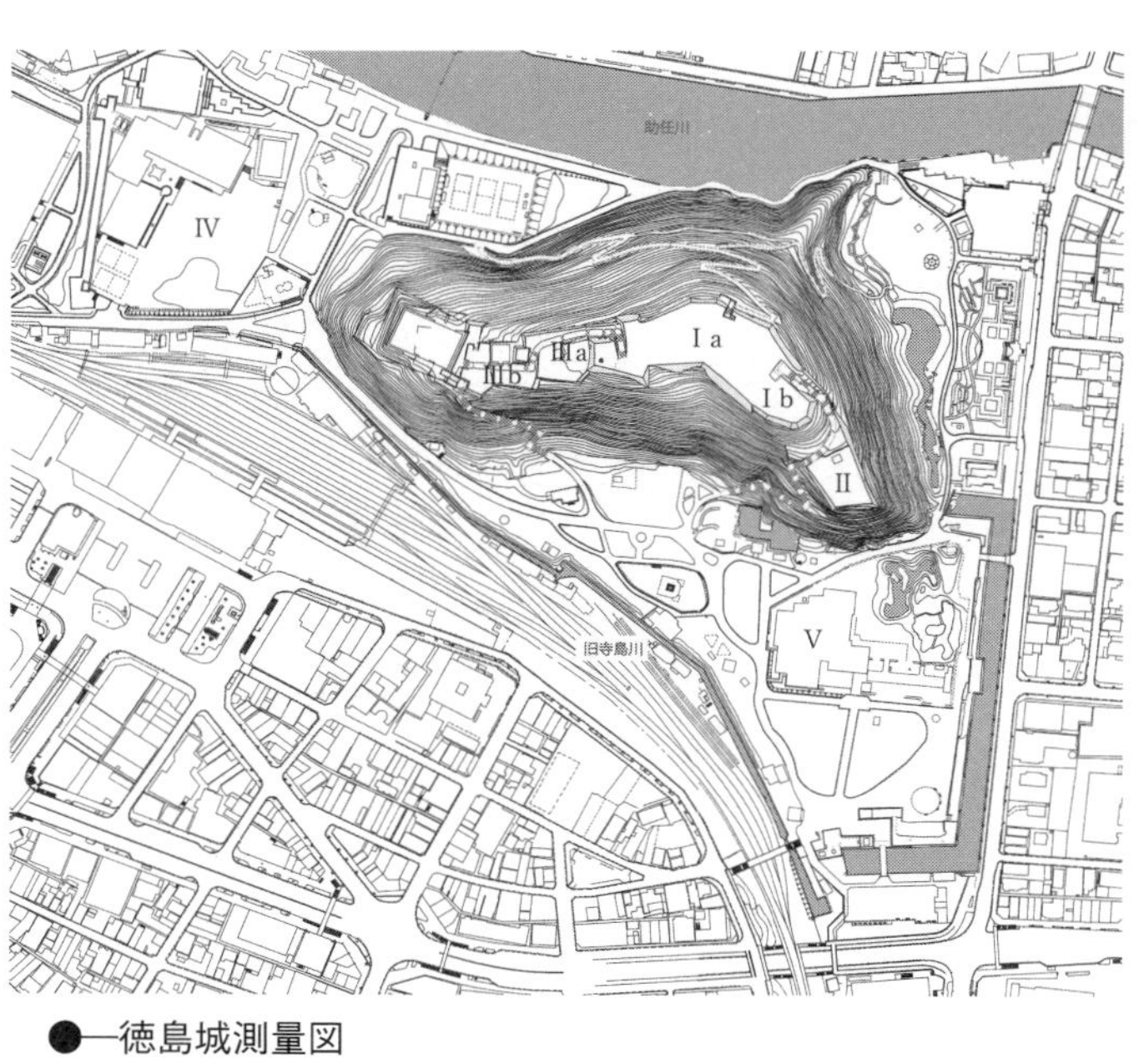

●—徳島城測量図

いる。近世絵図や明治時代初頭の写真からは、本丸より約二〇メートル低い標高四一・五メートルの東二の丸に三層三階の天守が置かれ、山麓の御殿部分と連結していた。なお、年未詳十月十四日付蜂須賀阿波守書状に「古てんしゅとりこぼし候」とあり、東二の丸の天守以前に古い天守が存在していたと考えられる。本丸へと向かう本来の大手筋は西三の丸から登るルートであったと考えられている。西三の丸門、西二の丸門、そして本丸西門の手前はいずれも枡形となっているなど、大手筋にふさわしい石垣の構築状況がうかがえる。本丸西端に位置する弓櫓（Ｉc）について、本田昇は築城当初の天守があったと推定する。本田は、天守の存在した東二の丸が本丸に後続して増築されていることから、当初の天守は本丸になければならないと考える。弓櫓は城山の最高所にあり、西辺一四・九メートル、北辺一三・八メートルの規模からも三層四階以上の天守があったとしても不思議ではないとする。弓櫓は城内最大の櫓台であり、西の大手筋の最奥に位置することからも、初期の天守が置かれるにふさわしい規模と場所であったといえよう。

●—本丸・弓櫓跡

〔平城〕城山の南麓には藩主の執務の場であり居所でもあ

った御殿（表御殿と奥御殿・Ⅴ）があった。絵図や文書によると、御殿部分は御屋敷、御城、居城等と呼ばれている。南西部は寺島川を堀とし、東と北と南を堀川と呼ばれる水堀によりコの字状に区画されている。南側の大手には枡形の黒門が配され、その左右に太鼓櫓（たいこやぐら）、月見（つきみ）櫓があった。また、かつては寺島川に沿って北西方向に延びる御殿の西側を区画する石垣があったが、明治時代初期における徳島公園の工事で撤去され現存しない。旧寺島川沿いの護岸石垣には、屏風折れ塀（折れ曲がり塀）が設置されていたが、その支柱石という「舌石」が約三〇メートル間隔で六ヵ所残っており、全国的にも稀少な遺構となっている。

●—鷲の門前から見た徳島城

大手の南側は、外郭として三木郭を設け、東に面して表門である鷲の門が置かれていた。明治に入り徳島城解体後も残っていた鷲の門は、第二次世界大戦の戦火により焼失したが、平成元年（一九八九）、個人により徳島市へ復元寄贈された。

城山の西麓には西の丸（Ⅳ）が置かれた。西の丸は石垣で囲われ、北西と南西の隅に櫓台を配する。現在はほぼ全域が小学校の敷地となっている。西の丸の西部には御花畠と呼ばれる屋敷と庭園があった。かつては徳島監獄が置かれ、移転後は市街地となっている。遺構としては、西側の出来島と御花畠を区画する瓢箪（ひょうたん）堀と呼ばれる人工の堀があったが、現在は埋め立てられ道路となっている。

また、惣構で囲まれる徳島は全域の外周に石垣を巡らせ、大手口の徳島橋、東方の福島橋、北方の助任橋には門台と呼ばれる櫓門を配し防備を固めていた。

なお、徳島城跡の内郭の主要部分約一九万三〇〇〇平方メートルは国指定史跡であり、史跡指定範囲の大部分は現在都市公園（徳島中央公園）として市民に親しまれている。

【参考文献】徳島市民双書二八『徳島城跡』（徳島市立図書館、一九九四）、『徳島県の中世城館』（徳島県教育委員会、二〇一一）

（宮城一木）

●阿波九城の一つ。県南の要衝

牛岐城（富岡城）

〔所在地〕阿南市富岡町内町
〔比　高〕二〇メートル
〔分　類〕平山城
〔年　代〕一六世紀
〔城　主〕新開氏・賀島氏
〔交通アクセス〕阿南駅より徒歩一〇分。

【城の立地】　牛岐城（富岡城）は徳島県阿南市を東西に流れる那賀川下流の沖積平野に位置し、桑野川右岸にある標高二〇メートルの独立丘陵に立地し、道路を挟んで東側に阿南市役所がある。阿南駅より西に徒歩一〇分程度の場所にある。城山は元々瓢箪形の小山であったが、大正二年（一九一三）の道路工事で、中央の窪んだ部分を削り取ったため、現在の城山は北と南に分断されている。北側城山には新開神社が祀られ、南側城山は牛岐城祉公園として昭和四十五年に整備がなされるなど、度重なる開発により城山の姿は大きく改変されている。

【城の歴史】　牛岐城の詳しい築城年代は不明であるが、南北朝時代、阿波守護細川氏の被官である新開氏がこの地に入り牛岐城主となり、一六世紀後半には新開遠江守忠之（新開道善）が盤踞していた（『城跡記』・『古将記』・『阿波志』）。天正三年（一五七五）以降、土佐の長宗我部氏が阿波に侵攻し、道善も三好方として度々土佐方との合戦に及んでいる。天正七年（一五七九）には、香宗我部親泰の勧告を受け入れ土佐方に付くが、天正十年（一五八二）、織田信長の四国攻略軍の先鋒として三好笑岩が阿波に攻め込むと、道善を含む多くの阿波の武将は三好方に付いた（『元親記』『南海通記』）。しかし、本能寺の変で織田信長が倒れると、長宗我部元親は攻勢に転じて、阿波一国をほぼ制圧、道善も丈六寺（徳島市）で元親に欺かれて討ち死にした。その後、牛岐城には親泰が阿波南方の抑えとして入った。しかし天正十三年

（一五八五）、羽柴秀吉の四国平定により長宗我部氏は土佐に撤退し、阿波国には蜂須賀氏が入り、そして南方の総押さえとして細山帯刀（たてわき）（後の賀島主水正政慶（かしまもんどのしょうまさよし））が牛岐城に入った。慶長三年（一五九八）には蜂須賀家正の命を受け、「牛岐」の地名を「富岡（とみおか）」と改められ、この時期に城名も「富岡城」となった。元和元年（一六一五）には一国一城令が出されるが、城は廃棄されずそのまま維持され、寛永十五年（一六三八）に幕命を受けた藩の施策により、富岡城は取り壊された。

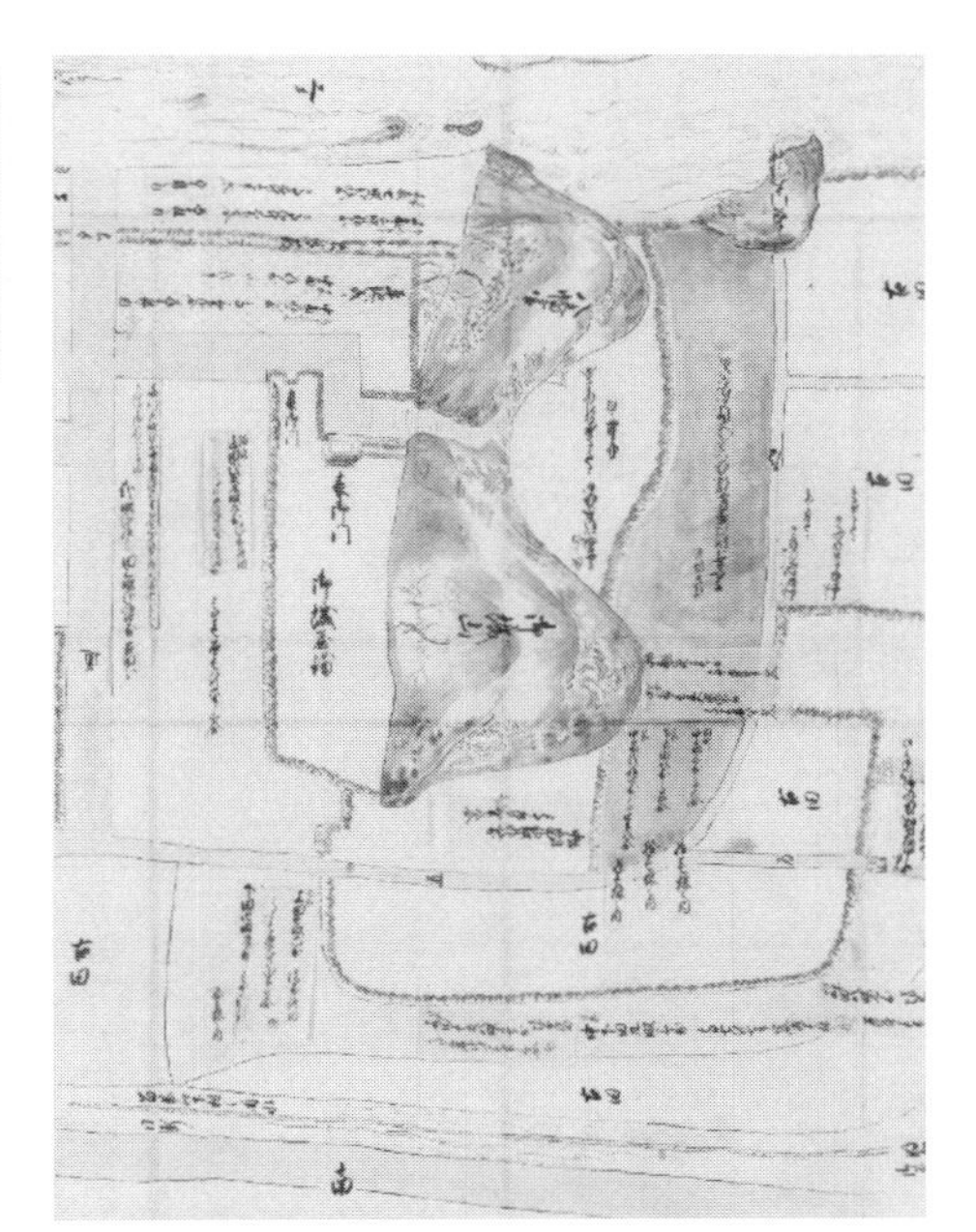

●―『牛岐富岡城絵図』

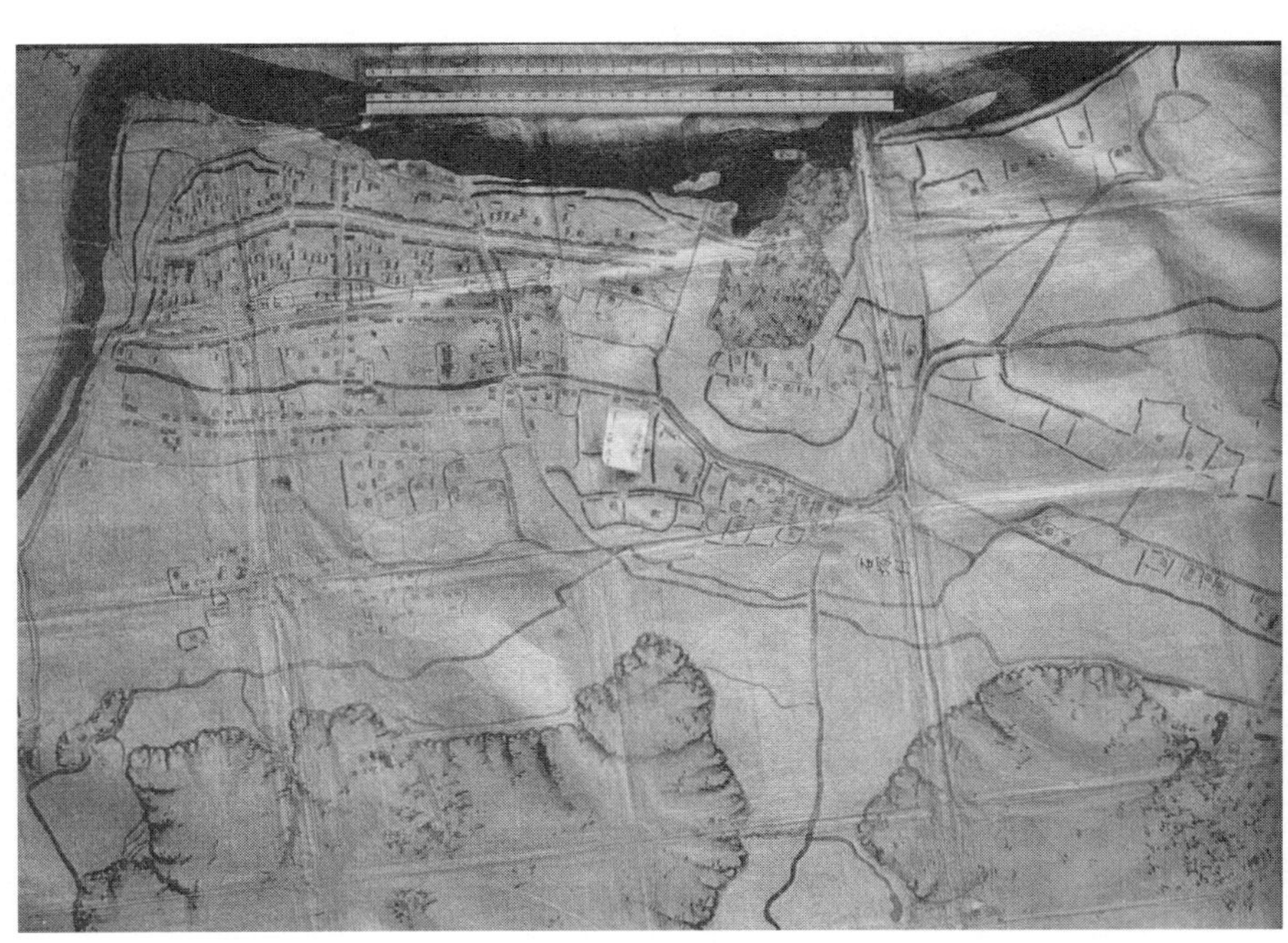

●―『富岡分間絵図』

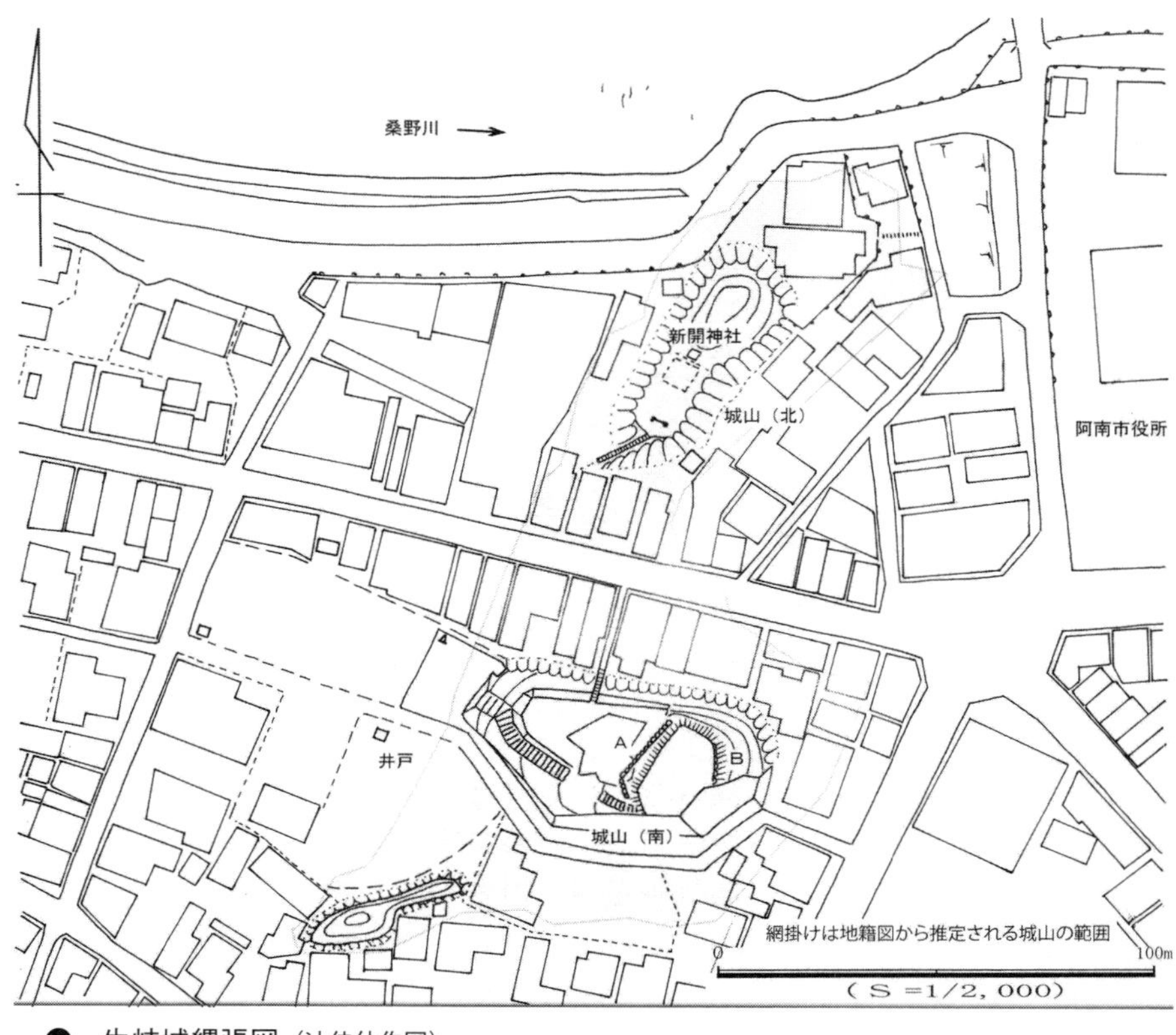

●—牛岐城縄張図（辻佳伸作図）

【城の構造】　城山分断前の姿をうかがう資料は少なく、古絵図が数点残るのみであるが、その一つに明和五年（一七六八）に画かれた『牛岐富岡城絵図』がある。絵図には瓢箪型の小山の姿が描かれており、北側には「八幡宮」、南側には「御城山」の記載がみられ、中央の鞍部には階段らしき道が通り、二叉にわかれている。この道の手前は枡形虎口となる。城山山頂部への道も鞍部からだったと思われる。城山のすぐ手前の敷地は「御城屋敷」の記載がされており、その敷地と道を接した箇所には「表御門」「裏御門」の記載がみられる。この敷地内には賀島氏の屋敷があり、藩主の公的本陣としても利用されていた。瓢箪型の城山東側には水色で描かれた堀跡が残っているが、中世段階では城山を取り囲むように堀がめぐらされていたことが推測できる。

更に文化年間（一八〇四～一八一八）に書かれた『富岡分間絵図』をみると、『牛岐富岡城絵図』で描かれていた東側の堀が埋め戻されており、城山の堀は段階的に埋め戻されたことが分かる。なお、『富岡分間絵図』では瓢箪型の城山を囲むように水路が回っており、かろうじて堀の痕跡が読み取れる。現在でも城山の南側に用水路がめぐっており、堀の形跡が伺える。

　中世段階で牛岐城は平地の独立丘陵を利用し、桑野川の水を引き込み城山の周りを堀で囲んだ平山城としての縄張が形成されていたと考えられ、周囲の地形に恵まれた県下でも屈指の堅城だったと言える。長宗我部氏が牛岐城に攻め入ったが容易に落とすことができず、和議を講ずると偽り丈六寺で新開氏を謀殺したという逸話は、当時の牛岐城の堅固さをものがたっている。

　また『富岡城中家数之覚』（国文学研究資料館蔵「賀島家文書」）によれば、山上には一二棟、下屋敷には一六棟、「外かまえ」には六棟の合計三四棟の建物があったことがわかっている。また主郭部には天守があり、八間四方で瓦葺であったことも記載されている。

　現状の南側城山部は南北一五メートル、東西一〇メートルの平坦地と、その西側四メートル下がって、南北一二メートル、東西二五メートルの平坦地が残り、二段の曲輪が確認できるのみであるが、ここが主郭部と考えられている。この主郭部では平成十年（一九九八）と平成二十年（二〇〇八）に発掘調査が実施され、石垣遺構が発見された。石垣は山頂東斜面から、ほぼ南北に走る形で検出され、幅約一メートルの巨石を配し、その延長は約一八メートルになる。

　石垣の残存高は〇・五〜一メートルで、最高四段の石積みを検出した。また南端では約一一〇度の角度で屈折する石垣の隅角部が確認された。石垣の石材はほとんど加工がみられず、積み方は「野面積（のづらづみ）」の工法で築かれている。残存する石垣高が数段にとどまることから明確ではないが、横目地を意識した積み方である。隅角部は出土状況からみるかぎり「算木積（さんぎづみ）」の工法は採られていない。石垣構築時期については、おそらく賀島氏入城以降と考える。中世阿波の城郭で石垣は稀で、石積みも土留め程度のものが多く、その礫（れき）も小さい。富岡（牛岐）城は岩盤を大幅にカットして大きな石材を使用した石垣がみられるなど、かなりの技術力が必要とされ、新開氏の時代より賀島氏の時代の構築と考えるのが妥当である。また城の石垣は廃城にともない、寛永年間（一六二四〜一六四四）に桑野川の堰建設材料として転用された（『一の堰碑』明治三十四年建立）。

　石垣遺構以外にも、軒丸・軒平瓦を含む大量の瓦をはじめ土師（はじ）質土器、備前焼擂鉢（すりばち）、瀬戸美濃焼天目（てんもく）茶碗、青磁碗、白磁皿など一六世紀前葉から一六世紀末にかけての遺物が出土している。

●—館内に露出展示してある石垣遺構

現在城の主郭部分には牛岐城祉館（旧産業展示館）が平成十一年に建築され、館内には発掘調査で確認された石垣の一部が発掘調査当時の姿のまま露出展示されている。

【牛岐城周辺の町形成】 牛岐城（富岡城）は阿波九城の一つで、阿波南方の政治・経済の中心地であり、また交通の要衝である。牛岐城のある城山は桑野川と接しており、河口の港から海上への道が開かれ、上流から運ばれた木材などの物資の集積地としての機能も持ち合わせていたと考えられる。『富岡町誌』によると、一六世紀頃から牛岐城西側に相次いで寺院の建立が始まっており、その頃には城山西側に町が形成されていたと考えられ、江戸時代後期になると商業を中心とした「郷町（ごうまち）」ができあがった。地籍図からも城山西側に城下町が形成されていることがわかる。字名で「内町」「中町」「新町」と道路（大手筋）の両側に整然と短冊状の町屋地割がみられる。字名からは、町が時期差を以て順次延長されたと推測でき、「内町」が初期的な城下町であろう。

那賀川河道の度重なる変動により形成された肥沃な沖積平野の穀倉地帯に位置する富岡地区は、一三世紀頃から現在に近い地形ができあがり、その時期に牛牧荘が成立し町が形成され始めたと考えられる。牛岐城のある富岡町の東隣には「領家町」という地名があり、小字名として「舟倉」「土倉」

といった地名も残る。地名からも物資の集積地であったことが推測できる。吉野川に次ぐ徳島第二の大河である那賀川の河口に位置する富岡地区はまさに海上交通の拠点として発達し、そして牛岐城が築城されたのであろう。

【参考文献】阿南市市史編さん委員会編『阿南市史』第一巻「第三編第二章 戦国の阿南」（阿南市教育委員会事務局、一九八七）、同第二巻「第四編第一章第一節 蜂須賀氏の入国と藩政」・「第四編第一章第六節 郷町富岡」（阿南市教育委員会事務局、一九九五）、宇山孝人「二つの「一国一城令」と阿波九城の終焉をめぐって」『徳島県立文書館研究紀要』第六号（徳島県立文書館、二〇一四）、根津寿夫「牛岐城跡（富岡城跡・浮亀城跡）富岡城跡の絵図について」『徳島県の中世城館』（徳島県教育委員会、二〇一一）

（向井公紀）

●土佐方の改修が加わった山城

西方城（にしかたじょう）

〔所在地〕阿南市長生町西方
〔比　高〕約一二五メートル
〔分　類〕山城
〔年　代〕一六世紀
〔城　主〕東條関之兵衛
〔交通アクセス〕阿南駅より西に車で一〇分。

【概要と立地】　西方城は那賀川右岸の沖積平野に突き出した西方山と呼ばれる標高一二五メートルの尾根頂部に築かれた山城で、山城山頂部からは那賀川平野を越え、遠く淡路島、気候がよければ和歌山までが一望できる。城跡の大半が山林・竹林となるが、保存状態は良好である。

山の北と南は急傾斜地となっている。山城の北側には岡川が、さらにその北方には那賀川が流れ、山城のすぐ東側には土佐街道が南北に通過するなど、古くから交通の要衝となる場所に位置している。

現在、山城北側の道路からは遊歩道が整備され、山頂部まで簡単に歩いて登ることができる。山頂部には龍のイルミネーションが設置されており、この地域のシンボル的な場所ともなっている。

【歴史と背景】　城主は東條関之兵衛とされる。東條氏は元々阿南市桑野町にある桑野城主であった。天正三年（一五七五）、土佐の長宗我部元親の阿波侵攻に際し、元親の養女を妻としたことにより土佐方となり、これ以降、三好方の牛岐城主の新開氏と度々合戦におよび、天正七年（一五七九）の今市（いまいち）合戦では土佐方の加勢を得て新開氏に大勝した（『元親記』）。この時期に東條氏は桑野城から西方城に移ったものと考えられている。なお、東條氏は天正十年（一五八二）に鳴門市の木津城に配置転換されている。

【構造と評価】　主郭は標高一二五メートルの山頂に東西三〇メートル、南北二七メートルの曲輪で、現在の主郭部は竹が生い茂った状態になっているが、周囲は土塁で囲み、南北の二ヵ所に虎口が確認できる。虎口は土塁に折れをともなった桝形虎口（ますがたこぐち）の形状をとっている。主郭の西側後方は高い切岸をもって二段の段差を作り、後方の尾根続きに二条の堀切を作る。なお堀切は鉄塔建設によりわかりにくくなっている。

主郭部から東に一〇〇メートル程下った中腹の標高六〇メートルの地点には東西二二メートル、南北一五メートルの長方形状の曲輪が構えられている。この曲輪周囲にも土塁がめぐらされ、南東部に虎口を設ける。この中腹の曲輪が東條氏の居館跡と考えられる。そして、山頂部の主郭部から中腹の曲輪の間には多数（大小約二〇近く）の帯曲輪が段状に連結するという形状を有する（中腹の曲輪の東側下段にも数段の帯曲輪を配している）。こうした形状は阿波では例をみない特徴的なものであり、また城郭全体の規模も大きい。これは、この城が長宗我部氏によって阿波・土佐境目の拠点地としての機能を果たすべき城と考えられ、築城（改修）に際して土佐方の手が加わった結果であると推測される。

平成十八年（二〇〇六）に主郭部から一段下がった東側に展望台が建設された際に、阿南市教育委員会が部分的な発掘調査を実施しており、少量の土器片と投弾とみられる円礫が出土している。

●—西方城縄張図（本田昇作図）

●—西方城主郭部にみられる土塁

●—主郭部から西側を望む風景

【参考文献】徳島県教育委員会『徳島県の中世城館』（二〇一一）

（向井公紀）

●阿波水軍の拠点地

松鶴城（しょうかくじょう）

〔所在地〕阿南市椿泊町東
〔比　高〕約三メートル
〔分　類〕城館
〔年　代〕一六～一八世紀
〔城　主〕森氏
〔交通アクセス〕阿波福井駅より車で三〇分。

【城の概要】　松鶴城は中世から江戸期にかけて阿波水軍を率いた武家の棟梁、森氏の館跡である。現在は椿泊（つばきどまり）小学校の敷地となっており、かつての館跡には校舎と体育館が建ち、校舎前面には藩政期時代のものとされる石垣が残っている。なお、松鶴城の呼称は明治以降に呼ばれ始めた通称であり、別名で椿泊城とも呼ばれている。

館跡から西に一四〇メートル先には森家の祖を祀った「佐田神社」が高台に鎮座し、さらに西に一六〇メートル進んだ先に森家菩提寺の道明寺（どうみょうじ）がある。ここには、阿南市指定文化財（史跡）となっている歴代森家当主の墓所がある。

【立地】　森家館跡は紀伊水道に突き出す椿泊半島先端の南岸、椿泊湾に面した東西二キロ程の椿泊集落東端部に位置する。椿泊集落は海と山崖にはさまれたごく狭い平地にあり、細長く延びる一本道の両側には軒を接して二階建ての民家が建ち並ぶ。道幅は車一台がようやく通行できるほどで、なおかつ道の途中には意図的に曲げられたと考えられるクランクが数ヵ所点在するなど、現在においても通行の難所である。そしてこの道をようやく進んだ先に森家館跡がある。

【歴史と背景】　森氏の家祖は佐田九郎左衛門という因幡出身の人物で、阿波守護細川家の家臣の仲介で阿波細川家に仕えていた。佐田九郎左衛門の子の元村は森姓を賜り、森志摩守と名乗り、鳴門市の土佐泊（とさどまり）に居城。天正九年（一五八一）長宗我部元親阿波侵入の際には、阿波国において唯一屈服しなかった武将として森家の名声を高めた。

元村の子村春は、父の跡を継いで土佐泊城の城主となり、天正十三年（一五八五）、羽柴秀吉の四国平定に加わり、その後蜂須賀氏に臣従。阿波出身の武将で唯一、蜂須賀家臣団の中核に採用される。そして天正十四年（一五八六）に、海上の押さえ、そして長宗我部氏への備えとして椿泊に移住することとなる。椿泊は天然の良港でもあり、森氏自らがこの地を選んだとも言われている。後に森家は蜂須賀家政より椿泊から海部までの漁業権が与えられている。

●―森家館跡に残る石垣

椿泊に移ってからは蜂須賀家水軍として、天正十四年の九州平定、天正十八年（一五九〇）の小田原攻め、文禄元年（一五九二）からの朝鮮出兵参加。朝鮮での戦いで森家二代目の村春が戦死するも、村重（村春弟の長男）が百済の戦いで夜襲をかけ、敵船三〇隻を捕らえ、さらには窮地に陥っていた天下無双の名将と呼ばれた筑後柳川の戦国武将、立花宗茂を救うなどの活躍をみせた。

三代目の志摩守忠村は慶長十一年（一六〇六）に若くして死亡し、相続人もいなかったため分家で森甚五兵衛を名乗っていた村重が、元和二年（一六一六）、藩主至鎮の命をうけ森家を相続し椿泊に入った。

慶長十九年（一六一四）に村重は、大坂冬の陣に出陣。船舶による物資運搬や水軍として城攻めにあたった。徳川方は大坂方の二ヵ所の砦を攻略するが、この際に活躍したのが森家であり、冬の陣の後に徳川家康から感状と陣羽織を賜っている。

以後、鎖国により水軍としての役割は後退したが、徳島藩は参勤交代をはじめ本州との通交上船が必要であったため、藩の海上方として分家の森甚太夫家とともに廃藩置県まで蜂須賀氏に仕えた。

●—出土石垣全景

【構造と評価】 森家家臣広田家の文書によると、屋敷の構造は西に赤門と呼ぶ南北七間半、東西二間半二階建瓦葺の門があり、その横に馬が二〇頭余り入る馬屋と馬場が設けられていた。領主の住む表館は九間半に一三間の大きさで西の長屋、内長屋、書院、御座敷、小座敷、路地門、台所、武具蔵、船具蔵、土蔵四棟、御船屋四棟、御番所など屋敷外のものを含めると四〇棟以上の建物が記録されている。

江戸時代後期に描かれたとされる『椿泊森甚五兵衛屋敷海上ヨリ見ル図』（個人蔵）には、海上側から見た椿泊集落と森家館跡が描かれており、館石垣が海に接し、直接海上から船の着岸が可能な機能を有した館跡の姿が見てとれる。この絵図に描かれている海に接した石垣が現在小学校校舎前面に残る石垣である。現在は石垣前の海は埋め立てられ、道路と護岸堤防が築かれている。

平成十八年度には校舎建て替えにともない発掘調査が阿南市教育委員会により実施され、現存する石垣の内側に四メートルの位置から新たに石垣が検出された。検出された石垣の延長は三五メートル、現存高は〇・六〜一・九メートルである。石垣上部が削平されていたが、一部天端石と思われる箇所があり、良好に残されていた。石材は地元の砂岩・チャートが主体である。積み方は「乱積み」工法で、傾斜はなく垂直に積まれている。ま

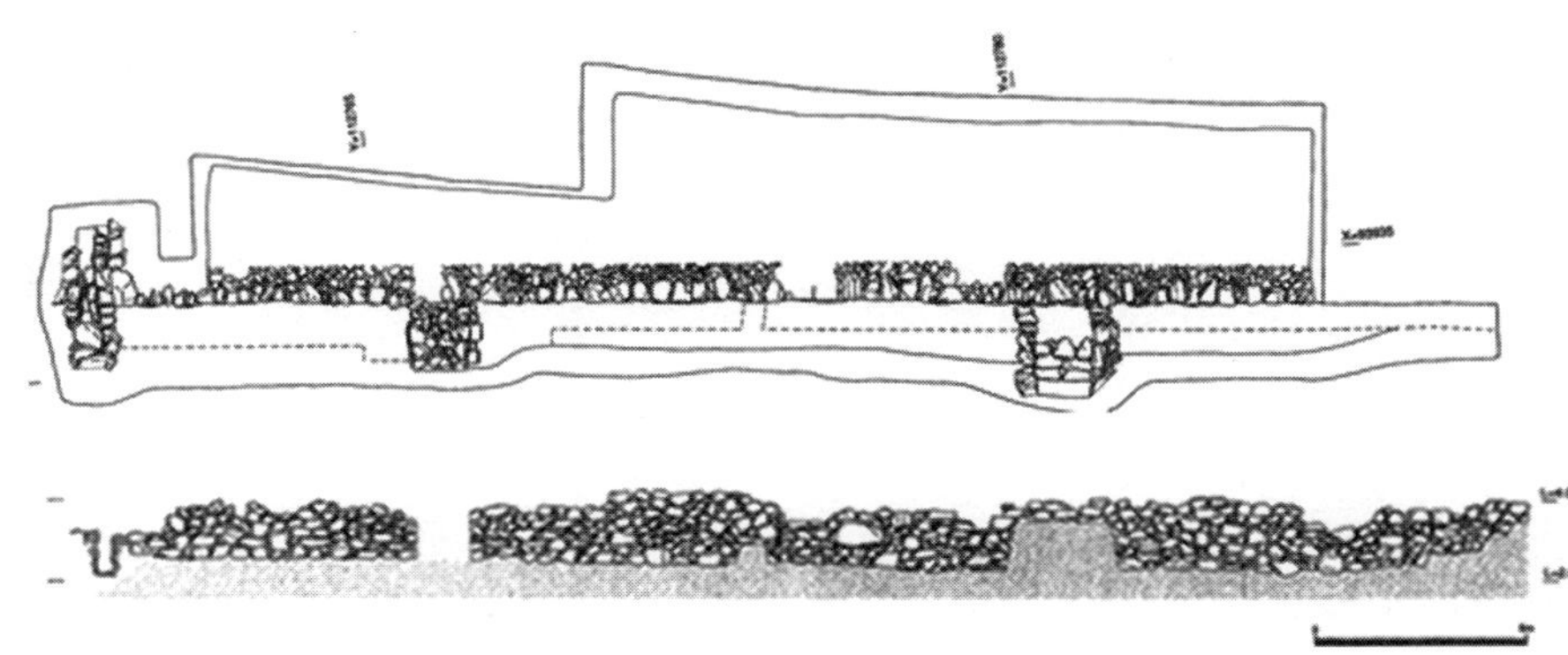

●―出土石垣　上：平面図　下：立面図

た排水路や石垣面から海側に伸びる石積み・石段も検出された。これらの石垣は森家が椿泊に移った一六世紀末から一七世紀初頭に築かれたことが出土遺物などで確認されている。主な出土遺物として、唐津焼や瀬戸美濃系の陶器皿のほか、青磁や青花碗などの輸入陶器が出土、また獅子型の目貫が出土している。なお、検出された石垣は現在地中保存されている。

　城跡本体は小学校裏山にあったと思われるが、椿泊半島頂部尾根における踏査の結果、明確な遺構は確認できなかった。なお、半島先端部から西に一キロ付近の尾根上に堀切を確認したが、それが城跡にともなうものかは不明である。

　椿泊集落の街並み構造は森家が椿泊に移ってきたと同時に整備されたものと考えられており、クランク状の道筋もあえて組み込まれたものであり、城跡での桝形虎口の役割を持つものである。移ってきた当初はまだ不安定な情勢でもあり、町並み全体を強固なものにする必要があったのであろう。

　近年建て替えが増えているが、道の両側には伝統的な建物が建ち、その手すりには見事な彫刻が施されており、これは「うだつ」と同様に生活の豊かさを象徴している。

　また、椿泊半島先端の燧崎には森家が採掘していた火打石の採掘場が現在も当時のままの姿で残っている。

【参考文献】阿南市市史編さん委員会『阿南市史第2巻』（一九五五）、徳島県教育委員会『徳島県の中世城館』（二〇一一）、徳島市立徳島城博物館『阿波の水軍　森家と徳島藩』リーフレット（二〇一九）

（向井公紀）

●桑野盆地を俯瞰する山城

高源寺城（こうげんじじょう）

〈所在地〉阿南市桑野町字光源寺
〈比　高〉約七〇メートル
〈分　類〉山城
〈年　代〉一六世紀代
〈城　主〉桑野康明ほか
〈交通アクセス〉ＪＲ牟岐線桑野駅下車、県道二四号線を北方向に向かいローソン阿南桑野店から小道を入り「谷橋」を渡る（徒歩約二〇分で登城口）。

【高源寺城の位置】　高源寺城が位置する桑野盆地は、那賀川の支流である桑野川中流に開けた盆地である。

盆地がある桑野は、古代より開発が進み、終戦直後まで条里痕が残っていた。盆地のほぼ中央を土佐街道が南北に縦断している。一方東西方向には、西の仁宇谷（にうだに）から東に位置する有力港湾橘泊まで貫通する街道が走っている。この地域は仁宇谷から産出される木材が集積する交通の要衝であった。高源寺城は、盆地と那賀川が形成した沖積平野を区分する山脈から派生した尾根先端に位置するため、盆地を俯瞰することもできる。また城の名前から周辺に寺院があったことが想定される。

【桑野の国人領主、東條氏】　戦国時代桑野一帯は、桑野城主だった東條氏が治めていた。『阿波志』によれば、永禄年間は、東條氏一族の源（桑野）康明を高源寺城の城主としている。

同史料によると、土佐の長宗我部氏が阿波に侵入してくる天正期の段階においては桑野氏に代わって、佐藤伊賀守を城主とし、土佐方の命により兵二〇〇で城を守らせたとある。

●—高源寺城跡全景（南から）

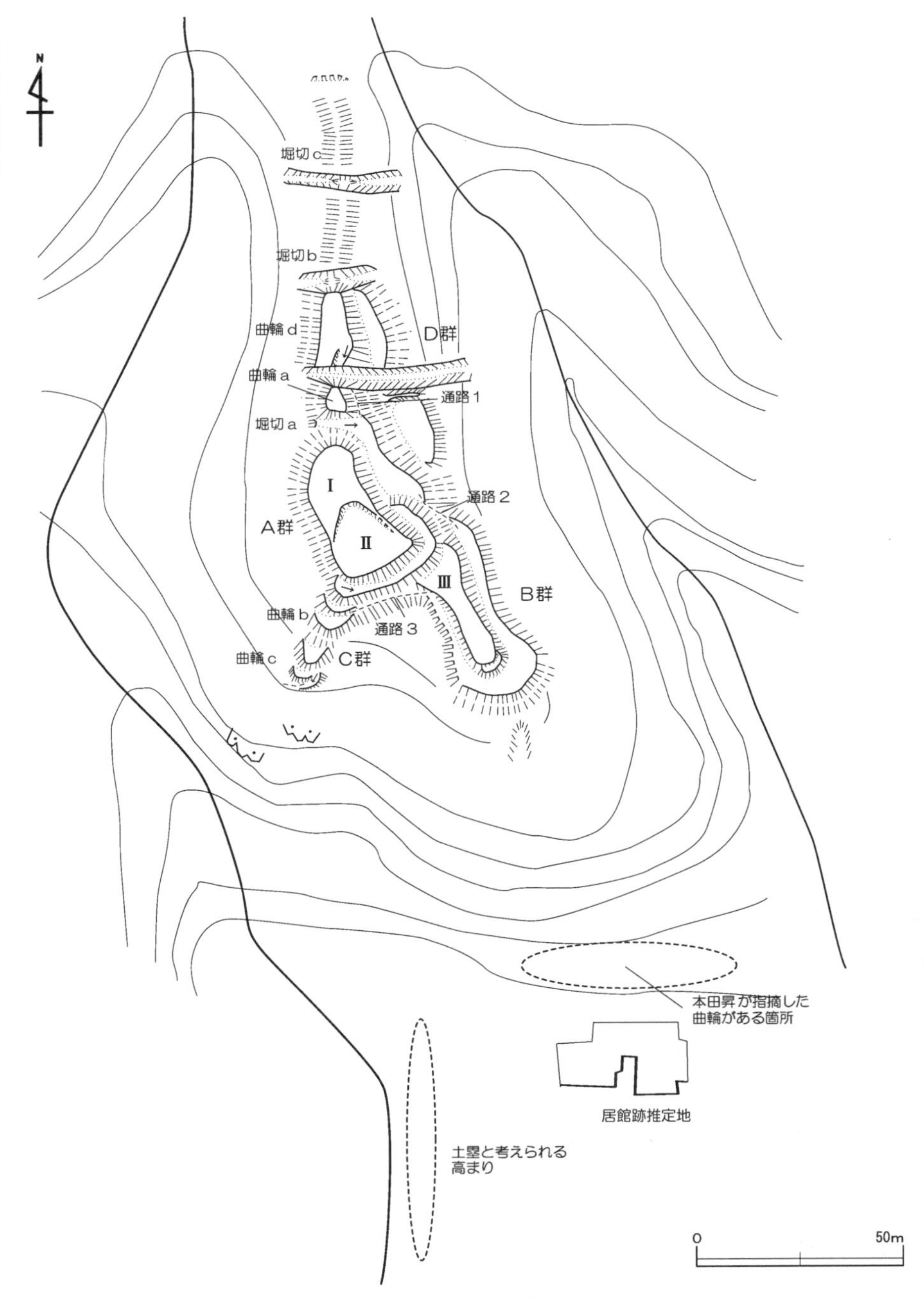

●—高源寺城縄張図（福永素久作図・2022 年再調査）

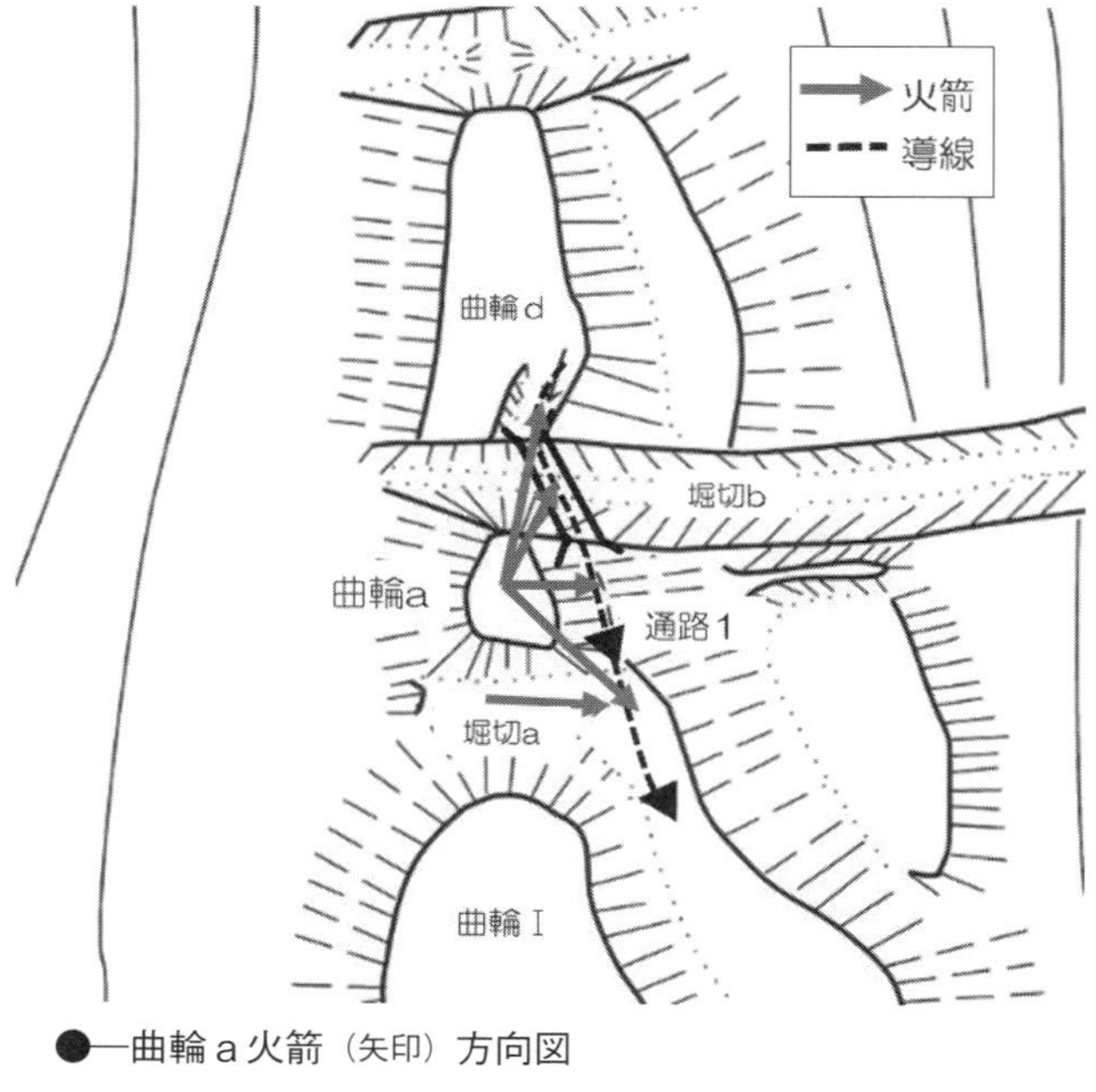

●―曲輪ａ火箭（矢印）方向図

【縄張】　桑野盆地北西側にある城（図）は、全体的に標高一〇〇㍍前後の尾根山頂にある曲輪Ⅰ（主郭）を中心に、東西四〇㍍南北一五〇㍍の範囲で展開しており、東西サイドは深い谷になっている。

さらに各曲輪を精査すると大きく四つの曲輪群に分けることができる。

●―曲輪ａからみた堀切ｂ（南から）

まず、曲輪Ⅰ・曲輪Ⅱとその直下にある腰曲輪、主郭背後の堀切aから東側に展開する帯曲輪で構成されるA群。次にA群から東側に派生した尾根に曲輪Ⅲと帯曲輪が展開するB群。B群とは反対に、西側に派生した尾根に腰曲輪が展開するC群。そして、曲輪Ⅰ背後北側に四～五本の連続堀切が展開するD群の四つの曲輪群に分けることができ、各曲輪群間は通路1～3でつながっていたと考えられる。

A群の曲輪Ⅰ・曲輪Ⅱは、合わせて南北が長い長方形の形をしており、曲輪Ⅰの両端から土塁が曲輪Ⅱにかけて伸びている。曲輪Ⅱの一段下にある腰曲輪は西端と曲輪Ⅱとの比高差はほぼなく、この箇所が主郭に直接つながる虎口と考えてよいだろう。

B群にある曲輪Ⅲは、A群の腰曲輪直下にあり周囲を帯曲輪が展開している。

C群は四段の腰曲輪が階段状に展開し、最下段の曲輪cは虎口状に切岸が開いているため、麓からつづく城道が続いていたと想定できる。

D群は、主郭背後にある連続堀切が展開しているのが特徴の曲輪群で、城内においては最も厳重な箇所だといえるだろう（図右）。

城域の東西が深い谷となっているため、いざ城を攻めようとすると、谷を挟んだ尾根からまわり、城がある尾根と山塊がつながっている北側から回らないといけない。しかし、城内に入るためには、四本以上の連続堀切を越える必要がある。特に曲輪dから堀切を経由してA群に入ろうとすると、攻め手は、曲輪d・堀切b、A群につながる通路1の三方へ攻撃することが可能な曲輪aに対処しなければいけない。もし突破ができたとしても、A群東側の腰曲輪とつながっている堀切aに伏兵がいたとするならば守備側の攻撃を受けることになるので、D群の中でも、曲輪dから堀切aにかけてがもっとも厳重な箇所だといえる。

麓には、城主の居館があったと推定できる。推定地西側には土塁状の高まりが残っている。もし、この高まりが居館の土塁とするならば、土塁のすぐ隣を流れている川を外堀として使われていたことになる。現在民家が建っている建物の山側には、本田昇は曲輪があると指摘した。いずれにせよ、両方とも改変が大きく、現在では遺構かどうか判断することが難しい。

【麓から続く城道】　では、どのようなルートで麓から山城へ入ったのか考えたい。前述のとおりC群最下段の曲輪cの切岸には、虎口状に口が開いている。そこで次のように想定できる（一一九頁）。

西側の谷から、斜面を登り曲輪cに入る。C群の途中にあ

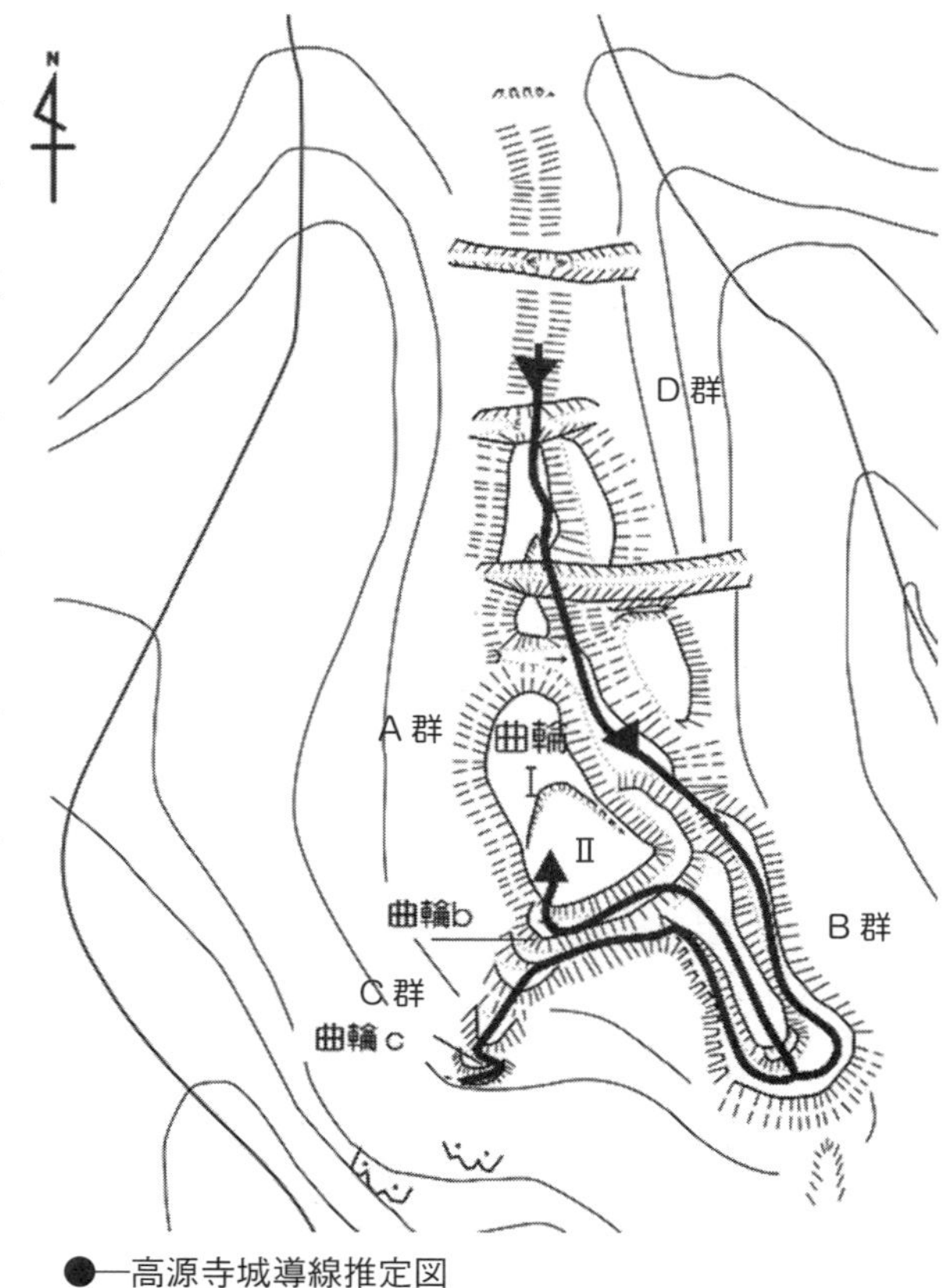

●―高源寺城導線推定図

る曲輪bから通路3を通り、B群の最下段の帯曲輪に到達する。ところが城を攻める際、通路3を通過しようとすると、A群腰曲輪からの攻撃を受けることになる。

B群に入ったら最下段の帯曲輪と曲輪Ⅲとの間にある小曲輪を経由してA群腰曲輪に入り、曲輪西から主郭へ到達できたと、推測できる。

居館跡と推定されている麓の平地は、現在民家となっている。本田昇は、民家と山側には曲輪が一段あると指摘した。最近では、B群と本田が指摘した曲輪の間には、帯曲輪が階段状に展開していたとの説もある。

もしそうならば、B群直下の階段状の曲輪はB群と麓の曲輪をつなぐ城道だった可能性がある。しかし現状としては、一部が竹林や畑跡があるため本来の帯曲輪が遺構かどうか判然としない。さらに、B群側の尾根は、城正面から見て城道がまっすぐ見えてしまう。そこで城道が正面から見えない遺構として判別しやすいC群の方が城道のルートとして見てよいだろう。

【誰が城を築いたのか?】 縄張からみる限り高源寺城は、曲輪群や通路と連続堀切を巧みに利用した山城だといえる。一方で文献史料からでは、一次史料はおろか、近世の地誌書である『阿波志』以外に城の記載がみられない。

では、誰が構築したのだろうか。阿波国内で連続堀切が展開する山城は、多く存在する。ほかの城での事例から、天正期において長宗我部氏の影響が大きいとの見方が強い。となれば、天正五年以降に国内で連続竪堀（たてぼり）の山城が展開したことになる。

高源寺城の場合、史料があまりにも少ないため詳細はわからないが、少なくとも東條氏自らが土佐方の阿波進攻以前に連続堀切を構築したとは考えにくい。そこで『阿波志』の記録どおりとなると、すでに永禄期には城は存在し、天正期に土佐方が桑野に入り、東條関兵衛が恭順したさいに既存の城が改修を受けたことにより、連続堀切が構築されたと推定することができる。

では、なぜ改修をしたのか理由や改修時期については、同じ桑野盆地にあった高源寺城と関連性が高い畑山城の項にて取り上げたい。

最後に、近年城跡の麓ではシカなどの獣害がひどく、登山道にはバリケードが施されている。山城へ上り下りの際は、必ずゲートの開閉をしっかりする必要がある。また、山へ上がるには私有地を通らなければならないため、途中で所有者らしき人が作業していたら、一言かけておいた方がトラブルを未然に防ぐことも含め望ましい。

【参考文献】本田昇「高源寺城」村田修三編『中世城郭研究事典』（新人物往来社、一九八七）、徳島県教育委員会『徳島の中世城館』（二〇一一）、杉原賢治「高源寺城」石井伸夫・重見高博編『阿波三好氏一族の城館』（戎光祥出版、二〇一八）

（福永素久）

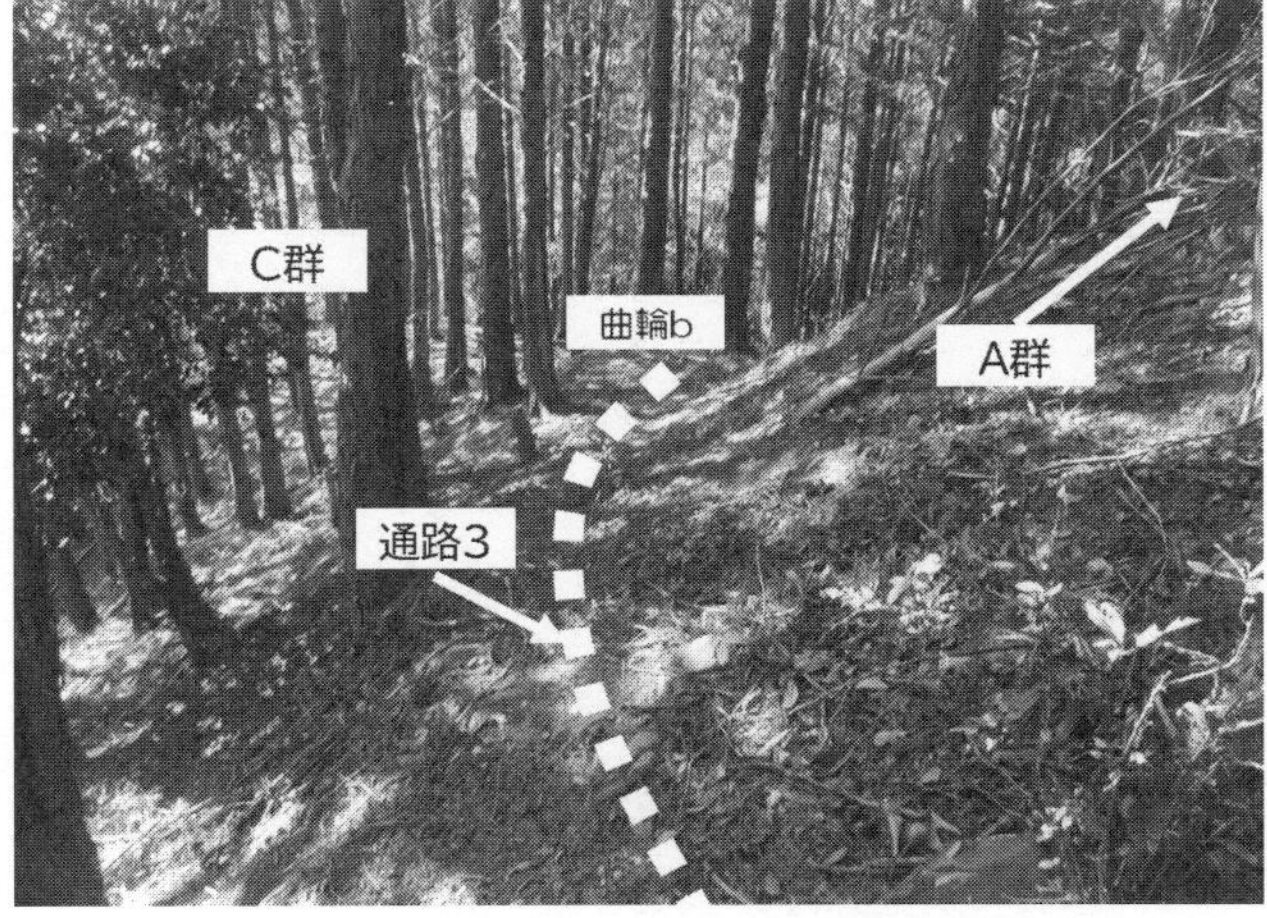

●—C群からB群への導線と現況（東から）

畑山城（はたやまじょう）

●信長の四国政策と関わりあった小城

〔所在地〕阿南市桑野町字畑山
〔比　高〕約二〇メートル
〔分　類〕平山城
〔年　代〕一六世紀代
〔城　主〕不明（陳城か）
〔交通アクセス〕JR牟岐線桑野駅下車、県道二四号線を南方向に徒歩、桑野小学校前の踏切をわたって約一〇分で城の麓。

【畑山城の位置】　畑山城は、桑野盆地南東側の尾根先端にあり、高源寺城と対角線上に位置している。比高は二〇メートル程であり、一説によると桑野城の一支城と考えられていた。

【織田・三好対長宗我部との交渉の対象となった城郭】　本能寺の変直前の天正十年（一五八二）五月二十一日、長宗我部元親は、織田信長方の明智光秀の家臣石谷頼辰に宛てた書状の中で、「一宮、ゑひす山（夷山）、畑山、うしき（牛岐）の内仁宇、南方残らず明け退き」と記し、織田軍の四国進攻直前に史料中の城は撤収するとある。

当時土佐方（長宗我部）は四国統一直前で、阿波もほぼ手中に収めている状況であった。信長は「四国は切り取り次第」と当初黙認していたが、前年に十河政保が三好家の家督を継ぐと政策転換し、織田・三好対長宗我部という構図となった。その時元親は、信長側の取次であった明智光秀に、以上のような提案を示した。同史料では一宮や夷山以外にも、阿波国内のいくつかの城が提示されており、ほかの城は

●―畑山城跡全景（北から）

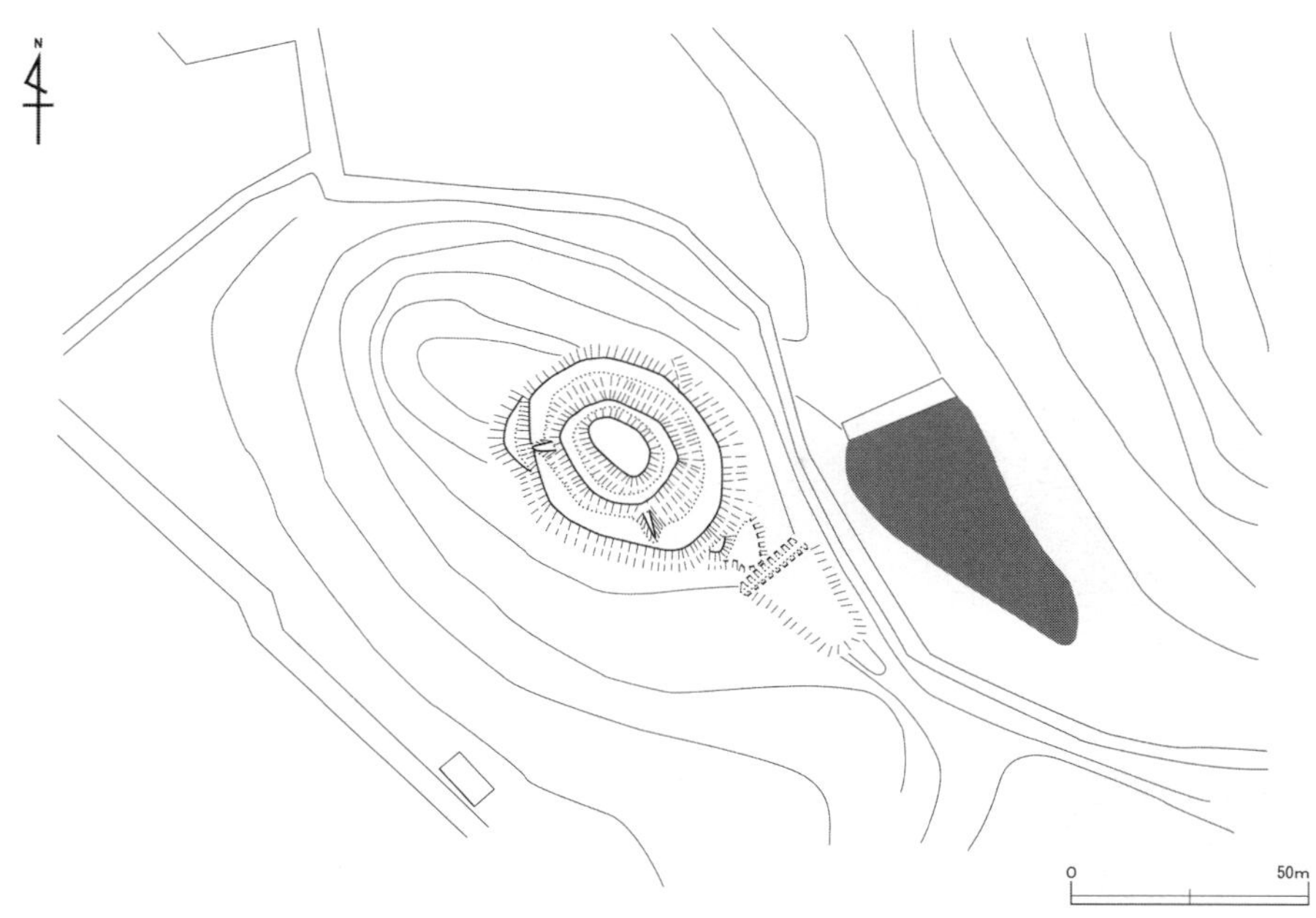

●—畑山城縄張図（福永作図）

撤収するかわりに、海部（海陽町）と大西（三好市）は土佐との国境に近いので退かないとある。

結局、手紙が送られた直後に本能寺の変が起こり、信長は討たれた。そのため、史料のとおり交渉が進んだかどうかは不明であるが、提示された城の中には、蜂須賀氏入国後も阿波九城と呼ばれる国内の重要拠点として、近世初頭まで存続した城館がいくつか挙げられている。その中で、畑山城が何故交渉の対象の一つとなったのであろうか。そこからは、桑野盆地が土佐方にとって重要な拠点だったことがみえてくる。

【縄張】 桑野城は東西を浅い谷に挟まれている。

全体を見ると、周辺の平地との比高差は二〇㍍程で、城域は東西約三〇㍍・南北約一〇〇㍍の範囲で展開している。

畑山城の特徴は、頂部にある主郭を中心に、二段に帯曲輪が楕円形に展開していることだ。特に、三段目の曲輪切岸の斜面から登り土塁が二本延びている。城全体が円形ということは、攻め手の横移動を防ぐ必要がある。そこで、二本のうち、北西側にある登り土塁は最下段の曲輪切岸まで延び、城を攻める側の横移動を防ぐ工夫がされている（写真次ページ）。

【境目の地、桑野】 信長の四国政策の転換期に関するものとして、次のようなエピソードがある。土佐方の視点でみた『元親記』によると、桑野城主東條関兵衛の領地（桑野）に

●―最下段から見た遺構（南から）

牛岐の新開道善（しんかいどうぜん）が度々、青田刈りをしているので、土佐からは中内兵庫を桑野へ送り込ませた、とある。同じ記述は土佐方側ではないが、讃岐の国人香西（こうざい）氏がまとめた『南海通記』でもみられる。これらの記述によると、中内兵庫の桑野派兵後、北側の今市（阿南市）で土佐方が三好方と交戦とあるので、道善による青田刈りは、天正四年（一五七六）頃と考えられる。

その翌年には、三好長治が元阿波国守護で仁宇茨ヶ岡城（那賀町）を拠点にしていた細川真之（さねゆき）に討たれたから（荒田野の戦い）、長宗我部の阿波進攻直後までには土佐方が桑野まで進んでいたことがわかる。

高源寺城は紹介した通り、縄張から見て技巧的な山城であることは分かる。しかし、後年の元親と信長との交渉の中で、撤退の条件として、この城や桑野城ではなく畑山城が挙げられた。

桑野盆地の中央を土佐街道が南北に貫通し、仁宇谷から港がある橘泊へつづく街道が東西に交差していた。この二つの街道を押さえる形で、高源寺城・桑野城・畑山城が立地していたことがわかる。橘泊につづく街道が畑山城のすぐ近くを通っていたことが、江戸時代の絵図からもうかがえる。

桑野に入った中内兵庫は、土佐香美郡（高知県）を拠点に

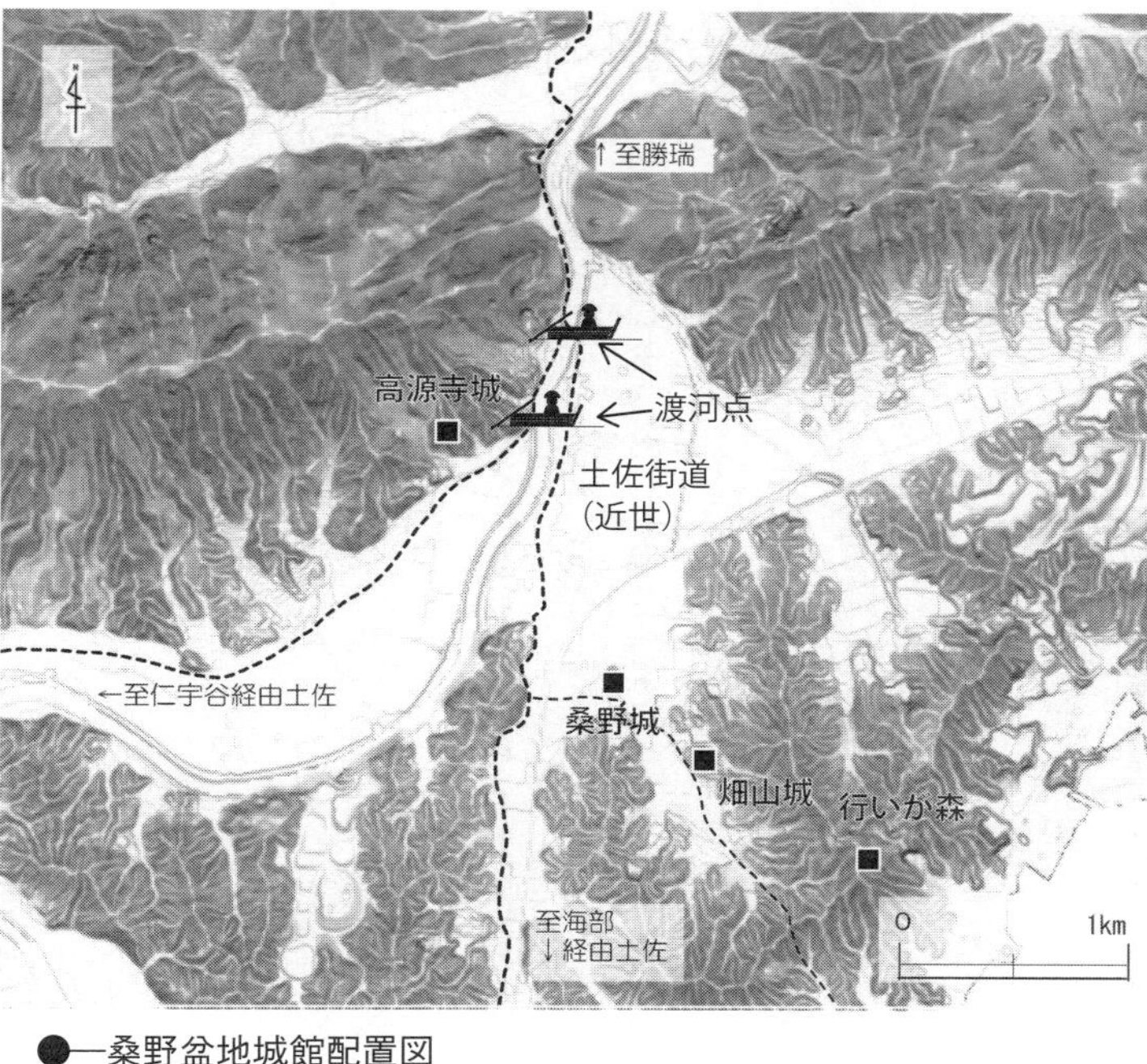

●—桑野盆地城館配置図

しており、兵庫からすると山間部を抜けて仁宇谷を経由して阿波に入る方が最短ルートであった。

当時仁宇谷には、細川真之がおり、土佐方としてはルート上にいた抵抗勢力の排除が課題であった。また北側には、三好方の新開氏が勢力を張っており、青田刈りの事例のように緊張が高まっていた。そして、天正後半頃になると、十河政保の三好家相続によって織田・三好対長宗我部の構図となる。天正前半から本能寺の変の直前まで、土佐方にとって桑野はまさに、境目（最前線）だったことがわかる。

【要塞化する桑野】　前述のような背景から考えると、畑山城は中内兵庫の派兵後、既存の城を改修または新規に築城し、周辺の字名から兵が常駐していたことがわかる。また城は、橘泊へつづく街道近くにあり連絡路を押さえる目的もあったため、縄張としては小規模だったが、重要な拠点として、信長との交渉対象となったといえるだろう。

【参考文献】山本大『四国史料集』第二期戦国史料叢書5（人物往来社、一九六六）、徳島県教育委員会『徳島県の中世城館』（二〇一一）、福永素久「阿波 畑山城」『歴史群像』第一三〇号（学研パブリッシング、二〇一五）

（福永素久）

●那賀川中流域段丘上の要衝

和食城(わじきじょう)

〔所在地〕那賀町和食郷字南川
〔比　高〕約三メートル
〔分　類〕段丘上方形館
〔年　代〕戦国期から近世初頭
〔城　主〕藤原章俊かあるいは山田織部佐宗重
〔交通アクセス〕JR牟岐線「桑野駅」下車、徳島バス丹生谷線「桑野上」停留所乗車一六分、「和食東」下車、徒歩約一〇分で城跡。

【城の立地】 和食城は那賀町和食郷字南川に所在し、標高五四メートルの河岸段丘縁に位置する。城跡北辺を一級河川である那賀(なか)川が東流し、東側と南側は中山川、南川が流れ、那賀川へと合流する結節点に位置する。

【由来と伝承】 築城時期、城主は文献によって異なり判然としない。『阿波志』では和食塁とし、所在を和食西巷、城主藤原章俊(あきとし)の記載がみえる。『阿波国那賀郡村誌』の和食城址の項では、所在を和食町艮、東西三〇間南北二五間の円形をなし堀・壕が残る城主不明の城という。築城年については両文献ともに不詳とする。『城跡記』では所在を蛭子宮地、天正十年八月八日落城、城主細川真之(まさゆき)とある。これらの文献は、和食において少なくとも堀・壕をともなう砦・城館に類

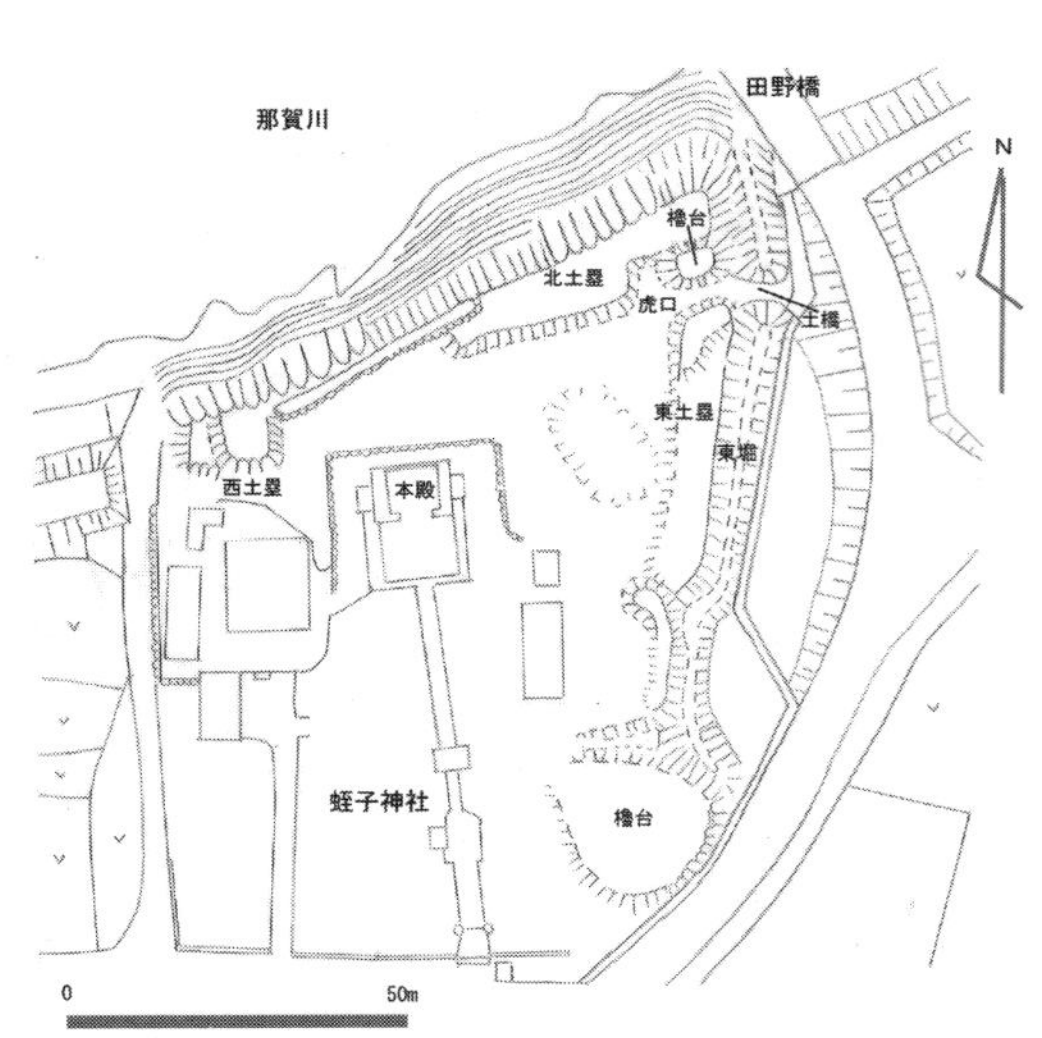

●—和食城跡縄張図（辻佳伸 2021.『和食城跡』2022 より転載）

するものがあったことを示唆する。

【比定地における遺構】　文献史料および現地における遺構の確認調査により、和食城跡と目される場所は現在の蛭子神社境内地である。北辺および東側に土塁、東土塁の外側に空堀があり、虎口や櫓台跡といった城跡遺構が認められる。周辺に鶴城や上城、殿町といった地名が残ることとあわせて、当該地は和食城に比定されている。

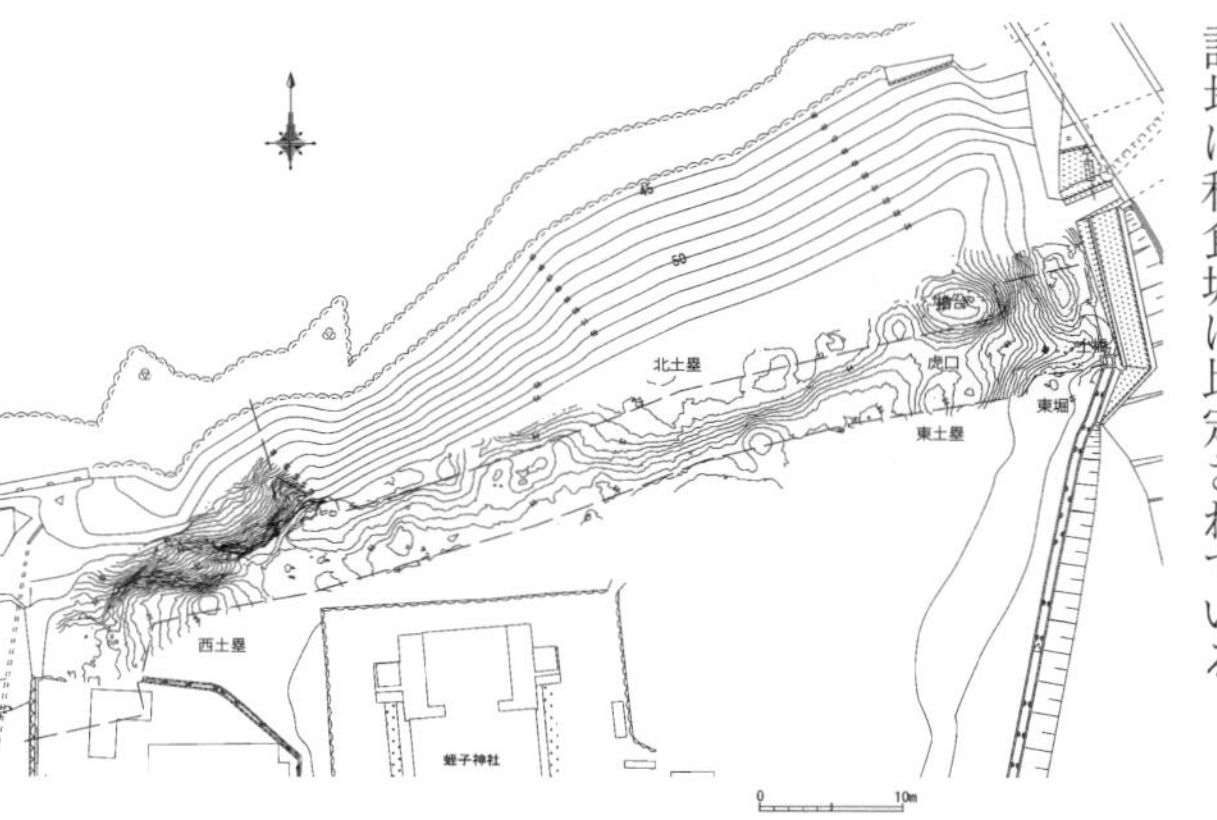

●—調査区と周辺地形測量図及城館名称（『和食城跡』2022より転載，一部改変〈スケールを加筆〉）

●—城跡西側町道．南から

境内地北側を中心に（公財）徳島県埋蔵文化財センターによる発掘調査が行なわれており、北側土塁、土橋をそなえた東堀、北側土塁東端の櫓台と、南北方向に延伸するとみられる東土塁、それらの遺構の配置によって食違いの形状を呈する虎口といった、かねてより城跡の構成要素と推定されていた遺構の規模と構造があらためて確認された。なお、西堀の痕跡であると目されていた、境内地西側を南北方向に走り那賀川に向かって低くなっていく町道は、地形測量の結果とあわせてその可能性が高まり、和食城は天然の要害である那賀川を背にし三方を堀に囲まれた東西およそ一一〇メートル、南北およそ一二〇メートルの規模の城館であったと推定されている。

東堀は南北方向に地山を掘り込み、土塁基底部から深さ約二・九メートルで幅〇・七メートルの平坦面をつくる。基底部は調査区外である東側へ傾斜し、堀幅が現在の境内地外までおよぶ、もしくは城域東側は切岸状であった可能性が挙げられている。この東堀を掘削する過程において土橋を掘り残す。東土塁は

●—虎口・土橋・東堀（『和食城跡』2022より転載）

基底面から高さ約二・二メートルをはかり、基底層を造成した後、盛土を東堀のある東側から西側方向へ盛り掛けて造成している。東堀の残土を一部盛土に利用したのではないかという指摘がある。また、北土塁東端では上端部長軸約四・五メートル、短軸約二・一メートルの平坦面が確認されており一部はさらに調査区外へ広がる。櫓台と想定されている。櫓台の土塁盛土は、基底面から高さ約二・八メートルをはかる。この櫓台を土留めとして西側に基底面から高さ推定一・五メートルの西方向へ約五四メートル延伸する北土塁が構築される。

出土遺物の時期は縄文時代から近世まで幅広く、また、調査範囲についても比定地北辺の限定的な範囲であり、和食城の築城・廃絶時期や機能を明確にすることは難しい。しかし、文献史料において城の存在が示唆される地点で確認された東堀の掘削→土橋掘り残し（あわせて東土塁の造成か）、および、櫓台の築造→北土塁の築造、そしてこれらの配置と形状によって食違い状虎口を形成するというまとまりのある造成行為は、比定地の歴史的営為を示すものであり、和食城の全容の一端が明らかになっている。では次に和食城に関するその他の伝承周囲の環境をみてみよう。

【その他の伝承】　和食城は阿波九城の一つである「仁宇山城」の比定候補地とされている。「仁宇山城」は蜂須賀家政の家臣であり与力であった山田織部佐宗重が「山林賊徒押」として兵三〇〇とともに城番として入り、和食をはじめその周辺地域、仁宇谷一円を治めるための拠点であったとされる城である。「仁宇山城」の候補とされる城はほかに那賀川を挟んで西側、那賀町仁宇字王子前に所在する「仁宇城（丹生城）」がある。『古城諸将記』によると、天正十三年以降、山田氏が拠を構えた城であるという。しかし、『阿波志』では丹生城の項に同様の記載がある一方で、蛭子祠の項に蛭子神社が山田氏の陣営とされていたこともあわせて記されている。蛭子神社と山田氏の関連性は、蛭子神社を別所に移し城を築いたが廃城後に社をもとに戻さなかったことから山田氏家来の下人に蛭子神が憑く説話（『新著聞集』所収）からもうかがうことができる。

ほかに和食と山田氏の関係を示す記録は『鷲敷町史』に詳

しい。山田家累代の事柄を記す系図を参照し、山田織部が丹生谷を拝領、当地に入り後に本宮を和食において居城としたといわれていることや、和食城と仁宇城それぞれ近傍の神社に奉納された山田氏の棟札数を鑑み、『鷲敷町史』では、山田氏は当初仁宇城に入り、後に現在の和食小学校から東の地区に居を構え現蛭子神社に本宮を置いたと整理している。

●—和食城跡遠景（『和食城跡』2022より転載）

【狭隘な段丘上に形成された城、町、道と川】 さて、城跡の周囲について概観してみよう。

城跡南西には郷町和食の集落が広がる。現在も街道沿いに商店や住宅が建ち並び、かつての面影を残している。この街道東端の辻には二三番札所である太龍寺と二四番札所である平等寺への道を案内した道標（明治期か）が建つ。原位置から移設されている可能性はあるものの、周辺の街道は札所への参拝道でもあったのだろう。また那賀川上流に位置する集落からも、和食の集落を訪れ各札所へ至る人々の往来が想定される。

和食城から中山川を挟んで南東には細川真之が拠ったという荊ヶ岡城が望見でき、那賀川を挟んで西側には先述した仁宇城跡が所在し、付近の川岸には仁宇の津があった。一帯は那賀川中流域という立地であり段丘上に城館と町場、街道が展開し水運によって発展してきた、人流・物流の中継拠点であったと思われる。和食城の櫓台は那賀川を航行する際アテの機能も可能性として指摘されている。仁宇山城比定地の検討とあわせて、那賀川沿い山間の段丘を舞台に展開された城と集落、人々の往来に思いを馳せてほしい。

【参考文献】「恵美酒神居をしたひ竹を枯す」（『新著聞集』、一七四九、日本随筆大成編輯部編『日本随筆大成第二期第三回』所収、一九二八）、鷲敷町史編纂委員会編『鷲敷町史』（一九八一）、徳島県教育委員会編『徳島県の中世城館』（二〇一一）、宇山孝人「二つの「一国一城令」と阿波九城の終焉をめぐって」『徳島県立文書館研究紀要』第六号（二〇一四）、杉原賢治「和食城（鷲敷城）・仁宇山城」石井伸夫・重見高博編『三好一族と阿波の城館』（戎光祥出版、二〇一八）、辻佳伸「調査成果報告 和食城跡」『埋蔵文化財速報展「二〇二一発掘とくしま」関連行事調査成果報告会資料』（二〇二二）、栗林誠治編『和食城跡』徳島県埋蔵文化財センター調査報告書第97集（二〇二二）

（佐藤俊祐）

●阿波の動乱期、長宗我部氏の改修か

牟岐古城（むぎこじょう）

〔牟岐町指定史跡〕

〔所在地〕海部郡牟岐町大字中村字杉谷
〔比　高〕約三五メートル
〔分　類〕山城
〔年　代〕戦国期
〔城　主〕藤原行久
〔交通アクセス〕JR牟岐線「牟岐駅」下車、徒歩約五分で城跡。

【城の立地】　牟岐町の沿岸部西側、標高三八六メートルの百々路山（どどろやま）南東部に東西方向へ延びる小丘陵がある。戦後の宅地開発と近年の病院高台移転にともなう造成により著しく地形が改変されているが、この丘陵の東尾根先端部において、曲輪、土塁、竪堀といった遺構が確認されており牟岐古城の比定地とされる。城跡の東側を牟岐川が南流し、主郭からは沖積地に形成された中村、牟岐浦など牟岐の町を望見できる。平成十六年に「古城址」として牟岐町指定史跡に指定されている。

【文献の記述】　『阿波志』に牟岐塁、中村にあり、『阿波国海部郡村誌』に中村古城址、杉谷にありと記載がある。永禄・元亀年間に藤原行久（ゆきひさ）が拠ったという。牟岐川を挟んで東側に立地する牟岐城との関連は判然としない。『阿波志』では天正三年、『阿波国海部郡村誌』では天正四年、長宗我部氏の阿波攻めにより落城、その後は長宗我部親泰（ちかやす）が入ったと記される。

【縄張】　現況は南東部分が削平されているものの、高さおよそ一メートルの土塁で囲まれた主郭が残る。土塁は南側と西側にやや張出を持ち、主郭の西辺から北辺にさしかかった地点で途絶える。削平された南東部分にも土塁がめぐっていたとすれば、主郭の西・南・東の三方を土塁で囲んでいたこととなる。土塁の外側は切岸になっており、南側に接続する帯曲輪との比高差はおよそ五メートル、帯曲輪から見上げると山城における主郭防衛の意識を強く実感できる。『阿波国海部郡村誌』

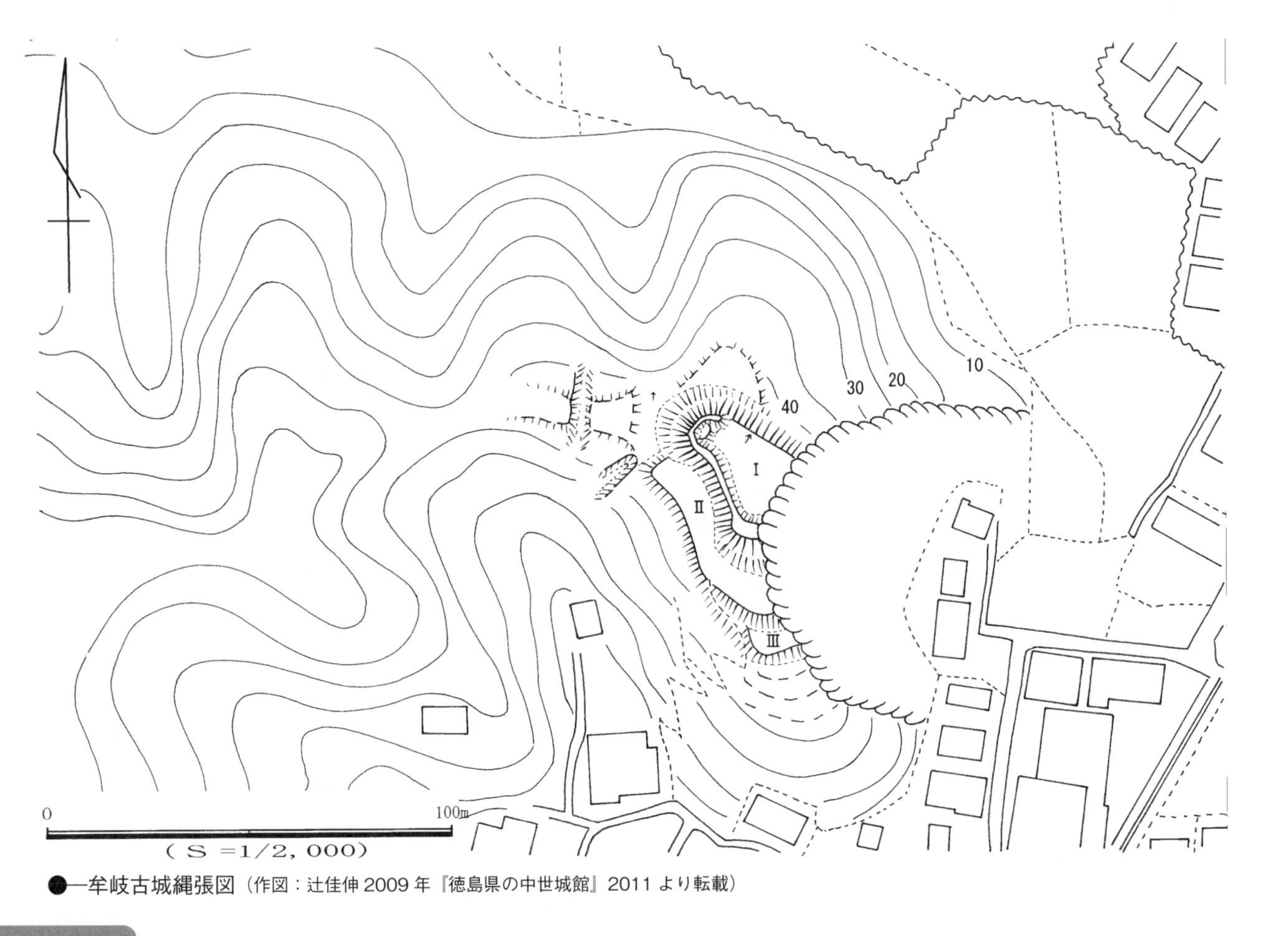

●—牟岐古城縄張図（作図：辻佳伸2009年『徳島県の中世城館』2011より転載）

では、石垣と堀跡がわずかに残ると記されるが、現状確認できる限りでは土塁壁面などにおいて石垣・石積みはみられない。堀跡については、主郭背後尾根部にあたる地点、帯曲輪北端の西側において、東西尾根筋に直交するかたちで南北方向に尾根を削平している。これによって尾根と帯曲輪の間に比高差が設けられている。この削平地の南側には斜面に竪堀が配される。さらに西側尾根線上に一条堀切があるが、こちらは現況の観察ではやや不明瞭である。

【他城との比較】 さて、『阿州古戦記』によると長宗我部氏の阿波攻めの結果、海部の吉田城に北村閑斎、牟岐の城には香宗我部親泰が入り南方の郡代としたという。親泰が入った城の候補は牟岐古城と牟岐城があるが、土塁囲みの主郭と背後の尾根線を堀切で断ち切り尾根斜面に竪堀を配する形態が吉田城、牟岐古城の両城に共通していること、牟岐古城が牟

●—帯曲輪より主郭（左手）をのぞむ

●—城跡西側削平地よりみる上段の帯曲輪と南斜面の竪堀

●—牟岐の町よりみる牟岐古城

岐川右岸の土佐街道沿いに立地することからも土佐勢が拠った城として牟岐古城が有力視されている。さらに、吉田城と牟岐古城に共通する城郭遺構は長宗我部氏の阿波攻めに伴う同勢力の改修によるものではないかという指摘がある。

では、牟岐古城の城郭遺構を土佐の山城にみてみると、丘陵先端頂部尾根上の立地、縄張の規模、主郭背後の尾根筋や尾根斜面に空堀を配するという点において、香南市香我美町、香宗川上流域に所在する末延城や、同市夜須町、夜須川沿いに所在する光国城などに類似性を見出せないだろうか。ただし、これらの城は土塁を主郭背後に配し、さらに後方尾根線上に二重、四重の連続堀切を構築しており、尾根側からの侵入に対してより顕著な防衛意識が看取される。香宗川上流域には類似した構造をもつ城跡がいくつかみられることから、長宗我部勢の安芸攻めに際する勢力拡大にともないこれらの遺構が順次構築されていった可能性が指摘されている。

文献史料と他城における縄張の類例に照らした場合、牟岐古城は丘陵先端頂部尾根上の立地にある城として長宗我部勢から選定され得る城であり、南東部分が削平されているため全容を検証できないことが残念ではあるが、城郭の最終段階である現在の構造は長宗我部氏の勢力拡大にともない構築された結果である可能性はやはり見過ごせない。

牟岐古城が所在する中村から西へは、海岸線沿いに峠と浜が交互に連続する交通の難所であった八坂八浜がある。土佐の阿波攻めに際し海部城や吉田城から海部川、または浅川の伊勢田川を遡りヤレヤレ峠越えによって難所を迂回し山麓から牟岐へ侵攻したか、あえて西から難所である八坂八浜越えを行ない沿岸から侵攻したか、牟岐古城を通じて阿波南方の戦国時代に思いを馳せてほしい。

【参考文献】『阿波志』(一八一五)、『阿波国海部郡村誌』(一八八二)、『阿州古戦記』(日本歴史地理学会『阿波国徴古雑抄』一九一四、臨川書店より復刊、一九七四所収)、『徳島県の中世城館』(徳島県教育委員会編、二〇一一)、松田直則「末延城跡」松田直則編『土佐の山城』(ハーベスト出版、二〇一九)、松田直則「長宗我部の城—縄張りの再検討と元親家臣団の城—」松田直則編『土佐の山城』(ハーベスト出版、二〇一九)、宮地啓介「光国城跡」松田直則編『土佐の山城』(ハーベスト出版、二〇一九)

(佐藤俊佑)

野々島城（ののしまじょう）

●県内唯一の離島に立地する海城

〔所在地〕阿南市椿町野々島
〔比　高〕八二メートル
〔分　類〕山城
〔年　代〕戦国末～近世初頭
〔城　主〕不明
〔交通アクセス〕公共交通機関の便がなく、土地所有者の許可を得たうえで船舶のチャーターが必要。

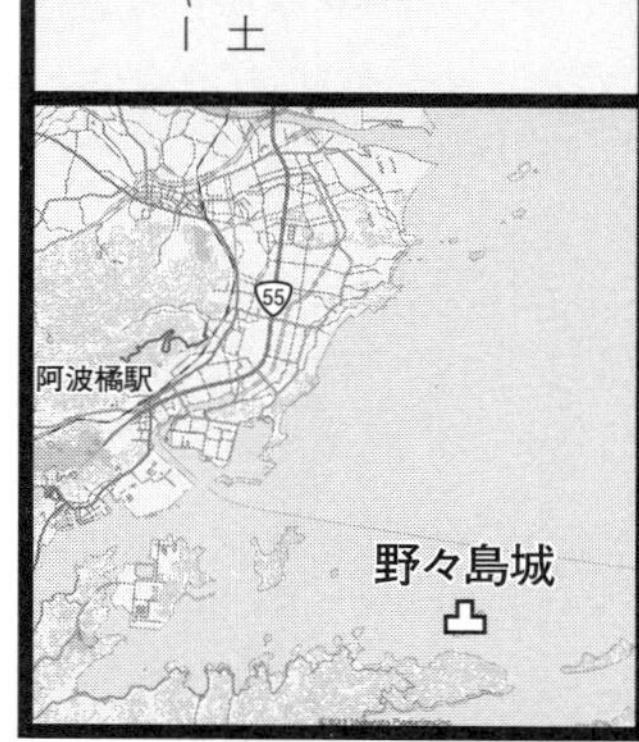

【城の概要と立地】　野々島城は徳島県内で唯一の、離島に築かれた典型的な海城である。曲輪の配置や堀切などの遮断施設に中世的要素を残すが、石積みの構築や枡形虎口（ますがたこぐち）の採用など、近世的な要素が加味されており、立地条件とあわせて、阿波における特異な事例となっている。城は、阿南市橘湾の入口から紀伊水道に突き出す椿泊（つばきどまり）半島から、沖合三〇〇メートルに位置する野々島に所在する。野々島は東西六〇〇メートル、南北五〇〇メートル、標高八二メートルの海上に突き出た山塊というべき島で、現在は無人島となっている。城跡の現状は山林であり、保存状態は良好である。

【城の歴史】　築城者について、『椿村史』では『古城記』の記述を引き四宮和泉守とするが、藩撰地誌『阿波志』では四宮和泉守は鳴門市所在の北泊城主となっており、現時点では不明とせざるをえない。この地域は四宮一族が勢力を張った地域であるが、戦国期には約一〇年間、長宗我部氏の支配下にもなっている。しかし、現存する遺構は、四宮氏や長宗我

●—野々島遠望

部氏の城郭とは大きく異なっている。現存遺構の特徴は、石積みと枡形虎口にあるが、阿波国では蜂須賀氏の入部以降にみられるものである。一方、先述のとおり、曲輪の配置など、縄張は中世的要素を残すことから、あえて築城者の可能性を探るのであれば、蜂須賀氏の入部以降、撫養から椿泊に移された森水軍が、野々島にあった中世城郭を改修した可能性も考えられる。

【城郭の構造】 野々島は、島嶼の山頂から、北東方向、北西方向、南方向に三本の尾根が派生している。城郭を構成する曲輪は、三方向に伸びる尾根線を削平して構築されており、大括りにはT字状の縄張となっている。主郭（図中、Ⅰ）は標高八二メートルの島の山頂部に位置し、南北四〇メートル、東西一〇メートルの規模を有する「くの字」形の曲輪である。東西の一部を除くほぼ全周に二〇～五〇センチ大の砂岩角礫からなる乱積みの石積みをめぐらせている。その高さは、曲輪の南半分で四段以上、北半分では二段程度となっている。石垣以下は切岸となっているが、石垣が埋没している可能性が高いと思われる。

●—野々島城主郭の石垣

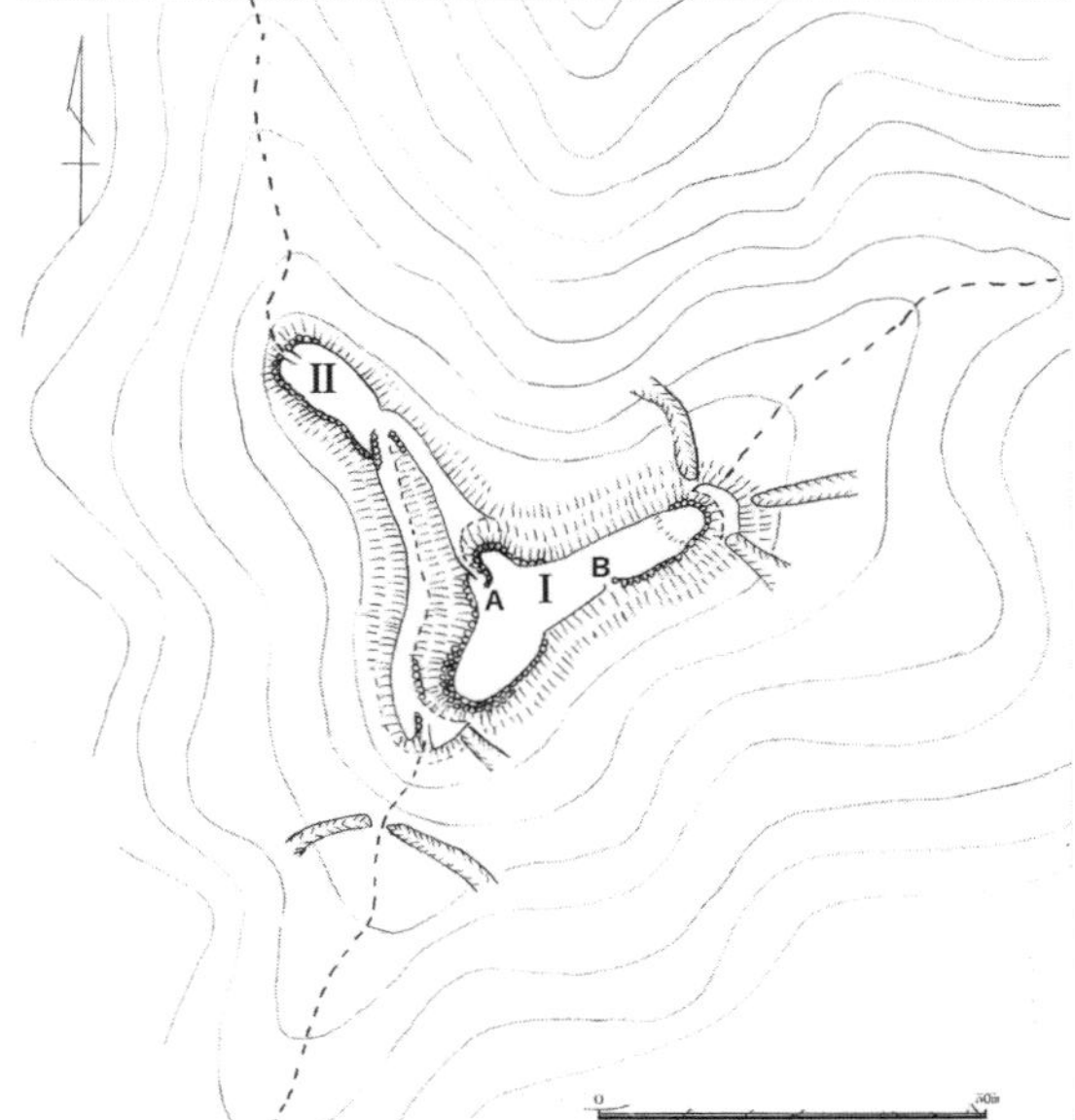

●—野々島城縄張図（作図：石井伸夫）

主郭の西側中央（A）と北東（B）の二ヵ所に虎口が設けられている。虎口（A）は二折れして曲輪に入る枡形状をなすことから大手にあたり、虎口（B）は一折れで、いわゆる搦め手にあたる。主郭の西側斜面には、石垣に対応するように、幅二～四メートルの帯曲輪を回している。また、主郭

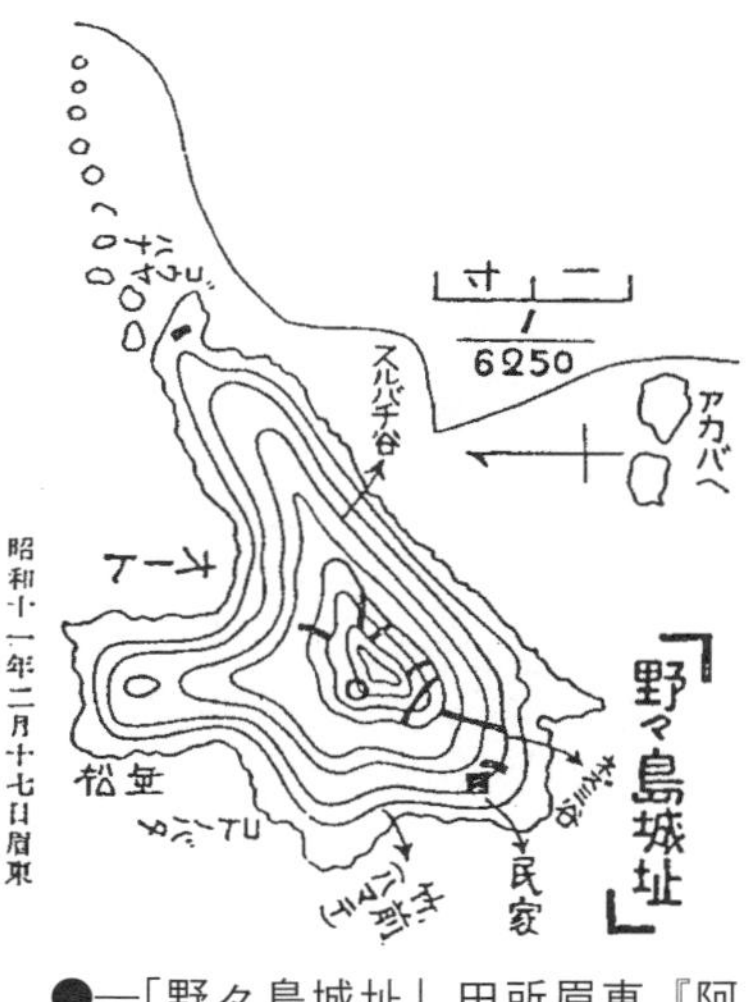

●—「野々島城址」田所眉東『阿波新田氏』

の西の尾根には曲輪Ⅱを配する。曲輪Ⅱは長さ一五メートル、幅五メートルの舌状の形態をなし、先端に櫓台を設けている。櫓台直下には二～三段、南側壁には二段程度の石垣をめぐらせている。尾根線上の防御としては、主郭北東側で櫓台直下に三条の竪堀を放射状に配し、側方での展開を遮断している。主郭南側は帯曲輪の東側に竪堀を一条、その南の尾根続きにも中央を土橋とした堀切を配している。ここから南に四〇メートルの間は緩やかな尾根となり、先端に低い壁をめぐらせた平地がある。ここから南西方向に竪堀状の溝が延びるが、後世の通路と思われる。西の尾根には堀切などの遮断施設はみられない。以上を総括すると、野々島城の現存する遺構の特徴は、①石垣の構築と、②枡形虎口採用の二点に集約される。

なお、昭和十一年（一九三六）に郷土史家の田所眉東が、阿波の古い水城跡として踏査し、曲輪の配置や遺構の状況などを報告している（田所『阿波新田氏』開国堂印刷所、一九三六年）。この報告以降、『日本城郭大系』などで、石塁に囲まれた海賊城として紹介されてきたが、その後、詳細な調査はなされていなかった。平成十八年（二〇〇六）からの徳島県中世城館跡総合調査で改めて調査がなされ、縄張図も作成されたが、その所見と田所氏の所見はおおむね一致している。

●—松鶴城跡から南東方向への眺望

【城域周辺の状況】 周辺の状況では、椿泊半島の反対側（南側）に位置する近世森水軍の拠点・松鶴城との関係が重要である。椿泊湾は典型的なリアス式海岸地形であり、水深、湾内面積とも、南阿波で最大級であり、船舶の停泊地として抜きんでた機能を持っている。ただ、松鶴城からの眺望は、背後に急峻な山地があること、また、前方（南方向）に蒲生田岬の山稜が連なることから、椿泊湾内に限定されており、紀伊水道、ひいては太平洋方面を望見することができない。一方、野々島城は、椿泊から半島山塊を挟んで背面に位置し、海抜八二メートルの高度を有することから、北方から東方にかけて、紀伊水道から太平洋方向を一望の下に収めるヴィスタが確保できるのである。椿泊湾の湾口正面には舞古島が所在し、外洋監視の拠点として絶好の位置を占めている。しかし写真からも確認できるように、島は全周が断崖と岩礁によって囲まれており、城の構築や、非常時における船舶の着岸は容易でない。これに対して野々島は、島嶼の北側と西側に州浜が形成されており、着船が容易であることから、中世段階から城郭としての利用があったのであろう。椿泊半島先端の燧崎からは、北西方向の野々島の先端部分を直接望見することができる。燧崎は松鶴城の東方、海沿いに約三〇〇メートルと至近距離に位置することから、松鶴城（図中α地点）と野々島城（図中β地点）は、海上の異変に際して、間接的ではあるが即時的に連絡を取り合える位置関係にあるのである。以上から、両城の間で、その機能を相互に補完し合う関係が成立していた可能性が考えられる。

●—舞古島遠望

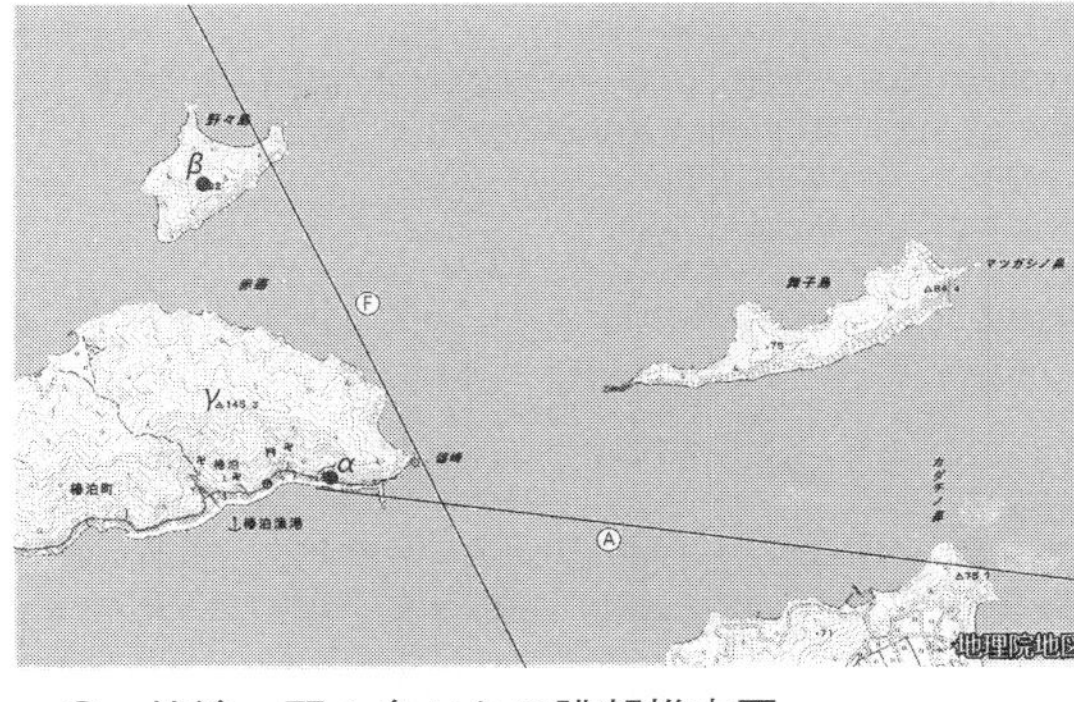

●—椿泊・野々島からの眺望推定図

【参考文献】辻佳伸「野々島城跡」『徳島県の中世城館』（徳島県教育委員会、二〇一一）、石井伸夫「野々島城」石井伸夫・重見髙博編『三好一族と阿波の城館』（戎光祥出版、二〇一八）、石井伸夫「中近世阿波国に於ける「海城」の立地とその機能—阿南市・野々島城を事例に—」『西国城館論集』Ⅳ（中国・四国地区城郭調査検討会、二〇二二）
（石井伸夫）

由岐城（ゆきじょう）

●風待ち、潮待ちの港を扼する海城

〈所在地〉海部郡美波町西由岐字東
〈比　高〉二〇メートル
〈分　類〉山城
〈年　代〉戦国末期
〈城　主〉由岐隠岐守有興か
〈交通アクセス〉ＪＲ牟岐線由岐駅から徒歩五分。

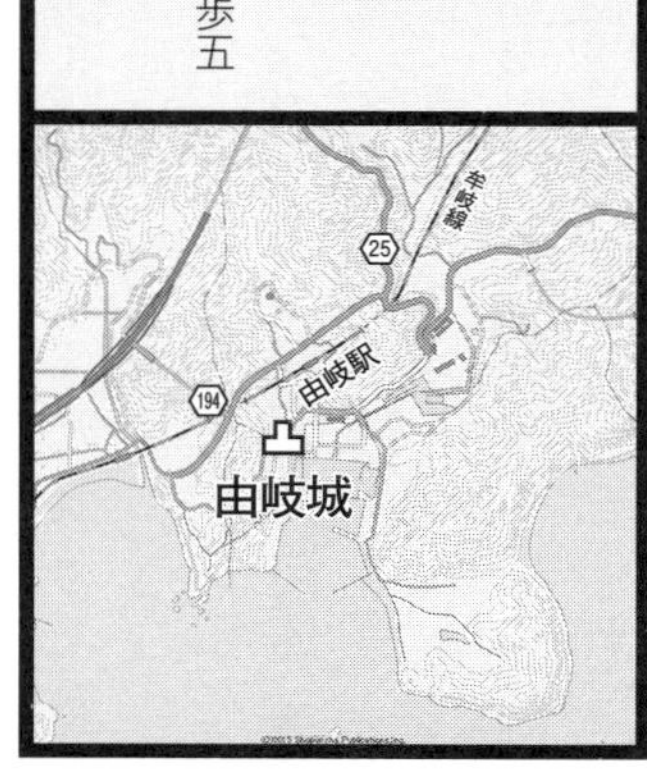

【城の概要と立地】　由岐城が所在する由岐浦は、『太平記』で津波によって水没したとされる「雪ノ湊」の後継と考えられる中世以来の港津である。由岐港は大きく湾入する海岸線の最奥部にあり、湾の北西に位置する「大池」と呼ばれる潟湖（せきこ）の存在や、湾の入口に波よけの役割を果たす篭野島（ぬのしま）の存在と相まって、絶好の風待ち、潮待ちの港となっている。由岐城は、港の側面に突き出す位置にあり。待機港の管轄を目的とする城郭であるといえる。城主については、『古城記』に「由岐城　由岐隠岐（おき）守有興、平氏　紋釘貫ン坐　百八十貫」とあり、『三好記』にも「油岐ニハ隠岐守有興」との記載があることから、由岐隠岐守有興とする説が有力である。

●—由岐城全景

【城郭の構造】　城は美波町西由岐の地元で「城山（しろやま）」と称される標高二〇メートルの独立丘陵上の尾根先端部に位置する。『由岐町史』所収の古絵図や『阿波志』には、「在由岐西浦跨小丘枕南海」とあり、由岐湾に直接面していたと考えられるが、現在は港湾の埋め立てにより当時の面影は薄らいでいる。城へは、山裾の南西部から登路が山上西側および東側に延びているが、現在、山上が津波避難路となっていることから、避難所への通路として拡幅されコンクリート製の手すりが設置されている。山上部の主郭は、東西四〇メートル、南北二〇メートル程であり、東西に延びる楕円形状をなしている。東端部に御霊神社の小祠、西端部には忠魂碑が建設されており、中央部には四阿が設置されている。また、主郭の東側に一段低くなった約四メートル四方の曲輪があり、主郭虎口を守る構造となっている。曲輪全体は後世の改変が激しく、土塁などの痕跡は確認できない。ただ主郭からの眺望は抜群で、中世の港津が存在したと思われる湾奥部から現在の港湾に至るまで、一望のもとに見渡すことができる。

●—由岐城縄張図（作図：本田昇）

【参考文献】平山義朗「由岐城跡」『徳島県の中世城館』（徳島県教育委員会、二〇一一）、石井伸夫「由岐城」石井伸夫・重見髙博編『三好一族と阿波の城館』（戎光祥出版、二〇一八）

（石井伸夫）

●—主郭からの眺望

●中世港津海部を扼する、徳島県内最大の海城

海部城

〔海陽町指定史跡〕

〔所在地〕海部郡海陽町海部鞆浦・奥浦
〔比　高〕五〇メートル
〔分　類〕山城
〔年　代〕戦国期から近世初頭
〔城　主〕海部氏・中村氏・益田氏
〔交通アクセス〕阿佐海岸鉄道（DMV）海部駅から徒歩三〇分。

海部城
海部駅
那佐湾

【城の概要と立地】　海部城は、海部町鞆浦、奥浦に所在する、海辺の丘陵上に築かれた城で、阿波国南部最大の城郭である。『兵庫北関入船納帳』に榑などの木材積出港として記載のある海部（鞆・奥・赤松などの総称）集落に接し、港津に対する支配・管理を想定できる立地にある。中世末には、地元の有力国衆である海部左近将監友光が居城とし、近世には、蜂須賀氏の支城・阿波九城の一つとして阿波国南部地域の支配の一翼を担った。

海部城が築かれた城山は、海部川河口に位置する標高約五〇メートルの独立丘陵である。この丘陵の隣接地は、海部川の堆積作用や沿岸砂州の発達によって中世段階から陸地化しているが、太古には海中の孤島であったと考えられる。現在の城山周辺の地形は、北側は海部川の本流が西から東へ流れ、河口部で北方の大里松原からつづく沿岸砂州を断ち切るかたちでそのまま東側の紀伊水道に注いでいる。西側は、かつては海部川の支流が北から南に流れていたが、現在は埋め立て

●―海部城遠望　鞆港より

られて学校用地として利用されている。南側は、海部川支流の残欠が入り江状に残されており、この入り江を挟んで鞆浦の集落に接している。

近世の絵図では、東流する海部川本流は、沿岸砂州によって行く手を阻まれ、城山を取り巻くように南側に向きを変え、鞆集落付近で紀伊水道に注いでいる。一方、海部川の支流は城山北西で本流から分かれ、城山西側を南流した後、これも城山を取り囲むように東に向きを変え、鞆集落の沿岸部で本流と合流し海に注いでいる。二本の河道の中洲をはさんで城郭と港津が併存しているのだ。このように港津・海部は、内陸水路として木材の輸送に利用された海部川と、鞆浦、奥浦など、『兵庫北関入船納帳』によって畿内向けの木材の積出しを確認できる港津との結節点にあたっており、城は、河川および海上における水運掌握を強く意識したものといえる。

【歴史的背景】　藩撰地誌である『阿波志』には、永禄から元亀の間に海部友光が拠ったとある。海部氏は永正十七年（一五二〇）の両細川の乱に際して、三好之長（ゆきなが）とともに畿内

●―「海部郡鞆浦図」（個人蔵）

●―堀切と堀底道

に出兵した海部郡の有力国衆であった。天正三年（一五七五）、海部氏が讃岐の引田に出陣中、土佐の長宗我部元親の侵攻により落城したとされる。

羽柴秀吉の四国平定にともない蜂須賀家政が阿波に入部すると、領国支配の施策として九つの城に家老級の重臣を配置した。後に阿波九城と通称されるもので、海部城はその一つとして整備された。城番は、大多和正之、中村重友から益田宮内一政へと変遷する。最後の城番となった宮内の子の益田豊後守長行は、徳島藩の許可なく無断で樹木を伐採し、密売したことが発覚し、幽閉された後に病死しており、これを益田豊後事件（海部騒動）という。この事件後城番は廃され、藩命で徳島城下から判行人三六人が海部城下に移住し、郡内の治安維持にあたることとなった。城は、寛永十五年（一六三八）年に幕府の命を受けた藩の施策で廃城となり、代わって御陣屋が城山東隣に置かれ、地域の行政を担当した。

【城郭の構造】 城山は、南北三〇〇メートル、東西二五〇メートルの範囲内に収まる小丘陵であるが、この丘陵上に大小一四ヵ所の曲輪が配置されている。各曲輪の防御施設は、城郭南端部に大規模な堀切一条と、隣接して二本の竪堀がみられるほかは、基本的に切り岸が主体となるシンプルなものであり、横堀や連続堀切などはみられない。しかしながら、その規模は、小規模城郭が多数を占める阿波の山城の中にあって、突出して大規模なものとなっており、阿波国南部の拠点城郭であるといえる。城山の丘陵自体は、急傾斜で自然の平坦部の少ない、いわゆる「痩せ尾根」地形である。このため、尾根を削平して築かれた各曲輪は狭小なものが多いが、丘陵頂部から各方面に延びる尾根を巧みに利用した縄張となっている。丘陵上の曲輪群は、相互の位置関係や機能から、次頁図に示したAからDの四群に分類できる。城館の機能については、本来の軍事機能に加えて、政治・経済の中心機能、また、戦時や自然災害など有事における城下住民の保護機能など多様な機能が想定される。ここでは、海部城の機能と大規模化の要因について、特に「沖合監視」、「港津管理」、「避難所機能」の観点から確認しておきたい。次頁図の分類のもとづき、曲輪群ごとにその機能を確認していこう。

A群は、海部城の最高所に位置する、いわゆる「主郭」に該当する部分である。港津から仰ぎ見る権威表象であるとともに、港津の沖合、太平洋方面への広大な眺望を持つ監視所としての機能を有する区画である。

B群は、曲輪Ⅳを介して鞆浦に正対する曲輪群である。曲輪Ⅳには櫓台跡が確認できるが、これも鞆浦方面を正面とする。このようなことから平時には鞆浦の監視を、非常時には鞆浦の避難所としての機能を果たす区画である。

C群は、郭の直下に赤松の集落を従え、奥浦方面に正対する赤松・奥浦への監視所であり避難所となる曲輪群である。

D群は、曲輪Xから海部川河口部に直面するとともに、奥浦北部に正対する。木材流通の状況を把握するとともに奥浦北部の監視と、避難所機能を果たす曲輪群である。以上のように、海部城の曲輪構成は、隣接して密生する港津群の管理と保護を強く意識したものになっている。

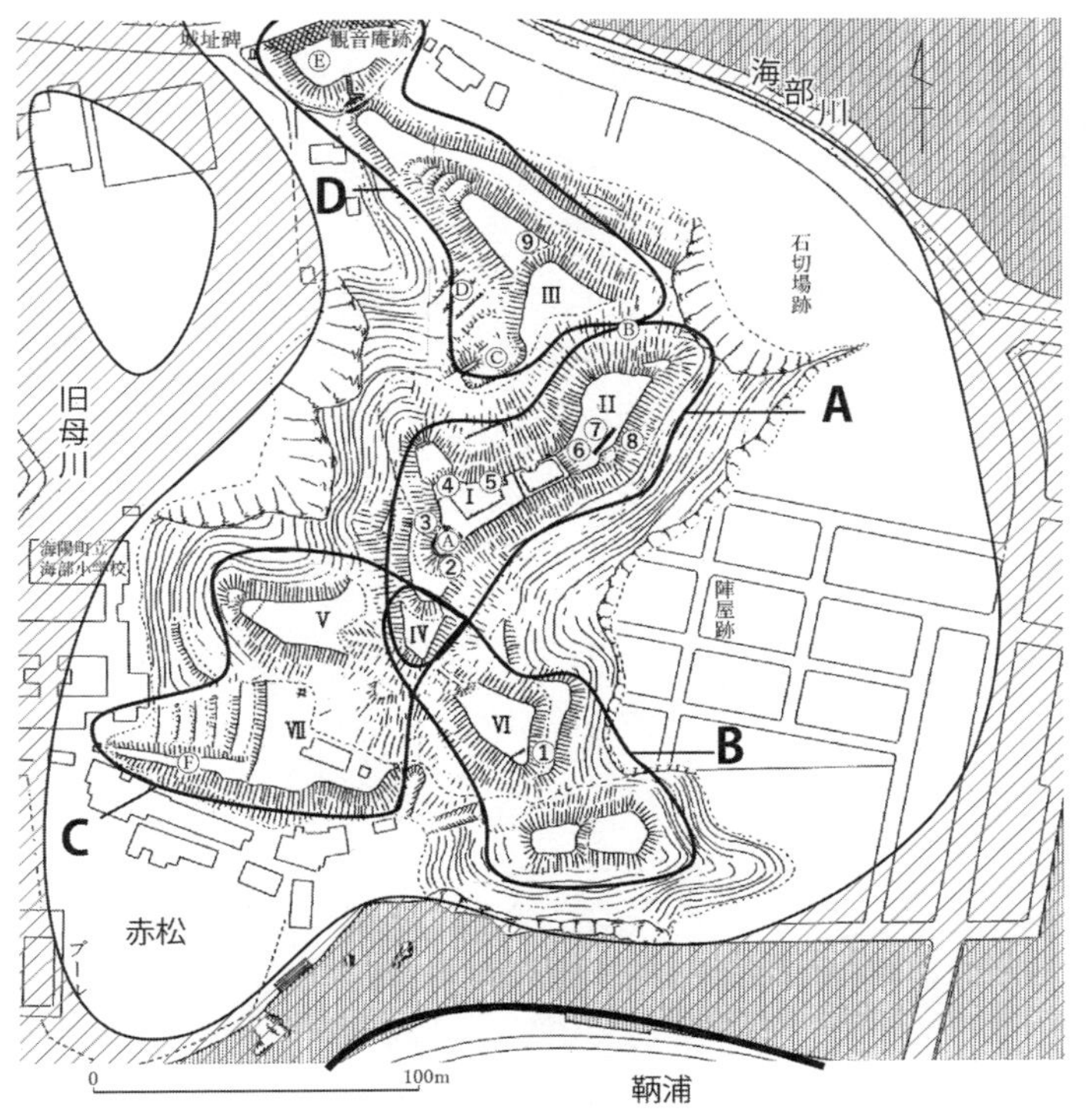

●—海部城縄張図（本田昇作図を改変）

【遺構の状況】　次に遺構の状況として、特に石垣遺構を中心にみていきたい。海部城の主郭には、東南方向を正面とする矩形の石塁がある。一九八一年の本田昇の縄張図にも明記されているものであるが、石塁の高さが三〇センチから一メートル程度までと極端に低いこと、特に、港津から見上げる東南方向に外面する部分がもっとも低く作られていること、使用する石材や、石積みの技法についても、規格性、統一性がうすいことなどから、城郭にともなう遺構かどうか評価が分かれていた。その様な折、城跡では近年の地元有志による樹木の伐採と下草の除去が進み、表面観察がしやすい状態となり、新たな観察結果が得られたことから、ここで紹介しておきたい。

まず、主郭の石垣については、縄張図中の④地点に曲線をともなう近代的な積み方が認められること、また、⑤地点にはコンクリート製の排水施設跡があり、主郭Ⅰの中央部においても近代の改変が確認できるこ

となどから、当該の石塁については、A地点の高射砲設置痕跡、③地点のコンクリート弾薬庫跡とともに、高射砲陣地にともなう建物基礎である可能性が高いと思われる。

また主郭から南に延びるB群の①A群の②の両地点で人頭大の丸石を用いた石積の痕跡を認めた。櫓台もしくは虎口の周辺に散在しており、部分的な石積み遺構の可能性を持つ。一方、主郭から北東に延びるA群では⑥、⑧、D群の⑨の三地点で約一メートル大の大型石材の散乱する状況を認めた。いずれも上段の曲輪からの転落石とみられ、矢穴の痕跡を持つものも複数個体存在する。また、⑦地点には曲輪Ⅱの縁に沿って直線的に延びる石列があり、曲輪内の動線もしくは区画遺構であると思われる。以上の観察から、主郭（郭Ⅰ）の矩形（くけい）の石積みは、その存在は図面通りであるが、城郭にともなう可能性が極めて薄いこと、その一方で、A群、B群のエリアでは、規格の異なる石積み、石垣遺構の痕跡がみられ、中世段階、もしくは九城段階での石垣構築を想定することができる。

以上、海部城の城郭構成は、四周を取り巻く海部川の流れを天然の堀として取り込み、曲輪の展開する丘陵部の微地形を縄張に取り込みつつ、周囲に密生する各港津の方向を強く

●—主郭の石積

●—D群⑨地点の石垣転落石

●—A群⑥地点の石垣転落石

徳島

意識したものであること、また、主郭部分を中心に、現状の石塁とは異なる石垣が構築されていた可能性が高いことを指摘しておきたい。

【城郭の周辺】　海部の地は中世以来の港津であることから、城の周辺には当時の流通の様子を示す石造物が多くみられる。一四一頁の観音庵跡（Ⓔ地点）は、判行人木内家の墓所であるが、ここに宝篋印塔（ほうきょういんとう）、一席五輪塔など花崗岩製の中世石造物が集積されている。花崗岩は阿波では産出しないことから、木材などの搬出の過程で、帰り荷としてもたらされたのであろう。

また、鞆浦の旧東光寺跡にも中世石造物の集積がみられる。地元で「ザントサン」と呼ばれ、山沿いの一角に数十基の一石五輪塔などが集められている。また、隣接する洞窟内には、これも中世に溯る形式の宝篋印塔が安置されており、鞆浦の中世を偲ぶスポットとなっている。

●―木内家墓所の石塔

●―ザントサン洞窟内の宝篋印塔

【参考文献】　石井伸夫「海部城跡」『徳島県の中世城館』（徳島県教育委員会、二〇一一）、郡司早直「海部城」石井伸夫・重見髙博編『三好一族と阿波の城館』（戎光祥出版、二〇一八）、石井伸夫「中世阿波国南部における城館の展開と港津の支配」『徳島県の中世城館』（徳島県教育委員会、二〇一一）、島田豊彰・大川沙織・石井伸夫「中世後期における阿波の流通」『中近世土器の基礎研究』24（日本中世土器研究会、二〇一二）、石井伸夫「中世後期の阿波における港津の簇生と「海城」の展開」『地域社会と権力・生活文化』（和泉書院、二〇二一）

（石井伸夫）

●長宗我部氏の築城技法が色濃く残る城郭

吉田城（よしだじょう）

〔海陽町指定史跡〕

〔所在地〕海部郡海陽町吉田
〔比　高〕本城三〇メートル、山城Ⅰ一三二メートル、山城Ⅱ八〇メートル
〔分　類〕山城
〔年　代〕室町期～戦国期
〔城　主〕吉田庸俊、北村閑齊
〔交通アクセス〕阿佐海岸鉄道（DMV）海部駅から徒歩四〇分。

【城の概要と立地】　城は、海陽町の中央部、海部川右岸の山塊に立地し、海部川を挟んで東側に位置する吉野城と対峙している。城の構成は、標高三〇メートルの尾根先端に築かれた本城と、その西側の標高一三二メートルの山頂部に築かれた山城Ⅰ、および本城北側の標高八〇メートルの山頂部に築かれた山城Ⅱからなり、それらを結ぶ尾根上にも城に関連すると思われる削平地や堀切などが点在する。城郭のおおよその範囲は東西七〇〇メートル、南北四〇〇メートルの大規模なもので、山塊の頂部を利用して独立した曲輪を連続させる構造は、徳島市の一宮城を彷彿とさせる。保存状態は、本城で一部に破壊がみられるほかは、山城Ⅰ・Ⅱとも良好で、城跡は昭和五十一年（一九七六）に海部町（現海陽町）の史跡に指定されている。

●—吉田城遠望（中央の円形の丘陵）

城主は、『阿波志』によると地元の武士、吉田庸俊が拠ったが、天正十年（一五八二）年長宗我部元親が阿波制圧後に家臣の北村閑齊を城番に入れたとする。また『南海通記』では、天正三年（一五七五）の南方二郡（海部郡・那賀郡）制圧の段階で、北村氏

が入ったとする。城の立地を交通路から考えた場合、吉田城は、宍喰浦（ししくいうら）から居敷越を越えて海部鞆浦に至る古い街道沿いに位置している。近世土佐街道は東に位置する馬路越を通過するが、長宗我部氏の支城配置をみると、戦国期には居敷越がより主要な街道であった可能性がある。天正十三年（一五八五）の羽柴秀吉の四国平定戦にともなう長宗我部氏の阿波退却により廃城となったとみられる。

【城郭の構造】 前述のように吉田城の縄張は、本城・山城Ⅰ・山城Ⅱの三ヵ所に分散していることから、以下では、それぞれの城ごとに詳述する。

〔本城〕主郭Ⅰは、東西四八メートル、南北三〇メートルの長楕円形の平面プランを持つ。曲輪の周囲は、高さ一・五メートル程の土塁がめぐり、内壁には低い石積が施されてい

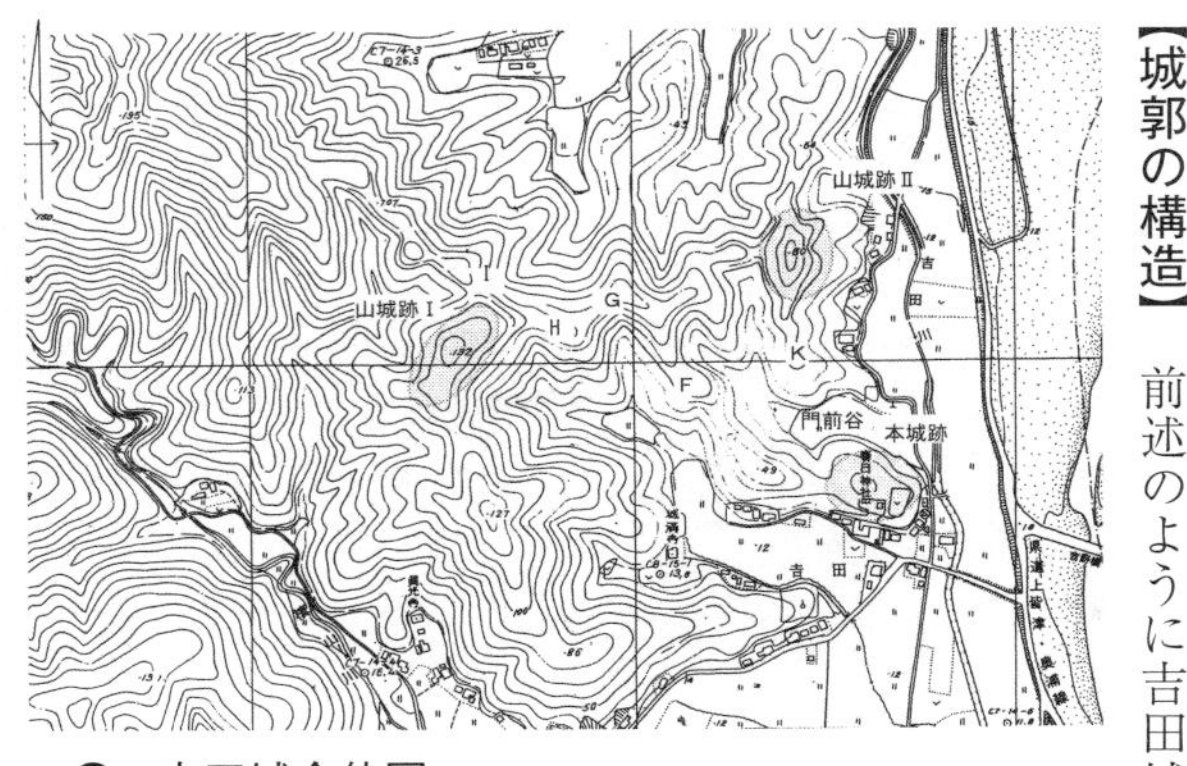

●—吉田城全体図

●—吉田城（本城）縄張図（作図：本田昇）

●—本城主郭の土塁

る。東側の曲輪Ⅱから傾斜路を登り、折れて入る虎口（A）があり、土塁の西端（B）は、大きく膨らみ櫓台状となっている。櫓台の直下には、南北両端を竪堀とする横堀、いわゆる「ひの字」堀がめぐる。さらに西の尾根鞍部（C）は、自然の谷を利用した幅九メートルの大規模な堀切で遮断されている。主郭の東側には、比較的規模が大きい曲輪Ⅱ、曲輪Ⅲが連続する。曲輪Ⅲは本城最大の曲輪で、東側中央（D）に虎口がある。曲輪Ⅲから北側には、帯曲輪状の削平地が西に延び、その先端に時期不詳であるが深い井戸がある。主郭Ⅰの土塁上や曲輪Ⅱの北側には、飛礫（つぶて）とみられる川原石が多数散乱している。本城は、東側を急峻な崖と連続する曲輪で守り、西側の尾根続きを連続する堀で守る構造となっている。

〔山城Ⅰ〕本城から山城Ⅰへは、本城の堀切を越えて西側の尾根を登る。途中の尾根には、削平地が二段から三段連続する。山城Ⅰは「城ノ越（しろのこし）」の地称が残る標高一三七メートルの山頂部に位置する。南北約五〇メートル、東西二五メートルの主郭Ⅰと、北側に一段下がった南北約三〇メートルの曲輪Ⅱで構成される。主郭Ⅰお

●—山城Ⅰ縄張図（作図：本田昇）

よび曲輪Ⅱの南から西にかけて土塁がめぐり、主郭の南西角は方形の櫓台状となっている。また、主郭南側には堀切を穿（うが）ち、その南側に小規模な曲輪を配している。山城Ⅰの各曲輪には、本城と同様、飛礫に使用したと思われる川原石が多数散乱している。

〔山城Ⅱ〕山城Ⅱは、本城北側の門前谷を挟んで北側に延びる標高八〇メートルの山頂部に位置する。尾根筋途中の鞍部（K）は、削平の見られない自然の平坦地であるが、飛礫に用いる川原石が散乱しており、曲輪の一つとして使用された可能性が高い。山城Ⅱは、南北四五メートル、東西一七メートルの長楕円形の主郭を持つ。南側の尾根鞍部には、径一〇メートル程度の削平地と、主郭側に幅五メートルの堀切、さらに主郭直下に幅三メートルの堀切を配している。主郭北側の切岸は高さ九メートルで、堀切に面して櫓台状の高まりがみられ、櫓台を中心として飛礫に用いる川原石が散乱している。主郭から東方に延びる尾根は傾斜が緩やかで、二から三段の削平段を配する。また、主郭北側の尾根には、幅五メートルの堀切が構築されている。

全体を通して、本城と山城Ⅰは、土塁や横堀、竪堀を多用する縄張から、北村氏在城時代の改修が想定される。一方、山城Ⅱは、主郭前後に堀切を配すなど、吉野城や宍喰祇園城と共通する海部地域の一般的な縄張の特徴がみられ、吉田時代の山城の系譜を引くものと考えられる。

●―山城Ⅱ縄張図（作図：本田昇）

●―山城Ⅱ主郭直下の堀切

【参考文献】辻佳伸「吉田城跡」『徳島県の中世城館』（徳島県教育委員会、二〇一一）、郡司早直「吉田城」石井伸夫・重見高博編『三好一族と阿波の城館』（戎光祥出版、二〇一八）

（石井伸夫）

お城アラカルト

紀伊水道の海城群

石井伸夫

　徳島県の東部に位置する、紀伊水道沿岸には個性的な「海城」が多く存在する。徳島県は瀬戸内海地域と異なり離島が少なく、島嶼全体を要塞化した城郭は蒲生田岬沖合に所在する野々島城のほかに存在しないことから、ここでは、港津に隣接し、これと密接不可分な関係にある城郭を「海城」ととらえ、論を進めていきたい。このような「海城」は、立地する海岸地形に応じて、いくつかの類型に大別可能である。徳島の海岸線は四国最東端をなす蒲生田岬を境に南北で大きく様相が異なる。

　まず、北部地域は、吉野川、勝浦川、那賀川の河口部にあたり、これらの河川の堆積によって形成された沖積平野と、沖合に連続して発達した砂州によって囲繞される潟湖（ラグーン）

●―中世後期の吉野川河口部推定復元図

●―中世海部推定復元図

●―海部城全景　鞆港より

の存在に特徴づけられる。東流する河川の複数の河口を潟湖が連結し、紀伊水道に接続する地に港津が形成され、これを扼するかたちで城館が立地している。詳しくは、本論を参照いただきたいが、木津城、土佐泊城、勝瑞城、津田城、徳島城、牛岐城なども大くくりには、この類型に含まれるといえよう。

一方、南部地域は、大きな沖積平野を形成する大規模河川が少なく、沈降地形であるリアス式海岸が卓越する地域となっている。複雑に湾入する海岸線と小規模な河口平野が連続し、城館は交通の要衝に簇生した港津に貼りつくかたちで分布している。この類型の代表例として由岐城、日和佐城、牟岐城、海部城、愛宕（宍喰南）城などをあげることができる。

このように、地形条件に応じて、紀伊水道沿岸部の南北城館の様相には差異がみられるが、その機能はともに、室町中期以降の海運の発達を背景に簇生した、港津の支配を目的とする点で共通している。阿波国沿岸部の城館の性格を読み解く鍵は、海運・港津の発達と在地権力との関係のあり方に求められる。

お城アラカルト

河岸段丘の先端に築かれた城郭

石井伸夫

●—脇城と河岸段丘

徳島県北部を東西に貫流する吉野川の中・上流域は日本でも有数の河岸段丘が発達していることで知られる。教科書的には静岡県東部を流れる天竜川流域が紹介されることが多いが、吉野川中・上流域に位置する三好郡・美馬郡の吉野川左岸（北岸）には、これに負けない多数の河岸段丘が形成されている。

段丘は、河道に隣接する低位段丘面、低位段丘面からやや離れた位置に三〇～四〇メートルの崖を隔てて所在する中位段丘面、さらに高所に位置する上位段丘面と三段形成されているが、城館は中位段丘面の段丘崖を自然の切岸とすることで築かれているものが多い。

このような、段丘崖を取り込んだ築城の典型例が美馬市に所在する脇城である。

脇城には近世中期に作成された絵図と、本田昇の手になる縄張図が残されている。

本論でも掲載されることかと思うが、この二幅を参照しながら、城の構造を確認していこう。

城の南側斜面は急峻な段丘崖で比高差は四〇メートル以上を図る。人工構造物ではおよびもつかないスケール観だ。北西斜面は城の谷川が峡谷を形成し、南斜面ほどではないものの自然の切岸となっている。この河道に沿って主郭北辺には横堀が設けられており、土佐系の技法の影響もみられる。以上の二ヵ所の自然地形を大堀切で区画することにより主郭、二郭、三郭を創りだしている。三郭までふくめた城域は徳島県でも最大級となっている。自然地形を有効に利用することにより、少ない土木作業量で大城郭を構築しているのだ。

このような立地の城は西から順に白地城、芝生城、重清城、岩倉城、脇城と、地形に応じて点在しており、とくに戦国末の長宗我部氏の西阿波侵攻にさいして、係争地となった地が多くを占めている。小規模城郭が卓越する阿波において軍事的な緊張感が、例外的な大規模城郭の築造を促進したのであろう。

●—脇城縄張図（作図：本田昇）

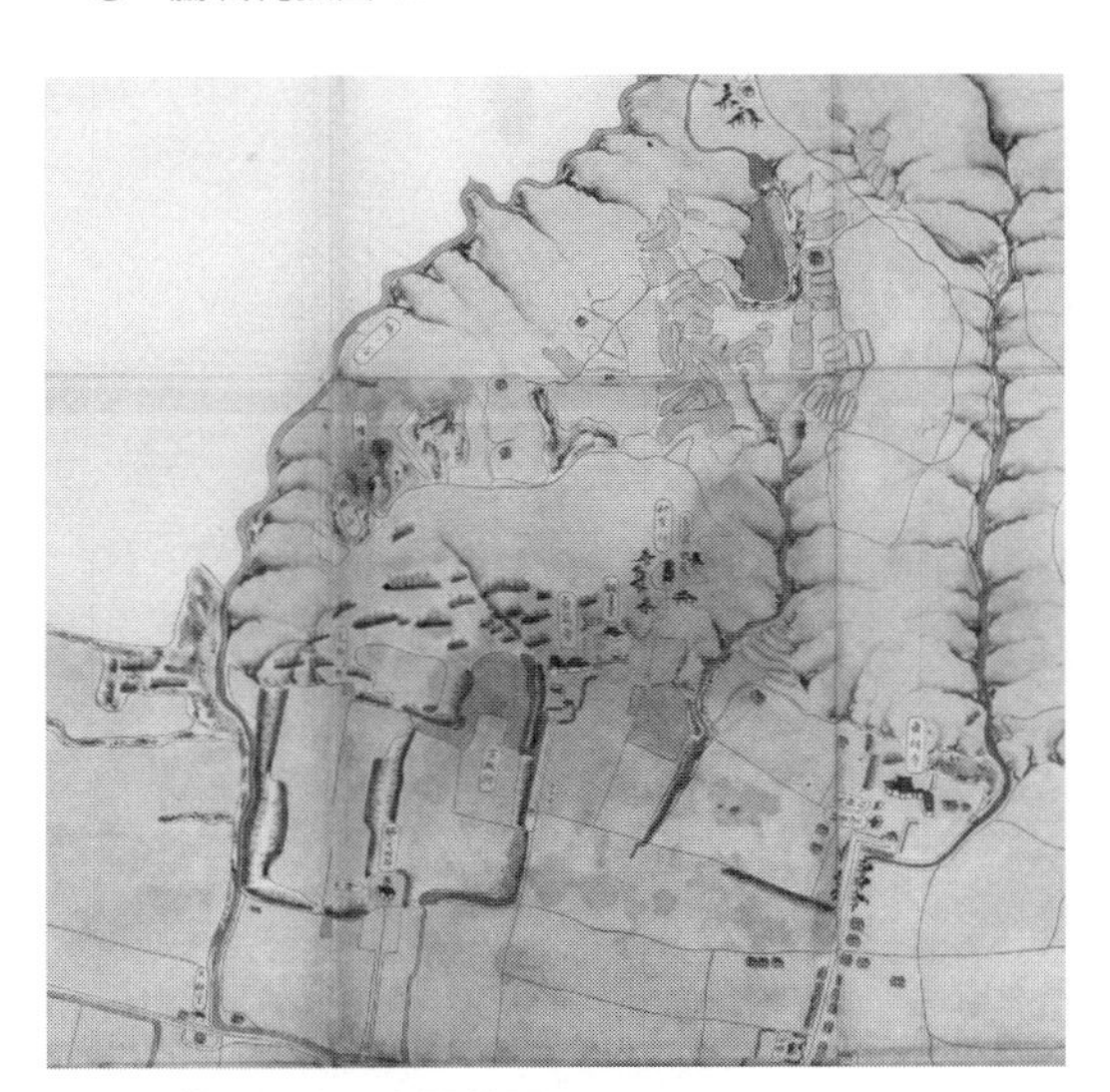
●—美馬郡脇町分間絵図（美馬市教育委員会蔵）

お城アラカルト

長宗我部氏と阿波の城

松田直則

【長宗我部元親の阿波進攻】 天正三年（一五七五）に土佐を統一した長宗我部元親は、翌年の四年頃までには阿波に侵攻したと軍記物に出てくる。侵攻にともない、阿波国内に元親の残虐な被害伝承が伝えられていることから、長宗我部氏の阿波での行動についてマイナス評価が強く研究対象にもされなかった。しかし、近年の論文で阿波侵攻の経緯が確認されるとともに阿波国内の被害伝承について検討され、近世社会の歴史的文脈の中でそのいくつかは創出されたものとする考え方が示されている。

土佐側でも、元親の侵攻については同盟者の存在が第一で、利害関係が生じる中でも侵攻に至るまでに十分な協力関係を結び、兵と物資の支援を受けることができたと考えられている。その根拠の一つとしてあげられるのが、種野山（たねのやま）国人の一人であ

●—四国統一に向けた長宗我部氏の進軍推定経路（天正 13 年〈1585〉頃まで）

る木屋平（こやだいら）氏の動向である。天正七年岩倉城の戦いでの軍忠を賞した、天正八年のものと考えられている元親書状がある。元親が、木屋平氏と協力関係を結んだうえで岩倉合戦など有利な戦いを進めていたことなどがこの長宗我部文書から読み取ることができる。

【長宗我部氏の侵攻ルートと城郭】　元親の阿波侵攻ルートとして、太平洋海岸と吉野川ルートがあるが、種野山の国人の協力を得るため香美市物部（ものべ）から四ツ足峠を越えて木頭村そして木屋平へのルートも考えられるのではないだろうか。さらに、吉野川沿いの大豊町豊永から現在の四三九号線沿いに京柱峠を越えて東祖谷を通る剣山北側ルートも考えられそうである。長宗我部家臣団の阿波侵攻ルート口に所在する徳島県側の城郭をみてみよう。

太平洋海岸ルートでは、元親の弟で香宗我部氏の養子に入った親泰（ちかやす）が総大将となって侵攻している。親泰は、阿波の入り口を抑えるために国境の吉田城を改修し家臣の北村閑齊を本城に置いている。

吉田城は、海部川右岸の丘陵部に構築されており、標高三〇メートルの尾根先端部に本城にあたる城が築かれ、西側丘陵頂部の標高一三二メートルに山城Ⅰと、本城の北側で標高八〇メートルの地点に山城Ⅱが築かれている。本城の特徴は、土塁に囲繞（いじょう）された主郭と土塁内側には低い石積みの腰巻石（こしまき）が残存することである。また、主郭西側の切岸下には横堀が廻り両端部は竪堀となっている。主郭が土塁で囲繞され、内側に土留めとして石積みが認められる城郭は土佐の中央部でよく認められる特長であり、横堀で両端部に竪堀が走る遺構は香美市の楠目城や北川村の北川城などに認められ、境目にあたる東洋町の内田城にも構築されている。これらは、親泰が阿波侵攻時に改修した遺構群と考えられる。

吉野川ルートでは土佐側の大豊から侵攻していくが、豊永の粟井城を拠点にしたと考えられる。単郭構造の主郭を持つ城跡であるが、北東部に設けられた横堀と残りのいい曲輪を囲った土塁で防御を強固にしており、長宗我部氏が土塁を構築するさいの特徴とされる石積みも残る。元親の有力家臣である豊永藤五郎がこの地域を押さえており、この主郭に侵攻時の兵を駐屯させたと考えている。隣接する阿波側の三好市の白地城を目指して、まず最初に城山町に所在する田尾城に侵攻しており、地元では激しい合戦の伝承が残っている。

田尾城は、土佐と阿波の街道上の峠で尾根上の二ヵ所のピークに近接して構築されている。注目したいのは、北城と南城の構造上の相違である。北城は、主郭も二段の帯曲輪も切岸のみの防御であり、南城は主郭が土塁で囲繞され南側に虎口を構えており北側は横堀状の堀切を連続して構えている。この南城の遺構は、土佐側で多く確認できる遺構群で、連続した二重の堀切などは長宗我部家臣団の得意とした築城技術である。南城については、これらの縄張の特徴から長宗我部氏が阿波侵攻時に改修した城と考えられる。

三好郡の東みよし町に所在する東山城も長宗我部家臣団によって改修された城である。三好平野の交通の結節点となる地域を押さえるための城と考えられる。主郭の北側は三重の堀切で防御され、東側は切岸となり一段低い部分は横堀が構えられており、両端部は竪堀となり南側も同じ構造になっている。この遺構は、海陽町の吉田城跡と同じ築城思想で構築されたものと考えられる。三好市には、その他にも井内谷東城、八石城、漆川城にも横堀や竪堀が確認されており、これらの城跡も土佐の技術で改修された城と考えられる。

【阿波の城の特徴と畝状竪堀群】　徳島県の城郭の特徴として、

●—木津城の畝状竪堀群（松田直則撮影）

県内の多くの縄張図を作成した城郭研究者の本田昇は、小規模な曲輪と切岸が主体の山城が多く存在し、強力な権力を持った三好氏傘下で城の防御機能が発達しなかったと推察している。阿波では、細川氏と三好氏との抗争や長宗我部氏の侵攻によって緊張関係が生まれたと考えられる。しかし、細川氏と三好氏の段階で徳島の小規模城郭が大きく改修されたとは考えづらく、改修された遺構群は外部勢力である長宗我部家臣団によって改修されたと推察できる。

天正四年（一五七六）には長宗我部軍の阿波侵攻が始まるが、秀吉の四国攻めが始まる天正十三年（一五八五）までに長宗我部氏の構築技術も変化しており、その一事例を紹介してその変遷を考えてみたい。

鳴門市に所在する木津城は、篠原自遁（じとん）の居城であったが天正十年（一五八二）に長宗我部氏が侵攻し元親は桑野城主の東条関之兵衛に守備を任せ改修している。その時期は天正十一年（一五八三）頃と考えられており、その時大きく改修された遺構として、主郭の北東部に横堀とその斜面に竪堀群を合わせたいわゆる畝状竪堀群を構築しており、秀吉軍の四国攻めの鉄砲戦に備えた遺構と考えている。阿波の中でこの遺構が現在確認されているのはこの城のみであるが、最近調査が進んだ一宮城の小倉丸の西斜面や南斜面部に、類似した遺構が確認されている。しかし、横堀にした時に積み上げられた土塁に開口した箇所があるが、その斜面部は竪堀として伸びておらず、この遺構をどう評価していくのかが課題である。

天正十年には、江村親俊（ちかとし）と谷忠澄（ただすみ）が一宮城跡に入るが、その時改修したのが小倉丸や水ノ手丸と考えている。小倉丸は曲輪西側に土塁が築かれており北西部には櫓台が確認できる。その西斜面部と南斜面部に前述した遺構がみられる。水ノ手丸も曲輪の西側に土塁を構築して防御を強固にしている。この土塁構築方法は、海陽町の吉田城の山城Iの遺構と類似している。一宮城の主郭は、天正十三年以降蜂須賀氏によって石造りの城として大きく改修されているが、主郭に近い明神丸（みょうじんまる）や才蔵丸（さいぞうまる）の遺構をみると、曲輪と切岸中心で明らかに小倉丸と水ノ手丸との違いが確認できる。小倉丸の南西側に構築された畝状竪堀群は、天正十一年以降に秀吉軍の侵攻に備えて構築しようとしたが、構築途中で放棄したとは考えられないだろうか。

阿波で築かれた畝状竪堀群は、木津城や一宮城の事例から、天正十一年以降に長宗我部氏家臣団によって構築された可能性を筆者が指摘してきた。長宗我部氏の居城である岡豊城の北西斜面に築かれている畝状竪堀群も、同時期に構築された土造り最後の遺構と考えている。天正四年から十年頃までは、吉田城や東山城に認められる土塁、横堀、堀切、竪堀主体の城造りが中心であったが、十一年以降にそれらを合体させた防御的に優れた畝状竪堀群が出現するという変遷を考えている。今後阿波のみでなく四国の城を詳細にみていくと、戦国末の城郭構築技術の変遷の一端がみえてくるであろう。

【参考文献】石尾和仁「長曾我部元親の阿波国侵攻の記録と記憶」『四国中世史研究』第111号（二〇一一年）、新見明生「戦国期種野山の動向—松家家文書を中心に—」『徳島県立博物館開設準備調査報告』三号（一九八九年）、野本亮「長宗我部栄光の時代」『長宗我部元親・盛親栄光と挫折』（高知県立歴史民俗史料館、二〇〇一年）、本田昇「木屋平村の中世城郭と館跡」『徳島県立博物館開設準備調査報告』三（一九八九年）、松田直則「長宗我部元親の阿波・伊予侵攻における築城技術の検討」『城郭研究と考古学』（中井均先生退職記念論集刊行会、二〇二〇年）

●—徳島市一宮城小倉丸横堀（松田直則撮影）

香川

勝賀城平虎口（高松市教育委員会提供）

●長宗我部元親の「植田の城」か

上佐山城（うわさやまじょう）

〔所在地〕高松市西植田町字上佐・尾越・大谷・白坂
〔比　高〕約一九〇㍍
〔分　類〕山城
〔年　代〕一六世紀
〔城　主〕三谷氏、長宗我部氏
〔交通アクセス〕高松市山田地区乗合タクシー（どんぐり号）池田本村停留所下車、徒歩約六〇分。

【香川県最大級の城】　城の遺構は、上（王）佐山の最高所の雄上佐山（おんうわさやま）と、その南方の雌上佐山（めん）のそれぞれの山頂一帯に良好に残存している。両山の間隙に遺構が認められない個所が存在するものの、両山を合わせた全体の規模は、南北約六〇〇㍍、東西約四〇〇㍍である。国史跡高松城の指定範囲が東西約六〇〇㍍、南北約三五〇㍍であることに留意すると、香川県内の山城の中では大型の城と言える。

遺構は、曲輪群と畝状竪堀群が特徴的である。前者は、城全体の中に約五〇ヵ所が認められるとともに、各遺構の平面形が四角形にかたちづくられていることがわかる。四角形の平面形態を示す曲輪群については、建物をともなっていたことが想定できることから、山上に多くの建物が存在していたことが推測される。

●—上佐山城遠景

【比類のない畝状竪堀群】　畝状竪堀群は、雄上佐山山頂から主として北西および北東方向の尾根の先端部に放射状に配置されていることがわかる。竪堀が総数一六ヵ所という数は香川県内では最多である。

香川県内で発見されている城の特徴のひとつとして、堀切を有する遺跡が少ないことが挙げられる。これは城が立地する地形が独立丘陵であることが多いために尾根を切断する必要がなかったことと、円錐形の山容の自然の急傾斜面がそのまま防御施設として活用できたことなどに起因すると考えられる。

こうした所見にもとづいて概観するならば、当該城の多数かつ精巧な畝状竪堀群の存在は極めて異質なものと評価できる。

【屋島を臨む立地】 城の立地についても特徴的である。まずは、瀬戸内海の海上から高松市街地および阿讃山脈方向を遠望したときに、平野部の最奥部に立ちはだかるように聳えるのが上佐山である。手前側に由良山が存在するものの、上佐山の標高が約二倍を誇るためにやはり同山の存在感が勝っている。

次に上佐山の東麓には春日川がおおむね直線状に北流して瀬戸内海に注いでいる。同川については、戦国時代末期頃まで河口に大規模な内湾が形成されていたことからも水量に恵まれていたことが伺え、現在の高松市の奥部一帯の発展の源流となってきたことがわかっている。さらには、水源が阿讃山地の奥部にあることから讃岐国と阿波国を連絡するルートとして重要視されてきたことも忘れてはいけない。

そして、上佐山から春日川の河道を辿って瀬戸内海方面に眼を向けた先には屋島を遠望できることが重要である。屋島はかねてから源平合戦の舞台として周知されているが、ほかにも長崎鼻（ながさきのはな）古墳、千間堂跡、屋島寺、屋島神社などの記念物の宝庫であるとともに、鑑真および空海などの著名人の伝説に彩られた全国屈指の著名地である。築城に際して、敵が屋島に到来することを予測していたと考えることもあながち不自然ではないだろう。

【土佐流の築城技術の粋】 総数一六ヵ所の竪堀を有することを先述したが、四国地方において畝状竪堀群が普遍的に見られる城としては長宗我部氏によって建設された高知県内の遺跡が圧倒的多数を占める。

高知県の自然地形の最大の特徴としては、県土の大部分が丘陵や山地によって形成されていることが挙げられるであろう。さらにはこれらの丘陵や山地は独立した形態でなく、おおむね四国山地から太平洋まで途絶することなく尾根がつづく。このような自然地形の環境下において築城する場合、特定の方向に対してのみ防御意識を集中するだけでは不十分であり、四周からの敵襲に対して備えることが重要である。

この備えのために開発された防御施設が畝状竪堀群と考え

られる。丘陵や山地の斜面について徹底的に防御網を張り巡らせることを目指した施設である。長宗我部元親の本拠地である高知県南国市岡豊城や元親の三男津野親忠（ちかただ）が居城とした同県津野町姫野々城などにおいて相当数の畝状竪堀群をみることができる。

香川県内の城において畝状竪堀群がみられるときは、少なからず土佐流の築城技術が導入されていると考えることが適当であるが、当該城ほど高密度の畝状竪堀群を有する場合では、長宗我部元親による土佐流の築城技術の枠が導入されているのである。

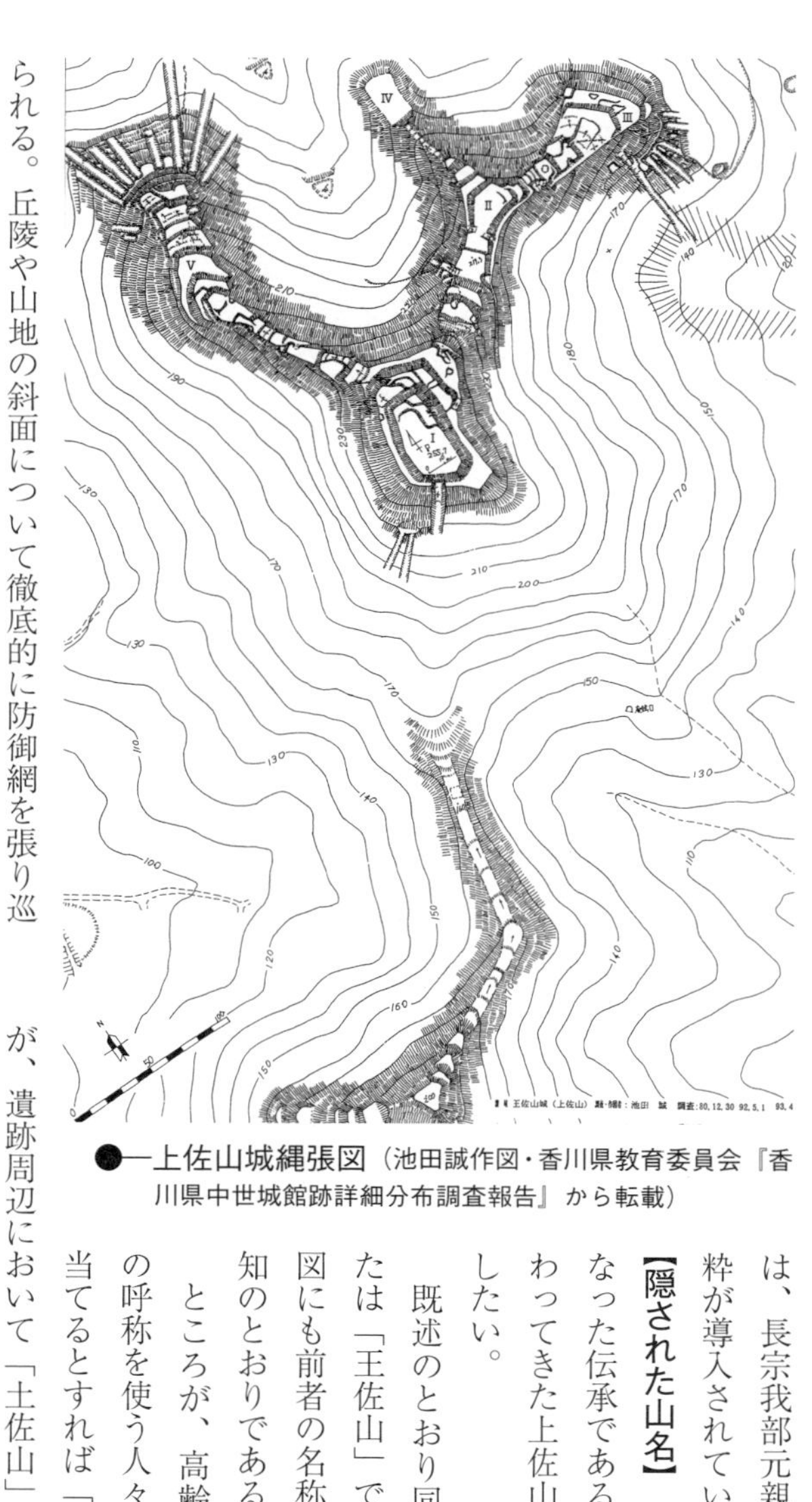

●—上佐山城縄張図（池田誠作図・香川県教育委員会『香川県中世城館跡詳細分布調査報告』から転載）

【隠された山名】 現在はほとんど聞かれなくなった伝承であるが、城周辺の住民の間に伝わってきた上佐山の山名に纏わる話題を紹介したい。

既述のとおり同山の通称は、「上佐山」または「王佐山」であり、国土地理院作成の地図にも前者の名称が記載されていることは周知のとおりである。

ところが、高齢の住民の中に「とさやま」の呼称を使う人々が若干名存在する。漢字を当てるとすれば「土佐山」となるのであろうが、遺跡周辺において「土佐山」の名称はどこにも見当たらない。

しかしながら、「上」の字の二画目を一画目よりも左方向に突き出すと「土」の字になる。また「王」の字は、一画目を消し去れば「土」の字になるのである。すなわち、「上佐山」も「王佐山」も一文字目には「土」の字が隠されているのである。

憶測を逞しくするならば、「上佐山」と「王佐山」の原形は「土佐山」であった可能性があるであろう。このために一部の住民は、現在も「とさやま」と呼称しているのかもしれないのである。

かつての讃岐国の住民にとっての長宗我部氏は鬼のような存在であったのであろう。現在も香川県の各地には、「すべてを長宗我部に焼かれた」「すべてを長宗我部に持ち去られた」「すべての住民が長宗我部に殺された」などの口伝が残されていることがこのことを裏付けている。

あるいは上佐山城の周辺の住民は、忌まわしい山名を隠すことで過去の記憶を消し去ろうとしたのかもしれない。

この山名に纏わる話題は、上佐山城が長宗我部氏の支配下にあった事実を現代の私たちに密かに語りかけているような気がしてならない。

【「植田の城」の可能性】 『南海治乱記』などの江戸時代に纏められた軍記物には、長宗我部元親は羽柴秀吉の軍勢を迎え撃つために「植田の城」を本拠地としたことが記されている。

「植田の城」をどの城に比定するのかという命題は、香川県内外の城郭研究者の最大の関心事であったと言える。

ところが、昭和五〇年代頃の香川県内の城郭研究者は、上佐山城の存在に見向きもしないだけでなく、戸田山城を『讃岐国名勝図会』に記載のある長宗我部元親に関係した城と決め付ける偏執的な固定観念や、城の北方の「城池」という溜め池の名称などを根拠として「植田の城」に比定する考えが強かった。

しかしながら、先述のとおり上佐山城はその立地や土佐流の遺構の存在などを根拠とすると、戸田山城よりもはるかに羽柴秀吉の軍勢に対峙するための整った環境下にあり、長宗我部氏の築城思想が強く内在していると言うことができるのである。

天正十三年（一五八五）六月十六日、長宗我部元親が想定したとおりに、宇喜多秀家や黒田孝高、蜂須賀正勝などの軍勢を主力とした羽柴秀吉の二万人超の軍勢は屋島に上陸することになる。そして、春日川を遡上して真っ直ぐに讃岐国の内陸部に進軍する。

すなわち、その進軍ルートを真っ向から阻む位置にあり、土佐流の鉄壁の防御施設が整備されていた上佐山城こそを「植田の城」と考えるべきであろう。

【参考文献】 香川県教育委員会『香川県中世城館跡詳細分布調査報告』（二〇〇三）

（西岡達哉）

●四国統一をめぐる戦乱の舞台

勝賀城（かつがじょう）

〔国指定史跡〕

〔所在地〕高松市鬼無町・香西西町・植松町・中山町
〔比　高〕約三五五メートル
〔分　類〕山城
〔年　代〕一五〜一六世紀末
〔城　主〕香西氏、羽柴秀吉軍（讃岐方面軍）
〔交通アクセス〕JR鬼無駅から徒歩約一時間三〇分。

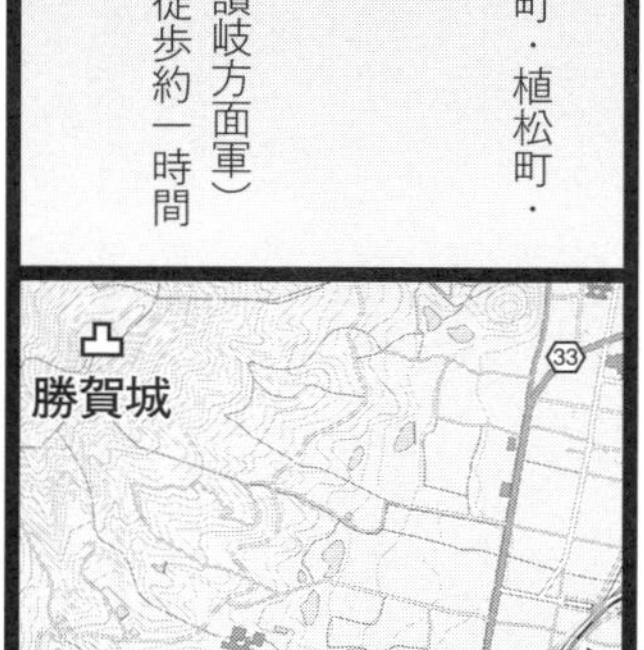

【城の歴史】　勝賀城は、香川県中部の高松市北西部に所在する標高三六五メートルの勝賀山山頂に位置する。勝賀山は遠方からみると頂部がやや平坦で、メサと呼ばれる地形である。勝賀山の北側は瀬戸内海に面し、北麓には香西浦と呼ばれる中世以来の港町が所在するなど、高松平野西側の玄関口ともいえる場所である。現在は、北側と東側の山腹斜面にはミカン畑が広がっており、東麓は日本屈指の盆栽の産地となっている。

勝賀城は、鎌倉時代から戦国時代にかけて勝賀山麓の笠居郷を本拠として活躍した、讃岐の有力国人である香西氏によって築城された。平時は勝賀山東麓に佐料城という館を構えており、勝賀城はその詰城（戦時の城）として位置づけられる。築城年代は不明で、全国的に山城が築かれ始める南北朝期以降だろう。城からは高松平野と高松湾が一望でき、地域のランドマークに築かれたといえる。また、香西氏は香西浦を拠点として備讃瀬戸一帯に勢力を伸ばしていたため、海上交通の監視などの役割も果たしていたと考えられる。

天正六年（一五七八）から長宗我部元親による讃岐侵攻が始まると、天正十年（一五八二）に香西氏は長宗我部氏に敗れ、長宗我部氏の配下となる。天正十三年（一五八五）六月から羽柴秀吉による四国攻めが始まると、秀吉軍は阿波・讃岐・伊予の三方向から進軍し、讃岐へは播磨から宇喜多秀家に率いられ、蜂須賀正勝・黒田孝高・仙石秀久らが屋島に上陸した。このときに秀吉軍によって勝賀城は陣城に改修され、高松平野およびその周辺で活動する長宗我部軍をけん制

●—勝賀城縄張図（高松市教育委員会提供）

する軍事的拠点として利用されたとみられる。秀吉軍が勝賀山に陣城を構えたのには以下の理由が考えられる。勝賀城の眼下には香西浦があり、海への備えと兵船の係留にも適している。また、東方は高松平野から南部にかけての領域を一望でき、在野の状況を把握しやすい。さらに、高松平野を本拠として栄えていた香西氏の城を占拠することにより、支配者が入れ替わったことを示す狙いもあったかもしれない。そして、西方を見据え、敵拠点である西長尾城と天霧城に対応する拠点としても位置づけられる。

　勝賀城の利用は発掘調査成果によって短期間と考えられることから、廃城時期は改修直後～高松城築城前後が想定される。

【城の構造】　勝賀山を登ると、標高三二〇メートル付近から地質的に変化がみられ、花崗岩から安山岩へと変わる。安山岩は花崗岩に比べ風化しにくいため、その境界は傾斜が急勾配になっている。そのため、勝賀山頂部は天然の要害といえよう。城跡は、安山岩が分布する範囲におさまり、山頂部全域の南北約三八〇メートル、東西約一五〇メートルにおよぶ。

　曲輪は勝賀山山頂部全域におよぶが、山頂部中央に堀状の遺構と土塁が組み合わさった遺構があり、それを境に南西部と北東部で曲輪の構造が大きく異なる。北東部は尾根上に曲輪が連なるように配置される連郭式である。一方、南西部は

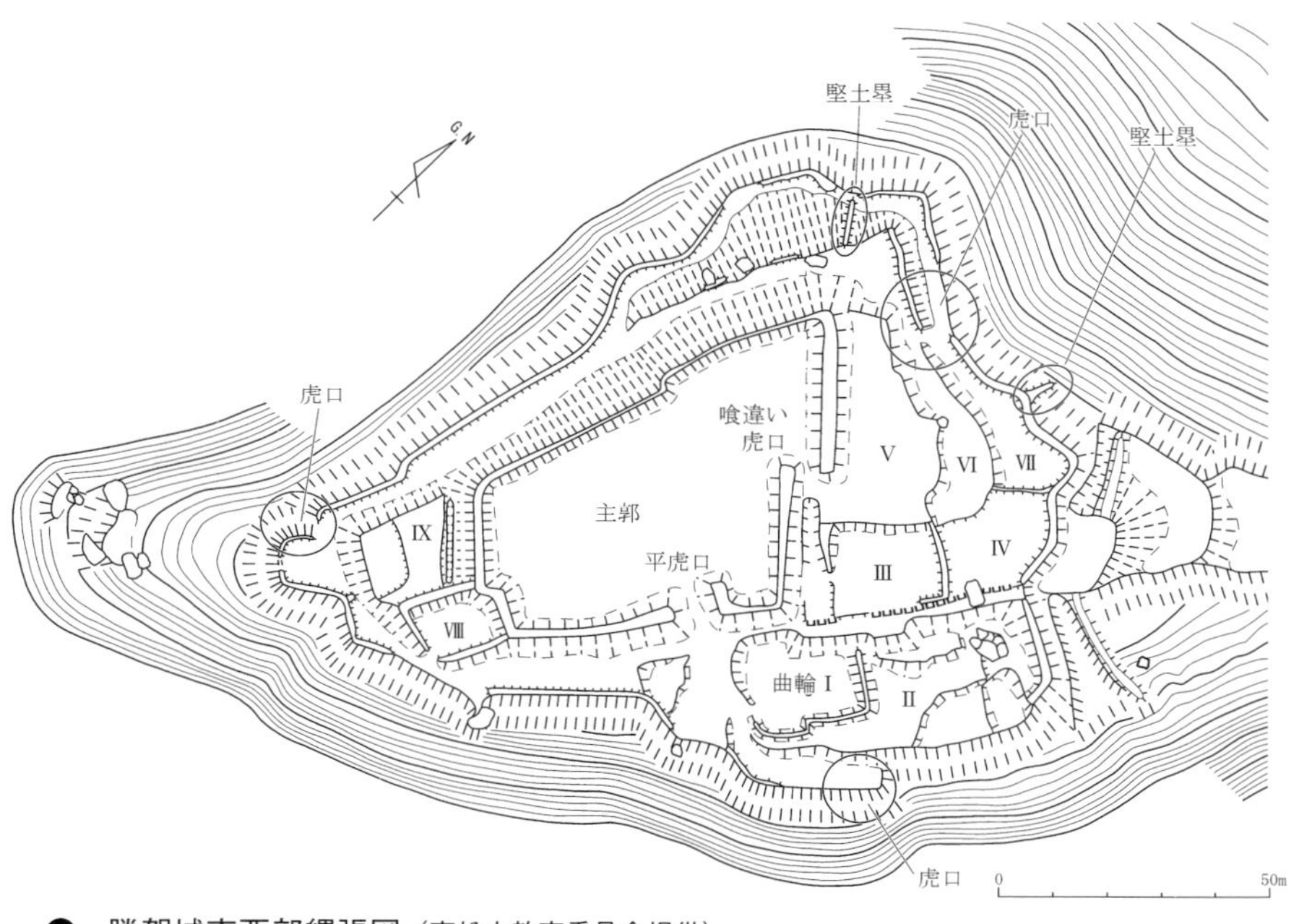

●—勝賀城南西部縄張図（高松市教育委員会提供）

主郭および全体が土塁で囲まれた、主郭の求心性が高く曲輪が複雑に配置された構造で、喰違い虎口や方形曲輪など一六世紀後半に出現する新しい要素の遺構がみられる。北東部は讃岐の典型的な中世山城の構造と類似しており、香西氏の詰城として築かれた段階の構造と考えられる。一方、南西部は織豊系城郭の構造と類似しており、秀吉による四国攻めの際に改修された段階の遺構とみられる。

【南西部の見どころ① 主郭】 短軸三〇～四〇メートル、長軸五〇～六〇メートルの長方形状の主郭は、高さ一～二メートルの分厚く高い土塁で囲まれており、土塁には西と南で直角に近い折れがみられる。主郭は比高差一〇〇メートル以上の山城のなかでは、県下で最大の広さである。主郭は土塁によって北側と東側に二つの虎口が形成され、北側は喰違い虎口、東側は平虎口（ひらこぐち）である。

喰違い虎口は、主郭を囲む土塁の喰違いによって形成される。土塁の頂部は虎口周辺で幅広になり、上部には門にともなう構造物が築かれたと想定される。また、主郭を廻る土塁の頂部の幅は基本的に約〇・五メートルだが北側部分のみ幅約三メートルの広さになる。これは、北側から攻められた場合、主郭を守る最後の防衛線となるため頂部に構造物を築いたことが想定される。後に述べるように、南西部全体を廻る外周土塁も山の傾斜がもっとも緩やかな北側に対して強く防御を意識していたようである。喰違い虎口の外側には東西方向の横堀状の段を設けて東側から直線的に進入することを防ぎ、曲輪Ⅴから直角に曲がって主郭に入る設計になっている。

平虎口は主郭を囲む鉤状（かぎじょう）土塁と直線的な土塁によって形成される。喰違い虎口と同様に、土塁の頂部は虎口付近で幅が広くなり、上部には門にともなう構造物が築かれたと想定される。虎口の外側には、幅約八メートル、長さ一五メートルの緩やかに傾斜した空間（幅広の道）があり、そこを通って直進して主郭に入ることができる。一見すると単純な構造の平虎口だが、幅広の道に対して隣接する曲輪や主郭土塁、帯曲輪など多方向からの横矢が可能となっている。これらを考慮すると、虎口空間として堅固な防御機能を有しているといえる。

主郭内および虎口では発掘調査が行なわれた。主郭内では建物跡、虎口では門にともなう遺構の検出を目的として調査区を設定したが、遺構は認められなかった。ただし、遺物は少量だが土器や陶磁器、鉄釘などが出土しており、鍋や鉢などの調理行為の痕跡が認められる。そのため、掘立柱建物など遺構として残るような恒常的な建物は建てられず、簡単な組立式構造の門や小屋などが掛けられていたと考えられる。

【南西部の見どころ② 土塁】 主郭を分厚く高い土塁で囲み、南西部全体を小さな土塁で囲む、概して二重の土塁が特徴的である。南西部全体を廻る高さ約〇・五メートルの低平な土塁（外周土塁）は、折れを多用し横矢を掛けられるようにしている。先述したように、山の傾斜がもっとも緩やかな北側に特に堅固な防御設備を有しており、折れが多用された土塁と竪土塁（たてどるい）が組み合わさっている。外周土塁の折れの部分では随所に巨大な露岩を土留めとして利用している。また、外周土塁の内側には安山岩が一～二石土留めとして配置されている。

外周土塁によって南と東に二つの虎口が形成されている。大手と呼ばれる正面の入口は東側の虎口と考えられる。大手の虎口を入ると曲輪Ⅰの横を通り、主郭の平虎口へと入ることができる。南の虎口は搦手（からめて）で、現在は土塁が壊されて登山道ができたため、本来の虎口とは異なる。現在は南の虎口から東回りに進んで主郭へ入ることができるが、築城当時は西回りの外周土塁沿いにしか城道を進むことができなかったであろう。この城道の途中には、竪土塁や高所からの横矢、喰違い状の虎口などが設けられている。

【南西部の見どころ③ 方形を志向する曲輪群】 主郭と外周土塁の間には曲輪が九つ（曲輪Ⅰ～Ⅸ）配置されている。主郭東側の一段下がった場所に方形状の曲輪が二つ（曲輪Ⅰ・Ⅱ）あり、曲輪Ⅰを囲む土塁によって区画される。土塁の東側は直角に近い折れがみられ、大手の虎口から主郭に向かう城道に対して曲輪が張り出すようになっている。曲輪Ⅰの内部は平坦で、真ん中に巨大な安山岩の自然露岩がある。曲輪Ⅰの内部は全面発掘調査を行なったが、主郭と同様に遺構は確認されず、遺物は少量出土した。曲輪Ⅱの内部は三段に分かれており、東に向かって低くなる。曲輪内における平坦面の造成に曲輪ⅠとⅡの違いをみることができる。

主郭の北側には、方形状の曲輪が二つ（曲輪Ⅲ・Ⅳ）と不整形の曲輪が三つ（曲輪Ⅴ～Ⅶ）段状に配置されている。曲輪ⅢとⅣは土塁で区画されており、土塁の裾部には土留めの役割を果たす安山岩が一～二石認められる。曲輪Ⅲ・Ⅳの東端には城道に沿って高さ約〇・八～一メートルの安山岩

●—平虎口（高松市教育委員会提供）

●—石積みと城道（高松市教育委員会提供）

の石積みがみられる。石材の大きさによって段数は異なるが一〜三段ほど積まれている。発掘調査の結果、曲輪Ⅲの東側は盛土で造成されており、石積みは土留めの役割を果たすとみられる。

主郭の南側には、方形状の曲輪が二つ（曲輪Ⅷ・Ⅸ）配置されており、曲輪Ⅷは土塁で区画されている。主郭の南側の曲輪は北側の曲輪群と比べて曲輪内がやや傾斜している。曲輪Ⅷの内部は全面発掘調査を行なったが、遺構は検出されず遺物も出土しなかった。曲輪Ⅸの内部は二段に分かれており、南に向かって低くなる。

【南西部の見どころ④ 希薄な遺構と遺物】 発掘調査の成果で特筆すべき点は、遺構が検出されなかった点である。主郭や方形曲輪内では建物跡、主郭の虎口部分では門にともなう遺構の検出を目的として調査したが、遺構は認められなかった。

先述したように、勝賀城では遺構として残るような恒常的な建物は建てられず、簡単な組立式構造の門や小屋などが掛けられていたと考えられる。その一方で、鍋や鉢などの調理行為の痕跡を示す遺物が出土している点も勝賀城の特徴である。ただし、ほかの同規模の山城に比べ出土量は圧倒的に少ない。恒常的な建物の不在や少量の出土遺物から、勝賀城南西部の利用は短期間であったと考えられる。出土遺物は一六世紀後半が主で、一五世紀後半〜一六世紀前半のものもあるが、一七世紀に確実に下る遺物はみられない。

加えて、施釉陶器が少ない点、土師質土器が小皿よりも鉢や鍋の比率が高い点、他城で認められる碁石や硯などが出土していない点から、恒常的に階層上位者が居住した可能性や奢侈品を用いた格式の高い食事が行なわれていた可能性は低い。土塁のような地表面に明瞭に残された圧倒的な土木量に対し、建物跡などの遺構が希薄というギャップこそが勝賀城南西部の本質といえる。

【北東部の見どころ】 北東部では、尾根上に曲輪が連なるように配置されている。自然の傾斜面を削平して曲輪を造成しており、南西部に比べ曲輪内部が傾斜している。北側斜面は急傾斜の切岸（きりぎし）が設けられている。北端の曲輪は展望がよく、瀬戸内海および高松湾が一望できる。

勝賀城の遺構は残りが良好で、地元の人々によって保存活動が積極的に行なわれているため、城跡の散策は容易である。城内は後世の改変があまりみられず、訪れた人の想像力をかきたてる城跡といえよう。

【参考文献】高松市教育委員会『勝賀城跡Ⅲ』（二〇二一）

（梶原慎司）

●遺構が明瞭に残る拠点城郭

神内城（じんないじょう）

〔所在地〕高松市西植田町
〔比　高〕約三五メートル
〔分　類〕平山城
〔年　代〕一五～一六世紀末
〔城　主〕神内氏
〔交通アクセス〕ことでんバス西植田停留所から徒歩約二〇分。

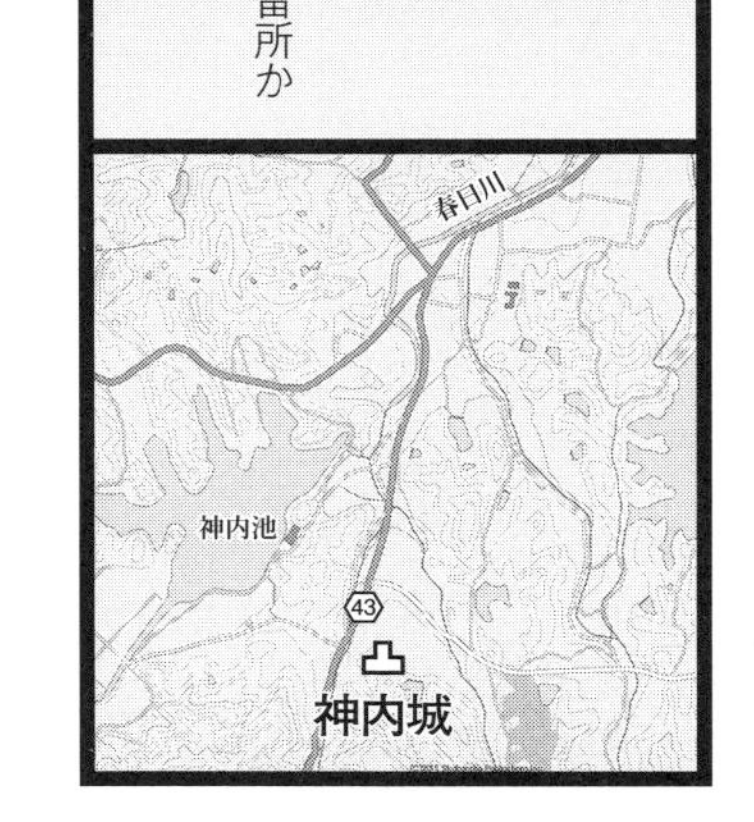

【立地】　神内城は、台山と呼ばれる讃岐山脈から派生する北向きの尾根末端に築城された城である。背後に山塊を備え、東西に川が流れるという立地である。

神内城の西側の平地には「城屋敷」という地名があり、東側の平地にも「本屋敷」「中屋敷」「的場（まとば）」という地名がある。常時の居館は平地にあり、詰城（つめじろ）（戦時の城）として神内城は位置づけられたと考えられる。

【城の構造】　神内城跡は主に二段の曲輪で構成されている。上段の主郭は弓なりの長方形状で、長軸約二九メートル、短軸約一二メートルである。主郭北側では発掘調査が行なわれ、ピットが多数検出された。また、中国産磁器や備前焼、鉄釘などが出土した。下段の曲輪は主郭の南側にあり、南端から東端にかけて逆L字状の土塁がみられる。土塁は高さ約一メートル、頂部幅は約二～三メートルである。下段の曲輪の東端は切岸（きりぎし）が設けられている。また、主郭の北側および西側には、主郭から六メートル低い位置に小さな不整形の曲輪がみられる。

下段の曲輪から南側へとのびる尾根筋には堀切（ほりきり）が設けられ、堀切の底から土塁の頂部までの比高差は約三メートルとなっており、南側からの侵入は容易ではない。

【城の見どころ】　神内城跡の見どころは、その防御性の高さである。尾根筋を堀切によって分断し城域を確保し、城内には幅広の土塁を設置し尾根筋からの侵入を困難にしている。また、主郭および下段曲輪東側の切岸は急峻に仕上げている。城内は竹が茂っているため見通しが悪いが、遺構の残り

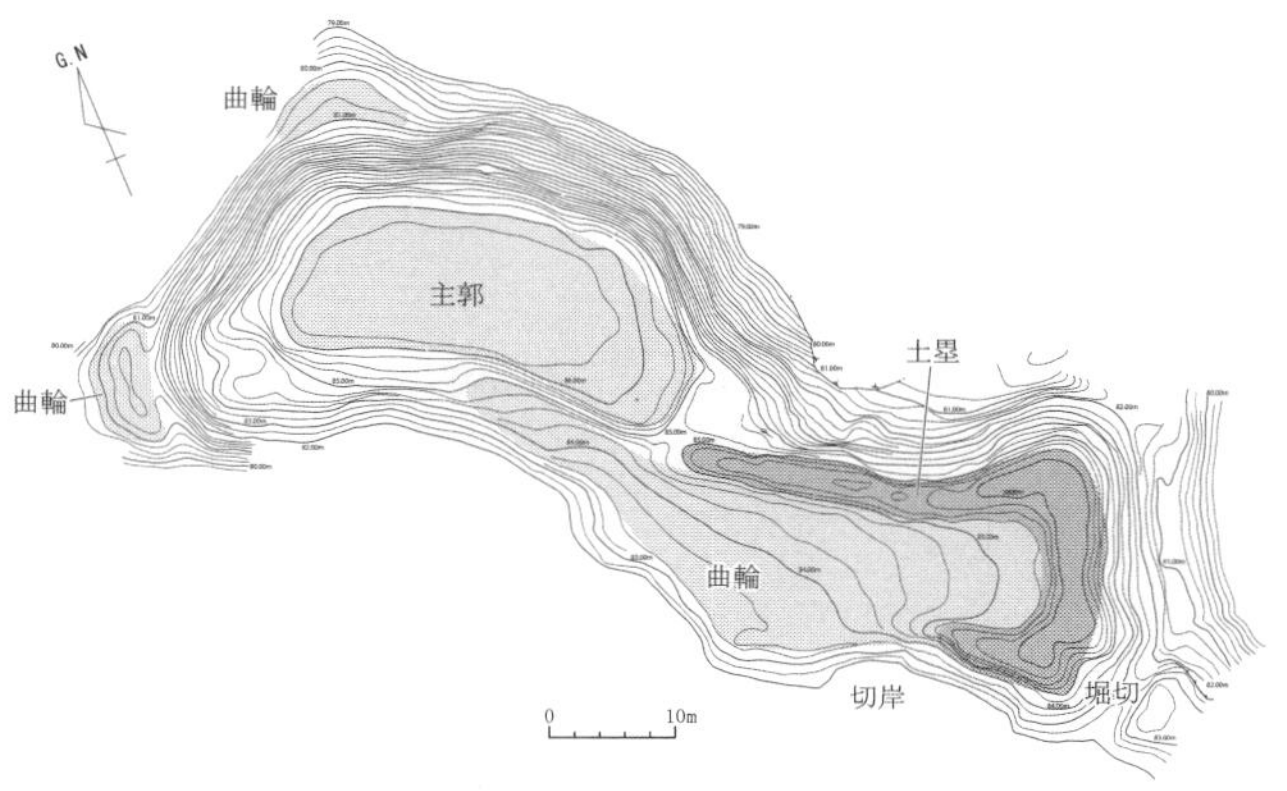

は非常に良い。

香川県内の中世山城は、自然地形に合わせて急峻な切岸、堀切、土塁を用いる単純な構造のものが多いが、そのなかでも神内城は、小規模ながらそれらの遺構を組み合わせて随所に防御の工夫がみられる見応えのある城である。

●—神内城測量図（高松市教育委員会提供）

【神内家墓地石塔群】 神内城から北東へのびる尾根上に所在する中世の五輪塔群で、高松市指定史跡である。神内氏の出自は関東にあり、元寇以降に西国に移動し、婚姻などで周辺の十河・三谷氏らと同族関係を結びながら植田に定着したものと考えられる。墓地には五輪塔が一三基確認されており、中世の墓地景観をよくとどめている。墓地の時期は鎌倉時代後期から室町時代にかけてである。

墓地の最奥部には五輪塔が二基あり、そのうち大きな方が墓地最古の石塔である可能性が高い。大きな五輪塔を中心として周囲には石列区画が廻っている。鎌倉時代後期のものである。

ほかにも、墓地手前の畑の中から掘り出された宝篋印塔（ほうきょういんとう）が墓地入口に建てられている。宝篋印塔はほぼ完存しており、風化もほとんどしていない。表面には整形のノミ痕も明瞭に残されており、室町時代初期のものである。ぜひご覧いただきたい一品である。

【藤尾八幡神社】 神内城跡の背後にそびえ立つ藤尾山の山頂に鎮座する藤尾八幡神社は、かつて山田郡の親神として崇められ、今なお西植田地域の鎮守として厚い信仰を受けている。

藤尾八幡神社には、神内氏によって奉納されたと伝えられる亀甲地双鳥鏡（きっこうじそうちょうきょう）と菊花散双鳥鏡（きっかちらしそうちょうきょう）の二点があり、高松市指定有形文化財となっている。鏡の帰属時期と社伝にやや相違はあるものの神社の歴史の古さを物語っており、藤尾八幡神社と神内氏との強い関係を示している。

【参考文献】 高松市教育委員会『神内城跡』（二〇一七）（梶原慎司）

香川

●阿波三好氏 讃岐侵攻の拠点

十河城

〔高松市指定史跡〕

〔所在地〕高松市十川東町字城上
〔比　高〕約一〇メートル
〔分　類〕平城
〔年　代〕
〔城　主〕十河景滋、十河一存、十河存保
〔交通アクセス〕ことでん長尾線高田駅から山田地区乗合タクシー「どんぐり号」に乗り、バス停「城」下車、徒歩約五分。

【立地】　十河城は、高松平野の東南部、高松市十川東町の丘陵上（標高約四二メートル）に立地する。この辺りは、讃岐山脈から北に派生した舌状の尾根の先端部近くにあたり、周囲への眺望がよく、北方には源平の古戦場としても名高い屋島を望むことができる。尾根の東西には谷筋が入り込んでいて、東側の谷には吉田川の支流にあたる小河川が流れ、また西側には谷部を堰き止めて造られた鷺池が灌漑用の水を湛えている。

このことからわかるように、十河城は、東西の谷地形を防衛施設として利用できる微高地上に造られたといえる。現在、主郭跡とされる場所には称念寺が建てられており、また寺の周辺も田畑や宅地が造成されるなど地形は大きく改変されているが、称念寺の境内には五輪塔が安置されていて往時が偲ばれる。

【十河氏と阿波三好氏との関係】　十河氏はもともと讃岐国山田郡の国人領主で、一四世紀後半には、院蓮華王院領十河郷の半済所務職を請け負っていたことや、一五世紀中頃には、山田郡の港である庵治と方本の管理権を讃岐国守護大名の細川勝元より与えられていたことが分かっている。その後、一六世紀前半、十河景滋の時に、実子のない景滋の養子に阿波三好氏出身の十河一存が入っている。

十河一存は、その勇猛ぶりから「鬼十河」とも称された人物で、三好長慶の三弟にあたる（長弟は阿波三好家を継いだ三好実休、次弟は淡路の水軍、安宅氏の養子となった安宅冬康）。

●—称念寺山門（高松市十川東町）

兄の三好長慶は主家である管領細川晴元と度々争い、室町幕府将軍足利義輝を京から追放し、一時期ではあるが京・畿内に覇権を築いた戦国大名であり、一存の養子縁組は、三好氏による勢力拡大の一環として行なわれたものと考えてよいだろう。なお、永禄四年（一五六一）に十河一存が没した後は、一存の跡目を三好実休の子の存保（まさやす）が継いでいる。ちなみに存保は、天正五年（一五七七）に、兄である三好長治が没した後には、阿波三好家の家督を継ぎ阿波勝瑞城に入っている。

【三好氏による讃岐侵攻】　『南海通記』によると、天文二十二年（一五五三）、三好実休は弟の十河一存に命じて、讃岐諸氏が味方につくようにすすめ、東讃岐の安富氏、寒川氏に続き、香川郡、阿野郡を領する香西氏をも服属させ、東讃岐一帯を三好氏の支配下に収めることに成功している。また、永禄元年（一五五八）には、三好実休自ら十河城へ入り、さらに那珂郡、多度郡に進んで善通寺に本陣を構え、天霧城の香川氏を攻めている。両軍攻防の末、和睦が成立し香川氏が三好氏に降ったため、讃岐国全域が三好氏の支配下に収まった。

【落城】　四国平定をめざす長宗我部元親が十河城を攻撃したのは天正十年（一五八二）からのことである。この年の六月、京都では本能寺の変で織田信長が討たれ、この機に乗じ長宗

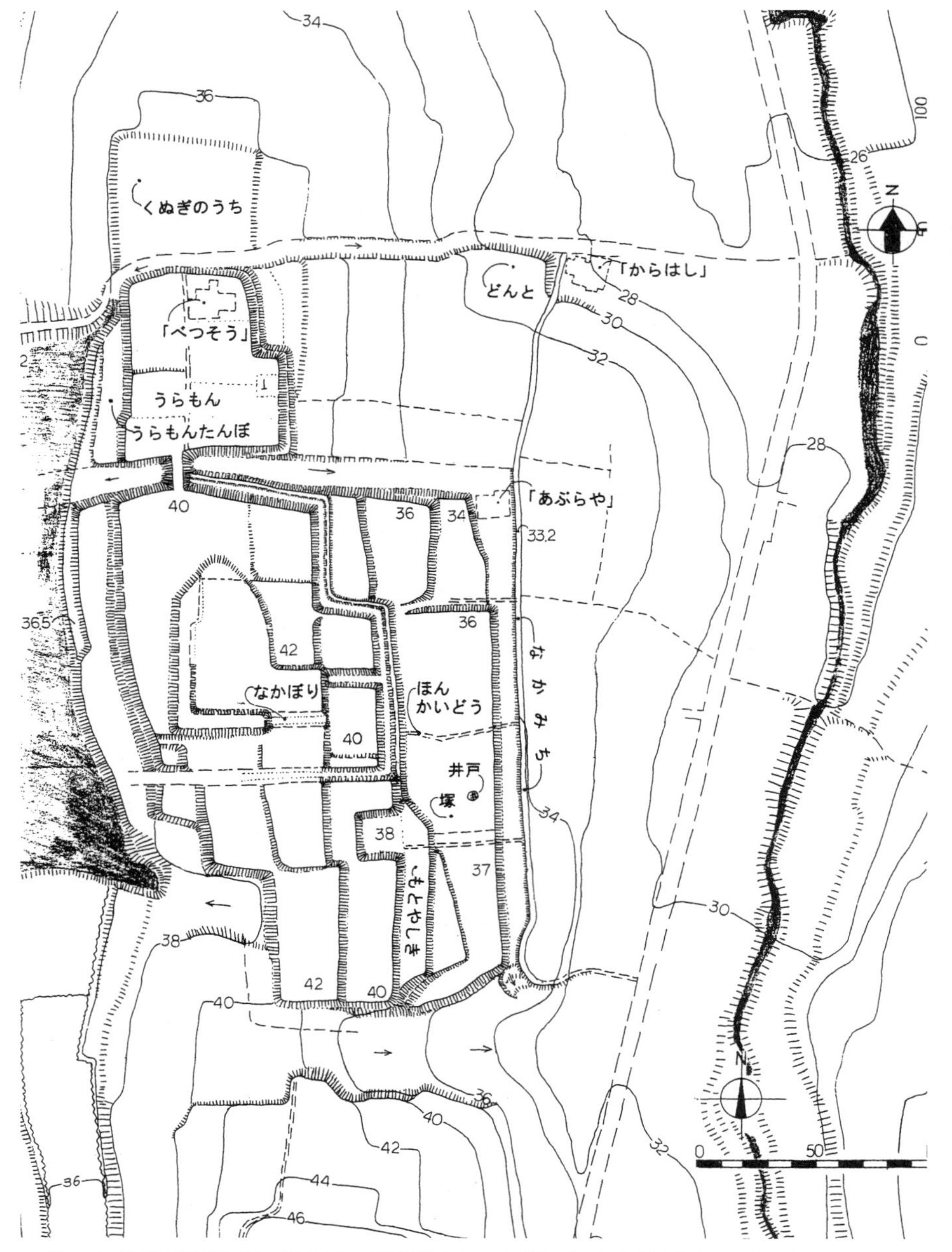

●─十河城縄張図（池田誠作図．香川県教育委員会『香川県中世城館跡詳細分布調査報告』〈2003〉より）

我部元親による阿波・讃岐攻略が一層激しくなる。九月には阿波の中富川の戦いで勝瑞城の十河存保を破り東讃岐の虎丸城に敗走させるとともに、十月には三万六〇〇〇の軍勢で十河城を取り囲んでいる。この攻撃では落城せず、元親は一時帰国したらしい。翌年、元親はふたたび讃岐へ入り、虎丸城を攻撃するとともに、天正十二年(一五八四)六月には、十河城を攻略している。なお、天正十三年(一五八五)の羽柴秀吉による四国国分の結果、讃岐国は仙石秀久に与えられ、うち山田郡の二万石は十河存保が改めて領することになったが、翌年に始まった九州攻めに仙石秀久とともに従軍した十河存保は、豊後戸次(へつぎがわ)川の戦いで島津勢に攻撃されて討死している。

【遺構】称念寺が建っている付近が主郭跡で、鍵型の土塁に囲まれた部分が方形居館として成立し、周囲に曲輪が付属していたと考えられている。主郭跡のすぐ北側には、尾根を東西方向に切った堀切と土橋が設けられており、その外側に大きな曲輪がある。堀切跡は、現在、畑として使われているが、尾根を深く切り込んでいる様子が見てよくわかる。一方、主郭跡の南側にも喰違ってはいるが幅の広い堀切状地形があり、尾根上に立地する城の防衛機能を高めている。尾根の東側斜面は緩やかで曲輪状の田が二~三段あるが、西側の谷は深く入り込んでいて、現在は溜池として利用されている。

【参考文献】香川県『香川県史』第二巻 通史編 中世(一九八九)、香川県教育委員会『香川県中世城館跡詳細分布調査報告』(二〇〇三)

(松岡宏一)

●四国最大級の天守があった海城

高松城

〔国指定史跡〕

〔所在地〕高松市玉藻町
〔比　高〕〇メートル
〔分　類〕海城
〔年　代〕一五八八年〜一八七一年
〔城　主〕生駒氏、松平氏
〔交通アクセス〕ＪＲ高松駅から徒歩約五分。

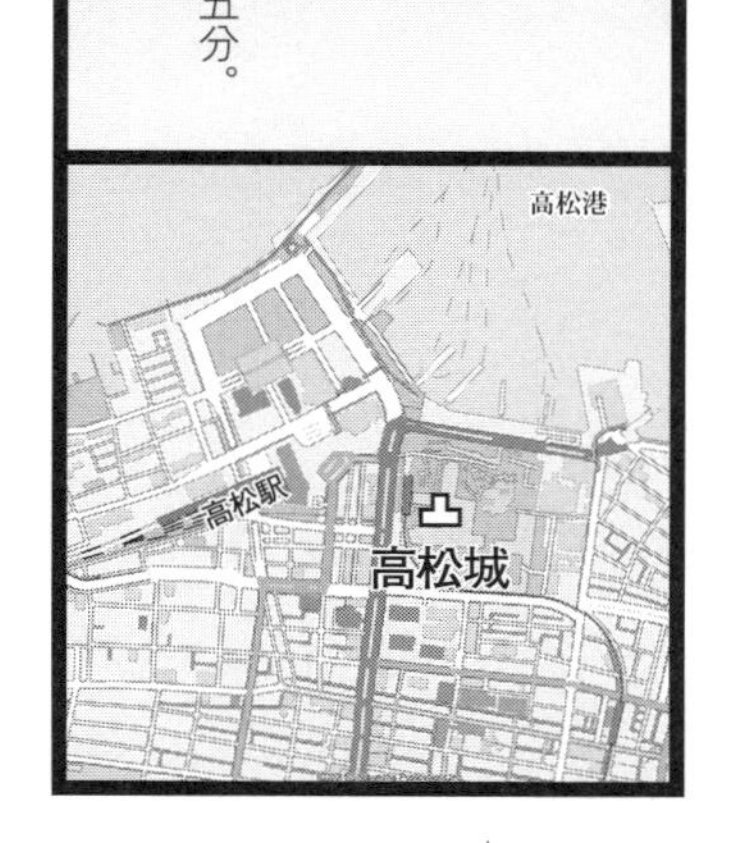

【立地】「讃州讃岐は高松様の城が見えます波の上」とうたわれたように、北は瀬戸内海に面し、残る三方に内掘・中堀・外堀の三重の堀を配した海城である。現在は城の北側の埋め立てが進み瀬戸内海に面してはいないが、内堀と中堀は水門を通じて海水を引き込んでいる。そのため、潮の干潮とともなって水位が上下するほか、堀には鯛をはじめとする海生生物が数多く生息している。

高松城は別名玉藻城と呼ばれるが、これは『万葉集』にある柿本人麻呂の「玉藻よし 讃岐の国は 国柄か 見れども飽かぬ 神柄か……」で始まる長歌の枕言葉から引用されたものであり、江戸時代には玉藻城と呼ばれていなかったと思われる。

【高松城の築城】 天正十三年（一五八五）の秀吉による四国平定の後、讃岐には仙石秀久が入部した。仙石秀久は聖通寺城に入城し拠点としたと伝わる。しかし、九州出兵での作戦失敗により仙石秀久、つづく尾藤知宣は領地を没収される。その後、天正十五年（一五八七）に羽柴秀吉から讃岐一国を与えられた生駒親正によって翌十六年（一五八八）に高松城の築城が開始された。

高松城が築城された土地は箆原（野原）郷と呼ばれ、中世には港町であったことが発掘調査によって明らかになっている。現在の高松駅周辺では、中世前半の港湾施設の遺構や中世後半の無量壽院などの寺院や区画溝をもつ屋敷地などが検出されている。

高松城の築城に関しては一次史料がなく、城の選地については『生駒記』（成立年代、作者不明）に次のように記されている。

讃岐に入った生駒親正は引田（ひけた）城に入ったが、讃岐の東側に寄っており西讃岐の統治に不便であったため、仙石秀久が拠点とした宇多津の聖通寺城に移った。しかし、城域が狭かったため亀山（後の丸亀城）に城を築こうとした。ところが、東讃岐の大内郡には一日のうちに着くことができない距離だったため諦めた。山田郡の由良山を候補としたが、こちらは水が乏しかった。そして、香東郡の野原荘に城を築くことに定めた。

高松城を築城する際に、地名を野原から高松に変えたといわれる。元は屋島の南に高松という地名があり、縁起がいいためその地名をとり、現在その地は古（ふる）高松という。

高松城の築城年については、多くの近世史料に天正十六年であることが記載されている。『南海通記（なんかいつうき）』（香西成資（こうざいしげすけ）著、一七一八年）によると、築城開始の翌年に「西浜東浜ノ間二仮屋形ヲ造リ」とあり、築城開始の翌年には仮屋形が整備されたにすぎず、それ以降に本格的な築城があったことが推測される。

【生駒家時代の縄張】 生駒家時代の高松城の縄張については、高松市歴史資料館が所蔵する「生駒家時代讃岐高松城屋敷割図」（高松市指定文化財）に詳しい。現在の縄張と同様に、天守台が存在する「本丸」を中心に右回りに曲輪が配置されており、本丸の北側に位置する「二の丸」、本丸と二の丸の東側に位置し、現在は御殿披雲閣（ひうんかく）が所在する「三の丸」、本丸と三の丸の南側に位置する「桜の馬場」、桜の馬場西端から北側へL字状に折れ曲がり、本丸と二の丸の西側に位置する「西の丸」からなる。本丸と二の丸を囲むように「内堀」、さらにその他の曲輪を囲むように「中堀」が存在する。大手虎口は現在とは異なり桜の馬場の南端に築かれ、内枡形虎口であったようである。現在その名残を中堀の外からみることができる。中堀の外側には西・南・東方向に武家屋敷を中心とした「外曲輪」がみられ、その外曲輪全体を囲むのが「外堀」である。

【高松松平家時代の増築】 生駒家四代の後、寛永十九年（一六四二）に高松城主となった松平頼重（まつだいらよりしげ）は二十一年から城の増改築を行う。天守の改築や、三の丸北側の海を埋め立てて「北の丸」を、三の丸の東側に「東の丸」を新造し、月見櫓や艮（うしとら）櫓を建築した。

【高松城の特徴】 高松城の最大の特徴は、瀬戸内海に直接面していることである。具体的には、三重の堀には海水が引き

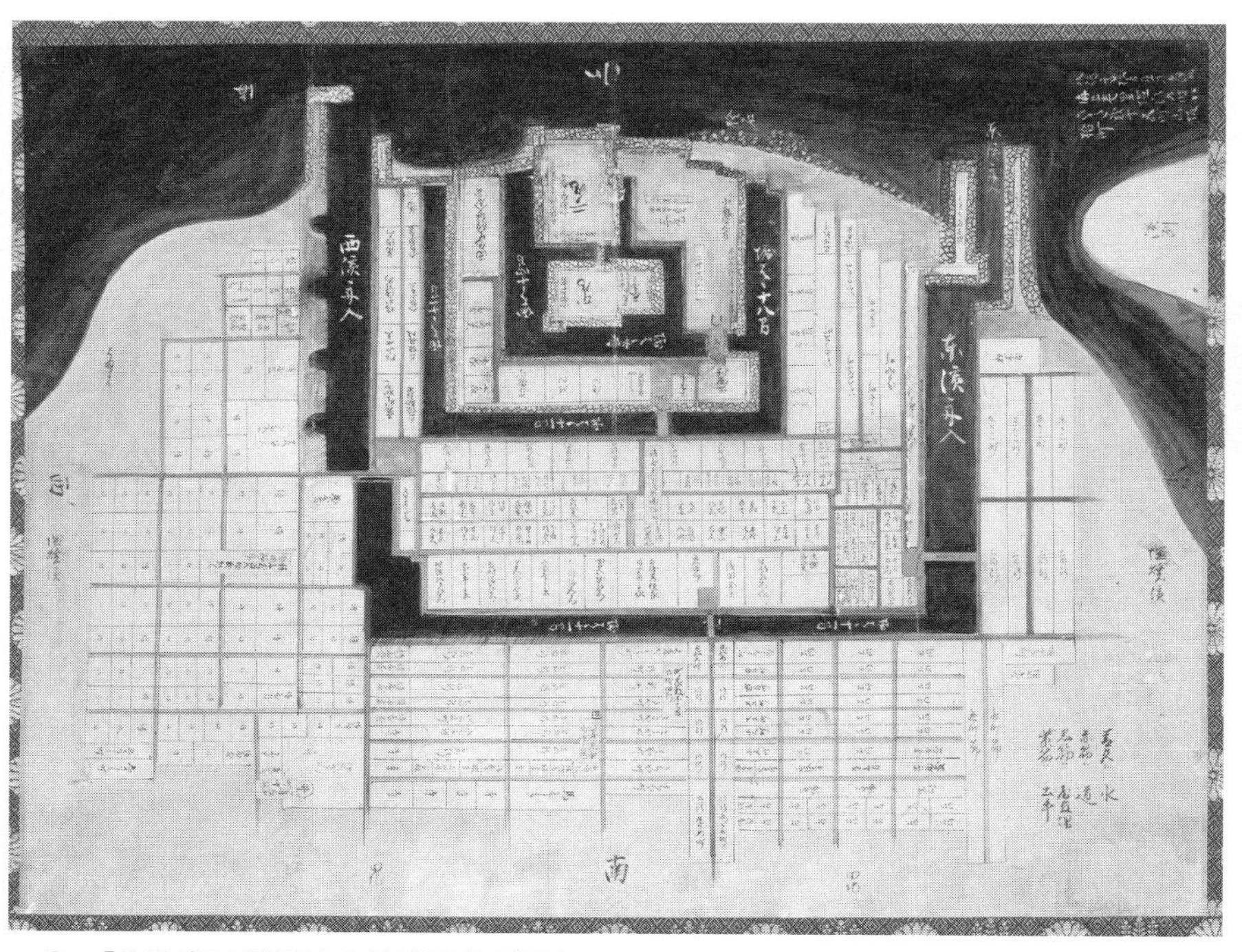

●―「生駒家時代讃岐高松城屋敷割図」（高松市教育委員会提供）

込まれ、外堀は港としての役割も兼ねており舟入が設けられた。城の東西に舟入が整備され、東浜舟入は町人用の施設、西浜舟入は藩の御用施設として利用された。松平頼重入部直後の一六四〇年代半ばの高松城下の景観を描いたとされる「高松城下図屏風」（香川県指定有形文化財）には、これ以外にも港湾施設として藩主専用とみられる城郭内の海手門に面した船着き場などがみられる。また、波止（突堤）も整備され、東の丸艮櫓台北東では発掘調査によってその一部が確認されている。

以下では、各曲輪について生駒家時代を中心に紹介する。

【本丸】　本丸は城内の中心にあたり、東端に天守台を張り出して配置している。周囲は内堀で囲まれ、二の丸とを繋ぐ鞘橋が唯一の導線である。鞘橋の当初は屋根のない橋で、「欄干橋」と呼ばれていたようである。本丸の周囲はすべて多門櫓で取り囲んでおり、南西隅に二重櫓の地久櫓、北西隅に平櫓の矩櫓、北側の虎口部分に平櫓の中櫓と中川櫓が配置されていた。「高松城下図屏風」には本丸内に御殿が描かれており、高松松平期初期まで御殿が存在したとみられるが、その後建物などは建てられていない。

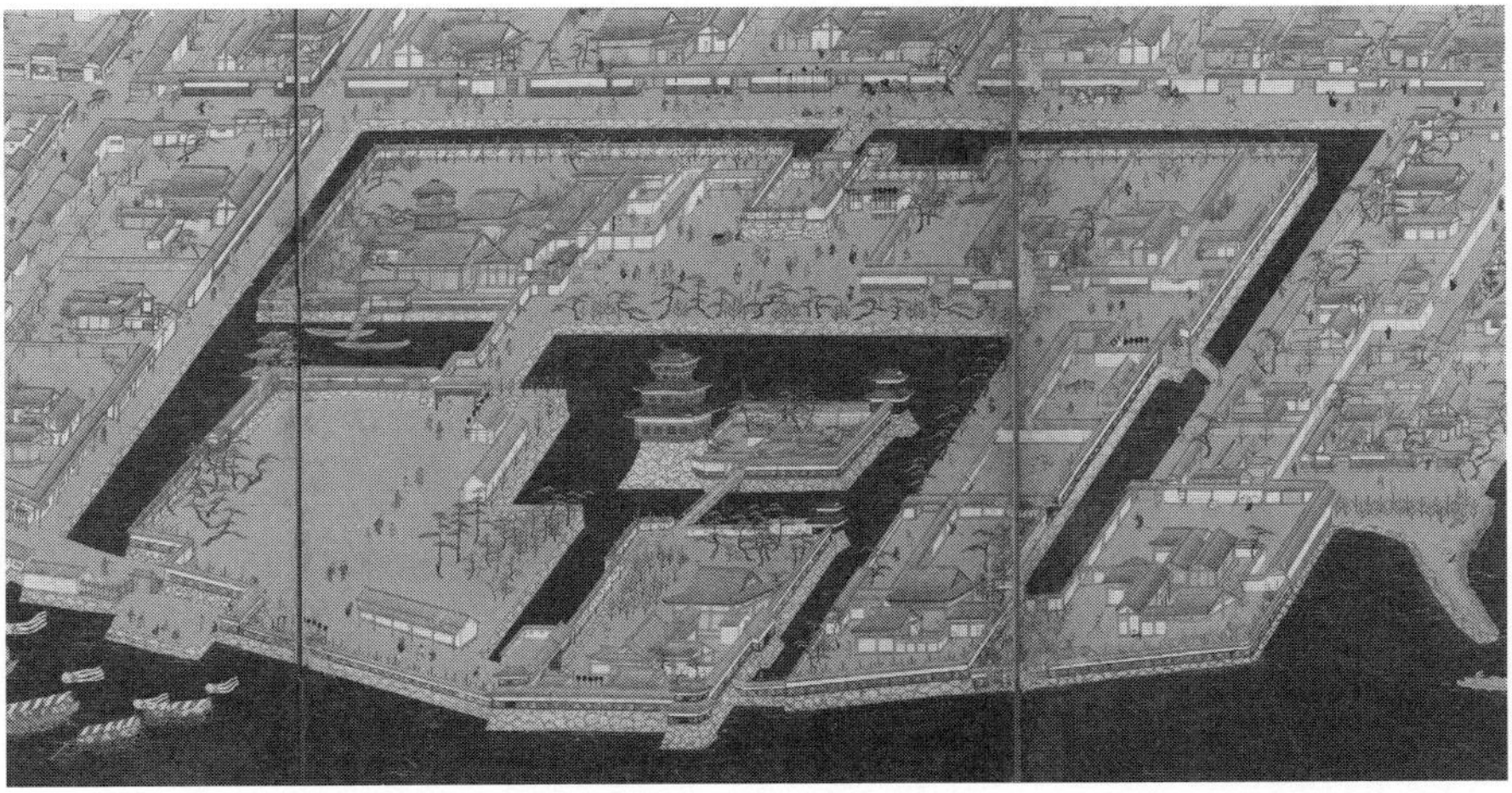

●—「高松城下図屏風」（香川県立ミュージアム提供）

【天守】 生駒家時代の天守については諸説あるが、三重の天守であったことが近世史料からうかがえる。つづく松平頼重は、天守を三重五階（三重四階＋地下一階）に改築した。最上階が一つ下の階よりも張り出して造られる「南蛮作り」と呼ばれる構造が特徴である。天守は明治十七年（一八八四）に老朽化を理由に解体されており、現存していない。天守の解体後、明治三十五年（一九〇二）に高松松平家初代藩主である松平頼重を祀る玉藻廟が天守台上に建築されると、それにともなう社域としての景観が長くつづいていた。しかし、平成十八年（二〇〇六）に天守台の発掘調査および石垣解体修理工事にともない、玉藻廟および周辺の社殿関連施設は撤去され、現在は修理された天守台と天守の地下一階が公開されている。

天守台の発掘調査では、現存する天守台は慶長年間前半に生駒家によって築造されたものであることが明らかになった。また、高松松平期の遺構ではあるが、天守の地下一階の存在が確認され、その床面には「田」字状に配置された礎石を検出した。礎石の一部には上面に直線の線刻が残っており、土台を設置した位置を示すものとみられる。これらの痕跡から、地下一階の東西の寸法が約六間であることがわかり、『小神野筆帖』（小神野與兵衛著、一七九二年）に記され

●—復元された桜御門（高松市教育委員会提供）

た寸法と合致することが明らかになった。

【二の丸】 北側が海に面し、残る三方は内堀に囲まれていた。北西には廉櫓と弼櫓、北東に武櫓と黒櫓、南西に文櫓と多くの櫓が配置されていた。北東の武櫓と黒櫓の間には、三の丸に繋がる鉄門がある。鉄門石垣の解体修理工事では、現存する石垣が一七世紀中頃以降に改修されたことや北側石垣の天端に床下収納のような穴蔵があったことが判明した。

北西隅には西の丸に繋がる刎橋口が存在した。「高松城下図屏風」には二の丸内に御殿風の建物が描かれており、高松松平期初期まで御殿が存在したことがうかがえる。

【三の丸】 南東隅に三重櫓の龍櫓と、それに取りつくように三の丸南辺と東辺に多門櫓がみられる。生駒家時代には、北側に東方からの入口にあたる海手門が存在していたようである。南側には、桜の馬場に繋がる桜御門がある。桜御門は昭和十九年（一九四四）に旧国宝（現在の重要文化財）に指定されることが決まっていたものの、翌年七月四日の高松空襲で焼失した。高松市は令和元年度から桜御門の復元工事に着手し、令和四年度に完成した。復元にあたっては、古写真や現地に残る痕跡、発掘調査成果、聞き取り調査成果や類例調査成果などを参照した。

【桜の馬場】 生駒家時代には、桜の馬場中央南端に大手である古太鼓門（高麗門＋櫓門）が設けられていた。三の丸内の東側には藩政を行なう場としての対面所、西側は厠や近習者の屋敷が所在していた。

松平頼重による改修にともない、大手は南から南東に移され、旭門（高麗門）と太鼓門（櫓門）が新築された。そして対面所は廃され、その機能は新たに建築された三の丸の御殿に引き継がれ、近習者の屋敷等も外曲輪などへ移された。

【西の丸】 海に面した北側と中堀に面した西側を多門塀で囲み、東側は内堀に接していた。生駒家時代には、一族の屋敷などが設けられていた。

【現存する指定文化財】　国指定重要文化財「高松城 北之丸月見櫓 北之丸水手御門 北之丸渡櫓 旧東之丸 艮櫓」は、近世の城郭建造物として現存するもので、いずれも高松松平家の入部後に整備されたものである。海に面する高松城の特徴とその曲輪の変遷を伝える重要な建造物群である。

●—移設された艮櫓（高松市教育委員会提供）

国指定重要文化財「披雲閣（旧松平家高松別邸）」は、三の丸に位置する旧藩主高松松平家の別邸で、名称は江戸時代の御殿に由来する。施主は一二代当主頼壽（よりなが）で、清水組による設計・施工により大正六年（一九一七）に完成した。江戸時代の城跡に旧藩主家によって建築された希少な事例で、近代の建築技術によって実現した大規模和風住宅として貴重である。

国指定名勝「披雲閣庭園」は、重要文化財披雲閣と一体的に整備された庭園である。サンフランシスコ万博で日本庭園を手掛けた大胡勘蔵（おおこかんぞう）による作庭で、枯山水を基調とし、大型の景石と松とウバメガシを主体とした植生がみられる。披雲閣の各部屋の名称は、波の間・蘇鉄（そてつ）の間など部屋から見える庭園の景観から名づけられている。近代以降に旧藩主家によって整備された大規模庭園として希少で、優れた景観が高い価値をもつ。

市指定有形文化財である高松城天守 鯱（しゃちほこ）は、宝暦八年（一七五八）に焼物（瓦）であった鯱を銅製に取り換えたものである。鋳物師森田新八尉が松平頼恭（よりたか）の命により鋳造したもので、高さ六尺三寸七分を測る。鋳造後、嘉永二年（一八四九）に鯱が破損したため、鯱のみ改造されたという記録が残る。高松城天守に用いられたことが確実な資料として重要である。

【参考文献】高松市『史跡 高松城』（二〇一四）

（梶原慎司）

●特徴的な帯曲輪がめぐる城

堂山城

〔所在地〕高松市中間町・国分寺町新居
〔比　高〕約二六〇メートル
〔分　類〕山城
〔年　代〕一五～一六世紀末
〔城　主〕福家氏
〔交通アクセス〕ことでん琴平線岡本駅から徒歩約一時間。

【立地】　堂山城は、高松平野南西部に所在する標高三〇四メートルの堂山山頂に位置する。伽藍山から六ツ目山・堂山へと南北に連なる山並みが高松平野と国分寺盆地を区分している。堂山の山頂部はいくつか峰が連なっており、その中でも最高所の北側の峰に城は立地する。登山道は整備されており、ハイキングコースとしても人気である。登山口は複数あるが、綱敷天満神社から登山するのが最も近い。

　堂山城は、尾根筋から傾斜が急になった峰の頂部に築かれている。城からは高松平野南部および国分寺盆地が見渡せる。

【城の構造】　主郭は頂部にあり、約三〇×二〇メートルのやや南北に長い不整形の平坦地である。主郭には土塁などの遺構はなく、眺望はとても良い。主郭の西側は谷地形のため急傾斜になっているが、それ以外の周囲には、四～六段の帯曲輪と呼ばれる幅四～六メートルの細長い曲輪がめぐっている。特に北側には帯曲輪が多く六段も設けられているのに加え堀切状遺構もあり、北側に対して強く防御を意識しているようである。主郭西側には四段の帯曲輪が設けられており、三段目の帯曲輪の外側端部には、高さ約〇・五メートルの土塁が築かれている。

　主郭がある北峰のほかに南峰にも曲輪があるように書かれた縄張図が多くみられるが、これらは自然地形と考えられる。堂山城の範囲は北峰周辺のみだろう。

【城の見どころ】　このような帯曲輪をめぐらす城は香川県内でほとんどみられず、堂山城跡の特徴といえよう。ただし、帯曲輪の整備はされておらず、雑草・雑木をかきわけて進むことになる。怪我などには十分注意されたい。

【城主福家氏】　福家氏は佐料城・勝賀城を本拠とする香西氏の一族である。堂山西麓にある長然寺は福家氏の館跡と伝えられ、その背後の尾根先端には福家城が築かれた。堂山城は福家氏の詰城（戦時の城）として、福家館・福家城とあわせて捉える必要があるだろう。

【参考文献】国分寺町教育委員会『堂山城跡主要部の地形測量調査報告書』（二〇〇五）

（梶原慎司）

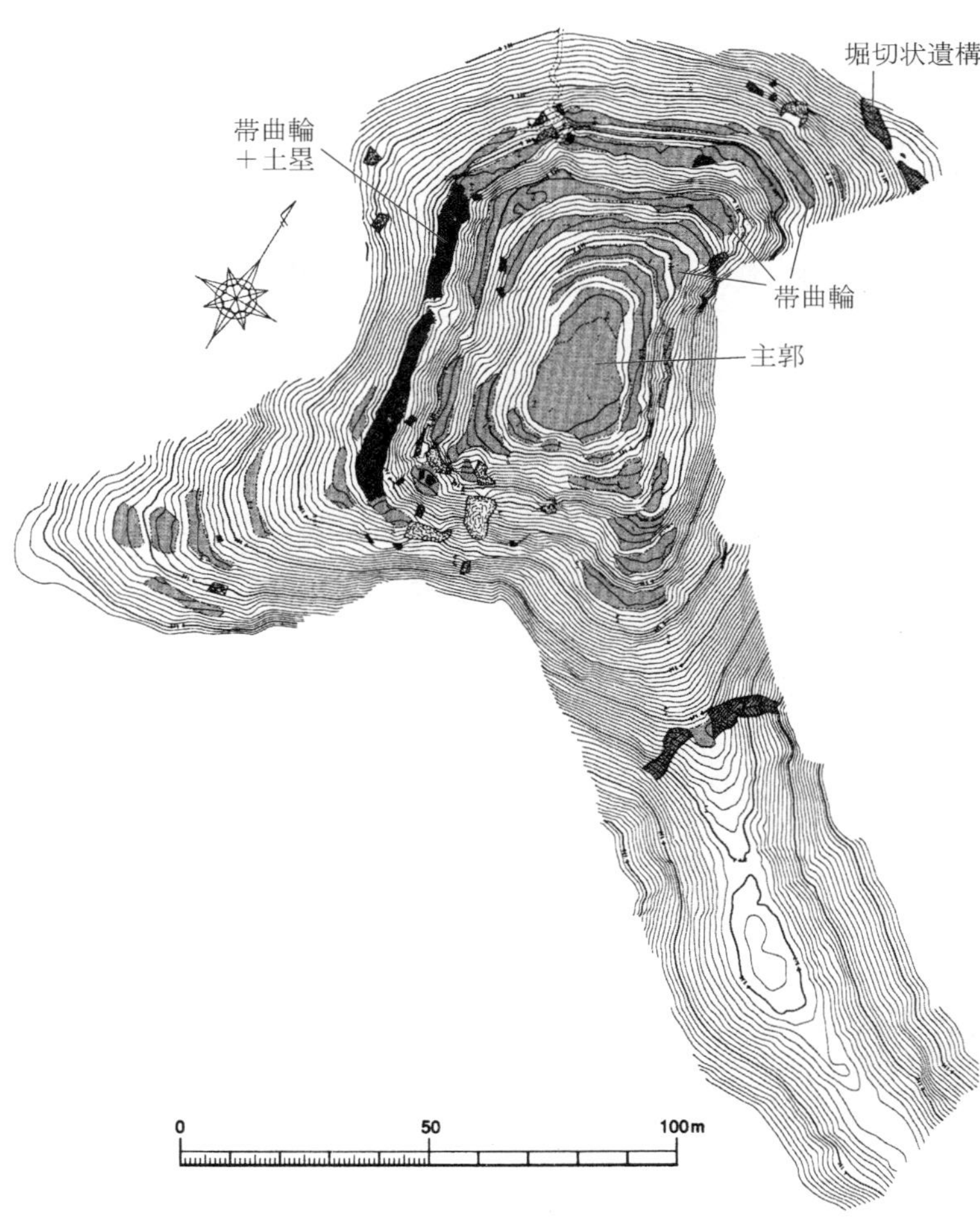

●—堂山城測量図（高松市教育委員会提供）

香川

●土佐流の築城技術が見られない城

戸田山城（とだやまじょう）

〔所在地〕高松市東植田町南城、三木町朝倉
〔比　高〕約一七二メートル
〔分　類〕山城
〔年　代〕一六世紀
〔城　主〕植田氏
〔交通アクセス〕ことでん長尾線平木駅下車または三木町山南地区デマンド型バス中連停留所下車、徒歩約五〇分。

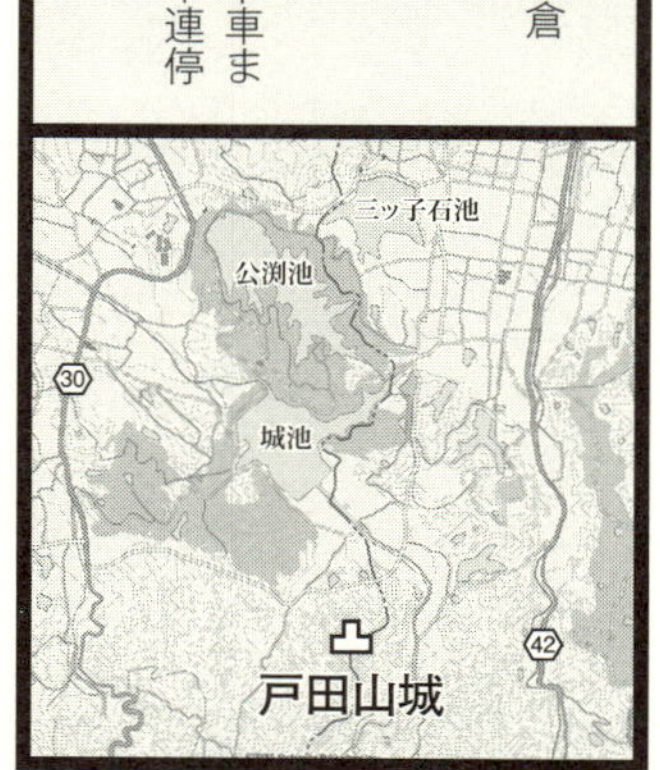

【性急な根小屋式城郭の判断】　戸田山城は、北方約三〇〇メートルの場所に所在する戸田城との関連性について語られることが多い。戸田城を居館、戸田山城を後詰（ごづめ）の城とするいわゆる根小屋（ねごや）式城郭の考えである。

　これは、近隣の住民などによって、戸田山城が「じょやま（「城山」か）」戸田城が「おかんしろ（「岡の城」か）」と口承されてきたことから、特に「やま」と「おか」の区別を意図して使用されているとの考えから、暗黙の裡に両者が共存したことを前提としてしまっているのである。

　しかしながら、両者が共存した根拠はまったく見出すことができないのが現状である。

【稚拙な構造】　戸田山城の主要な遺構は、「じょやま」の山頂および南方向の尾根の二ヵ所の曲輪である。前者は長さ約二五メートル、最大幅一五メートル、後者は長さ五〇メートル、最大幅一〇メートルで、緩やかな傾斜で南方に向って三段の階段状に構築されている。後者の先端部には長さ約七メートル、最大幅二メートル、高さ約〇・五メートルの土塁が存在することから城域の南端部を明示していたものと考えられる。

　これらの曲輪は、規模のみならず切岸も不明瞭で、防御施設としては稚拙な造作である。また土塁についても小規模であることから防御性能は低いものと判断される。

【不可解な「植田の城」】　昭和五十年代から一部の城郭研究者は、『南海治乱記』などの軍記物の記述を根拠として、当該城を長宗我部元親が羽柴秀吉の四国攻略に対抗するために

本拠地とした「植田の城」に比定する見解を主張し続けてきた。

しかしながら、先述のとおり城の遺構は小規模かつ稚拙である。したがって、一万人以上の軍勢を動員したとされている長宗我部氏の軍勢を到底収容できる規模ではないと判断される。

また、曲輪が山頂および南方の尾根に構築されていることや、土塁が城域の南端部に存在する事実からは、敵が城の南方から襲来することを予期した備えであると考えられる。このことから、必然的に瀬戸内海を渡って北方から襲来することが予期されていた羽柴秀吉の軍勢に対抗するために長宗我部氏によって建設された城郭であるとは到底考えることができない。

さらには、高松市上佐山城や丸亀市・まんのう町西長尾城などに現認される四角形の曲輪や畝状竪堀（うねじょうたてぼり）群などの長宗我部氏が得意とするいわゆる土佐流の築城技術が皆無である事実からは、当該城を「植田の城」の痕跡と特定することは困難であり、一部の城郭研究者が先述の見解に至った経緯については不可解と言わざるを得ない。

あるいは、軍記物の記述を鵜呑みにしたか、もしくは上佐山城の存在を知らないままに見解を述べるに至ったものと推測するものである。

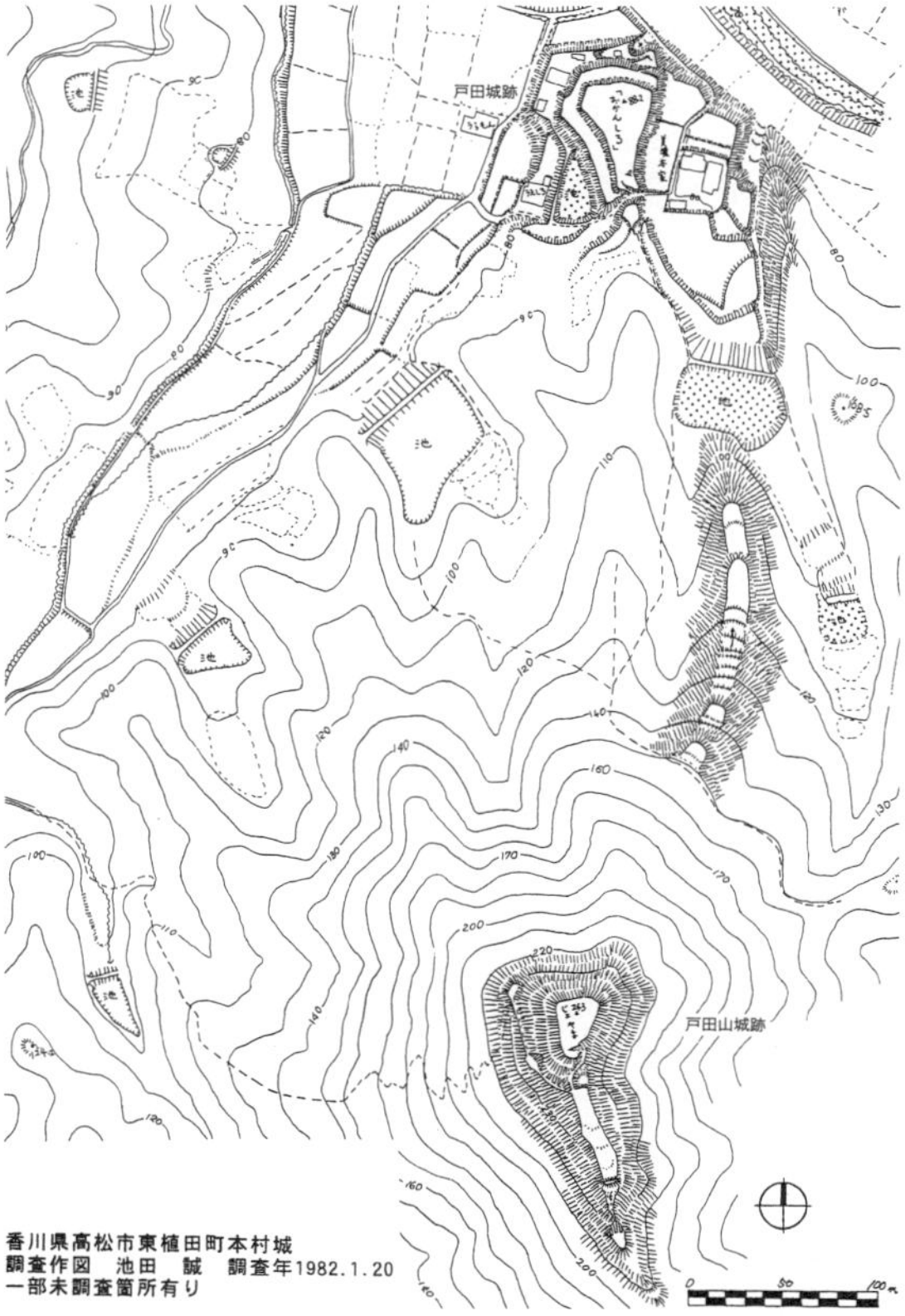

（西岡達哉）

【参考文献】香川県教育委員会『香川県中世城館跡詳細分布調査報告』（二〇〇三）

戸田城跡
戸田山城跡
香川県高松市東植田町本村城
調査作図　池田　誠　調査年1982.1.20
一部未調査箇所有り

●―戸田山城縄張図（池田誠作図・香川県教育委員会『香川県中世城館跡詳細分布調査報告』から転載）

●長宗我部元親の讃岐侵攻の拠点の城

内場城（ないばじょう）

〔所在地〕高松市塩江町上西字城原
〔比　高〕約一八〇メートル
〔分　類〕山城
〔年　代〕平安時代末期～一六世紀
〔城　主〕藤澤氏、川田氏、長宗我部氏
〔交通アクセス〕ＪＲ予讃線・土讃線高松駅下車、車で約六〇分。

【伝承と伝説の中の城】　高松市南郊の塩江町にある内場池の西方に屹立する「城山（標高四四九・三メートル）」の山頂から尾根にかけてが内場城の故地である。

地元住民にも「じょうやま」として親しまれていることから、城であることは古くから広く知れ渡っていたことがわかるが、現在は城そのものを知る住民はわずかである。

同城に関しては、古文書や軍記物などの記録が現存しないために、築城者や攻城戦などの事実関係については不明な点が多く、平安時代末期から室町時代にかけて藤澤氏や川田氏が居城し、戦国時代に長宗我部氏の攻撃によって落城したことが伝承として残るのみである。

その一方で、『安原記』『安原古城物語』『塩江町史』などの書籍においては、内場城の範囲は南西方約一・五キロに位置する通称大薩山をも含む巨大なものであったことが記述されている。

【国境の大城郭】　過去における調査例がほとんどない中で、現存する遺構の中でも曲輪と堀切について、大規模かつ精緻な造作であることが特筆される事項として浮かび上がってきた。

まず曲輪については、山頂から南北方向の尾根に沿って二〇ヵ所以上の遺構が認められる。山上や丘陵上に構築された曲輪は、平面形態がU字形あるいは三日月形を示すことが通例であるのに対して、これらの遺構は平面形態を四角形にすることを意図してかたちづくられている。

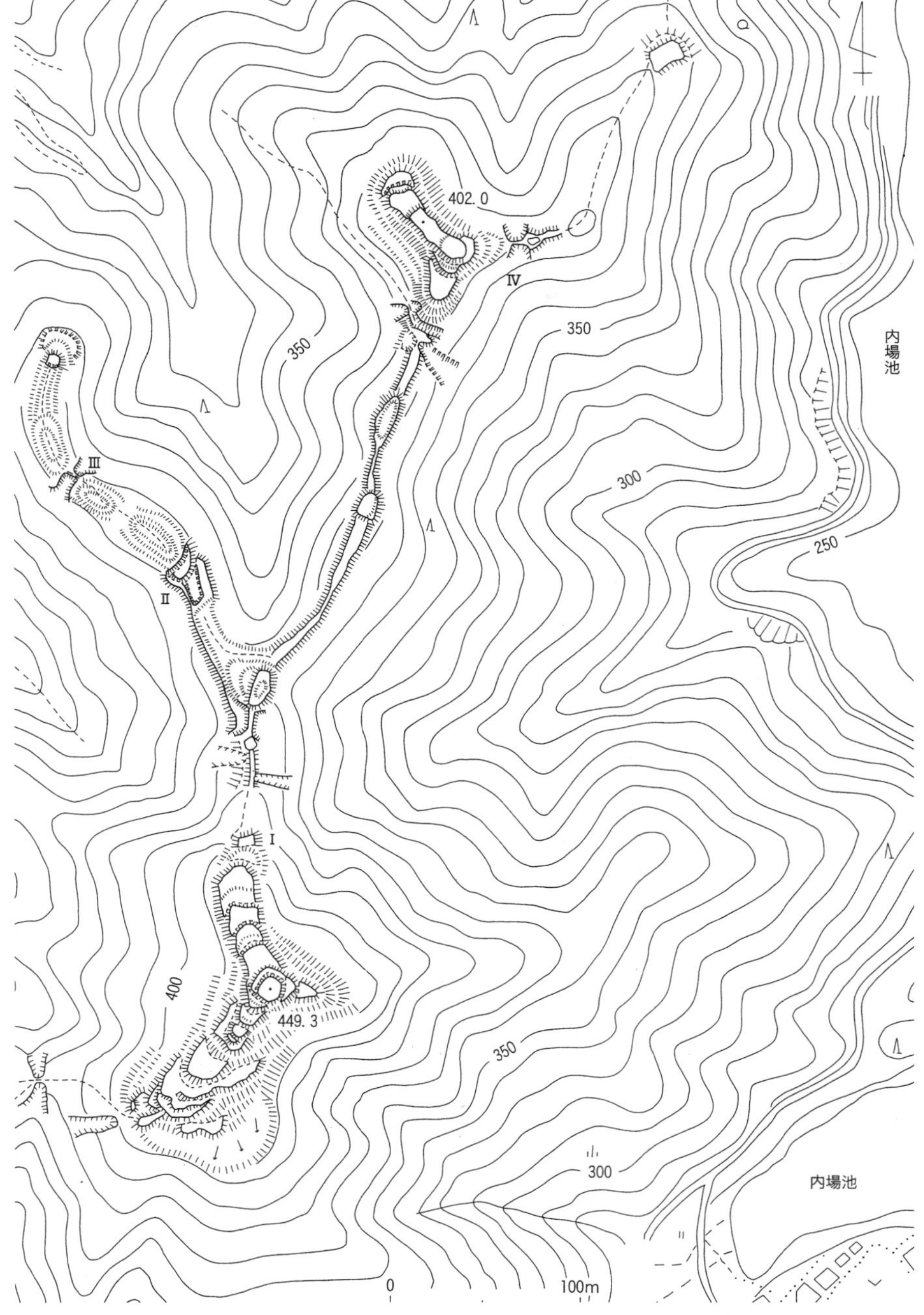

●—内場城縄張図（松田英治作図・香川県教育委員会『香川県中世城館跡詳細分布調査報告』から転載）

これは、曲輪の隅部について、盛土によって傾斜面に平坦地を造成するという高度な土木技術が用いられていることを意味するとともに、曲輪の内部に建物が存在した可能性を示唆するものである。

次に堀切については、城域の周縁部の各尾根にもれなく開削されており、容易には城内に侵入できないような入念な防御意識が看取される。自然の急傾斜地を防御施設として利用することにより堀切を発達させることがなかった多くの香川県内の城郭に比べると特殊な事例である。やはり優秀な土木技術が遺憾なく駆使されるとともに、多くの労働力が投入された結果と考えることができる。

【長宗我部元親の影】現在香川県下においては、およそ四〇〇ヵ所の城跡などが知られているが、曲輪、堀切、土塁、切岸などの主要遺構については脆弱な印象が強い。したがって、内場城に認められる優秀な土木技術を駆使して山上に多くの曲輪や堀切を構築する手段は、本県の在来の築城方法ではないと考える。土木技術を極めた者の所産と考えることが適当であろう。

そこで、その技術の出所を近隣の城に求めた結果、県内では丸亀市・まんのう町西長尾城に、県外では長宗我部氏の本拠地の高知県南国市岡豊城に到達する。特に前者は、長宗我部氏が讃岐侵攻の根拠地として旧讃岐国内に整備した大規模な城で、多数の四角形の平面形態の曲輪と、精巧な二重堀切などを見ることができる。

高知県は県土の大部分が山稜であるために、築城場所は山上や丘陵上にならざるを得ない。このため堅固な城郭とするためには、土木技術を駆使した巧妙な曲輪や堀切が不可欠なのである。西長尾城や岡豊城にはその粋を見ることができる。

これらの事実関係から、内場城の建設には長宗我部元親が関わった可能性が俄然高くなってきたのである。

【内場城の歴史的意義】内場城が長宗我部氏による攻略後の城の改修と再利用の現れと考えた場合、同氏の目的は何であるのか。

同城が阿波国および土佐国への交通の要衝に構えた橋頭堡（きょうとうほ）であることは言うまでもないであろうが、四国統一後の長宗我部氏にとって、次の対抗勢力は本州で巨大な勢力となった織田氏と羽柴氏である。迫り来る両氏の軍勢を迎え撃つために、瀬戸内海沿岸地域には鉄壁の防衛網を構築する必要があった。しかしながら、両軍に押し込まれた場合は本拠地の土佐国へ速やかに退却することが必要となるため、退路を確保することも考慮する必要があった。

●—内場城遠景

これらの要件を満たす場所として国境の峠道を掌握することができる城郭が必要となったのである。

内場城は、春日川を下って高松市の屋島方面へ至近距離にある。羽柴軍が屋島へ上陸した史実は、春日川をへて内場城を攻略する意図によるものと考えることもできよう。屋島と内場城の間には、やはり長宗我部氏の築城の痕跡がある上佐山城が所在することもその推測を裏付けるものと考える。

さらに上佐山城と内場城の間には音川城と関城が位置することから、瀬戸内海から阿讃山脈の間に鉄壁の南北方向の防衛ラインが構築されていたことが推測されるのである。

以上のように、内場城は伝承のみが定説化し、詳細な遺構の調査も行なわれないまま放置されてきたが、香川県の戦国時代における重大な事件である長宗我部氏の讃岐侵攻と、その後の同氏と織田・羽柴氏との抗争に深く関わっていることがわかってきた。

（西岡達哉）

【参考文献】香川県教育委員会『香川県中世城館跡詳細分布調査報告』（二〇〇三）

●勝賀城を支える陣城群

室山城・黄峰城（むろやまじょう・おおみねじょう）

〔所在地〕高松市室新町・高松市生島町
〔比　高〕約一九五メートル・約一七五メートル
〔分　類〕山城
〔年　代〕一五〜一六世紀末
〔城　主〕香西氏／羽柴秀吉軍（讃岐方面軍）
〔交通アクセス〕ＪＲ栗林公園北口駅から徒歩約一時間・ことでんバス生島富士カガク前駅から徒歩約一時間。

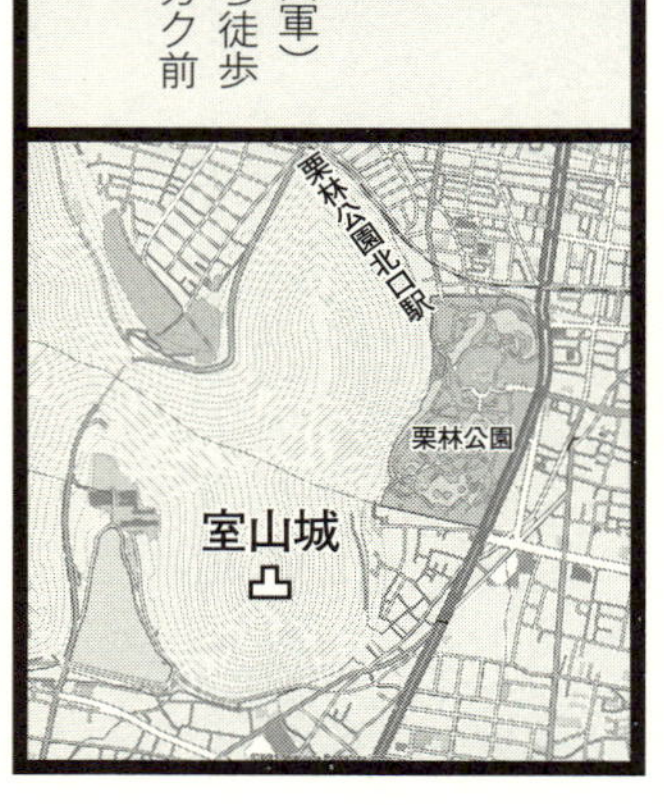

【室山城の立地】　室山城は、特別名勝栗林公園の背後にある紫雲山南端の峰である室山の頂部に位置する。室山の標高は約二〇〇メートルで、城からは高松平野中央部を一望できる。室山の南麓から頂上まで直線的に登る登山道は非常に急峻である。そのため、東麓の栗林公園北口駅からつづら折りになっている登山道を登り、稲荷山の北端にある積石塚古墳である稲荷山北端古墳から尾根上に南へ進み、稲荷山姫塚古墳、稲荷山南塚古墳を通り室山城に到着するコースをおすすめする。

【室山城の構造】　頂部に長方形状の主郭があり、内部は平坦である。主郭は南北約六三メートル、東西約二五メートルの広さで、比高差一〇〇メートル以上の香川県の中世山城のなかでは勝賀城に次いで広い。

主郭の西端から南端にかけてＬ字状に土塁がみられる。西端の土塁は高さ約〇・五メートル、頂部の幅は約一メートルである。内側に土留めの石が一段のみ配置されており、規模・構造ともに勝賀城の外周土塁と類似する。南端の土塁は高さ約二〜三メートルで、頂部の幅は約三メートルである。土塁の切れた東側では南端が切岸となっており、土塁と切岸によって喰違い状の虎口となっている。すなわち、南側から直線的に主郭へ入ることができず、一度東へ曲がってからでなければ入ることはできない。

主郭の東側は高さ三〜四メートルの石垣が構築されており、中央には直角に近い折れがみられる。現在、石垣は土に覆われているため詳細は不明だが、自然石またはほとんど加工されて

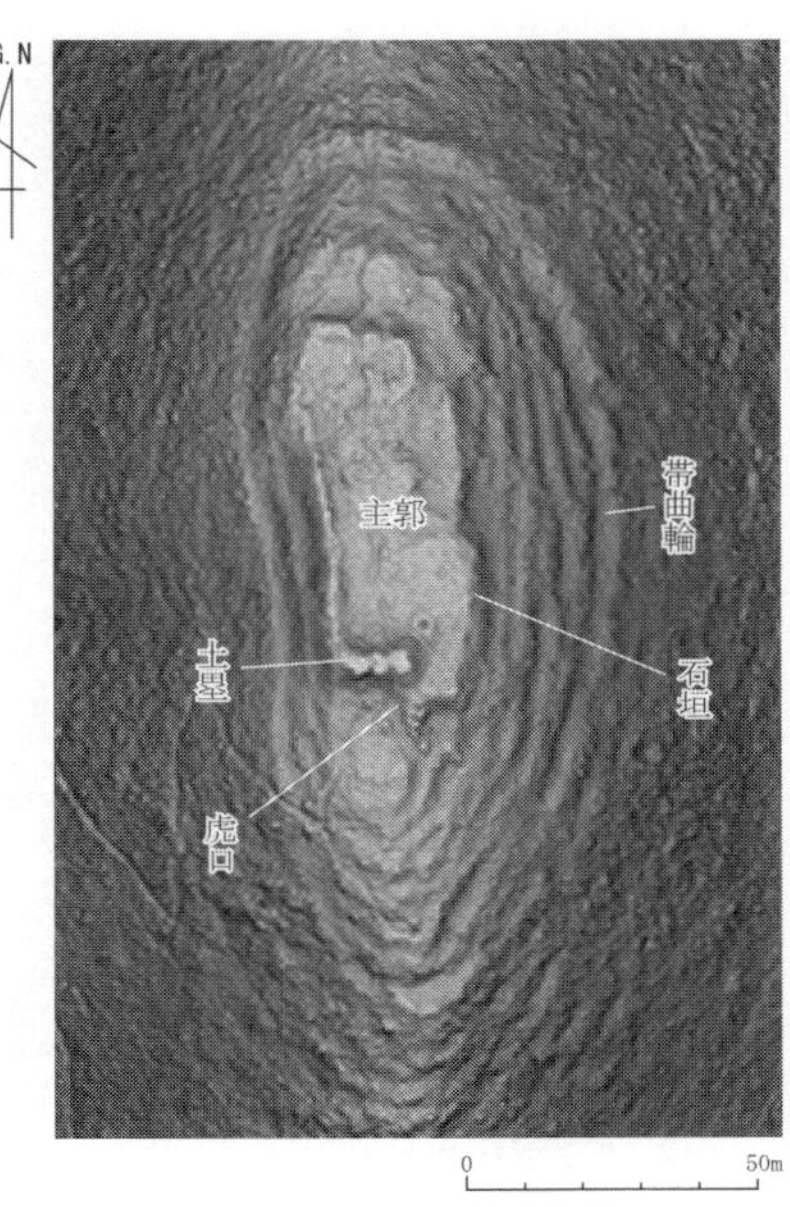

●―室山城赤色立体地図（高松市教育委員会提供）

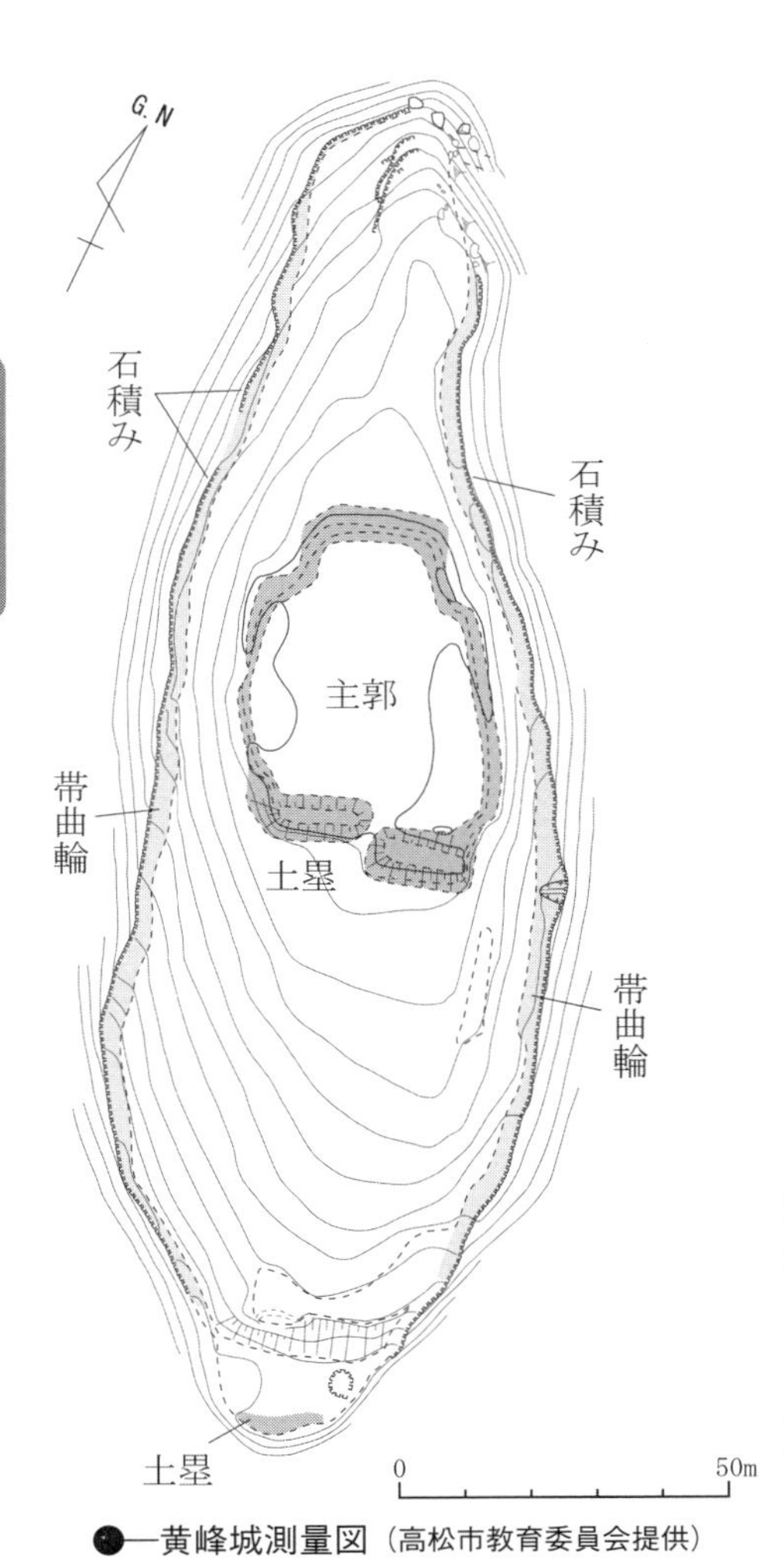

●―黄峰城測量図（高松市教育委員会提供）

いない巨石を積み上げた、いわゆる野面（のづら）積みとみられる。主郭の北側は北東隅が虎口となる。

主郭の北側および南側には不整形の曲輪がみられる。また、主郭および曲輪を取り囲むように幅二～五メートルの帯曲輪が廻っている。

【黄峰城の立地】　黄峰城は、五色台山系の青峰と紅峰にはさまれた標高約一七五メートルの黄峰山の山頂に位置する。山頂から北を臨むと、眼下に生島（いくしま）湾があり瀬戸内海が一望できる。西に亀水（たるみ）湾を臨め、小槌瀬戸から高松方面へ進む船をいち早く発見することができる。南には、現在五色台トンネルが通っている谷を臨み、西から五色台を越えて高松へ到る陸路を監視することができる。

黄峰山は南麓の蓮如上人堂の横から登ることができる。登山道は急峻で、整備もあまりされていないので訪れる際は注意が必要だ。

【黄峰城の構造】　黄峰城の主郭は、山頂中央部の土塁に囲まれた曲輪である。高さ一～二メートル、頂部の幅二～三メートルの土塁が長方形状に四周を廻っている。土塁の四隅は内に折れ曲がっており、いわゆる入隅となる。土塁内は東西約三五メートル、南北約四五メートルで、内部は平坦である。土塁の南側では、土塁が喰違うことによって形成される喰違い虎口がみられる。主郭の虎口は南側のみである。

主郭以外の山頂部は緩やかな傾斜面で、自然地形とみられる。現在は雑木が茂ってうっそうとしているが、南北約一六〇メートル、東西約四〇メートルの緩斜面には多数の兵が駐屯することができただろう。

山頂部を取り囲むように、高さ一～一・五メートルの石積みがみられる。石積みの内側は土砂などによって上端まで盛られており、石積み上端から幅約二～三メートルは平坦面が造成され、帯曲輪のようになっている。石積みの全長は約五〇〇メートルで、地形に沿って形成されているため、最高所と最低所の比高差は約一〇メートルある。石積みの石材は安山岩で、形状は短辺〇・二～〇・四メートル、長辺〇・四～一メートルの棒状または扁平状である。長辺を石積みに対して垂直方向に置くように積んでおり、いわゆるごぼう積みである。このような石積みは県内の中世山城でみられるものではなく、時期も不明である。そのため、山頂部の土塁囲みの曲輪と同時期に造られた一体的な構築物かは判断できない。これらを一体的なものであると考えるならば、石積み上端の平面部分を帯曲輪とみると、室山城跡の帯曲輪と類似した構造であるといえよう。

山頂部南端には不整形の曲輪があり、その曲輪南端には低い土塁がみられる。

【城の歴史】 室山城・黄峰城ともに、天正十三年（一五八五）の羽柴秀吉による四国攻めのさいに秀吉軍（讃岐方面軍）によって勝賀城とともに築城された陣城とみられる。方形を志向する曲輪や折れをもつ幅広の土塁など平面的な縄張は、勝賀城跡南西部に類似する構造であり、三者には強い関係性がみられる。

室山城は、近世史料である『南海治乱記』『南海通記』に香西氏の支城として記載されている。その立地から香西氏の支城である可能性は高いが、その後の秀吉軍による改修によって香西氏段階と考えられる遺構は残っていないと思われる。

近世史料である「翁媼夜話（おうおうやわ）」に所収された文書によると、四国攻めの最中である六月に室山に秀吉から禁制が出されている。これは戦乱による混乱を防ぐために出されたもので、秀吉の勢力がこの地におよんでいたことを示している。

【陣城の役割】 勝賀城・室山城・黄峰城のなかでは勝賀城がもっとも規模が大きく複雑な構造である。また、勝賀城から

香川

は室山城・黄峰城を視認することができるが、室山城と黄峰城は互いに視認することはできない。そのため、勝賀城が中心的な役割を担っていたと考えられる。

三城の視認範囲をみてみよう。勝賀城からは高松平野と高松湾を見渡せる。晴れているときは、高松平野東端まで見渡すことができる。ただし、石清尾山が壁となって高松平野中央部を見ることができない。室山城からは高松平野中央部を見渡すことができ、勝賀城から視認できない範囲を補完する役割を果たしている。室山城からは前方の稲荷山が邪魔になって高松湾を臨むことはできないため、もっぱら高松平野中央部をけん制する役割を果たしていたといえよう。黄峰城からは生島湾と亀水湾および五色台トンネルが通っている谷を見渡すことができる。周囲の山々が邪魔になって勝賀城から視認できない範囲を補完する役割を果たしている。黄峰城は西から高松平野に入ってくる経路を監視する役割を担っていたといえよう。

●—黄峰城の石積み（高松市教育委員会提供）

三城の視認範囲をみると、これらの陣城群は高松平野および高松湾に対しにらみを効かすための城であるといえよう。秀吉軍が高松平野および高松湾をけん制する理由としては、以下の目的が考えられる。高松平野以東は秀吉傘下に入った十河・安富の勢力下であり、高松平野を押さえれば高松平野以東の東讃は勢力下に入ったも同じであった。さらに、兵站や兵船の係留、海への備えなどを考えても高松湾は必ず押さえなければならない場所だったと考えられる。

【参考文献】高松市教育委員会『勝賀城跡Ⅲ』（二〇一二）

（梶原慎司）

香川

『日本書紀』で知名度抜群の城

屋嶋城（やしまのき）

〔所在地〕高松市屋島東町
〔比　高〕約二九二メートル
〔分　類〕山城
〔年　代〕六六七年～
〔城　主〕――
〔交通アクセス〕ＪＲ高徳線屋島駅またはことでん志度線琴電屋島駅下車、シャトルバスで屋島山上バス停下車、徒歩約十五分。

【白村江の戦いと朝鮮式山城】　天智二年（六六三）、大和朝廷の派遣軍は唐と新羅の連合軍と朝鮮半島沿岸の白村江（はくすきのえ）において会戦し、惨敗を喫する。通説では、この敗戦結果を受けた大和朝廷は、天智四年（六六五）から天智六年（六六七）にかけて同半島にもっとも近い対馬国（現長崎県対馬）金田城をはじめ、北部九州地方、瀬戸内海沿岸地方、近畿地方に朝鮮式山城を築くことにより唐あるいは新羅に対する国土防衛の強化を図ったとされている。

しかしながら、近年は中村修也などによって、この通説に対する疑念も呈示されており、考古学的な研究成果からも国土防衛を目的とした軍事施設ではない可能性が指摘され始めている。筆者も朝鮮式山城の築城は国土防衛のような壮大な目的のためではない立場を取るものであるが、その根拠については、これから順次明らかにしていく。

●―屋嶋城遠景

【不可解な立地】　屋嶋城が立地する屋島は、現高松市の東部の海岸線に所在する。旧地形は独立島であったが、天正十五年（一五八七）

●―発見時の屋嶋城城門の石塁（高松市教育委員会提供）

から讃岐国の統治者となった生駒氏によって屋島と四国本島の間の海域が埋め立てられたために半島状の地形を呈することとなった。その後、高松藩主となった松平氏によって、旧地形の復元を目的とした相引川の開削が行なわれ、わずかに四国本島と隔絶した形態のままに現在に至っている。

したがって、屋嶋城の築城当時の地形は完全な独立島であったが、このことが国土防衛のための軍事施設としての妥当性を疑う最初の要因である。すなわち、独立島を軍事施設化した場合には敵に島を包囲される危険性が高く、退路を失うことが容易に想定されるのである。ましてや唐や新羅などの大国の海軍力を主力とした軍勢を迎撃するための軍事施設であれば、容易に包囲される地理的環境下に築城されることは考え難い。

さらに全国の朝鮮式山城のうち屋嶋城のみが独立島に築城されていることも、特別な目的を有した施設の可能性が高い根拠になるものと考えられる。

【不可解な遺構】　屋嶋城は、屋島の北嶺と南嶺に跨って築城されたと推定されているが、山上の平坦地の面積はわずかに四〇ヘクタール程度である。城山城（香川県丸亀市および坂出市）の総面積が約一六八ヘクタールであるのに対して、極めて規模が小さいと言える。特に北嶺については、ほぼ原形の自然地形を留めて

●―城門の北・南側の石塁

いると考えられ、軍事施設として利用されたか否か判然としない状況である。

また、発掘調査によって明らかにされた城の遺構は、城門とその両側の城壁としての石塁、北嶺と南嶺の間の谷地形を閉塞するかのように看取される石塁のみに留まっている。これらの石塁の総延長は約七〇〇メートルで、城山城の石塁と土塁の総延長約六キロの八分の一程度であることから、防御性能は脆弱そのものと言わざるを得ない。

なかでも城門周辺の石塁については、城壁としてよりもむしろ城門そのものを支持するために構築されたように見受けられ、城壁全体の中でも異様に存在感が強くなっており、城門の存在を誇示するための施設としての意味合いが濃厚である。すなわち、この存在感の大きさが逆に防御性能の脆弱性を高めているように感じられ、軍事施設としての不適切さの原因となっているように思われるのである。

さらに城山城と比較した場合、重要視すべき事項として石造物が存在しない事象を挙げることができる。城山城に存在する石造物が門の構成部材であると仮定するならば、屋嶋城には先述の城門以外の門が存在しなかったことになり、仮に敵に唯一の城門を奪取された場合には袋のネズミに陥ることは火を見るよりも明らかである。このことからも屋嶋城の軍事施設としての脆弱さを思い知らされる。

【不可解な防衛方向】 かねてから多くの古代史研究者は、西日本地方で発見されている朝鮮式山城の所在のありかたをも

●─城門の南側の石塁

とに、唐や新羅などの軍勢の進軍ルートとして東シナ海~関門海峡~瀬戸内海~近畿地方を想定してきた。この仮説を拠り所とするならば、屋嶋城は西方向から攻撃されることが前提となり、同方向の防御性能が高められていることが絶対条件になるはずである。ところが、城門は敵襲の予測される西方向に開口しているために、敵の侵入が容易な造作となっているだけでなく、むしろ侵入に対して歓迎の意思を示すかのような状況であると言える。

このことからも、屋嶋城を国土防衛を目的とした軍事施設と断定することは性急であると言わざるを得ない。

【讃岐国山田郡との関係】『日本書紀』における屋嶋城についての記載は、天智天皇六年の「倭国高安城、讃吉国山田郡屋嶋城、対馬国金田城築」であり、高安城は「倭国（現奈良県）」、金田城は「対馬国」のように所在地が旧国名のみに限定された記載となっているのに対して、屋嶋城のみが「讃吉国山田郡」と郡名まで詳細に表記されている。もはや城よりも郡名の喧伝が重要視されていたようにも見受けられる。

屋嶋城の築城が本当に国土防衛を目的とした大和朝廷による国家事業であった是非については、考古学的な調査成果を駆使して今一度再考しなければならないのである。

【参考文献】 香川県教育委員会『新編香川叢書考古篇』（一九八三）

（西岡達哉）

由佐城

●交通の要衝の隠された巨大城郭

〔所在地〕高松市香南町由佐字中屋
〔比　高〕約八五メートル
〔分　類〕平城
〔年　代〕一六世紀
〔城　主〕由佐氏
〔交通アクセス〕ことでん琴平線仏生山駅下車、シャトルバスで香南歴史民俗郷土館バス停下車。

香南歴史民俗郷土館
由佐城
13
44
香東川

【交通の要衝】　城は、香東川の西岸の堤防に沿う状態で立地している。現存する農地などの形状に基づいて旧河道を復元すると、城の東部は旧河道によって遺構が削り取られているものと推測される。このことから、城が旧香東川の直近に建設され、同川を天然の堀として防御施設の一部に組み入れていたことが容易に推察できる。

一方で、同川は瀬戸内海と現高松市塩江町のような平野の最奥部を連絡する重要な自然地形であったことから、当該城の建設場所の選定に際して同川の存在が重要視されたことが推測できる。さらには、高松市塩江町から阿讃山脈の相栗峠をへることにより、徳島県との連絡も円滑に行なうことができる条件下にあることからは、旧阿波国と旧讃岐国との広域におよぶ交通の要衝を掌握する目的をも有していたことが想定されるのである。

しかも、城は阿讃山脈の北麓の平野部への出口に所在しており、かつての金刀比羅街道との結節点にも位置することを考えると、山麓沿いに香川県の東西のいずれの地方へも容易に行き来することが可能な要衝であったこともわかるのである。

【守護所から城へ】　当該城がこのような交通の要衝に立地する意味は、所在地の重要な歴史的背景によるものである。

城から南方へ約七〇〇メートルの場所に岡館が存在する。この遺跡は、一四世紀後半に室町幕府の下で讃岐国守護を務めた細川頼之が居所としていた当時の讃岐国の中枢機関の守護所の遺跡である。当時の細川頼之は、讃岐国のみならず阿波国、伊予国および土佐国の一部地方をも版図とした勢力を誇っていたことから、同守護所が当該地に設置された理由も、当該地が阿波国と讃岐国を直結することや、讃岐国の東西方向への交通の利便性を重要視していた思想に基づくものと考えられるのである。

このように城の所在地は、前代からの交通の要衝としての特性が継承されることにより、守護所から城郭へとさらなる重要地点として変貌を遂げたのである。

【隠された巨大城郭】　現存する遺構は、香南歴史民俗郷土館の敷地内の土塁のみである。敷地の西端部の境界に沿って直線状に長さ約二五メートル、最大幅約五メートル、高さ約二メートルの規模で保存されている。

●—由佐城土塁

●—由佐城土塁

ところが、城の周辺部一帯においては、「なかやしき（「中屋敷」か）」「なかや（「中屋」か）」「みなみもん（「南門」か）」「おおみぞ（「大溝」か）」などの城郭の建物や堀などを意味する地名が採取できる。なかでも「おおみぞ」の地名は、現存する短冊形の農地や宅地などで採取できることから、埋没した堀を示す可能性が高い。

そこで、地名と土地の現況を根拠として城の範囲を復元すると、東西方向はおおむね現在の香東川と古川の間の約七〇〇メートル、南北方向は三五〇メートルという巨大な規模となる。国史跡高松城の指定範囲が東西約六〇〇メートル、南北三五〇メートルであることから、ほぼ同規模と言える。

発掘調査などの詳細な調査が行なわれていない以上、憶測の範囲を出ないが、由佐城は高松城や丸亀城の陰に隠れて存在感が薄いものの、香川県における大型の近世城郭の出現時期の城として目を離せないものである。

【参考文献】香川県教育委員会『香川県中世城館跡詳細分布調査報告』（二〇〇三）

（西岡達哉）

●香西氏の終焉の城

藤尾城（ふじおじょう）

〔高松市指定史跡〕

〔所在地〕高松市香西本町
〔比　高〕約二〇メートル
〔分　類〕平山城
〔年　代〕一六世紀
〔城　主〕香西氏
〔交通アクセス〕ＪＲ予讃線・土讃線香西駅下車、徒歩約二〇分。

【勝賀城および佐料城から藤尾城へ】　現高松市の西郊を瀬戸内海へ向かって北流している香東川の本流は、かつては峰山（特別名勝栗林公園の借景）の東側を河道としていたことがわかっている。当時の香東川の西部一帯を支配していたのが香西（こうざい）氏であった。氏名は、旧郡名の「香川郡」の西部出身であることに由来している。同氏は室町幕府の管領職の細川氏の下で要職を務め、「細川四天王」の呼び声も高かったことが伝えられている。

　この香西氏の興隆から隆盛に至る歴史の中で本拠地とされたのが勝賀城と、勝賀山の山裾に建設された佐料城である。ところが、戦国時代終末期の香西佳清（よしきよ）の治世において、勢力のさらなる拡大にともない同城から藤尾城に移動したことがわかっている。

●—藤尾城遠景

　現在、藤尾城は市街地の中に埋没して、わずかに宇佐八幡神社の所在する通称磯崎山の一部に曲輪様の遺構が認められる程度である。山麓には堀の痕跡と推察できる土地区画が認められる。

　藤尾城の築城は、

天正五年（一五七七）とされており、その目的については長宗我部元親の攻撃に備えたことが通説となっている。そして、この時をもって勝賀城と佐料城は廃城となったというのがこれまでの研究者の共通の見解である。

【不可解な藤尾城への移動】　ところが、香西佳清による藤尾城の築城と勝賀城および佐料城の廃城の因果関係については理解し難い点が多い。

まずは、勝賀城が連郭式の曲輪群、高い土塁囲みの主郭、喰違い虎口などの進歩的な施設を有する旧讃岐国内においてももっとも秀逸かつ大規模な城郭であるのに対して、藤尾城は低丘陵の山上を平坦地化し、土塁や堀切などの施設を一切有しない簡素な構造である点である。仮に藤尾城の建設の意図が長宗我部元親の攻撃に対抗することにあったとすれば、藤尾城は勝賀城以上に要害堅固な構造であるべきと考えられるのである。すなわち、勝賀城を廃して藤尾城に移動した理由はまったく理解できないのである。

●—藤尾城から見た勝賀城

次に佐料城との関係について、同城の推定される構造が完全な複郭（ふくかく）式の平城であるとともに、やはり旧讃岐国内で最大規模を誇ると推測されることに対して、藤尾城の構造と規模は佐料城のそれらに比較して、稚拙かつ小規模と判断せざるを得ない。長宗我部元親の攻撃を想定したとするならば、勝賀城とともに佐料城に留まるべきだったのではなかろうか。

以上のように現存する各城の規模や構造などを比較すると、勝賀城および佐料城の廃城と藤尾城への移動について長宗我部元親の攻撃を想定した結果とする従来の学説は極めて不可解であると言わざるを得ない。

【藤尾城と城下町】　従来の学説を擁護するならば、藤尾城の建設は香西氏が町場の経営に尽力した結果であろう。本津川河口の開発に力を注いだ結果と理解することが適当であろう。

しかしながら、その考え方を尊重するのであれば、勝賀城の放棄はともかくとして、佐料城を廃城とした理由についても答えを導くことが肝要である。

【参考文献】　香川県教育委員会『香川県中世城館跡詳細分布調査報告』（二〇〇三）

（西岡達哉）

●備讃瀬戸の交通の要衝にある塩飽諸島の城郭

笠島城（かさじまじょう）

〔県指定史跡〕

〔所在地〕丸亀市本島町笠島
〔比　高〕約四〇メートル
〔分　類〕山城
〔年　代〕中世
〔城　主〕福田又次郎
〔交通アクセス〕ＪＲ丸亀駅から徒歩五分、本島汽船フェリー丸亀港から泊港まで約四〇分、泊港から笠島集落まで徒歩三〇分。山道を登山一〇分。

笠島城
丸亀フェリー港
丸亀市役所
瀬戸中央自動車道

【城の由来】　瀬戸内海の中央部やや東より、瀬戸大橋が通る備讃瀬戸（びさんせと）にある塩飽（しわく）諸島。塩飽諸島の中心となる本島の北東部にある笠島集落に笠島城跡は所在する。塩飽諸島の辺りは紀伊水道と豊後水道の潮流が交わるところで、干満の差が激しく潮流も早い。塩飽衆は優れた操船技術や航海術をもっていたので古くから海上輸送を生業としていた。

笠島集落は国の重要伝統的建造物群保存地区に選定され、日本遺産にも認定されている。瀬戸大橋を眼前に望む景勝の地で、江戸時代から昭和までの家屋の町並みが残っている。三方を山に囲まれ、北側が海に面しており、その沖合にある向島が風よけの役割を果たし、笠島浦は本島一の天然の良港であった。集落内の道路は湾曲し、かぎ型に屈曲するなど見通しが効きにくくなっている。この集落の東側丘陵上、標高約四〇メートルの東山頂部に笠島城跡がある。

●―瀬戸内海上南側から見た笠島城

承元年間（一二〇七～一一）に地頭駿河権守高階保遠（やすとお）が笠島に居館を構えたと伝わる。永正年間以前に塩飽は守護の料所となっており、讃岐国東半分の守護代である安富氏が支配していた。永禄年間（一五五八～七〇）に伊予能島の村上隆勝（たかかつ）が塩飽代官職を得て以降、村上氏が支配していたようである。元亀二

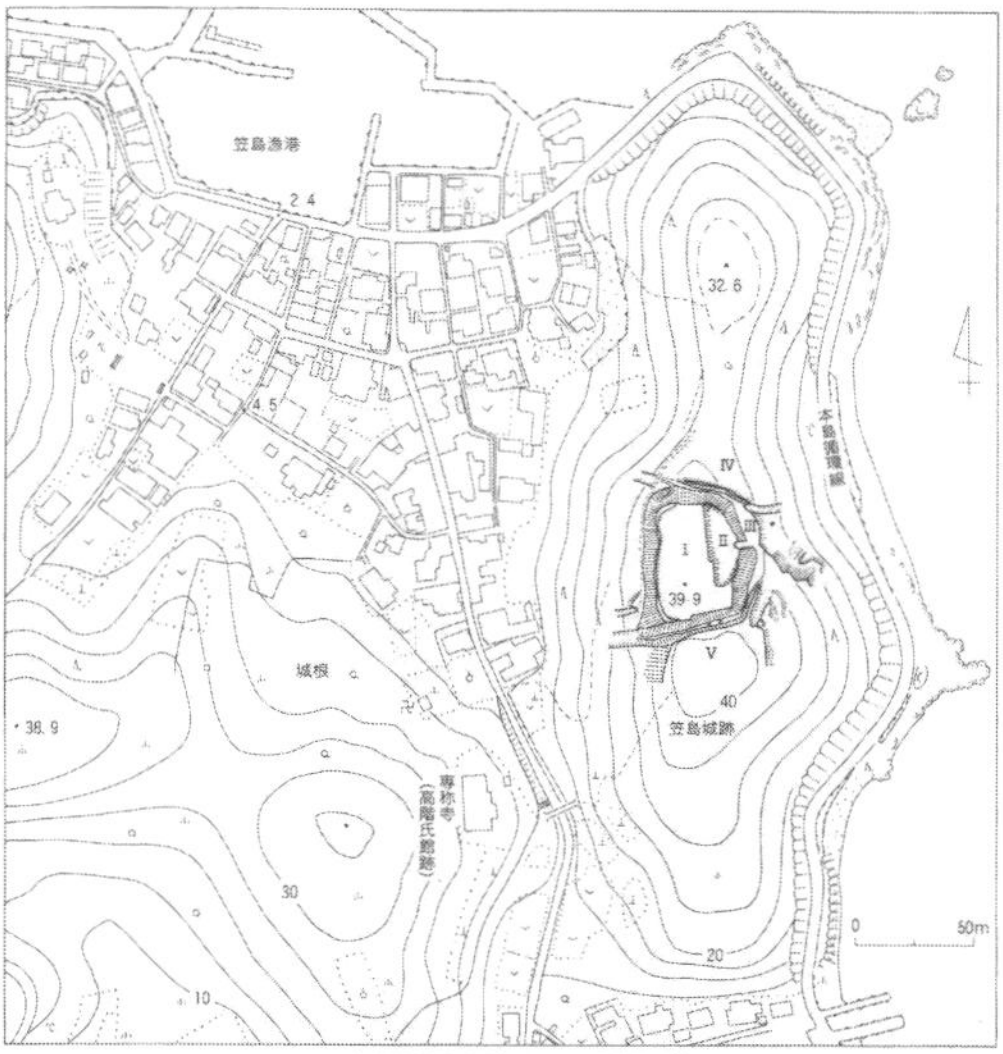

年（一五七二）篠原長房の児島攻めに塩飽衆が渡海役を果たしている。天正三年（一五七五）、薩摩の島津家久の京へ上洛する旅日記のなかで、笠島にあった福田又次郎の館についての記述がある。天正九年（一五八一）にルイス・フロイスは、塩飽の泊港に入港したとき、能島の代官と毛利の警吏の存在をイエズス会へ報告している。天正十年（一五八二）に塩飽衆は、能島衆や来島衆とともに羽柴秀吉に人質を差し出し、塩飽の城を明け渡した。その後、塩飽衆は天下人の海上輸送を担い、慶長五年（一六〇〇）に徳川家康は塩飽の船方衆六五〇人に一二五〇石の領知を与えた。正徳三年（一七一三）の「塩飽島諸訳手鑑」には織田信長が活躍した頃、笠島浦に福田又次郎の居城があり、長宗我部氏に攻め落とされたとある。笠島城主は福田又次郎であったと伝えられる。

笠島城跡縄張り図（1/2,500、原図：東）

●—笠島城跡縄張図（『香川県中世城館詳細分布調査報告書』より）

【城跡の構造】 笠島城跡は曲輪、土塁、堀切、竪堀があり、曲輪は長方形の主郭と副郭、帯曲輪からなり、主郭は南北約五〇メートル、東西約三五メートルの長方形で、笠島集落のある西側には土塁の痕跡がある。海側の東側は折れがみられ、南東部は張り出す。西側は主郭から副郭に至る縁辺部両側に土塁を築いている。副郭の西側中央部にある窪地は、その下段の帯曲輪に通じる通路と考えられる。帯曲輪は尾根筋の両側にある堀切に繋がっている。前面の北側の堀切は深さ約三メートルであり、背後の南側の堀切は深さ約五メートルで、中央部に土橋状の高まりがある。丘陵上に築かれた戦国期の館城の形態をもち、保存状況は良好である。水軍の城というよりは在地領主の城として遜色のないものである。

【参考文献】「家久君上京日記」『新編丸亀市史4史料編』（一九九四）、『新編丸亀市史1自然・原始・古代・中世編』（丸亀市、一九九五）、『新編丸亀市史2近世編』（丸亀市、一九九四）、「笠島城跡」『香川県中世城館詳細分布調査報告』（香川県教育委員会、二〇〇三）、『丸亀の文化財』（丸亀市教育委員会、二〇一五）

（東　信男）

●中讃地域唯一無二の立地を誇る拠点城郭

西長尾城（国吉城）

〔丸亀市指定史跡〕

〔所在地〕丸亀市綾歌町岡田上国吉、仲多度郡まんのう町長尾
〔比　高〕八五メートル
〔分　類〕山城
〔年　代〕一四世紀第3四半期
〔城　主〕中院源少将雅平、長尾大隅守元高、国吉甚左衛門
〔交通アクセス〕ことでん岡田駅から三・四キロ。徒歩約三〇分で綾歌森林公園入口、山道入口から約四〇分。

【西長尾城の位置】　西長尾城は、丸亀平野の南端部で讃岐（阿讃）山脈の最前線ともいえる東西に連なる大高見峰、猫山、城山から成る三連山の西端に位置する城山の山上や派生する尾根にその遺構が展開する山城である。城山山頂から眺望できる範囲はほぼ三六〇度開けており、北方を望むと、眼下に広大な丸亀平野を容易に一望することができ、その奥には瀬戸内海、さらには中国地方までも望むことが可能である。

また、東西を見ると、東には屋島、西には今治方面までの眺望は見事である。

丸亀平野の南端中央を陣取る西長尾城山頂の本丸からは、天霧城、聖通寺城、羽床城、藤目城など当時の主要な城郭を視野に収める絶好の地点である。

●―西長尾城遠景（左から大高見峰，猫山，城山）

さらに、城山の南麓から西麓にかけては、土器川が城山を囲うように流れており、その西側は山々が連なり平野が狭められる。当時は、西讃や南方の阿波から中讃、東讃に抜けるための主要街道が財田川や土器川沿線であったことが読み取

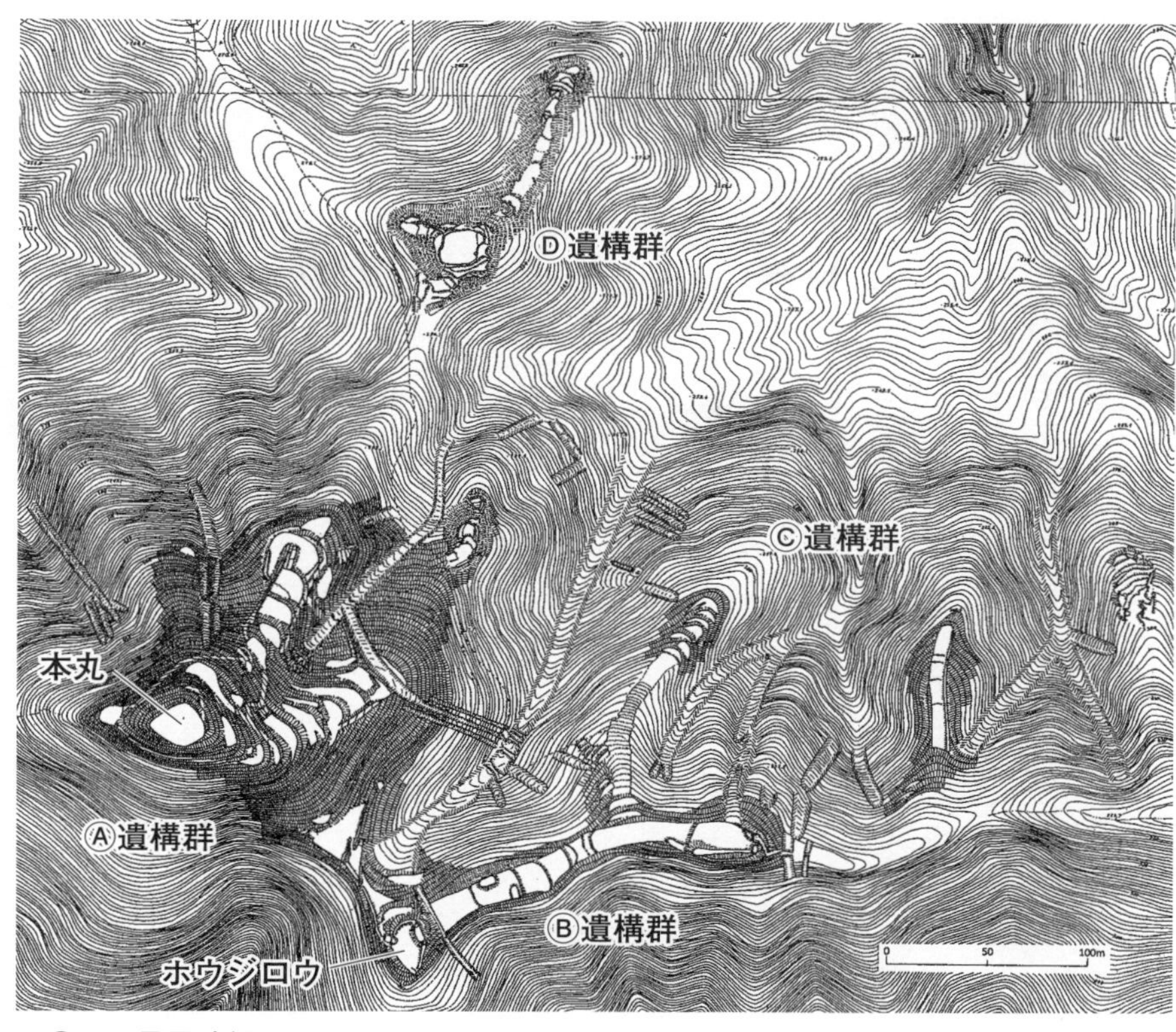

●—西長尾城縄張図（近藤武司作図）

れるが、西長尾城の立地場所が中讃の玄関口として特に重要な位置となる。このような周辺状況を掌握できる唯一の位置に西長尾城を築いていることからも戦略的に絶好の位置を領していることがうかがえる。

【西長尾城の縄張】　西長尾城の縄張は、標高三七五・二メートルの城山山頂を本丸とし、本丸から北方に派生する二筋の尾根上に連郭式の曲輪列、要所に配置される空堀などで構成される主郭部（Ⓐ遺構群）が目を惹く。Ⓐ遺構群の東側には、猫山に向かって延びる尾根が続き、Ⓐ遺構群に続く広大な削平地が広がる（Ⓑ遺構群）。Ⓑ遺構群が配する尾根から北方には幾筋かの尾根が派生しており、各尾根に小規模曲輪の連続による階段状遺構が展開する（Ⓒ遺構群）。Ⓐ遺構群の北方は、連郭式曲輪列に沿って標高が下り、一旦鞍部を隔てて標高二九六・五メートルのピークを迎える。このピーク頂部を中心に削平地の連続（Ⓓ遺構群）が確認できる。

　このように東西五六〇メートル、南北四七〇メートルの範囲で遺構が確認されており、コンパクトながら大規模城郭である。

●—連郭式曲輪列

【Ⓐ遺構群】　丸亀平野の南端に連なる連山の西端で一段と高く突き上がるピークに所在する遺構群である。南面は急峻地形を呈しており自然の要害地形を備えているといっても過言ではない。遺構は城山山頂の本丸から東西および北へ展開する。

本丸は二四×三二メートルで、全方位に視界が開ける。土塁などの施設は備わらず西端に虎口状の窪みがある。地表を観察すると、中型の川原石が点在する。瓦片採取の報告もあることから瓦葺建物が建っていた可能性が高い。本丸の西側には九メートル下ったところに奥行き九メートルの曲輪が備わる。中央には十字の低い高まりが認められるが用途は不明である。最奥部両脇から、本丸の南北両裾を通る犬走り（いぬばしり）が配され、本丸からの直接出入りはできない。これ以西には、連続する遺構はない。

山頂から北東および東北東にそれぞれ尾根が派生しており、それぞれに連郭式曲輪列が連なる。まず、本丸北東側直下には大小の曲輪が千鳥状に配されており、地形の勾配が強いことから奥行きこそ一〇メートルに満たないが幅三三メートルを測るものもあり、配列状態の観察から可能な限り曲輪の表面積獲得を意識しているようである。この付近では曲輪の切岸（きりぎし）にわずかではあるが積石列を確認できる。各曲輪の虎口からは犬走り状の通路が連絡しており複雑に城内移動を可能にする。積石列の備わる曲輪の下層に位置する曲輪には枡形虎口（ますがたこぐち）状の地形が確認でき、二筋の連郭式曲輪列の接点でもあり、比較的重要なポイントである。

この枡形虎口からは、いったん北西方向に通路を介して上層に位置する曲輪へ連絡する。枡形虎口の東に接する曲輪からは上層に二段、下層に四段、計七段からなる連郭式曲輪列（東曲輪列）が整然と配置されている。特に下側五段の曲輪列は、幅三〇メートルを超えるものでその姿は圧巻である。この曲輪列の南東側面は直線的に整えられており、下側三段には縁辺部を貫くように土塁が配される。その外側は急峻な谷地形となるが、より防御力を高めているものであろう。各曲輪とも縁辺部内側に虎口が備わる。最下段の曲輪の先端側と外側には大型の土塁が配されており、その内側が枡形を呈していることから枡形虎口と考えてよいだろう。またその下層側には大型の堀切により尾根が断ち割られる。この堀切は両斜面とも竪堀となり谷底まで掘り込まれているという徹底ぶりである。さらに東側に下る竪堀は途中で三条と増強されており、谷底に到達した位置には三基の連続する大型の水溜まり（ダム遺構）が確認できる。このダム遺構により、西長尾城の水源確保がなされている。

一方、北側の連郭式曲輪列（西曲輪列）は六段で構成される。地形の制約からか幅は二〇メートル程度であるが下層部の曲輪は奥行きが二〇メートル近いものもある。西曲輪列でも外側縁辺に中の三段を貫く土塁が配される。各曲輪とも虎口は縁辺内側に設けられる。先端部は、急峻で岩盤が露呈しており堀切は備わらない。西曲輪列の北側斜面には大型竪堀が二条並行して配置され、斜面部を利用した横移動は困難を極める。

●—西長尾城本丸からの眺望

東曲輪列と西曲輪列の間には谷地形があり、中央部付近に井戸曲輪（水の手曲輪）が設けられる。礫で枠囲いされた水溜まり状の井戸が備えられており、主郭部内唯一の水源である。井戸周辺は礫敷、奥の斜面部には無数の小型竪堀群が設けられており、集水に有効であったものと考えられる。井戸は、この位置にありながら枯れることがないという。

主郭部の東面を見ると、本丸から下った鞍部前後に連続する曲輪群が配列されており土塁が多用される。鞍部からは、北の谷を下ると先述のダム遺構、南に下ると長尾大隅守の居館であったといわれる超勝寺方面への抜け道が所在する。

鞍部東側の曲輪列を上ると、ホウジロウと呼ばれる小ピークがあり、頂部は三二×二一メートルの曲輪で西側の虎口を除いて低い土塁が外周をめぐる。西側縁辺部に高さ約一・五メートルの櫓台が備わる。櫓台東側は、大型堀切により尾根が分断される。

この堀切以西が当初の西長尾城の範囲と考えられる。

【Ⓑ遺構群】 ホウジロウの東側には、猫山へと連なる平坦な尾根がつづく。先に述べた堀切からの延長約一六〇メートルは、尾根上が削平されており、幅約一〇～二〇メートルの広大な平坦地が形成される。所々で岩盤が露呈しており完全な平坦地ではないが、多数の兵を収容できる空間が確保されており、陣城としての機能を有する。削平地の東先端部は長さ三六メートルの曲輪（東櫓）となる。南縁辺には土塁が備わり、東端は高さ一メートルほどの櫓台が残存しており、北裾に虎口が認められる。

櫓台東側は、約四メートルの段差があり東からの侵入は困難であるが、この位置に堀切が二条連続する二重堀切が設けられる。現在は、管理道が設置されたことにより確認できないが、以前は二重堀切の中央に土橋が所在したことが報告されている。

このⒷ遺構群は、国吉甚左衛門が入城した折に拡充されたものと考えられており、これらの拡充部分を含めると国吉城と称するのが適切であろう。なお、この際に主郭部の連郭式曲輪列群についても再整形されているようである。

【Ⓒ遺構群】 Ⓑ遺構群の所在する尾根から南は急峻であるが、北方には緩やかな尾根が多数派生しており、各尾根に曲輪状の地形が認められる。主郭部のような顕著な曲輪は少なく、大半が奥行き二メートルにも満たない小段が延々と連続するもので、この城独特の遺構である。最低の労力で設置することができることから、陣城の機能としては有効な施設である。未調査範囲も多く、今後これに類する遺構が発見されることも予想される。この縄張図の範囲より以東においても類似地形が発見されているが、西長尾城と直接関係しているものかは現段階では判断が難しい。

【Ⓓ遺構群】 Ⓐ遺構群の北側の斜面を下った標高約二九〇メートルの鞍部から北側に約六・五メートル上がるとやや広いピークがあり、約二五×二〇メートルの曲輪（北櫓）が認められる。本丸やホウジロウ、東櫓と匹敵する規模であり、またそれぞれが対峙できる位置でもある。

北櫓からは、三方向に尾根が派生するが、そのいずれにも不定形であるが曲輪状の削平地が連続する。

【白峯合戦】 西長尾城の城主となる元高だが、西長尾城に就く以前は三野郡詫間郷筥御崎を領し、御崎伊豆守と名乗っていた。伊豆守は貞治元年（一三六二）、高屋（現坂出市林田町）で起こった白峯合戦の際、当時西長尾城に籠る金丸城主中院源少将雅平と連携して北朝側の細川頼之に加勢し、南朝側の細川清氏と討ちあった。勝利を収めた頼之は、讃岐と阿波の守護を任じられ、すでに持っていた守護と合わせて四国全体を統括することになった。伊豆守は、頼之から白峯合戦での軍功を高く評価され、栗隈、岡田、長尾、炭所の四村を新領地として授かることとなった。

白峯合戦の跡地は、細川将軍戦跡碑と敗れた清氏に殉じた三六人の家臣を葬ったという三十六があり現代に継承される。

【代々長尾大隅守】 応安元年（一三六八）正月、父備前守元村と共に西長尾城に移った伊豆守は、大隅守を任ぜられ長尾大隅守元高と名乗った。以降、長尾大隅守が長尾氏代々の称となる。この際、中院源少将は淡路島に退く。

元高には八男八女があった。長男次郎左衛門虎勝は父元高の後西長尾城を継ぎ、岡田天神の宇閇(うへ)神社再建に尽力した。二男伊勢守は炭所城に入った。三男左衛門督は岡田城に入り岡田因幡守と称する。岡田神社の再建に尽力した。その屋敷は、岡田上田中の枚岳神社一帯と伝わる。四男田村上野介親光は栗隈城に入り、文明年間(一四六九〜八七)に住吉の円福寺を再建した。五男五郎左衛門は三男左衛門督の後を継ぎ岡田城に入った。六男田村上野介は小野城に入り、後に三男の後を継ぎ栗隈城に就いた。七男左衛門は栗隈にいたがその後長男の跡を継ぎ西長尾城に入り筑後守と称する。八男惣左衛門虎勝は二男の後を継ぎ炭所城に入り、片岡伊賀守を称する。このようにそれぞれ伝わっており、八男全員が城持ちとなっている。所領の炭所、岡田、栗隈に支城を構え、一族を配置することによって、鵜足(うた)、那珂(なか)郡の南部で安定して勢力を拡大した。

一方、女子は城持ち武将へ嫁ぐ。長女は安富(やすとみ)氏に嫁ぎ筑後守の妻に、二女は藤目城主齋藤下総守の妻に、三女は三原右近の妻に、四女は熊岡丹後守の妻に、五女は新名次郎の妻に、六女は伊賀城主伊賀掃部高光の妻に、七女は子松石河兵庫の妻となった。八女の綾姫は病身であったため寺へ出家した。

代々の長尾大隅守一族の墓は、まんのう町佐岡寺近くの山中に祀られるが、他所にも所在する。

【長宗我部元親の中讃進攻】 天正七年(一五七九)四月、土佐の長宗我部元親(ちょうそかべもとちか)軍が中讃進攻を始める。これに羽床城主羽床(はゆか)伊豆守が奮戦するが、長宗我部氏との和平に同意した天霧城主香川氏が土佐方に付き仲介に入ったことから伊豆守は降伏することとなった。これによって長尾氏も長宗我部氏と和議を結んだ。すぐさま、長宗我部氏の重臣であった国吉甚左衛門が入城したことから、長尾氏は甚左衛門に城主の座を譲った。

これ以降、西長尾城内の再整備および城域を東部へ拡大していく。このことから西長尾城は国吉城とも称される。

【豊臣秀吉の四国征伐】 天正十三年(一五八五)、豊臣秀吉の全国統一にともなう四国征伐に屈した長宗我部勢は土佐へ退却し、二百年以上続いた西長尾城(国吉城)の歴史は幕を降ろした。

【参考文献】 綾歌町『綾歌町史』(一九七六)、綾歌町教育委員会『綾歌町内遺跡発掘調査報告書』(一九九七〜二〇〇一)、丸亀市教育委員会『丸亀市内遺跡発掘調査報告書』(二〇〇六・二〇一六)、香川県文化財保護協会『文化財協会報 平成二十二年度 特別号』(二〇一一)、香川県教育委員会『香川県中世城館跡詳細分布調査報告』(二〇〇三)

(近藤武司)

●豊臣大名の城郭から高石垣の近世城郭へ

丸亀城

〔国指定史跡〕

〔所在地〕丸亀市一番丁
〔比　高〕五六メートル
〔分　類〕平山城
〔年　代〕応仁年間、慶長二年（一五九七）〜元和元年、寛永二十年（一六四三）〜
〔城　主〕奈良氏、生駒氏、山﨑氏、京極氏
〔交通アクセス〕ＪＲ丸亀駅から徒歩一〇分、高松自動車道路坂出インターから車で一五分。

【城の歴史】　丸亀城は、丸亀市北部の中心市街地に所在する標高六六メートルの亀山に築かれた平山城である。その起源は、室町時代に細川頼之の家臣、奈良元安が、鵜足郡・那珂郡の二郡を与えられ、那珂郡杵原郷、丸亀浦に築いた宇多津の聖通寺城（平山）の出城として「亀山の砦」とされる。近年の丸亀城北側の大手町地区の発掘調査では、一五世紀前半の井戸が検出されており、出土遺物に大和産瓦質土器風炉などが見られることから、丸亀城築城に先行して領主居館を含めた拠点的施設が存在した可能性が指摘されている。また、生駒氏築城以前の亀山の北側には現在、城の南側にある山の北八幡神社があったとも伝えられている。

天正十五年（一五八七）に讃岐国に入封した生駒親正と一正父子が、慶長二年（一五九七）から五ヵ年の歳月をかけて丸亀城を築城した。

生駒氏は高松城と丸亀城、引田城を讃岐国の支配拠点とし、高松城に親正、丸亀城に一正が入城する。関ヶ原の戦いで西軍に属した親正は隠居し、慶長七年（一六〇二）に一正が高松城に移り、佐藤掃部が丸亀城代となった。佐藤掃部の後には、一正の子正俊が丸亀城に入ったと考えられ、一正が慶長十五年（一六一〇）に亡くなると、正俊が高松城に入った。慶長十九年（一六一四）正俊は、大坂冬の陣、翌年の大坂夏の陣に出陣する。豊臣氏滅亡後に徳川幕府は一国一城令を出し、元和元年（一六一五）に丸亀城は廃城になったと言われている。生駒氏の寛永期に作成した讃岐国絵図の写しに

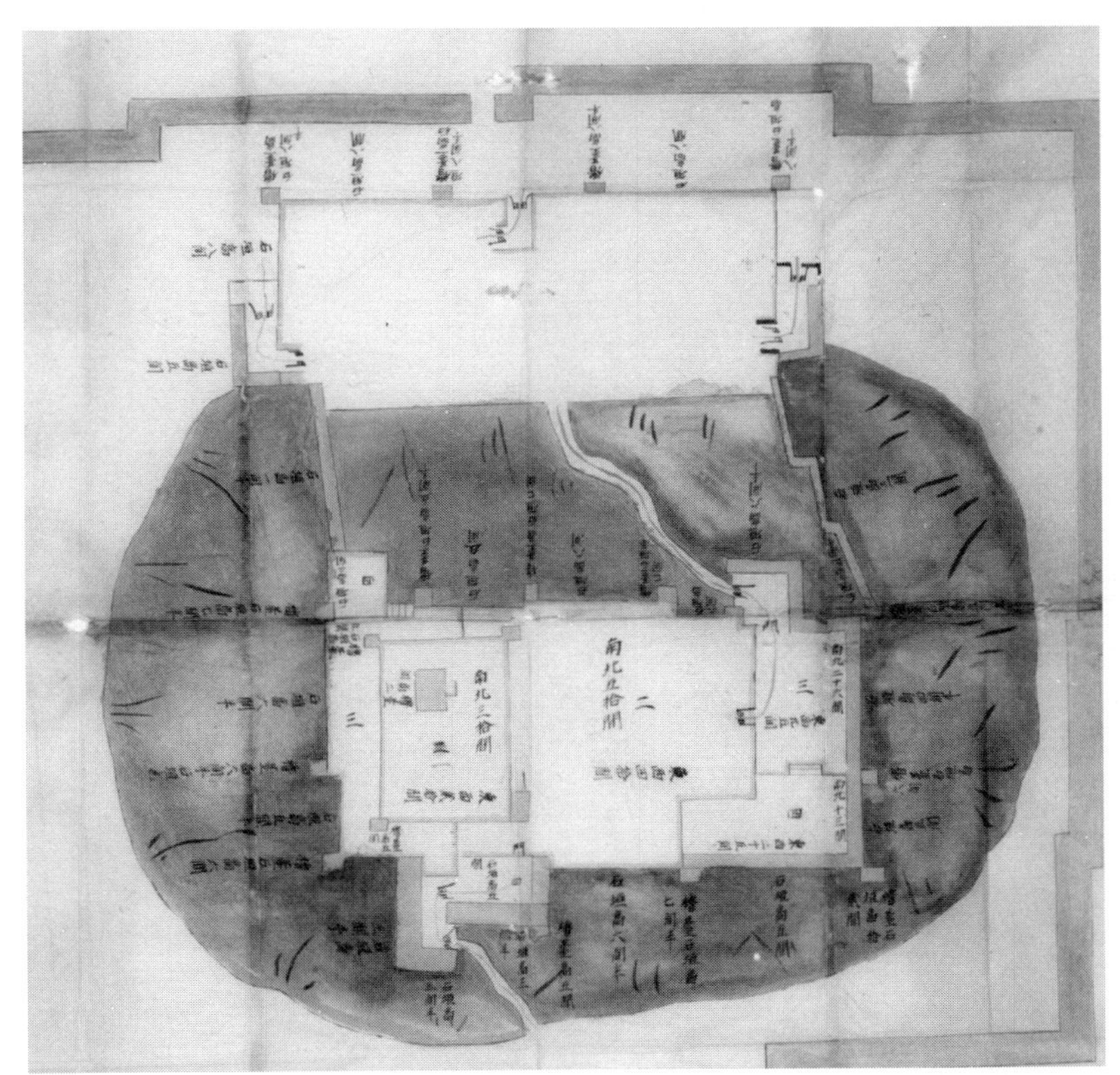

●—生駒氏時代の丸亀城と推定される絵図「讃州国圓亀城之図」部分（香川県立ミュージアム所蔵）

は丸亀城は描かれていない。

【倭城形式の城の構造】　生駒氏の丸亀城跡はどのような縄張であったのか。生駒氏時代の丸亀城郭絵図が全国各地に残っている。そのうちの一枚が香川県立ミュージアム所蔵の「讃州国圓亀城之図」である。この絵図を見ると、山上部には一〜四ノ段の曲輪、北側山麓には広大な屋敷地と推定される曲輪がある。ほかの絵図ではこの場所を五の段と記載しているものがある。また、山上部と山麓をつなぐ登り石垣が描かれており、文禄・慶長の役のときに、渡海した日本軍の大名達が朝鮮半島に築いた倭城のような縄張である。山上の曲輪群は一ノ段から四ノ段まであり、最高所の一ノ段は西よりにあり、規模は南北三〇間、東西二〇間の広さがある。

一ノ段には櫓台高さ二間とあり、高さ四メートルの天守台と考えられ、天守台の東側に外枡形（そとますがた）の入口がある。現在の天守は本丸北側の石垣上に建つが、生駒期の天守は一ノ段内にある。一ノ段の四隅には櫓が築かれており、北西部と南西部の櫓台の石垣は高さ五間あり、約一〇メートルの石垣が築かれていた。この東側に山上部で二番目に高い二ノ段がある。南北五〇間、東西四〇間の広さがあり、山上部ではもっとも広い曲輪である。北側には高さ六間高の石垣と七間高の櫓台石垣があり、南側には高さ六間半の石垣がある。一〇メートルを超える高さの石垣である。一ノ段南東部直下の二ノ段にある門を通り抜けると多聞櫓のある枡形がある。この枡形を抜けると、下段の枡形に至り、これを通り抜けると山麓に至る道に出る。上段の枡形東側隅角部の櫓台石垣の高さは五間で、南側や下段の枡形の石垣高は三間半である。二ノ段の西側に階段があり、一ノ段西側半分をめぐる三ノ段に至る。この三ノ段の西側に三ヵ所、北側に一ヵ所の櫓台石垣が築かれている。石垣高は五間半から六間半で、櫓台石垣は六間から七間半の高さがある。北側に階段があり四ノ段に至る。広さの記載はないが、石垣高は二間でここから高さ一間半ある西側の登り石垣があり北側山麓へ延びている。

二ノ段の東側にも門があり、この門を抜けると山上部東端の三ノ段に至る。南北二六間、東西二五間で一ノ段と同規模の広さがある。東側の石垣高は四間半で櫓台石垣が一ヵ所、石垣高は六間である。三ノ段南側に下段があり、それを下ると東端にある四ノ段に至る。南北一三間、東西二五間の広さである。南側角部にそれぞれ櫓台石垣が築かれている。石垣高は東側、南側とも五間で、櫓台石垣は一二間とあり、山上部ではもっとも高い。この時期に二〇メートルを超える高石垣が山上部に築かれている。三ノ段北側の門を通り抜け外枡形に至り外側の門を通り抜けると北側山麓の曲輪に行く道に至る。東側三ノ段東北角部から高さ三間の東側の登り石垣が北側の山麓の曲輪に延びている。

山麓の曲輪は広大で、北側石垣四ヵ所に櫓台石垣が築かれている。櫓台石垣は八間、曲輪の石垣高は八間と約一六メートルある高石垣が築かれている。この曲輪の三方に虎口があり、北側の堀側は内枡形、東西両側の山際には外枡形が築かれている。この枡形外側の石垣高は五間ある。

慶長期に築かれた生駒氏時代の丸亀城の絵図には石垣高一〇メートル以上の石垣が築かれており、一部で二〇メートルを超える高石垣もある。文禄・慶長の役のときに朝鮮半島に築かれた倭城にある登り石垣も築かれており、倭城の縄張に類似しているところは興味深いが、残念ながら現在の丸亀城内の山の斜面部には登り石垣は見られない。

【豊臣城郭から近世城郭へ】 生駒氏の改易後、寛永十八年（一六四一）に天草から山崎家治が西讃岐に入封する。西讃岐に城はなかったので、江戸幕府は、山崎氏に城地を見立て

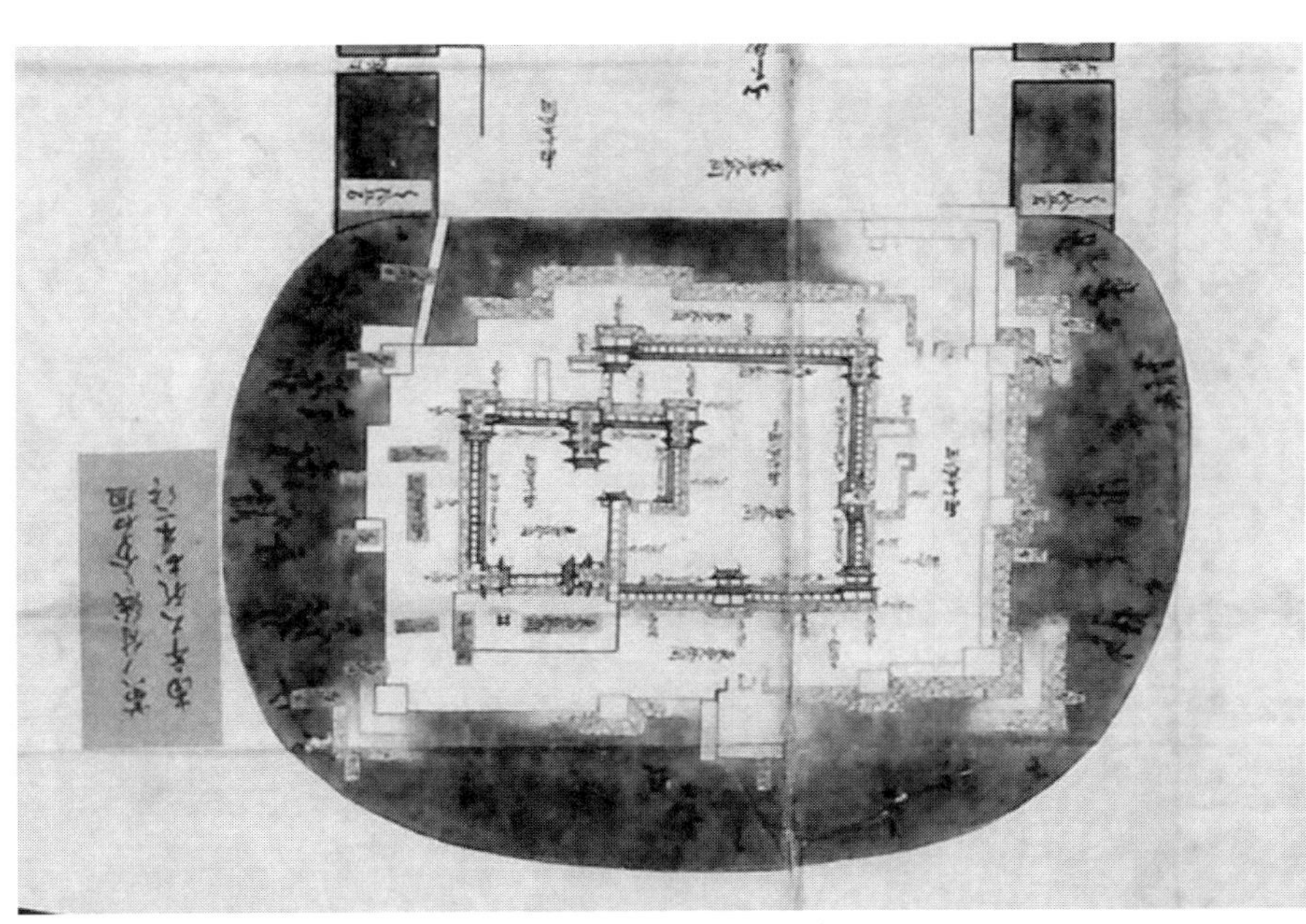

●—讃岐国丸亀城図部分「正保城絵図」（正保2年〈1645〉国立公文書館蔵）

て決定するよう命じ、生駒氏の城跡地に決定する。幕府は寛永二十年に山崎氏に新城営作料として銀三〇〇貫を提供し、参勤交代を免除する。城の構造は、幕府の指図に従うよう指示があった。

正保元年（一六四四）に幕府は、全国の大名に城絵図の提出を命じている。丸亀藩が翌年に幕府へ提出した絵図が国立公文書館に保管されている。

この絵図に描かれた城の縄張をみると、今の丸亀城の縄張と類似しており、現在の丸亀城の縄張は山崎氏以降のものであることがわかる。本丸と生駒氏時代の一ノ段はほぼ同じ位置にあるが、東側に拡張され、二の丸から本丸に登る道筋が築かれている。天守の位置も「正保城絵図」では本丸北側の石垣上に建っている。本丸の東側に二の丸が築かれており、生駒氏時代の縄張に類似する。三の丸が本丸や二の丸を巡るところは生駒氏時代の縄張と相違するが、北側山麓へ続く道は同じであり、南側は西よりにあったものが中央部にある。「正保城絵図」にも西側斜面部に登り石垣が描かれている。「正保城絵図」には描かれていないが、三の丸の西側と南側下段には帯曲輪が築かれる。

【生駒期と推定される本丸北側石垣の埋没石垣】　平成五年度の本丸北石垣修理工事のとき生駒期と推定される野面積み石

●—本丸北石垣修理工事で見つかった野面積みの埋没石垣（北から）

●—南東山麓の野面積み石垣（北東から）

垣が見つかった。本丸北石垣内にある埋没石垣で、本丸の地盤下約八メートル、史跡石垣面から二・八メートル内側のところで、岩盤直上に築かれている。隅角部はしのぎ角で根石（ねいし）が残り、この石垣の石材は安山岩で、大きさは一メートルを超えるもので、栗石も安山岩であり、史跡石垣より埋没石垣のものが大きい。石垣高は約四メートルと推定される。

【南東山麓にある江戸時代以降に積み直された野面積み石垣】

丸亀城南東部山麓には、高さ約四メートル、延長約八〇メートルの花崗岩と安山岩が混入する野面積み石垣がある。生駒期の遺構と推定されていたが、平成二十三～二十四年度に実施した石垣修理工事によって、江戸時代以降に二度の改修を受けていることが確認された。しのぎ角から約三メートル南側の天端の石垣から五段下までは、石垣背後に栗石はなく細砂層の造成であり、この層から明治期以降の型刷りの陶磁器が出土し、明治以降に修理されたことが確認された。これより下の石垣も江戸時代の改修であることがわかった。しのぎ角の根石より三石上で矢穴を使用した加工石材があり、栗石内から一七世紀中葉の肥前系の青磁碗が出土しており、山﨑期に改修されている可能性がある。これより下層の石垣は、栗石に細砂が混合する。

　地上部の石垣の勾配は五〇～五二度であるが、この部分の勾配は約七〇度であり急勾配となり、勾配に折れがみられる。この七〇度の勾配は本丸北側の石垣修理工事で検出した埋没石垣の野面積み石垣と同じ角度であり、野面積み石垣の下部は古い石積みが残っている可能性はあるが、これより上部の五〇～五二度で築かれた石垣は江戸時代以降に積み直された可能性が高い。この石垣は万治元年（一六五八）以前の山﨑氏時代の城郭絵図には描かれている。なぜ、打ち込みハギの石垣を築く技術を用いずに延長八〇メートルの野面積み石垣を山﨑氏が修築したのであろうか。野面積み石垣も、面を整えて積んでいる場合は後世に修築された可能性がある。

【参考文献】『新編丸亀市史2近世編』（丸亀市、一九九四）、『丸亀の文化財』（丸亀市教育委員会、二〇一五）、資料館・文化財保護担当「史跡丸亀城跡保存修理事業の主要な成果」（丸亀市教育委員会、一九九九）、『香川県中世城館詳細分布調査報告』（香川県教育委員会、二〇〇三）、『戦国から太平へ　戦国武将生駒氏と引田・高松・丸亀の三城』（高松歴史民俗協会、二〇〇九）、『丸亀城跡発掘調査報告書―大手町地区第3次・第4次調査―』（丸亀市教育委員会、二〇一四）、『史跡丸亀城跡野面積み石垣修理工事調査報告書』（丸亀市教育委員会、二〇一八）、東信男「丸亀城石垣災害復旧事業について」『第18回全国城跡等石垣整備調査研究会　基調講演・報告資料』（第18回全国城跡等石垣整備調査研究会実行委員会、二〇二三）

（東　信男）

●全国第二位の規模の朝鮮式山城

城山城（きやまのき）

〔国指定史跡〕

〔所在地〕丸亀市飯山町、坂出市西庄町
〔比　高〕約四六二メートル
〔分　類〕山城
〔年　代〕不明
〔城　主〕―
〔交通アクセス〕ＪＲ予讃線・上讃線鴨川駅下車、車で約一五分。

【大規模な朝鮮式山城】　坂出市と丸亀市に跨る城山は、北方に瀬戸内海の多島美、南方に讃岐平野や阿讃山脈などの雄大な景色を臨む景勝地である。

城山城は、石塁と土塁によって囲繞（いにょう）された城山山頂を中心とする緩傾斜地一帯を城域とする。その規模は壮大で、展望台や駐車場、ゴルフ場、民家などが余裕で入る広大な面積を有している。

全国の朝鮮式山城のうち、最大規模を有する福岡県太宰府市大野城の総面積が一八一ヘクタールであることが知られているが、総面積一六八ヘクタールの城山城は全国第二の規模を誇っている。

【城山長者伝説】　城山山麓一帯に伝承されている昔話として「城山長者伝説」がある。城山を住居としていた無名の長者が、足の悪い娘のために「車道」を造成することによって、手押し車に娘を乗せて山中を移動していたという心温まる内容である。かつては坂出市一帯では多くの人々の口辺に上がった伝説であったが、現在は坂出市立西庄小学校の校歌の

●―城山城遠景

中で「城山長者のむかしより……」と歌われるぐらいで、その存在さえも忘れ去られようとしている。

この「車道」の痕跡こそが城に残る石塁および土塁に比定されているのである。確かにこれらの遺構の上部には平坦面が造作されているために、通路として使用されたことも想定できる。

●―ホロソ石（坂出市教育委員会提供）

【全国屈指の朝鮮式山城】 城の構造上の特徴は、石塁と土塁が併存し、両者の総延長が約六キロにもおよぶことである。しかも山頂一帯を一重に取り巻いた上に、その西側一帯をさらにもう一重に取り巻くことで、全体としては二重構造に仕立てられていることは刮目すべきである。

さらに城内の各所にホロソ石やマナイタ石などの人工的に加工された巨大な石造物が存在することも特筆できる。これらの用途については、門の礎石説が有力視されているが、決定的な論拠に欠けているのが実情である。しかしながら、巨石の採取、運搬、加工、設置などに費やされた労力の大きさを考えると、建設者の城山城に対する期待度の高さを想像することができる。

以上のように城山城は規模、構造、石造物の有無などの側面において、全国屈指の朝鮮式山城であったことが伺える。

【秀逸な城門と水口】 古くからゴルフ場内の石塁に城門と水口が各一ヵ所存在することが知られている。

城門は、瀬戸内海を正面に臨む方向に開口していることから、海側に対して威圧感を与える状況を示している。

さらに当該遺構は、見た目において整然とした石積みの状

●—城門の角石（坂出市教育委員会提供）

態を示しているが、これは石塁の両側の角石が「算木積み」に見える積まれ方をしていることに起因するものである。

水口は、谷部を堰き止める状態の石塁に開口している。間口は、ほぼ四角形に配列されている。

石塁が山頂を中心としておおむね円形に配列されているため、内部に溜まった雨水や地下水を石塁の外部へ排出するのに不可欠な遺構である。現在も水流が途切れることはない。

【西庄城との関連性】 城門の石塁の両側の角石が「算木積み」に見えることを先述した。「算木積み」が近世に出現するという通説に基づいた場合、当該城の所属時期が完全に古代の範疇に留まるのか否かについて再考する余地があると言える。とりわけ、現在特定が急がれている戦国時代の西庄城の故地と当該城との関連性が注視されるためである。

西庄城については、現在は綾川河口近くの微高地にその故地が比定されているが、明確な遺構が現存しておらず、地名や地形に基づいた比定に留まっている。

しかしながら、文献資料を根拠とすると同城の規模や構造は秀逸な内容であったことがうかがえ、現在も遺構が存在する可能性を秘めるものである。

あるいは、城山城の城門については、古代の遺構を再利用し、近世の「算木積み」に類する形態に改変することによって西庄城として再生された可能性も考える必要があるであろう。

仮に古代朝鮮式山城が戦国時代の城郭として再生したこと

が事実であれば、全国に例のない遺構として特筆すべき城となる。

【消された城】　香川県内で発見されている朝鮮式山城は、城山城以外に屋嶋城がある。両者の最大の差異は日本の正史への記載の有無である。城山城が正史のみならずその他の歴史書においても一切触れられていない一方で、屋嶋城は日本最古で強大な存在感を放つ『日本書紀』に記載されていることは脅威である。

●—石塁（坂出市教育委員会提供）

この差異の要因は天智天皇と藤原不比等が生み出したと考えられる。天智天皇は、実母の斉明天皇の菩提を弔うためにかつて自らが創建した川原寺を前身とする弘福寺の経営のために讃岐国山田郡を領地化し、次に藤原不比等が一族の氏神である春日大社を同郡に分祀することで同郡の支配を引き継いだ可能性を考えてみることが重要である。屋嶋城が讃岐国山田郡に所在した事実は、同城が天智天皇と藤原不比等による同郡の支配を可視化したと考えることができる。

大野城に次ぐ規模と堅固さを誇った城山城は、その地位を強力なパトロンを有した屋嶋城に奪われるとともに、『日本書紀』に記載されることもないままに存在そのものが消されたのではないかと考えている。

【参考文献】　香川県教育委員会『新編香川叢書考古篇』（一九八三）

（西岡達哉）

●生駒親正による国境防衛のための城

沙弥城山城（しゃみじょうやまじょう）

〔所在地〕坂出市沙弥島
〔比　高〕約三四メートル
〔分　類〕山城
〔年　代〕一六世紀
〔城　主〕生駒氏
〔交通アクセス〕ＪＲ予讃線・土讃線・瀬戸大橋線宇多津駅または坂出駅下車、車で約一五分。

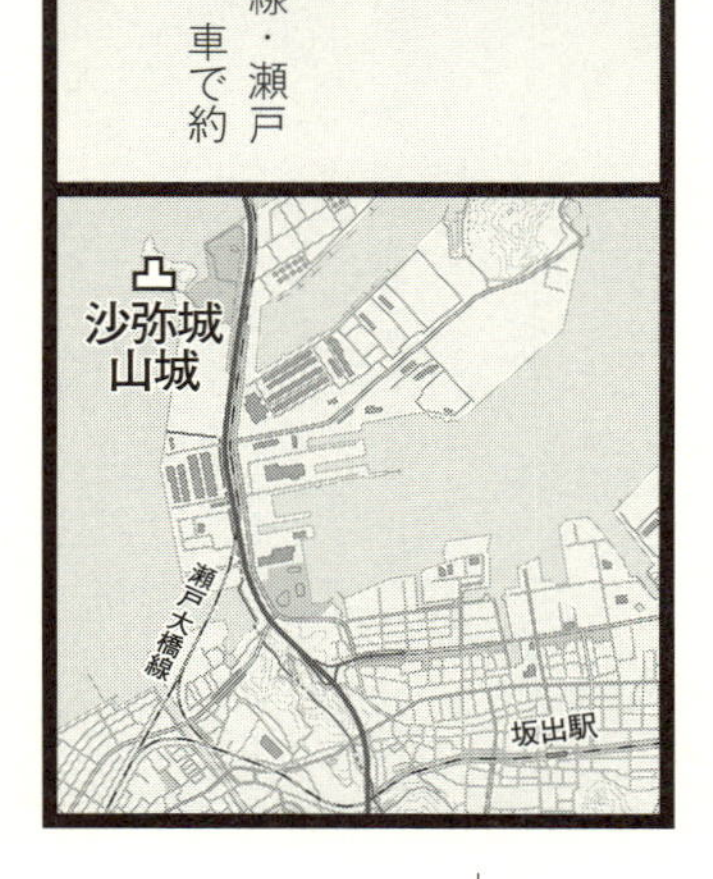

【孤島の謎の城】　現在の坂出市沙弥島は陸続きであるが、通称番の州が埋め立てられる以前は完全な独立島であった。旧沙弥小中学校の西方の標高三四メートルの丘陵の頂上を中心として、東西約三〇メートル、南北約四〇メートルの範囲にわたって遺構が現存している。

当該城については、古記録などにまったく記載されていないばかりか、伝承や伝説なども一切現存しないために、築城から廃城に至るまでの変遷についてはまったくの謎である。ただし、所在地については、古くから「じょうやま」と呼称されており、現在の地図上の標記も「城山」であることから、城としての認識は早くから確立していたことがわかる。

【精巧な石垣】　丘陵の頂上に東西約一五メートル、南北約一〇メートルの平坦地があり、その周囲を幅約七メートルと幅約三・五メートルの帯状の平坦地が二重に取り巻いていることがわかっている。前者が主郭であり、後二者が帯曲輪である。

これらの二重の帯曲輪の境界部分には石垣が現存することが特筆できる。香川県内の島嶼部における石垣は、当該城のみに認められるものである。その高さは成人の膝上から腰くらいまでの低いものであるが、各帯曲輪を周回する形態であることから防御性能は高かったことが想定される。

【織田信長ゆずりの築城思想】　香川県内において石垣を有する城としては、東部から東かがわ市引田城、さぬき市雨滝城、高松市高松城および勝賀城、丸亀市丸亀城、善通寺市・三豊市・多度津町天霧城、観音寺市九十九（つくも）山城および獅子ケ鼻城などの数例に限られている。

これらの立地は、沙弥城山城と同様に海岸線沿いの半島状の丘陵や陸繋島に所在するものが多い。この海岸線沿いの築城思想は織田信長の安土城に倣ったと言われており、琵琶湖の水上交通を掌握できる立地条件を重要視した結果であることが通説化している。羽柴秀吉の長浜城や明智光秀の坂本城なども同様の思想の下で築かれたものであると理解されている。沙弥城山城を含む本県の石垣を有する城の多くは、早くから信長や秀吉に仕えることで、彼らの築城技術を間近に体得することができた生駒親正を建設者と考えることが適当と判断される。引田城が生駒氏による築城であることが判明していることが傍証である。

生駒親正も瀬戸内海の海上交通の掌握を意図したと考えられるが、讃岐国の長い海岸線が海上交通に益する一方で、他国からの侵入に対して無防備という弱点を克服することが最優先であったと考えられる。そのために国の東端部に引田城と雨滝城などを、西端部に九十九山城や獅子ケ鼻城などを配するとともに、中央部に沙弥城山城を築いたと考えることが適当である。

【参考文献】香川県教育委員会『香川県中世城館跡詳細分布調査報告』（二〇〇三）

（西岡達哉）

●—沙弥城山城石垣

●瀬戸内の交通の要衝にある豊臣大名の城

聖通寺城（しょうつうじじょう）

〔所在地〕綾歌郡宇多津町坂下、坂出市坂出町
〔比　高〕一二〇メートル
〔分　類〕山城
〔年　代〕南北朝から天正十五年（一五八七）
〔城　主〕奈良氏、奈良太郎左衛門元安、太郎兵衛元政、仙石久秀、尾藤知宣、加藤清正、生駒親正
〔交通アクセス〕JR坂出駅から坂出市循環バス西ルート「常盤公園登山口」下車、徒歩約二〇分。または高松自動車道坂出北インターから車で五分。

【瀬戸内の交通の要衝にある城】　聖通寺城は、坂出市と綾歌郡宇多津町に跨る聖通寺山一帯に所在する。城は海に突き出た半島状の地形にあり、北側は瀬戸内海に面し、標高一二二メートルの北峰、標高一一五メートル中峰、標高八九メートルの南峰へと小高い頂部が連なり、田尾坂の鞍部に至る。備讃瀬戸の島々が点在するもっとも狭いところにあり、海上交通の要衝である。城の西側には中世讃岐国で最大の港の宇多津がある。

【細川氏家臣奈良氏の城】　聖通寺城は、天文年間（一五三二〜一五五五）頃に鵜足・那珂郡を支配していた奈良氏の本城であった。奈良氏は武蔵国大里郡奈良の地に出自をもち、細川頼之に従い白峰合戦で軍功をあげ、鵜足・那珂二郡を領した。その後、細川勝元のもとで四天王に数えられた奈良太郎左衛門元安（もとやす）が応仁年間に聖通寺山に築城をする。奈良氏配下の武将には長尾氏、新目氏、本目氏、山脇氏などがおり、奈良氏はこの地域の旗頭であった。

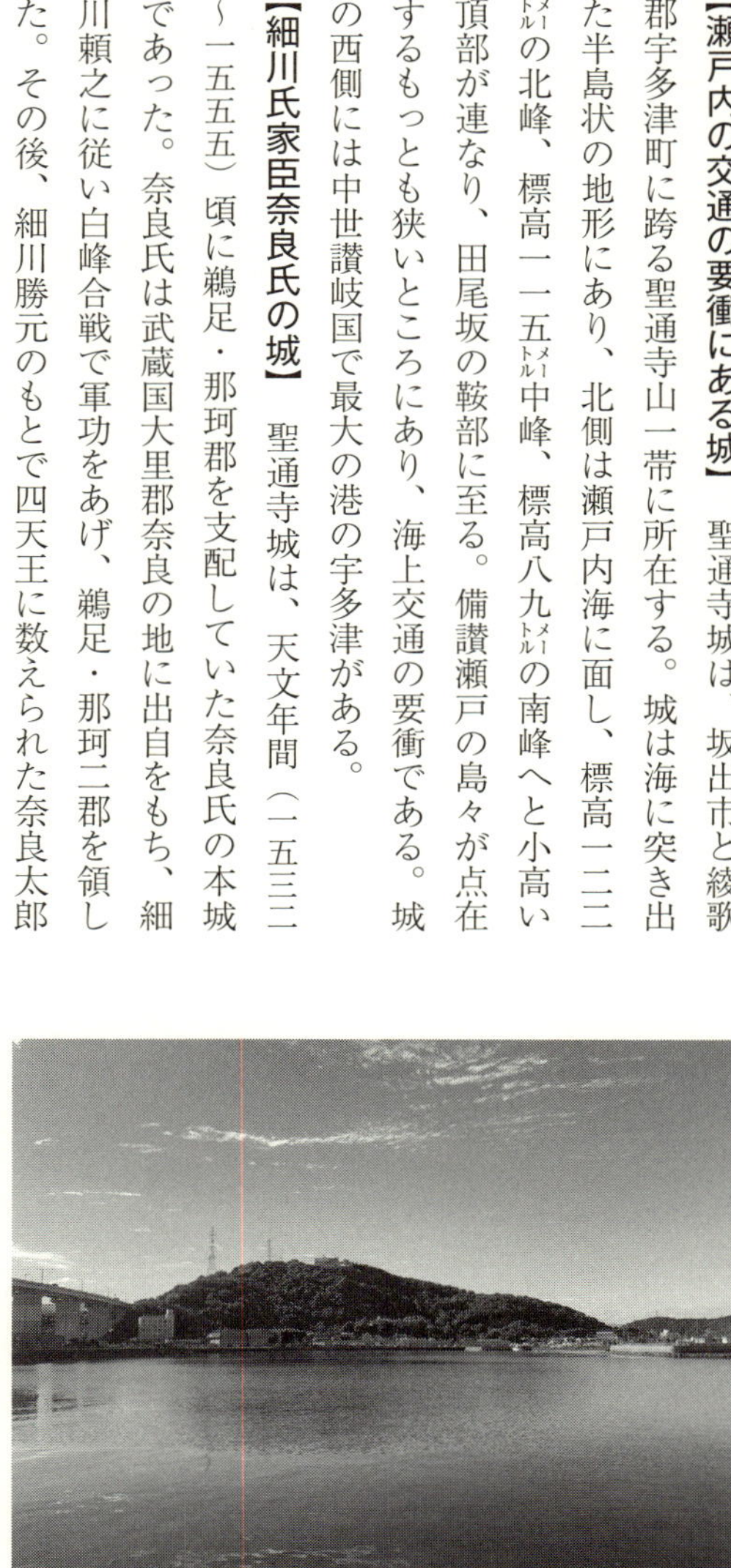

●─聖通寺城（北より）

天正六年（一五七八）、奈良氏は阿野・鵜足・那珂郡の兵三〇〇〇人を率い

て、長宗我部氏が籠る藤目城を奪還するなど活躍したが、それも一時のことで、同年冬にはふたたび藤目城は元親の手に落ちた。そして、天正十年（一五八二）土佐勢の讃岐支配の拠点である西長尾城に長宗我部氏の軍勢一万二〇〇〇人が集結し、同年七月二十三日奈良氏を攻撃し、奈良氏は降伏し宇多津を去っている。

【豊臣大名の城】　天正十三年の羽柴秀吉の四国平定後、仙石氏が讃岐国に封じられ、聖通寺城に入った。翌年の豊後戸次川の戦いで島津氏に敗走し、その責任を問われ領地を召し上げられ、代わって尾藤知宣が讃岐国に封じられ聖通寺城に入ったが、九州出兵で軍律を乱した責任を問われ、わずか四ヵ月で領地を召し上げられた。その後、加藤氏が一時、代官をしていたという説がある。天正十五年（一五八七）八月に生駒親正（ちかまさ）が讃岐国に封じられ、親正は最初に引田城に入ったが、東に偏っていたため、聖通寺城に移り、その後、高松城を築いた。

聖通寺城は、在地の有力領主の城郭から織豊政権の中核を担う武将の城郭となった。

【城の構造と出土遺物】　城跡の遺構は北峰と中峰それに連なる尾根筋に郭の跡とみられる削平地が残っている。

現在、北峰頂部は観光開発により常盤公園として、公園化がなされており、一部改変を受けている。山頂には平山城の碑と積石塚古墳が残っている。この古墳を中心に駐車場になっている範囲は、江戸時代後期に高松藩の砲台が築かれたところである。山頂部北側は開発を受け遺構は不明であるが、その両端の北側に派生する尾根筋には連郭式曲輪群がみられる。西側は自然地形をへて削平地がみられるが、後世の開発による可能性が高くすべてが城の遺構かは不明である。東側斜面部は瀬戸自動車が通り、坂出北インターチェンジが築かれるなど改変を受けているが、このときの調査では曲輪らしき平場があることや奈良氏から仙石氏頃の中世末段階の遺物が出土しており、城跡の可能性が高い。さらに瀬戸中央自動車道より東側の尾根筋にも削平地がみられ、後世の開発で形が変わっているかもしれないが連郭式の曲輪があった可能性は高い。

中峰は古城と呼ばれており、鉄塔や駐車場などの開発はあるが、山頂部の曲輪と北側と東側にめぐる腰曲輪東側に連郭式の曲輪がある。一九八四〜八五年の香川県教育委員会による瀬戸大橋建設にともなう埋蔵文化財発掘調査により、土師（はじ）質土器や丸瓦や平瓦が多数出土している。丸瓦では、一六世紀末から一七世紀初頭の特徴があり、羽柴秀吉の四国平定後に建てられた可能性が高いと考えられている。

●—聖通寺城縄張図（『香川県中世城館跡詳細分布調査報告』より）

香川

南峰は県指定文化財のゆるぎ岩があるところで、広大な平坦地で出曲輪と伝えられるが、斜面部には切岸などの明確な遺構はみられない。

西側山腹の平山丘陵地（標高八〇〜九〇メートル）に曲輪を思わせる数段の平坦地があり、この平山から坂下にかけて、今は坂下の聖通寺のみであるが、往時は生駒氏時代に丸亀城下に移転するまでいくつかの寺院が存在していたと言われている。

山塊全てが城跡とするとその規模は八〇〇メートル×八〇〇メートルとなり、讃岐の城郭では大規模であり、豊臣大名が築いた石垣は不明であるが、豊臣大名にふさわしい大規模な城郭である。

【参考文献】香西成資『南海通記』、香西成資「南海治乱記」、徳川義宣「加藤清正と讃岐国」『徳川林政史研究所紀要』（一九七二）、村田修三編『図説中世城郭事典三』（新人物往来社、一九八七）、木原溥幸「仙石秀久と尾藤知宣」『新編丸亀市史2近世編』（丸亀市、一九九四）、『香川県中世城館詳細分布調査報告』（香川県教育委員会、二〇〇三）、田中健二「長宗我部元親の東讃侵攻と諸城主の動向」『香川県中世城館跡詳細分布調査報告』（香川県教育委員会、二〇〇三）、野中寛文「天正一〇・一一年長宗我部氏讃岐国香川郡侵攻の記録史料」『香川県中世城館詳細分布調査報告』（香川県教育委員会、二〇〇三）、橋詰茂「戦国期における香川氏の動向」『香川県中世城館跡詳細分布調査報告』（香川県教育委員会、二〇〇三）、橋詰茂「西方守護代香川氏」『中世の讃岐』（美巧社、二〇〇五）、東信男「讃岐国における城割について」『西国城館論集Ⅰ』（中国・四国地区城館調査検討会、二〇〇九）、梶原慎司・松田朝由「天霧城跡・雨滝城跡・聖通寺城跡の出土遺物」『勝賀城跡Ⅲ—総括報告書（考察編）』（高松市教育委員会、二〇一二）、乗岡実「出土遺物からみた戦国時代末から織豊期の讃岐の城郭」『勝賀城跡Ⅲ—総括報告書（考察編）』（高松市教育委員会、二〇一二）

（東　信男）

●讃岐国分寺の後詰めの城

鷲の山城

（所在地）高松市国分寺町柏原、坂出市府中町、綾川町陶
（比　高）約二七四メートル
（分　類）山城
（年　代）一六世紀
（城　主）新名氏、長宗我部氏
（交通アクセス）ＪＲ予讃線・土讃線国分駅下車、徒歩約九〇分。

【絶好の景観を誇る城】　高松市国分寺町、坂出市府中町、綾川町に跨る通称「鷲の山」の山頂（標高三二二メートル）を中心として城が確認されている。同山は、周囲の山稜よりも突出して高いために阿讃山脈や瀬戸内海などの相当の遠方からも目立つ存在である。とりわけ綾川の下流域からの眺望の良さが際立っており、瀬戸内海を監視するための絶好の立地と言える。

【伝承と古記録に彩られた城】　応安元年（一三六八）に在地豪族の新名光業（みつなり）によって築城されたことが定説となっている。新名氏については、旧讃岐国守護の細川氏に従っていたという伝承があるが詳らかでない。

城を巡る合戦については、天正七年（一五七九）に当時の城主の内膳亮光景（みつかげ）が長宗我部元親の攻撃を受けて、降伏したことが伝えられている。

その後、天正十一年（一五八三）に元親の重臣の入交（いりまじり）蔵人が入城したことが、『全讃史』の「天正十一年、土佐元親内膳を殺し、入交蔵人をして之に居らしめ、以て近郡の鎮と為せり」の記述からわかる。

これらの記録からは、天正七年の降伏後も旧城主の内膳亮光景による城の経営がつづいていたことが読み取れるのである。

【要害堅固を目指した改修】　鷲の山は、北側の頂上（標高三一〇メートル）と南側の最高所の頂上（標高三二二メートル）のほとんど比高差がない二ヵ所の頂上を有する特異な山容である。この山容を活かして、遺構が両頂上を中心として尾根を含む広い

範囲に分布していることが判明している。

その範囲は、おおむね東西三〇〇×南北五〇〇メートルであり、北側の頂上からは北東方向および北西方向へ、南側の頂上からは東南方向へ派生する尾根を含むものである。北側の頂上および尾根（以下「北部地区」という）が東西三〇〇×南北二〇〇メートルの規模であり、南側（以下「南部地区」という）は東西一七〇×南北一四〇メートルの規模である。

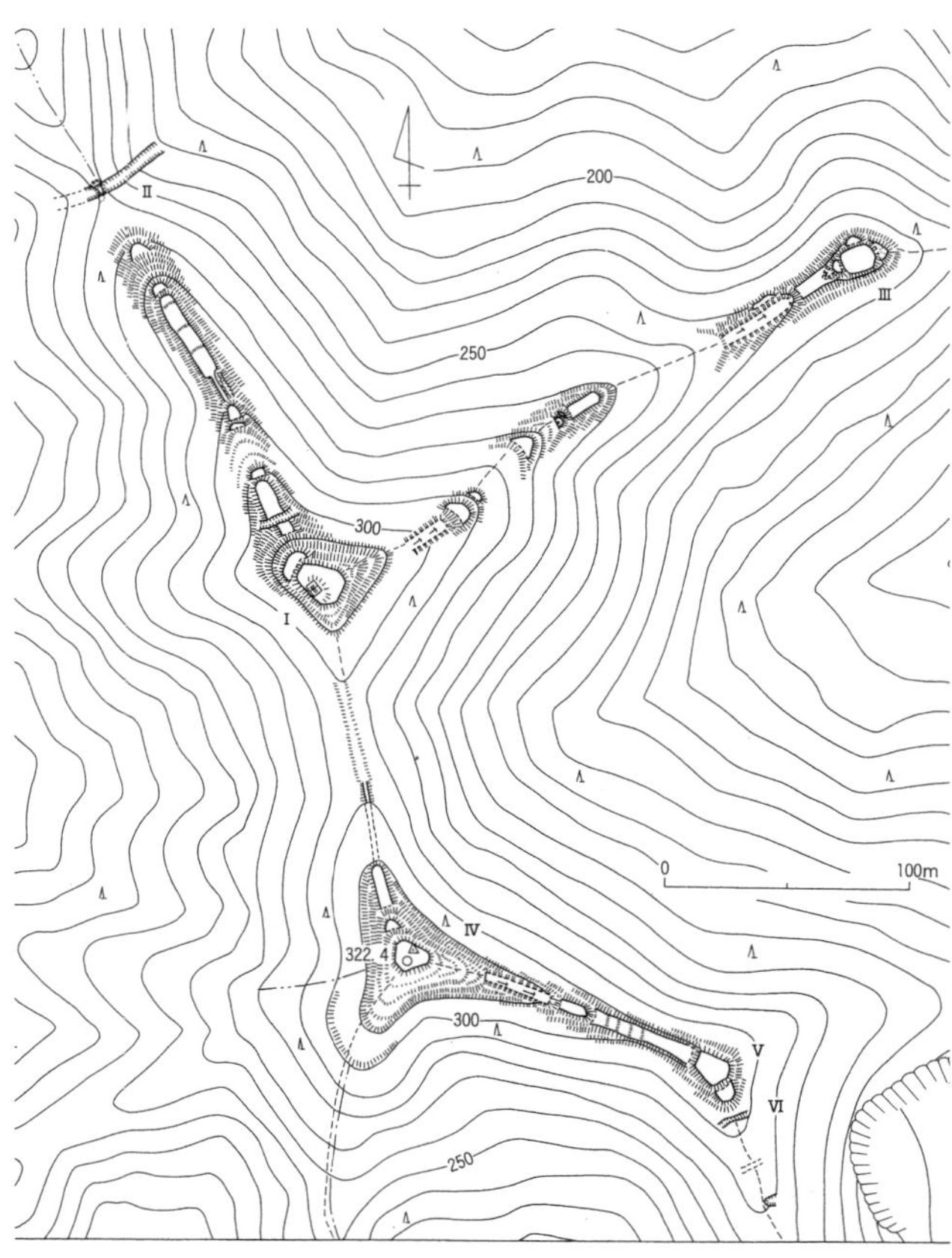

●―鷲の山城縄張図（松田英治作図．香川県教育委員会『香川県中世城館跡詳細分布調査報告』から転載）

現存する遺構のうち、まず曲輪は北部および南部地区に認められ、地区別の曲輪の数は、北部地区がおおむね二五ヵ所、南部地区がおおむね一二ヵ所であることから、圧倒的に北部地区が上回っている。ただし、三七ヵ所に上る曲輪の平面積は、北部地区の頂部の遺構が三三〇平方メートルの最大面積を有する以外はいずれも狭小な規模である。これは、立地環境が急傾斜を呈する硬い岩盤であることが要因と考えられる。

次に堀切について地区別に規模や数を比較すると、北部地区においては頂上から北西方向の尾根の先端部に最大幅五メートルの遺構が存在し、さらに頂上から北西方向へ下る第三段目の曲輪にも遺構が認められる。

一方の南部地区においては頂上から東南方向の尾根の先端部に一ヵ所が確認されるのみである。

さらに土橋については、北部地区においては頂上から北西方向の尾根の先端部の堀切の内部および同尾根の中央部に存在するが、南部地区においては遺構が認められず、両地区の中間部に当たる尾根の鞍部に一ヵ所確認できるのみである。

【城の特徴】 現存する遺構のありかたは、北部地区が南部地区よりも規模および防御機能に秀でていることが明らかである。これは、北部地区が南部地区よりも城郭として発展した形態を示すものであり、構築の順序が南部地区に比べて北部地区が遅いことを物語っている。南部地区の構築時に比べて北部地区の構築時の状況がより切迫した有事下にあったことを意味するものと考えられる。

これらの両地区の遺構に認められる大きい差異は、建設者が異なることを示唆するものである。

最初の建設者は、最高所を占有し、小規模かつ簡易な施設を建設することにより主として南方向への防御性を意図したことがわかる。散漫な遺構のありかたからは、防御機能は脆弱であったものと判断され、物見台程度の機能であったことが推察される。

ところが、新しい建設者は、主として北方向への防御性を高めるために城域を拡大し、堀切や土橋の充実に努めている。もはや城の南方向への関心は遠のいているものと推察される。

さらに、これらの遺構には、在地の国衆が保持していなかった卓越した土木技術が発揮されていると判断される。

【城の建設者】 南方向への防御性を高めることを意図し、物見台程度の施設を経営した最初の建設者としては、新名氏を想定することが相応しい。本県にみられる同氏のような国衆の城については、狭小な曲輪を数ヵ所有する程度であり、堀切、土塁、土橋などを有するまでに進化していないことが通有であることもその理由の一つである。

そこで、北方向に対する高度な防御意識を有するとともに、堀切や土橋に象徴される高度な土木技術が導入された防御施設を構築した国衆以上の勢力として、戦国大名化した長宗我部元親の存在が想定されよう。

県内には、長宗我部元親の重臣の国吉甚左衛門が改修した丸亀市・まんのう町西長尾城をはじめとして、さぬき市雨滝城、高松市上佐山城、同市内場城、綾川町羽床城、善通寺市・三豊市・多度津町天霧城などの元親の直接的な影響下にあったことが推察される大規模な城が全域に分布している。

いずれの城についても、丘陵の最高所に初期の遺構を留めるが、やはり北方向のほかの頂上や尾根に精巧な遺構が存在することが判明している。

【城の歴史的意義】 それでは、長宗我部元親が鷲の山城を含む県内の数々の城郭を改修した理由は如何なるものであろうか。長宗我部氏の讃岐侵攻の目的が四国統一にあったことは広く知られるところであるが、同氏の最終目標がほかの戦国大名と同様に天下統一にあったことも周知の事実である。したがって、四国統一後に対立することになる大名が、当時中国地方まで制覇していた織田氏であったことは明白である。

先述の城郭群の改修が北方向を重要視していることは、来るべき織田氏との抗争のために瀬戸内海方面へ戦力を集中する意思と考えることが適当である。鷲の山城の瀬戸内海への眺望の良さもこのことを裏付けるものである。

●—鷲の山城遠景

さらにこれらの城郭群の立地環境については、阿波国を経由して土佐国と讃岐国を結ぶ幹線路を掌握することができる要衝であることも忘れてはいけない。

【讃岐国分寺の後詰めの城】　長宗我部元親の讃岐侵攻に際して、讃岐国内において根拠地となった城郭などの建造物が二ヵ所知られている。

一ヵ所目は先述の西長尾城であり、改修の結果、一時は一万二〇〇〇人の軍勢が集結したことが知られている。

二ヵ所目が讃岐国分寺である。同寺に集結した軍勢の数などは明らかになっていないが、高松市勝賀城をはじめとする讃岐国の中央部の侵攻の足がかりとされたことは事実である。立地が好条件であることと、約四万平方メートルの広大な寺域を有したことが選ばれた要因と考えられる。

しかしながら、所在地が周囲を丘陵に囲まれ閉塞した盆地様の地形であるために、外部からの攻撃に対する防御性は欠如していたと考えられる。

そこで、非常時のいわゆる「後詰め」のための施設として鷲の山城を改修するに及んだものと推察される。

軍勢の集結場所としての寺院と、「後詰め」の城郭を併せもつことによって、讃岐侵攻の根拠地としての機能を高めることに成功したと考えられる。

（西岡達哉）

【参考文献】香川県教育委員会『香川県中世城館跡詳細分布調査報告』（二〇〇三）

●自然地形を要塞化した城

西庄城（にしのしょうじょう）

〔所在地〕坂出市西庄町庄
〔比　高〕約三メートル
〔分　類〕平城
〔年　代〕一六世紀
〔城　主〕香川氏
〔交通アクセス〕ＪＲ予讃線・土讃線八十場駅下車、徒歩約三〇分。

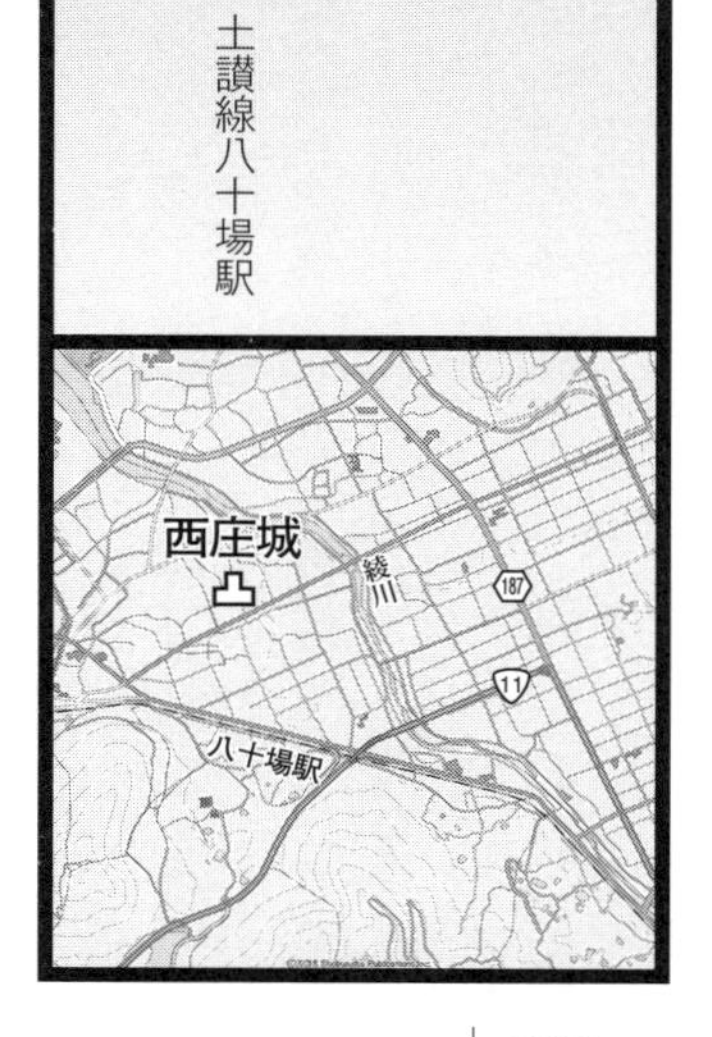

【自然地形の活用】　西庄城については、軍記物を通じて城名が早くから知られるところであり、永正四年（一五〇七）から天正七年（一五七九）にかけて香川民部少輔が居城としていたことがまことしやかに伝えられている。しかしながら、香川民部少輔の実像の解明を含めて、城の詳細な所在地に関する調査・研究がこれまでに行なわれていないためにその確定には至っていない。

　有力視されている推定地は、綾川の新雲井橋の西方約六〇〇メートルに位置する東西、南北ともに約四五〇メートルの四角形の範囲にある宅地と農地である。当該個所の現在の標高は二～三メートルで、綾川の堤防が完成するまでは湿地様の地形であったことが推測される場所である。

　目視による地形調査と住民からの聞き取り調査の結果から、城の遺構として想定されているのは、前記の範囲の北部から東南部を取り巻くような蛇行した田畑の並びについてである。これらの田畑の並びは、周辺一帯よりも標高が低いことからかつての自然河川跡と考えられ、埋積以前は天然の堀として城の防御施設として利活用されていたことが推測されるのである。

【手掛かりは地名】　遺跡の周辺の住民の間では、「ホリノクチ（「堀之口」か）」「スミヤグラ（「隅櫓」か）」「オオヤシキ（「大屋敷」か）」などの通称地名が現在も口伝として残っている。

　「ホリノクチ」はちょうど堀跡と考えられる標高の低い田

●—西庄城遠景

畑の中に伝わっており、自然河川を堀として利活用していた蓋然性を示唆するものである。

「スミヤグラ」については有事のさいに利用される望楼としての高い建物、「オオヤシキ」については住居の存在を物語るものであることから、城の存在を強く示唆していると考えられる。

【香川県ならでは低地の城】 当該城の最大の特徴は、綾川河口近くの中洲様の自然地形を利用して建設されていると考えられることである。北方の海面を防御施設として利用しているのはもちろんのこと、自然河川を巧みに堀として利用していることが看取できる。低地という短所を補うに十分な構造である。

香川県は平地の占める割合が高い地形的な特性がある。このために海岸や河川などに近接した低地に立地する城が他にも多くみられるが、それらの中でも突出した規模を有する西庄城は、本県の低地の城を象徴するものである。

【参考文献】 香川県教育委員会『香川県中世城館跡詳細分布調査報告』（二〇〇三）

（西岡達哉）

●「出水」と条里地割を活かした平城

中村城（なかむらじょう）

〔所在地〕善通寺市中村町字土居
〔比　高〕約二〇メートル
〔分　類〕平城
〔年　代〕一六世紀
〔城　主〕不明
〔交通アクセス〕ＪＲ土讃線金蔵寺駅下車、徒歩約二〇分。

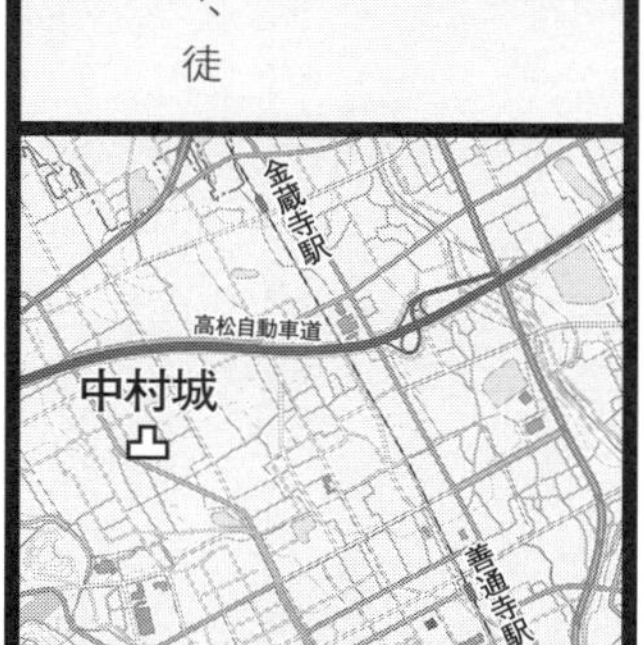

【香川県の地形を活かした立地】　城は善通寺市街地の北郊の平地に位置し、弘田川の東岸の宅地と農地に所在する。弘田川は古くから氾濫を繰り返してきた河川として知られており、現在も氾濫の痕跡を農地の形状や起伏などに留める。

現存する遺構は堀と土塁である。これらは南北一五〇メートル、東西一〇〇メートルのほぼ長方形の範囲に明瞭に存在している。

特に堀は城の南辺部に存在し、現在も清涼な湧水に満ちており、魚類が生息する環境が維持され、農業用水としても貴重な水源となっている。この湧水は、扇状地の扇端部における地下水の地上への噴出個所に相当し、香川県においては「出水」と呼称される自然地形である。

当該城は、この「出水」を堀として活用した事例であるが、香川県の平野部の大部分が扇状地であるために、平地の城が「出水」を堀として活用することは必然的な事象であったのであろう。高松市上林城も同様の事例である。

【良好な保存状態の土塁】　土塁は城の南辺部と東辺部に存在する。南辺部の土塁は、長さ約五〇メートル、最大幅約一〇メートル、高さ約三メートルであり、東端部が直角に北方向へ屈曲しているためにＬ字形を呈している。東辺部のそれは、長さ約四〇メートル、最大幅約五メートル、高さ二メートルであり、北端部および南端部がともに西方向へ直角に屈曲しているためにコ字形を呈している。

南辺部の土塁が東端部において直角に屈曲していることから、両辺部の土塁については、旧状において連結されていた可能性が考えられるが、東辺部の土塁が景政神社を取り囲む

●—中村城土塁

●—中村城堀（善通寺市立筆岡小学校提供）

ようにコ字形にかたちづくられている現況からは、同神社の建設に際して、両辺部の土塁の連結を断絶し、東辺部の遺構の北端部と南端部を西方向へ屈曲させたことが推察できる。

【条里地割との関連性】　城の範囲は、善通寺市域に現存する碁盤目状の条里地割の範囲に完全に合致している。考古学的な研究成果に基づくと、善通寺市域の条里地割の成立時期は最遅でも九世紀頃と考えられていることから、当該城の建設時期においては同地割が完成していたことがわかる。このことは、「出水」を含めて農業用の灌漑水路網についても整備が終わっていたことを意味する。

すなわち当該城の建設にさいしては、条里地割や灌漑水路網を維持することを最大の使命とせざるを得なかったものと考えられ、平地の城が社会的インフラを重要視することによって存在していたことを知り得るのである。同様の事例は、まんのう町大堀城などにもみることができる。

【参考文献】　香川県教育委員会『香川県中世城館跡詳細分布調査報告』（二〇〇三）

（西岡達哉）

獅子ヶ鼻城（ししがはなじょう）

●讃岐国最西端の山城、城主は戸次川の戦いに参加

〔所在地〕観音寺市豊浜町大字和田本村・院内
〔比　高〕一二五メートル
〔分　類〕山城
〔年　代〕天正年間
〔城　主〕大平伊賀守国祐
〔交通アクセス〕JR観音寺駅から車で三〇分。
　高松自動車道大野原ＩＣから車で二〇分。

【城の構造】　獅子ヶ鼻城は、尾根丘陵である台山（標高一五七メートル）にある二〇×二五メートルの円形の削平地を頂上としている。この場所には竜王社（りゅうおうしゃ）があるが、これといった城郭の遺構は確認できない。この場所へは、山麓に五十鈴（いすず）神社と古墳時代中期の方墳である台山古墳があり、その脇を通り登山道を進むと到達でき、三豊平野と瀬戸内海を一望のもとに見渡すことができる。城の立地には最適の場所を選択している。

現在確認できている城の遺構は、頂部から北東に下る尾根上に残されている。その尾根の中段付近（標高一二〇メートル）には幅七～八メートル、深さ一・五メートル超の大堀切が存在する。隣接して帯曲輪が存在するとの報告があるが、シダなどが繁茂している状況なので判断が困難である。

さらに尾根を北東側に下り標高八〇メートル辺りで急峻な断崖となっている。この断崖の手前に良好な状態で城関連の遺構が明確に確認され縄張図が作成されている。断崖手前には曲輪が数段あり、その手前には、幅八～一〇メートルの堀切と高土塁の県下有数の規模の組み合わせが堅固な防御ラインを形成している。獅子ヶ鼻城の名前の由来は、山容にみられる急峻な断崖の形状がイノシシの鼻に似ていることからつけられたものと推察するが、別名に地名から和田城、城主の名前から大平城とも言われている。城の北側には吉田川が燧灘（ひうちなだ）に流れ、川の深さもあって天然の堀としていたものと思われる。また城の北側麓にある国祐寺（こくゆうじ）は居館跡と考えられており、境内には国祐の墓とされる石塔がある。

【城主の事績】 城主の大平氏は、藤原秀郷の五男千常の子孫と言われ、千常の子文脩は近藤氏を名乗る。七代目の国平は正治元年（一一九九）讃岐の守護に任じられている。国平の子国盛より大平姓を名乗り、頼朝より土佐にて所領を賜っている。その後、国祐の時、永禄五年（一五六二）長宗我部元親に攻められ、天霧城の香川氏を頼って讃岐へ来て、多度郡中村に居住し、のちに姫之郷を給付され和田村を領した。獅子ヶ鼻城を築き、以後は香川氏の家臣として活躍した。天正六年（一五七八）の長宗我部氏の讃岐侵攻により城は包囲され落城する。この時国祐は城を脱出して落ち延びるが、国祐の女雪姫は乳母が抱きかかえ、城下の池に身を投げた。そのことから池を姥ケ懐池と呼んでいるようだ。

やがて、豊臣秀吉が四国を平定し、讃岐は仙石秀久の支配下となり、国祐は秀久に仕える。天正十四年（一五八六）九州遠征に従軍し、豊後戸次川で敗れ、息子国常や家臣を失い、帰国して家臣の家で養われていたが、慶長八年（一六〇三）に入水して亡くなっている。

●―獅子ヶ鼻城遠景

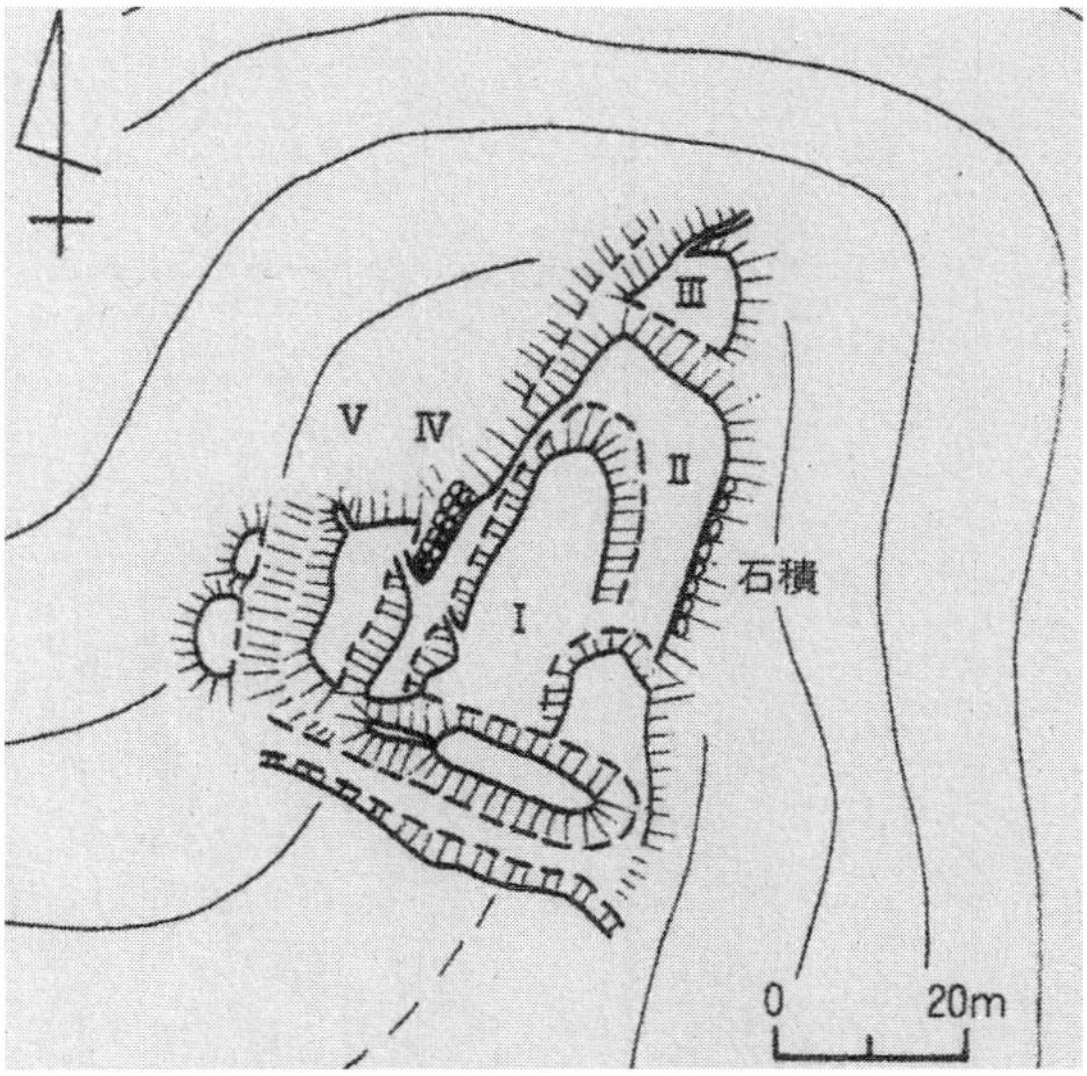

●―獅子ヶ鼻城縄張図（松田英治作成）

【参考文献】『復刻讃岐叢書 増補西讃府志』（藤田書店、一九七三）、香川県教育委員会『香川県中世城館跡詳細分布調査報告』（二〇〇三）

（久保田昇三）

●三方を瀬戸内海に臨む讃岐屈指の山城

九十九山城（つくもやまじょう）

〔所在地〕観音寺市室本町字江甫
〔比　高〕一五三メートル
〔分　類〕山城
〔年　代〕天正年間
〔城　主〕細川伊予守氏政
〔交通アクセス〕JR観音寺駅から車で一五分。高松自動車道さぬき豊中ICから車で二〇分。

【城の構造】　燧灘（瀬戸内海）の有明浜に立ち北方向を望むと、有明富士（讃岐七富士の一つ）と称される標高一五三メートルの江甫草（九十九）山がその雄姿を見せてくれる。現在は山の南側は採石の跡が大きく目立ち景観を損ねているが、中世に城が築かれた当初は、山の西、北・南（一部）の三方が海に面していて瀬戸内海の風景に映え、とても優美な山容であったことは想像に難くない。

幕末の『金毘羅参詣名所図会』にも有明浜と九十九山の風景が詳細に描かれており、風向明媚な景勝地であったようである。丸亀藩の京極家が編纂した『西讃府志』には、「江甫艸山城　室本村にあり、山高五十一間、城跡一段二畝十二歩、相伝う細川伊予守氏政居れり、天正年中滅ぶ」とあり、天正六年（一五七八）冬の長宗我部氏の讃岐侵攻により、藤目城（観音寺市粟井町・大野原町丸井）、本篠城（三豊市財田町）が落とされた後、攻撃を受け落城したようである。

山頂部には、二〇×四〇メートルの長方形の主郭が良好な状態で残されている。主郭の東端には高さ七〇センチの土塁が残されていて、北西側には折れを作り横矢をかけており、主郭の縁辺には石積みがほぼ全周していたようである。ここから海（南西）側には堀切・土塁などがある。主郭直下の曲輪は左渦巻き状に一周している。また、北東方向には曲輪が約一〇段にわたって尾根上に連続して造られている。このことから、稲積山麓方向からの攻撃を想定していたためか、城の護りのおもな意識はこちらにあったようである。なお、攻撃の際に高

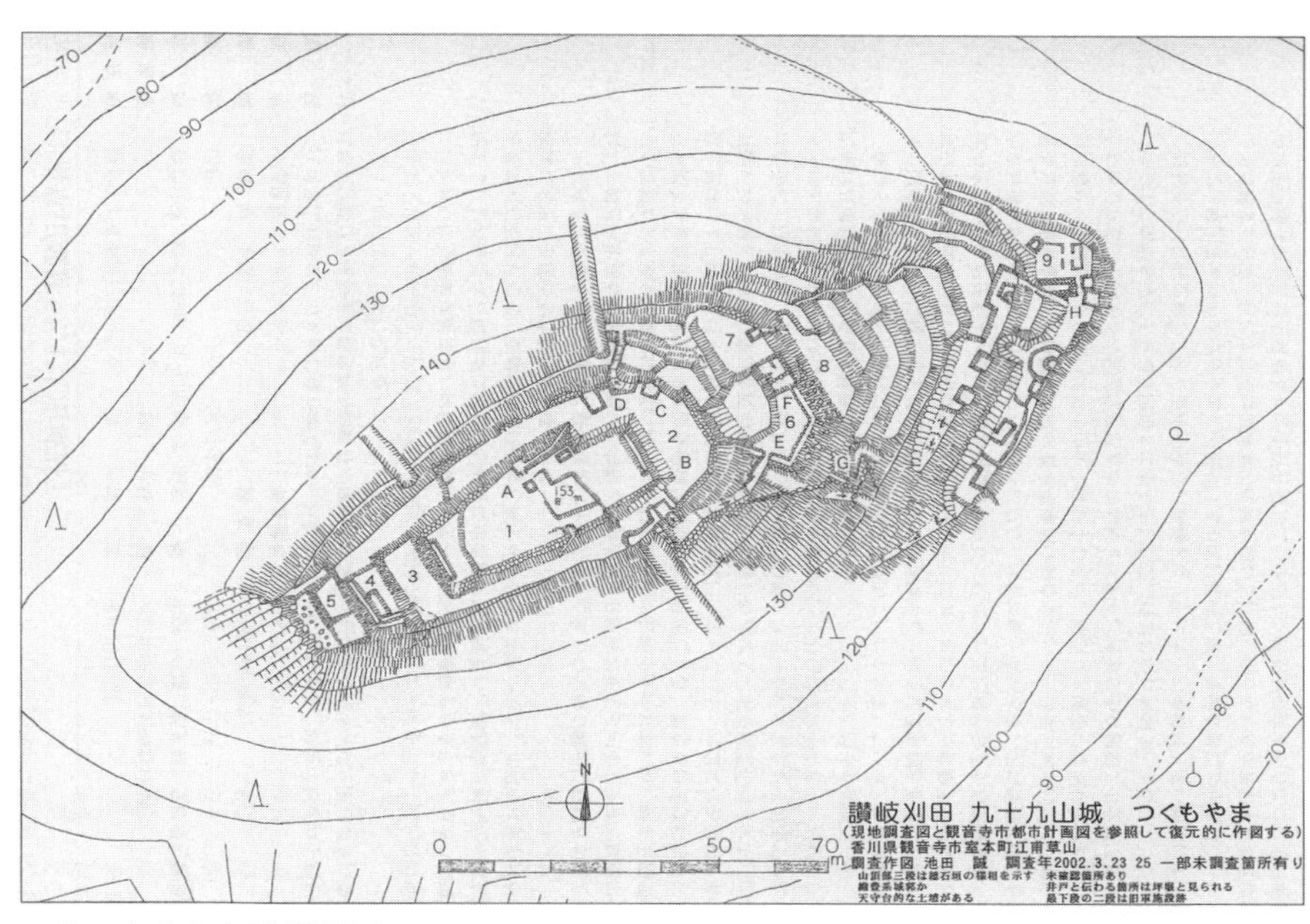

●—九十九山城縄張図（池田誠作図）

屋町の宝珠寺は兵火にかかったと伝えられている。

特筆すべきは、落城後に石積みを多用して城の大改修が行なわれていた可能性があることである。このことは、長宗我部氏が四国制覇を行なう上で、北山麓にある瀬戸内海の交通の要衝である室本港を重要視していたことによるものと思われる。室本は観音寺の外港として古くから開けていたようで、細川氏は室本港を掌握し、高い経済力を有していた可能性がある。また、永禄元年（一五五八）の香川之景の室本麹座宛の免許状（観音寺市麹組合文書）にみるように、座が結成されており、麹商人が活発な商売を展開していたことが推察される。現在も麹を扱う店舗があり、中世からのこの流れはしっかりと引き継がれている。

【城主の系譜など】 神恵院観音寺所蔵の『弘化録』などを確認すると細川氏の系譜を推測できる記載がある。

①享徳元年（一四五二）

「八月朔鐘楼再興成就上棟す。大旦那源信之公。閏八月十五日放生会の記、領主伊予守信之…」（弘化録）

②長享元年（一四八七）

『常徳院江州御動座在陣着到記』外様衆細川伊予

③天文二十年（一五五一）

『上棟奉再興琴弾八幡宮御社一宇棟札』には、伊予守氏頼

（弘化録）
④天正六年（一五七八）
「…本社（琴弾宮）前鐘鋳改、大旦那細川伊予守氏政公…」
（弘化録）
⑤元和八年（一六二二）
『興昌寺の位牌』の忌日として伊豫守

などの文献史料等があり、記載年代や九十九山城の落城年代などから城主とされている細川伊予守氏政は、③の氏頼の子か孫ではないかと推測される。⑤の記載については、氏政本人か子である可能性がある。以上のことから、代々細川氏がこの地域を領していたことは間違いなさそうである。

　九十九山の山裾から約一キロ南にある観音寺市八幡町の興昌寺には、俳諧の祖山崎宗鑑が庵を結んだ一夜庵がある。この前で城主の細川伊予守氏政は自害したという話が伝わっており、供養塔も残されている。また、興昌寺山の頂上部（標高約七五メートル）には古墳の墳丘に土塁を楕円形に接続し、南北約五五×東西約四五メートルの範囲には、一六世紀の土師器などが出土していることもあり、この場所が出城のような役割を果たしていたのかもしれない。また、興昌寺の境内の石垣についても城郭的な雰囲気があり、九十九山城単体ではなく面的なエリアでの防御態勢を考えておくべきである。

【主郭への経路と注意点】　九十九山の北山麓には、真言宗の蓮光院羅漢寺と道をはさんで皇太子神社がある。より安全な登城のためには、まずはここを目指すことをお勧めする。城主の居館が存在していた可能性がある羅漢寺の背後の山の斜面には墓地とミニ四国八十八箇所があり、この札所巡りの一部が登山道となっている。道には案内があるので、それにしたがって急な坂道を標高一〇〇メートル辺りまで登れば城の遺構が残存している場所に行くことができる。そこからは、曲輪が連続して構築されており、それを確認しながらの主郭までのルートである。

　主郭にたどり着けば危険なことはないが、そこから海側（西側）に行けば、後世の採石場となっており、突然に切り立った高い断崖が現れるので、充分な配慮が必要である。なお、山の南側からの登山は不可能ではないがお勧めはできない。

　また、この山は軍隊（陸軍か）の通信施設があったようで、中世の遺構と軍関係の施設跡が複合しており、遺構の保存にどの程度影響をおよぼしているのかは不明である。ただ、時期不明で一ヵ所ではあるが、山の斜面に奥行き一〇メートル以上の大きな横穴が掘られている箇所があるので、現地見学のさいには充分注意が必要である。

●—九十九山（北側から撮影）

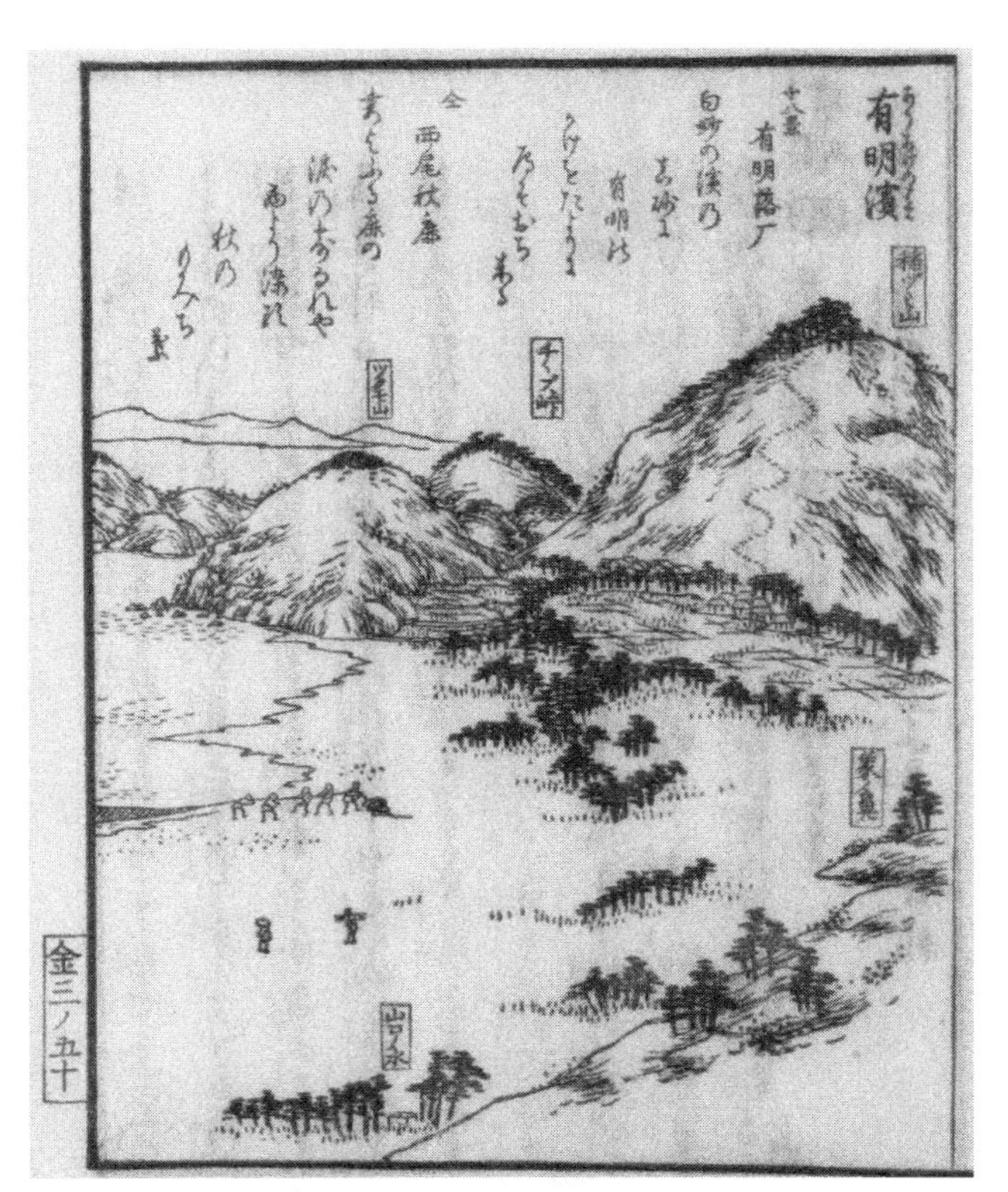

●—『金毘羅参詣名所図会』の有明濱のツクモ山

【参考文献】『復刻讃岐叢書　増補　西讃府志』（藤田書店、一九七三）、香川県教育委員会『香川県中世城館跡詳細分布調査報告』（二〇〇三）、四国郷土研究会『弘化録　読み下し』（二〇〇五）

（久保田昇三）

●長宗我部氏讃岐攻略の最初の標的

藤目城（ふじめじょう）

（所在地）観音寺市粟井町射場・大野原町丸井
（比　高）約八五メートル
（分　類）山城
（年　代）天正年間
（城　主）齋藤下総守師郷
（交通アクセス）ＪＲ観音寺駅から車で二〇分。高松自動車道大野原ＩＣから車で二〇分。

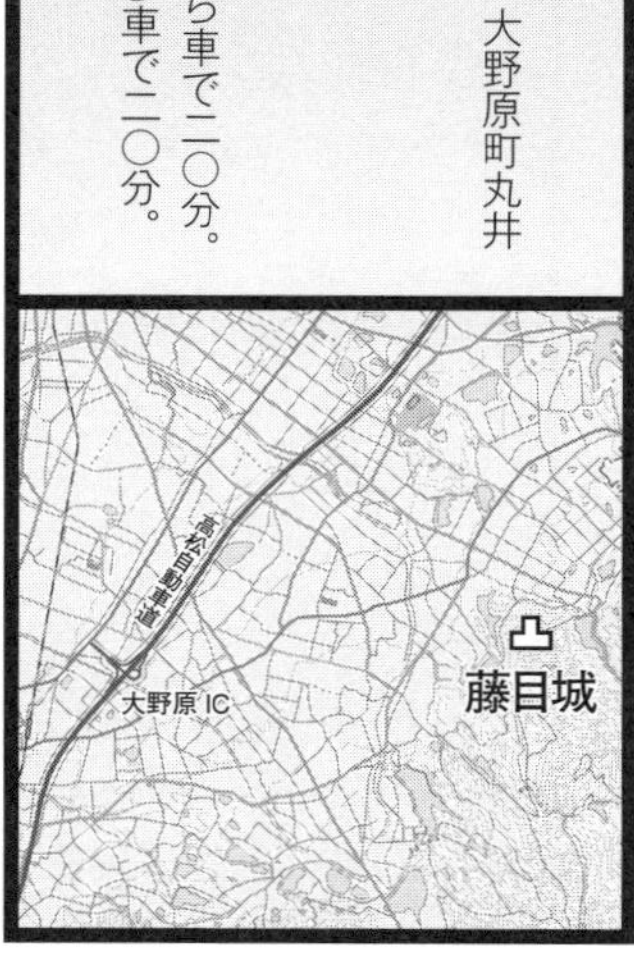

【城の攻防戦】　藤目城については、幕末に成立した讃岐国西部の地誌である『西讃府志』（安政五年〈一八五八〉）に関連の記事が記載されている。それには、『南海治乱記』と『四国太平記』の二つの異なる話があり、本項では『南海治乱記』の内容をみることにする。

【攻防戦の概略】　以下に、本文の一部を少しわかりやすくしたものを記して藤目城の攻防戦を概観する。

城は丸井村、粟井村の二村にまたがる場所にあり、山の高さは三十六間、一の丸（本丸）の長さ二十六間、横八間、西の丸の長さは十五間、横八間、二の丸の長さは四十間、横四間、齋藤下総守師郷が居た。

天正四年（一五七六）に阿波の大西上野介が下総守を誘って長宗我部元親に従わせて、その孫を人質として大西に派遣した。

宇多津の城主奈良太郎左衛門尉勝政（かつまさ）がこれを聞いて、阿波国の三好民部太夫存保（まさやす）に請い、鵜多郡、那珂郡の二郡の兵士に、綾郡の兵を加えて三〇〇〇人で、長尾大隅守、羽床伊豆守、香川民部少輔を先手として藤目城に押し寄せてきた。城中には下総守をはじめとして、元親の小姓組桑名太郎左衛門、濱田善右衛門などおおよそ一〇〇〇人余りの兵で城を守っていた。寄せ手は三〇〇〇人のほかに香川信景（のぶかげ）がさらに三〇〇〇人の兵を率いて来るとの情報が入ると、このことに下総守はおびえて戦うことができず、夜に紛れて阿波の大西邑に落ちていった。

奈良太郎左衛門尉勝政は藤目城に入り、溝や土塁などを修理し櫓などを作った。そして領地を奪って新目弾正に与えて、屈強な兵士五〇〇人余りをとどめ、弾正を主将として藤目城を守らせた。

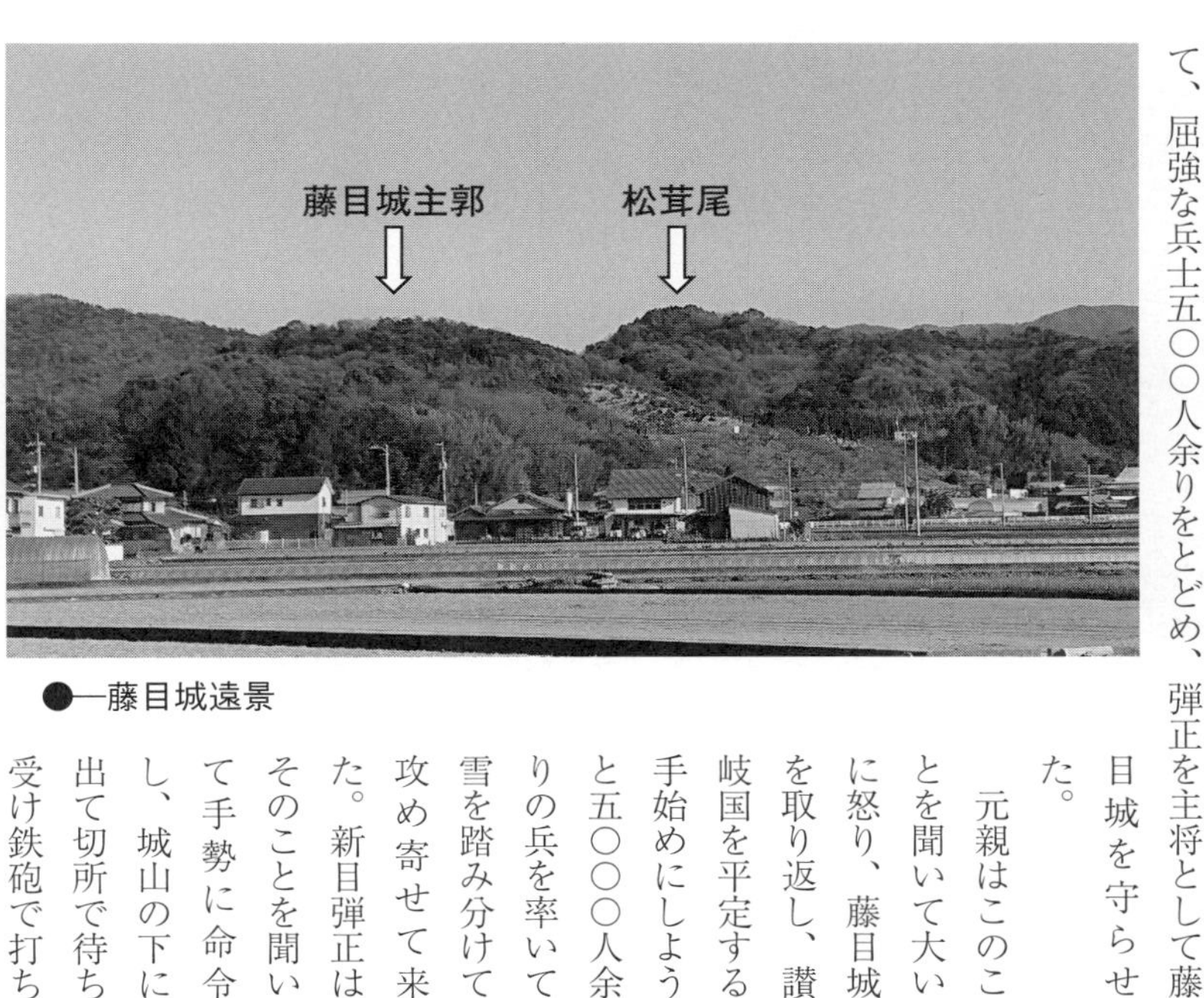

●—藤目城遠景

元親はこのことを聞いて大いに怒り、藤目城を取り返し、讃岐国を平定する手始めにしようと五〇〇〇人余りの兵を率いて雪を踏み分けて攻め寄せて来た。新目弾正はそのことを聞いて手勢に命令し、城山の下に出て切所で待ち受け鉄砲で打ち取ろうと一〇〇人余りを差し向けた。かねてから設けていた切所に引き付けて少しだけ打ち落としたが、寄せ手の大軍が頻繁に攻撃してきたので防ぎようもなく城中に引き帰した。

元親は周辺に放火し、城攻めに兵を失うのは本意ではないので、松茸尾より鉄砲や火矢で攻撃せよと命令したところ、濱田善右衛門の配下のものが進み出て言うには、夏には兵が少なく、後詰めの兵が遅かったので、城を明け渡さざるを得なかったのは遺恨となっている。今我が軍の兵は敵に比べ圧倒的に多いので、敵はたいしたことはない。先手は私に命令して下さいと言い捨て、麾（さしずばた）を取って兵に命令し、後も顧みないで攻撃を行なったが、城中から放たれた鉄玉が善右衛門の胸板に命中し、馬から落ちて死んでしまった。……（中略）……元親は勝利のために自ら麾を取って攻め立てた。鉄砲音やときの声が山に反射し谷に響き、天も振動し大地も動くような心持であった。

夜半を過ぎるころにはようやく堀の手に攻め寄せ、熊手をかけて引き崩し、入り乱れて戦いあった。明け方になって、城兵五〇〇人余りが残らず討ち死にした。寄せ手も七〇〇人余りの戦死者があったと聞く。

元親は城に入り、戦死した屍をおさめ、齋藤下総守に城を返し与え、加番の兵を置いた。そして、阿波の大西に帰っ

た。これを元親讃岐入りの始めとする。（以下省略）

『南海治乱記』にみえる藤目城をめぐる攻防戦は以上であるが、文中にある鉄砲火矢で攻めた場所である松茸尾と思われる場所の状況は、もっとも高いところは平坦な地形となっており、自然地形ではなく人工的な削平がなされている状況がみて取れる。さらに、藤目城側には曲輪のような細い削平された地形が存在している。これも人工的なものであると思われる。ここから藤目城の主郭を望むとだいぶん低い位置（比高差約二〇メートル）に見える。もし、樹木などがなければ、主郭の様子を手に取るように把握できそうな場所であり、藤目城を攻略するための戦略上重要な場所と言える。

【城の構造】 藤目城は、讃岐山脈から北に延びた尾根の一つの末端の独立した丘陵付近に位置し、三豊平野（三野郡・豊田郡：現在の三豊市・観音寺市）の眺望は絶好であり、獅子ヶ鼻城、九十九山城、天霧城まで見渡すことができるこの上ない場所である。

記載されている城の施設で唯一特定できるのは一の丸（主郭）であり、西の丸、二の丸について候補地はあるが残念ながら特定はできていない。加えて、城の範囲についても明確に確認されてはいない。

一の丸（主郭）は標高一三六・五メートルの高さに位置し、長さ七八×幅一七メートルの広大な平坦地が存在する。東西南側には土塁状の高まりがある。現在、ミニ四国八十八箇所の石造物が主郭の周囲に設置されているので、恐らく土塁はこのためのものである可能性が高い。北側は地形が急峻であり曲輪は確認できない。

主郭の北東〜東側には曲輪が二段あり、幅五〜一三メートルで南側に回り込んでいる。主郭との高低差は二メートルほどで切岸は明確である。また、主郭の南〜南西側には別の曲輪が設けられて六〜一三×七〇メートルの規模で南側は桝形状を呈している。さらに南西の尾根には堀切がある。また主郭の北東側に少し下ったところに藤目不動院が尾根を削平した形で存在しているが、この平場についても現状ほどではないが、ある程度の面積を有した曲輪の存在を認めてもよいだろう。ここから後世の石垣を下り北西方向に尾根が伸びており、その頂部に沿って人が歩けるだけの道が通っており地元の人々は現在でも利用している。その標高七〇〜八〇メートルには地形が緩やかになる場所があり、少なくともこの辺りまでは城の範囲を想定してもよいのではないだろうか。

また、主郭から藤目不動院前を通り粟井神社方向に道を下ると標高一〇〇メートル辺りで堀切が横切り、さらに進むと粟井神社の神事場（御旅所）のある広い尾根となる。ここは先ほど

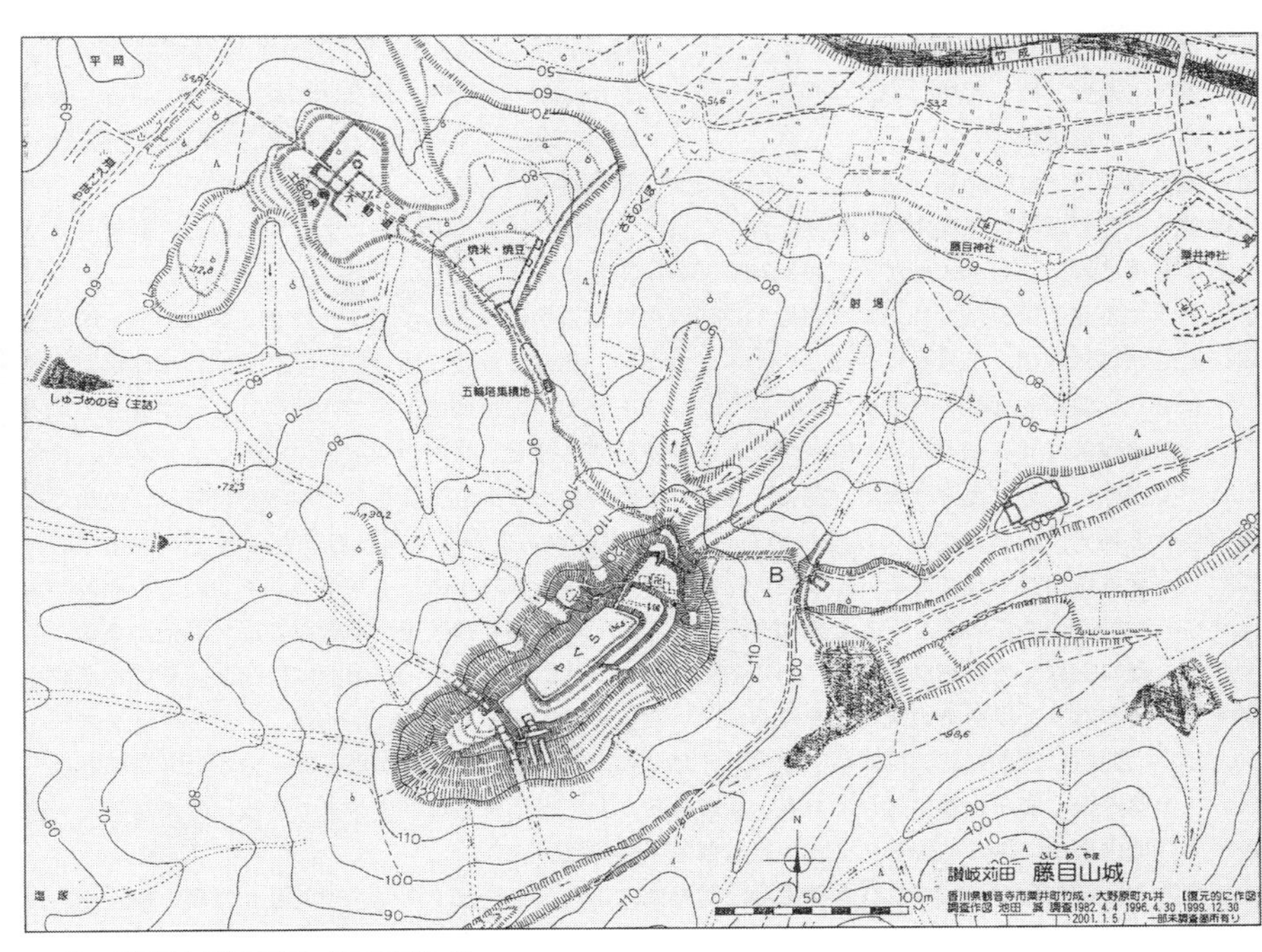

●—藤目城縄張図（池田誠作成）

の堀切からいったん下った尾根がもう一度高まりをみせる場所であり、主郭に一番近い場所で大人数の兵士が詰めることができる唯一の場所であり、普段見過ごしがちではあるが、重要な役割（「二の丸」の可能性）を担っていたであろうことも想定しておくべきである。ここからさらに山を下ると粟井神社があり、山裾には城主斎藤氏の子孫がお祀りしている藤目神社ある。さらに北方向には粟井川が流れ天然の要害を利用した防衛ラインが存在している。下流の柞田川と合流するあたりまで川の深い状態が続き、ここを突破することは困難である。

主郭とは少し距離があるが、約八〇〇メートル北西方向には代の池を挟み細い尾根地形の先端に十輪寺があり、境内の墓地には藤目城主歴代之墓とされるものがある。貞和二年（一三四六）～天正四年（一五七六）にわたる七代の城主名が刻されている。記載内容の真偽やこの場所の寺院の存在意義などについては、藤目城の落城年代の件もあるので、今後慎重に検討すべき課題である。

【参考文献】『復刻讃岐叢書　増補　西讃府志』（藤田書店、一九七三）、香川県教育委員会『香川県中世城館跡詳細分布調査報告』（二〇〇三）

（久保田昇三）

●畝状竪堀群による要害堅固な城

虎丸城（とらまるじょう）

〔所在地〕東かがわ市水主
〔比　高〕約三九五メートル
〔分　類〕山城
〔年　代〕一六世紀
〔城　主〕寒川氏、安富氏、十河氏、長宗我部氏
〔交通アクセス〕ＪＲ高徳線三本松駅下車、徒歩約九〇分。

【北方向を防衛目的とする畝状竪堀群】　城が存在する虎丸山（標高四一七メートル）は、香川県の東部地方を代表する独立峰であるだけでなく、約四〇キロ離れた高松市内からでも遠望することができる香川県の象徴的な山塊である。

遺構は、山頂部と同部から四方に派生した尾根上、さらに北方向への谷地形内に存在している。中でも注視されるのは、北方向への谷地形内に遺された七ヵ所の畝状竪堀群である。最大幅約五メートル、平均的な深さ約二メートルの規模で、山頂部から谷底部へ向かって直線的に逆放射状に配置されている。

香川県内の城における畝状竪堀群は、高松市上佐山城が最大数かつ最大規模であることが判明しているが、虎丸城は同城に次ぐものである。

●—虎丸城遠景

虎丸城の畝状竪堀群については、北方向に集中することに重要な歴史的意味があると考えられ、仮想敵が北方向から到来すると想定していることの現われと判断されるのである。従前の虎丸城の研究における仮想敵は旧阿波国の三好氏や旧土佐国の長宗我部氏であったが、これらへの対処であれば、南方向の防御力の強化が施されていなければ不自然である。すなわち、畝状竪堀群によって北方向の防衛力を強化した要因としては、中国地方や近畿地方からの

敵襲を想定した結果であると看取できる。虎丸城は長宗我部氏によって落とされた後に、同氏によって改修が施され、織田氏や羽柴氏などの本州の大勢力への対抗措置が講じられたものと考えることが自然であろう。

【天守台様の土壇】 山頂の最高所に所在する主郭は、長辺約一五メートル、短辺約六メートル、高さ約一メートルの台形状の土壇であり、現在は速玉神社の敷地となっている。

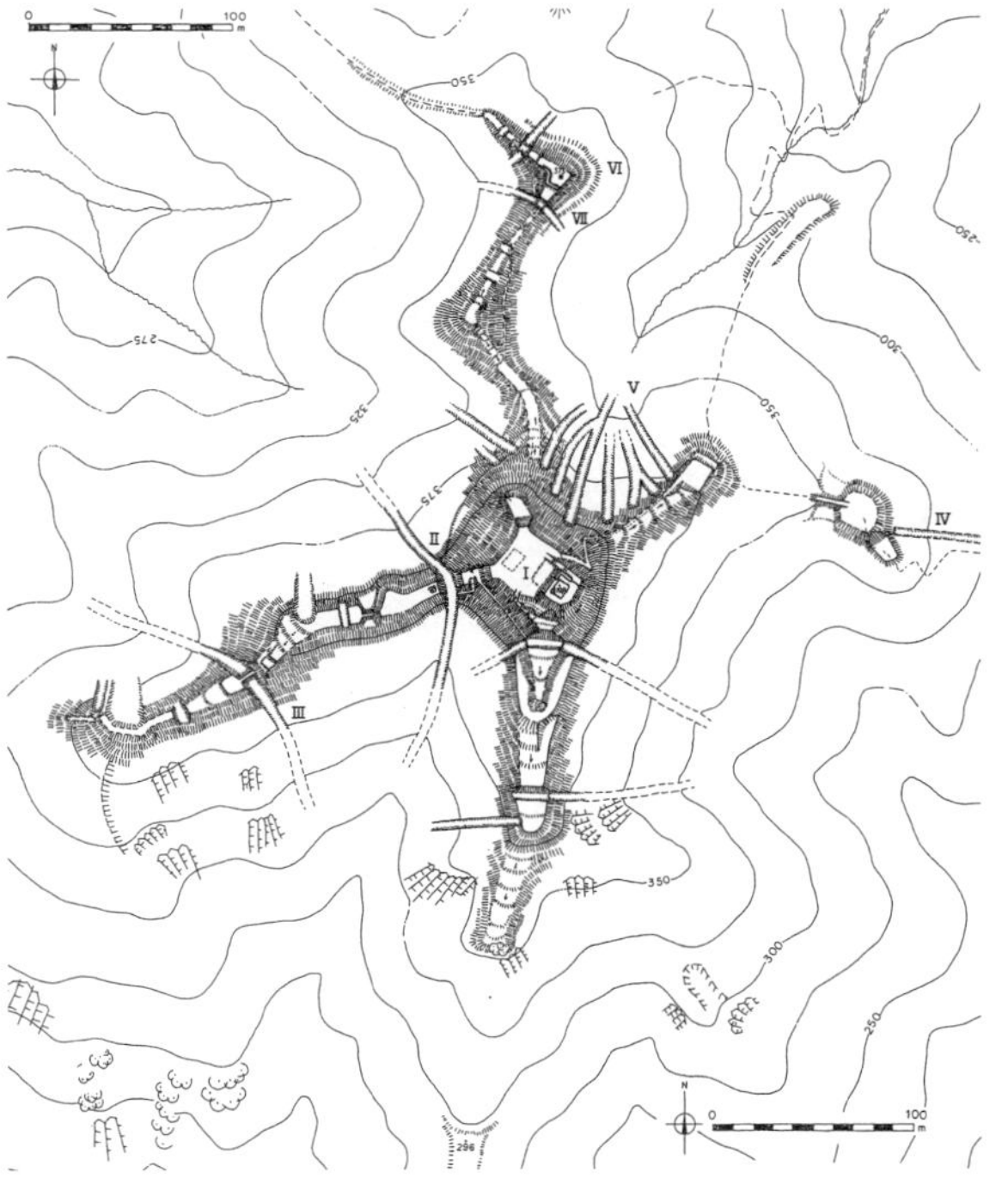

●—虎丸城縄張図（池田誠作図・香川県教育委員会『香川県中世城館跡詳細分布調査報告』より転載）

土壇が同神社の敷地の規模を遥かに凌駕することと、規格的に整地されていることを鑑みると、この土壇は城の櫓台として設置されたものと考えられる。あるいは天守台として利用された可能性もあるのではなかろうか。

【堀切を駆使した山城】 虎丸城の特徴が畝状竪堀群にあることは既述のとおりであるが、各尾根に複数の堀切が現存し、尾根の各所の通行が遮断されていた状況をうかがい知ることができるのも同城を特徴付けている。とりわけ山頂から西方向へ派生した尾根上には、最大幅六メートルの堀切が存在しており、主郭の最終防衛線をかたちづくっている。

また、山頂から南方向へ派生した尾根の先端部にはいわゆる二重堀切に類する平行した堀切も存在し、防衛力の高さを示している。四国地方において畝状竪堀群と堀切を多用した人物として、長宗我部元親を第一人者とする説に従うならば、彼が天正十一年（一五八三）に虎丸城へ攻撃を行なった結果として、城を改修し、これらの施設を建設したと考えることが適当である。

（西岡達哉）

【参考文献】 香川県教育委員会『香川県中世城館跡詳細分布調査報告』（二〇〇三）

●生駒親正の讃岐国支配の足掛かりの城

引田城（ひけたじょう）

〔国指定史跡〕

〔所在地〕東かがわ市引田
〔比　高〕約八二㍍
〔分　類〕山城
〔年　代〕一六世紀
〔城　主〕四宮氏、生駒氏
〔交通アクセス〕ＪＲ高徳線引田駅下車、徒歩約三〇分。

【安土城ゆずりの立地】　引田城が立地する通称「城山」は、山麓が埋め立てられて宅地や農地に改変される以前は陸繋島様に海面に突き出た丘陵であった。山上からは小豆島や淡路島などの瀬戸内海の東部海域の島々を遠望できることから、防衛上の見張り場として好都合の地形である。

さらにこの選地のありかたは、織田信長の安土城が琵琶湖に突き出た丘陵に築城されたことに端を発するものであり、水上交通の利便性を図るとともに水面を自然の防衛施設として組み込むという思想であると理解されている。引田城の築城者の生駒親正（ちかまさ）が織田信長の主要な家臣であったことを念頭に置くならば、親正は信長の築城技術を確実に継承していると看取できる。

●―引田城遠景

安土城や引田城のように湖面や海面を水上交通や防衛施設として積極的に利活用した城郭としては、羽柴秀吉の長浜城や明智光秀の坂本城などが知られることから、やはり織田信長の築城技術は配下の武将たちに共有されていたことがわ

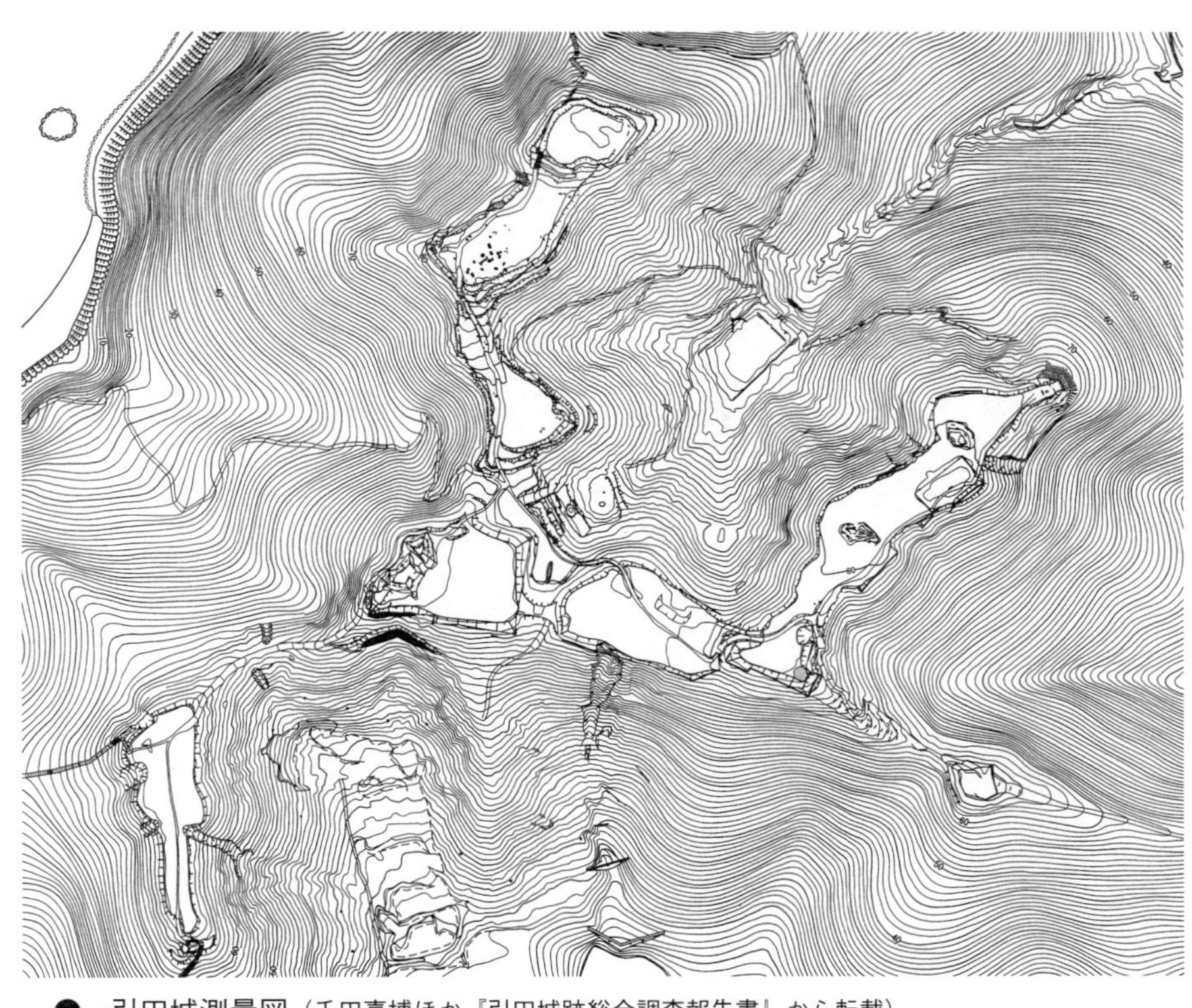

●—引田城測量図（千田嘉博ほか『引田城跡総合調査報告書』から転載）

かる。

　ところが引田城の築城思想については、これらの近畿地方の城郭とは多少趣旨が異なると考えられる。すなわち、安土城、長浜城、坂本城は、琵琶湖を中心とした近畿地方の中心部分に湖面を利活用した交易と防衛のネットワークを構築することを目的として築城されたと考えられるのに対して、引田城は旧讃岐国内の石垣を有した城郭群とともに、国境の防衛と緊急時の退路の確保を目的として築城されたことが考えられるのである。

　引田城の調査研究の成果は、織田信長や羽柴秀吉の築城思想との差異を浮き彫りにした点においても興味深い。

【仙石秀久入城説への疑問】　通説では四国地方の支配を目指した羽柴秀吉によって、長宗我部元親と対峙するために天正十一年（一五八三）に仙石秀久が引田城に入城させられ、その翌年に秀久は引田表で元親との合戦におよび、敗走したことになっている。そして、秀吉が四国地方を統治した後に秀久はふたたび同城に入城したとのことである。

　仙石秀久もまた織田信長と羽柴秀吉の子飼いの武将

である。先述の城郭の立地の観点においては、引田城の築城者として秀久に白羽の矢を立てることもやぶさかではないと考えられ、彼の入城説を肯定できる可能性を秘めていると言える。

しかしながら、秀久が四国地方へ派遣される直前に居城していた兵庫県洲本城の調査結果からは、同城の東の丸の高い石垣が彼の手掛けた遺構であると結論付けられていることから、生駒親正築城以前の石垣が存在しない引田城との対比においては、同城に秀久が築城および入城などで関与した通説については疑問視されるべきと考える。

【旧讃岐国における総石垣の萌芽】 つい先年まで、香川県内において高い石垣を有し、全城域が石垣で構築されたいわゆる「総石垣」の城としては、高松市高松城と丸亀市丸亀城が知られるのみであった。

ところが、引田城の詳細な調査が進展した現在では、同城の通称本丸跡、北二の丸跡、南二の丸跡、東の丸跡の各曲輪が完全に石垣によって囲繞されていることが判明したことから、総石垣の城郭として認識されるに至っている。とりわけ現状において高さ約七メートルという最大の規模を誇る北二の丸跡の西縁辺部の石垣は、丸亀城の南（搦手）側の丘陵裾部に配置された石垣の様態に酷似していることから、両城が生駒親正の築城によることを如実に物語るものである。北二の丸跡と南二の丸跡の間隙の窪地地形を門跡に想定するのであれば、この石垣は城の正面に位置することにより、見る者を圧倒することを意図したものであると考えられる。

なお、大正時代を中心として引田港の修築のために多くの石垣が取り崩され、海岸まで移動された事実を勘案するならば、他の曲輪の石垣の高さが北二の丸跡のそれに比べて低い状況については、ごく最近に発生した現象であると考えることも必要である。

すなわち引田城の築城当初の全貌としては、現存する高松城の二の丸跡一帯の初期の石垣の規模に匹敵するものであり、完全な総石垣の城であったことが想像されるのである。

【特異な曲輪の配列と謎の化粧池】 通称本丸跡、北二の丸跡、南二の丸跡、東の丸跡の四つの曲輪は、丘陵の尾根上におおむね同じ標高で連なった状態を示している。尾根の平面形態が東南方向に開口した逆コ字形を呈することから、曲輪全体も整然とした逆コ字形の配置となっている。

この配置の意図が東南方向の海上からの敵の攻撃に対抗するものであることは、門を西側の搦手側に想定することからも自明と考えられるのであるが、各曲輪から約三五メートル下った逆コ字形のほぼ中心部の谷地形内に通称「化粧池」が存在す

●—引田城北二の丸跡石垣に似る丸亀城石垣

ることによって断言はためらわれる。

この池については、周囲の石垣の様態から築城時期の遺構ではないとの評価がなされているものの、城が機能していた時期に所属するものと判断されている。伝説の域を出ることはないが、その名称のとおり城内の居住者の化粧用の貯水池や飲料水の保管場所として建設されたものとの考えがある。しかしながら、これらのいずれの目的によって建設されたとしても、その所在地が敵の攻撃ルートの想定ライン上に位置することは不可解と言わざるを得ない。

すなわち、曲輪群の平面的な配置のみを根拠として敵の攻撃に対する防衛の指向性を決定することは性急である。この池の本来的な意味が明らかにできたときに、引田城の仮想敵も明らかになるものと考えられる。

【二種類の野面積みの石垣】　既述のとおり引田城の最大の特徴はいわゆる総石垣の遺構が現存することである。通称本丸跡をはじめとする四つの曲輪は、部分的に石材が引き抜かれている個所が認められるもののおおむね全周に石垣が存在している。

これらの石垣を概観すると、石材の積み方が二種類に大別されることがわかる。もっとも特徴的な個所は、通称本丸跡と南二の丸跡の接点に所在する土壇の東南隅部と北二の丸跡

●—本丸跡と南二の丸跡の接点の石垣

の西縁辺部である。

前者の石垣は、最大径が一メートル前後の自然石が野面積みされた遺構であり、土壇の角石に大型の石材が使用されていることと、各石材が単純に上下に積み重ねられた状態を示すことが特徴的である。

後者の石垣についても野面積みに分類することができるのであるが、先述のとおり城の中でも約七メートルの最高の高さを誇るとともに、最大径が約六〇センチ前後に整えられた石材が密な間隔で積まれていることから、石垣全体が堅牢な印象を与えていることが特徴と言える。

これらの両者の特徴を比較することによって、両遺構の建設時期の先後関係が明らかになってくるのである。すなわち、単純な野面積みである前者が先に建設された可能性が高いと判断され、おそらくはすべての石垣の中でも最古の築城時期に比定できるのである。

ところで、前者に酷似した石垣がさぬき市雨滝城、高松市高松城、観音寺市九十九山城および獅子ケ鼻城などにおいても確認されている。これらは、香川県の海岸線上もしくは隣接して建設されており、海上を遠望できる立地であることを鑑みると海岸線の防衛を目的として建設されたことが推察できるのである。さらには、引田城が旧阿波国、獅子ケ鼻城が旧伊予国との境界に位置することからは国境の防衛をも目的としていたことが看取できると考えている。

引田城の最古の石垣は、生駒親正が旧讃岐国の全域を支配するに際して、海岸線と国境の防衛に腐心した事実を物語っているのである。

【天守閣を示唆する土壇】 本丸跡の中央部から東寄りの位置に「天守台」と呼称されている土壇が存在する。南北約七メートル、東西約一四メートル、高さ約一メートルで、上面部が平坦に成形された整然とした台形型の遺構である。周囲の斜面部に石垣様の石材の配列がいくらか認められることから、旧状においては全周に石垣が設けられていた可能性もあると考えられる。

この土壇については、相当に以前から「天守台」と呼称されてきた経緯があることから、櫓台として機能していたことも想像される。仮に俗称どおりにいわゆる天守閣が存在したとすれば、香川県内では高松城と並んで最古の天守閣となり、生駒親正が旧讃岐国の支配のツールの一つとして、当時としては最新鋭の天守閣を導入したことが想像されるのである。

【一国一城令と引田城】 引田城については、二〇〇三年以降の調査研究によって、ようやく生駒親正による築城の事実が明らかになったが、廃城時期に関する有力な手掛かりはいまだに得られていない。多くの研究者は、慶長十五年（一六一〇）の「一国一城令」によって廃城したとする説を唱えているが、明確な根拠がないのが現状である。

こうした状況下において筆者は、高松市に所在する瀬戸内海歴史民俗資料館に保管されている「讃岐国全図」（一七六二年作成）が有力な手掛かりになるものと推察している。同図には二三ヵ所の「城」地名が認められるが、これらには「古」の文字を加えて「古城」と記載されている地名が一五ヵ所存在することがわかっている。一国一城令の発令から一五〇年近くの歳月を隔てていてもなお「古城」として語り継がれる場所こそが同令の対象として廃却された城の場所と考えられるのである。

同図によると、引田城の所在地は「古城山」として記載されていることから、やはり一国一城令の対象となったことがありありと明示されているものと言えるであろう。

【参考文献】 香川県教育委員会『香川県中世城館跡詳細分布調査報告』（二〇〇三）、千田嘉博・橋詰茂・仁木宏ほか『引田城跡総合調査報告書』（二〇一六）

（西岡達哉）

●細川京兆家守護代安富氏の山城

雨滝城（あめたきじょう）

〔さぬき市指定史跡〕

〔所在地〕さぬき市津田町津田・大川町富田中・寒川町神前
〔比　高〕約二一〇メートル
〔分　類〕山城
〔年　代〕一五世紀中頃～天正十三年（一五八五）
〔城　主〕安富氏、六車宗旦
〔交通アクセス〕雨滝自然科学館駐車場より山頂部まで徒歩約三〇分。

讃岐津田駅
高松自動車道
雨滝城

香川

【立地】　雨滝城は、県東部のさぬき市津田町・大川町・寒川町にまたがる雨滝山（標高二五三メートル）の山頂とそこから三方に延びる尾根上に位置する山城である。城の主郭がある山頂部からの眺めは素晴らしく、北東側には瀬戸内海東部海域である播磨灘が一望でき、眼下には『兵庫北関入船納帳』（室町時代の摂津国兵庫北関の通関記録）にも記載された中世の港町「鶴箸（つるはし）」の比定地である津田町鶴羽地区の町並みが広がる。

一方、南側の大川町富田地区は、古代官道「南海道」の駅家である「松本駅」がおかれたとされる古くからの陸上交通の要衝であり、平安時代には安楽寿院領富田荘が成立した穀倉地帯でもある。なお、雨滝山の南裾を西に向かって流れる津田川は、山の西側で流れを大きく北東に変えて瀬戸内海に注ぎ込んでいる。まさに、南部の穀倉地帯と瀬戸内海沿いの港とをつなぐ舟運を担った川といってよい。以上のことから、雨滝城は、讃岐国東部の海上、陸上双方ににらみを利か

●—雨滝山（手前は津田川）

●—山頂部から北東方面の眺め

せるのには絶好の場所に築かれたといえる。

【歴史的背景】　雨滝城が築城されたのは、長禄年間（一四五七～六〇）のことで初代城主は安富盛長（もりなが）とされる。安富氏は下総国の出身とされ、細川京兆家の祖、細川頼之（よりゆき）が南北朝の動乱期に四国を平定したのを機に頼之に従って讃岐国に入り、以来、細川京兆家の守護国の一つである讃岐国の領国支配を支えた。室町時代の守護は在京して幕政に参画するのが一般的で、守護領国の現地支配は守護の有力家臣が守護代としてそれを担った。讃岐国においても、応永年間（一三九四～一四二八）初頭には、安富氏と香川氏の二氏が両守護代として讃岐国を東西に二分して支配するようになった。ただし、安富氏は香西氏、奈良氏、香川氏とともに細川四天王とよばれた重臣クラスであったので、守護代といえども在京して主家を支えたため、現地には一族の者を代官（又守護代）として置いていた。

安富氏はもともと、讃岐国三木郡に拠点を構えていたが、盛長の時に三木郡に隣接する寒川郡の一部を寒川氏から分割され、雨滝山に城を築いて東讃岐支配の拠点とした。しかし、室町時代の守護大名による領国支配においては、在地領主層である国人らの自立の気風が強く、「讃岐国は十三郡なり。六郡、香川これを領す。寄子（よりこ）衆またみな小分限なり。然りといえども香川とよく相従うものなり。七郡は安富これを領す。国衆大分限者これ多し。然りといえども香西党、首としてみなおのおの三昧して安富に相従わざるものこれおおしなり。小豆島また安富これを管す。（現代語訳：讃岐国は十三郡あって、そのうち六郡は香川氏が管轄し、つきしたがう寄子衆はみな所領は小さいが香川によく従っている。七郡は安富氏が管轄している。国衆は所領の大きいものが多い。しかし、香西党を代表としてみな好きに振るまっており、安富氏にしたがわないものが多い。また小豆島は安富氏の管轄下にある）」（『蔭凉軒日録』明応二年〈一四九三〉六月十八日条）とあるように、香川氏による西讃岐六郡の支配は比較的安定していたが、東讃岐七郡は香西氏をはじめ所領の大きいものが多く安富氏の現地支配は決して盤石とは言えなかった。現に、明応四年（一四九五）には、「讃岐国蜂起」と称される大規模な武装蜂起が起きている。

その後、実子のない細川政元の後継をめぐり京兆家内で家督争いが生じ、永正四年（一五〇七）に、政元が家臣の香西元長らに殺害されると、安富氏による現地支配にも影響があらわれたのだろうか、大永三年（一五二三）には、寒川郡の下道三郷をめぐって寒川氏と安富氏が対立し、天文九年（一五四〇）には、安富筑前守が寒川領内へ侵入し、富田、石田城を攻めている。また、阿波細川家出身の細川澄元が京兆家の家督を継承して以来、阿波細川家の重臣であった三好氏の影響力が京・畿内で大きくなると、三好氏の勢力が本国である阿波国を越えて讃岐国にもおよぶようになり、天文十一年（一五四二）には三好氏が、寒川氏を援けて安富氏の雨滝城を攻め、安富氏は敗れて三好氏に従うようになる。さらに、元亀三年（一五七二）には寒川氏が大内郡の虎丸城を三好氏に献上すると安富盛方は虎丸城に移され、雨滝城主は安富氏の家臣である六車宗旦に代わった。もっとも、三好氏の権勢は長くはつづかず、土佐国を統一した長宗我部元親の勢力が四国全域に拡大する中、天正六年（一五七八）には長宗我部軍による讃岐国侵攻が西讃岐からはじまり、天正十年（一五八二）には阿波国を攻略、翌年の東讃岐侵攻の末、雨滝城は落城している。

落城後は、元親に降った六車宗旦が城を預かり守ることになったが、天正十三年（一五八五）、羽柴秀吉による四国攻めの末、長宗我部元親は降伏し、秀吉家臣の仙石秀久が讃岐国に入部したことを受けて雨滝城は廃城となった。

【発掘調査の成果】 昭和四十五年（一九七〇）度に地元の大川町教育委員会により現地調査が行なわれ、山頂から西方に伸びる尾根上のもっとも西よりの曲輪（西Ⅳ）から四間×五

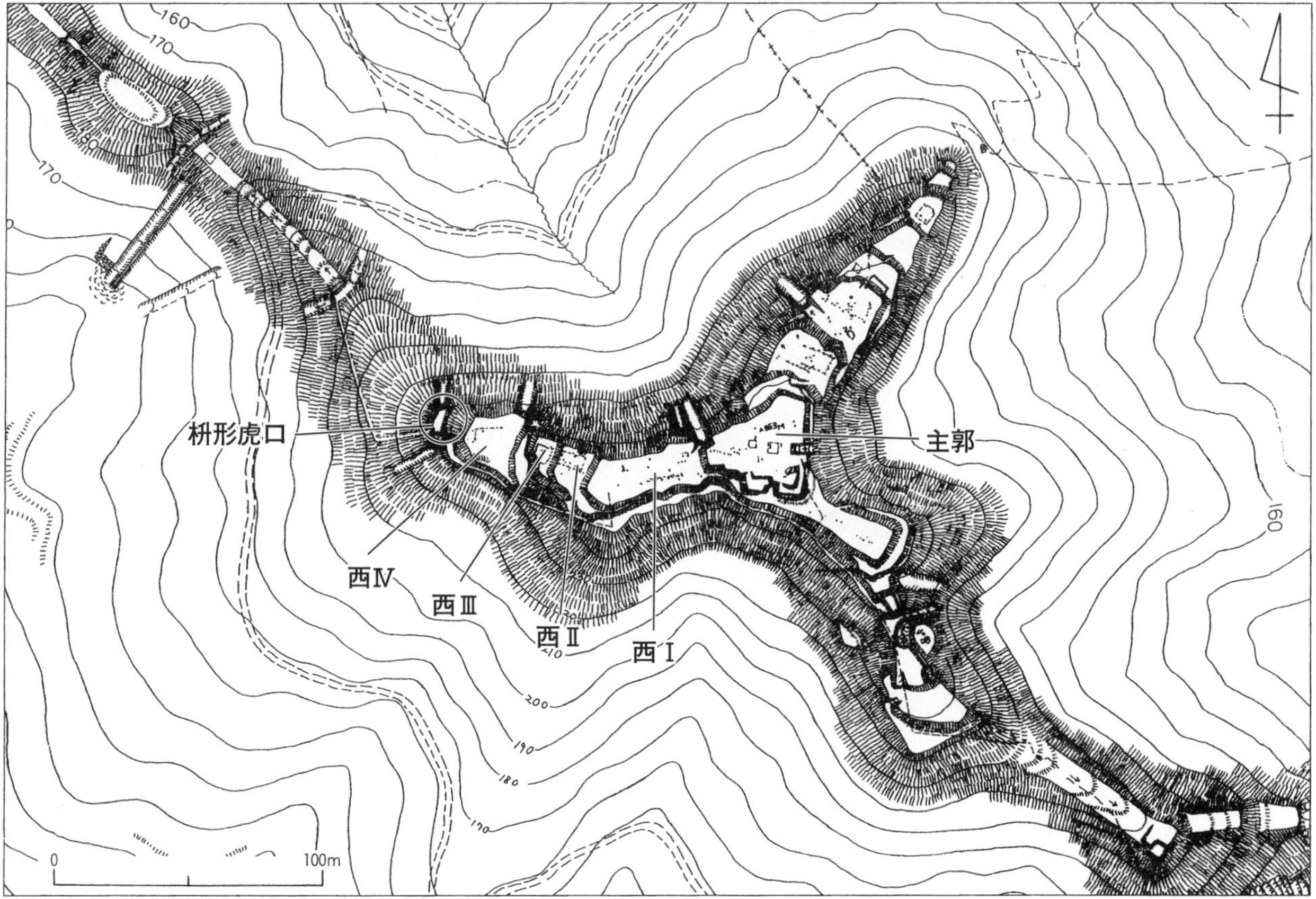

枡形虎口
西Ⅳ
西Ⅲ
西Ⅱ
西Ⅰ
主郭
0
100m

●—雨滝城縄張図（池田誠作図．香川県教育委員会『香川県中世城館跡詳細分布調査報告』〈2003〉より）

間の建物跡や瓦片などが発見されている。その後、昭和五十六年度・五十七年度に、大川町に津田町・寒川町を加えた三町をあげて発足した雨滝城跡発掘調査団が調査し、『雨滝城跡発掘調査概要』（一九八三）が刊行されている。この調査概要によると、山頂平坦部、南・西・北の三方に伸びる尾根上の曲輪で発掘調査が行なわれ、主郭である山頂平坦部で礎石二列などを検出、主郭端部の緩斜面の埋土や土止めの役割としての石が確認された。また西方に伸びる四段の曲輪のうち、主郭から数えて二段目の曲輪（西Ⅱ）で礎石と五間×二・五間の建物跡を検出、三段目の曲輪（西Ⅲ）でも礎石と二間×七間の建物跡を検出している。一方、北方に伸びる尾根上の曲輪で礎石を検出したが、後世のかく乱を受け建物の規模を想定するには至っていない。また、西方に伸びる尾根上のもっとも西よりの曲輪（西Ⅳ）の西端直下に土塁状遺構と、土塁状遺構の内側から各郭を結ぶ連絡用通路（犬走り）も確認している。なお、この発掘調査では、土師質土器や備前焼・美濃焼の破片のほか、中国製陶磁類の破片、鉄釘・かけ金具・鎌・小柄・短刀・庖丁などの鉄製品や鉄滓、唐銭・北宋銭、瓦片、焼けた壁土などが多数出土している。

これらの出土遺物の内、土器・陶磁器・瓦などの出土遺物は一六世紀後半のものであることから、恐らく、長宗我部元親による東讃岐侵攻前後に城は改修され、山頂部には瓦葺の礎石建物が立てられ兵が常駐していたものと想像される。なお、主な出土遺物は、さぬき市歴史民俗資料館（香川県さぬき市大川町）に展示されているので雨滝城見学のさいにはあわせてご覧いただきたい。

【現地見学へ】　雨滝山の南側中腹には、さぬき市の雨滝自然科学館がある。こちらの施設の駐車場は雨滝山登山客にも開放されているので利用するとよい。駐車場に車を停めて、一五分ほど舗装された林道を歩くと、山頂から北西に伸びる尾根上に到達する。ここからは急な山道を尾根伝いに山頂を目指す。尾根というには急な坂をしばらく登ると堀切跡があり、この堀切跡を越えさらに進んだ先に枡形虎口（この枡形虎口は、前掲の『雨滝城発掘調査概要』では土塁状遺構として紹介されている）が現れる。この枡形虎口に関して『香川県中世城館跡詳細分布調査報告』（香川県教育委員会、二〇〇三）では、「西辺には土塁を築き、上段の曲輪群から南裾を通る道に横矢を掛け強固な防御線を張る」と指摘している。

枡形虎口を抜けると、西方尾根の南側をめぐるように設けられた登山道を歩く。ところどころ、西方尾根上の曲輪端部を補強した石積みが露出しているので見ておきたい。ほどなく山頂部の主郭跡に到着する。雨滝自然科学館を出発して約三〇分。北西尾根上の曲輪を観察しながらゆっくり登ったとしても一時間はかからない。主郭跡の山頂部は三角形状の平坦面で、ここから北東側の眺めは抜群で、東部瀬戸内海の海上交通を見張るのにはうってつけの場所であることに納得する。安富氏をはじめとする歴代城主が担った役割の一端を垣間見ることのできる場所である。

一方、山頂部から北東に延びる尾根上に構築された曲輪の切岸はしっかりとしており防御性が高いことがわかる。さらに、南斜面に竪堀跡がないのとは対照的に、北斜面には五ヵ所の竪堀跡がある。なお、これらの遺構について、本書の編者でもある西岡達哉が「長宗我部氏が讃岐侵攻後に、前方（北方向）の新たな敵に対して防衛力を誇示するために改築したものでは」と推論している。

帰路は、南東方向の尾根上に築かれた曲輪を見学しながら下山する。途中、尾根上には、安山岩質の巨石が露出している場所がある。防御施設として利用された可能性が高く興味深い自然石である。ほどなく急斜面を下ればスタート地点に近い林道に出られる。トータル二時間弱の山城めぐりである。山城ビギナーにもおススメのコースである。是非、一度見学していただきたい。

【参考文献】雨滝城跡発掘調査団『雨滝城跡発掘調査概要』（一九八三）、香川県『香川県史第二巻 通史編 中世』（一九八九）、香川県教育委員会『香川県中世城館跡詳細分布調査報告』（二〇〇三）、木原溥幸・丹羽佑一・田中健二・和田仁『香川県の歴史』（山川出版社、二〇一一）

（松岡宏一）

●文献には残らないが実戦的な造りを今に伝える山城

橘（たちばな）城（じょう）

〔三豊市指定史跡〕

〔所在地〕三豊市財田町財田上
〔比　高〕約五六㍍
〔分　類〕山城
〔年　代〕一五～一六世紀
〔城　主〕大平国秀
〔交通アクセス〕ＪＲ讃岐財田駅から徒歩約六〇分。

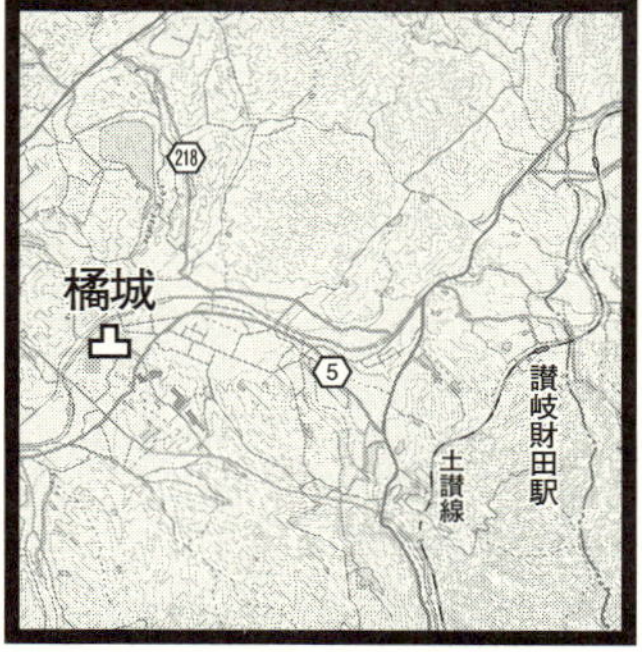

【立地】 橘城は、城山と呼ばれる山上に築城されている。城の北側と西側には財田川（さいた）が流れており、天然の堀となっている。東側と南側は一見すると手薄にみえるが、その地点には七尾山と呼ばれる高台があり、鉾八幡（ほこはちまん）神社が鎮座している。鉾八幡神社は、天正六年（一五七八）に橘城城主の大平国秀（おおひらくにひで）が社殿を建立し、以後、財田郷総氏神として神事を継承し、現在に至っている由緒ある神社である。鉾八幡神社が鎮座する七尾山も天然の要害となっており、橘城城主が建立したことを考えると、有事のさいは橘城の防衛施設の役割も果たしていたことは、想像に難くない。

【概要】 現在、城の南側には財田町総合運動公園があり、ここから北側に坂道を登ると、数分で主郭に至る。主郭には鳥居と祠（ほこら）があり、城主であった大平国秀が祀られていると伝わる。なお、本来土塁で囲まれ、曲輪Ⅲから虎口を通らないと侵入することができない主郭は、現在、この坂道によって一部土塁が削平されたため、容易に到達することができてしまっているが、本来は土塁に囲まれた堅固な主郭であったと想像される。

【縄張】 曲輪はⅠからⅧまであり、曲輪間の直進を阻むため、横堀と縦堀が計七ヵ所認められる。曲輪や堀の配置からみると、西側の防衛に主眼が置かれていることが推測できる。西側には財田川が天然の堀の役割を果たしているが、等高線をみると、他より傾斜が緩い。たとえ財田川があろうと、もし、財田川を渡られたら城の防備は手薄になるため、

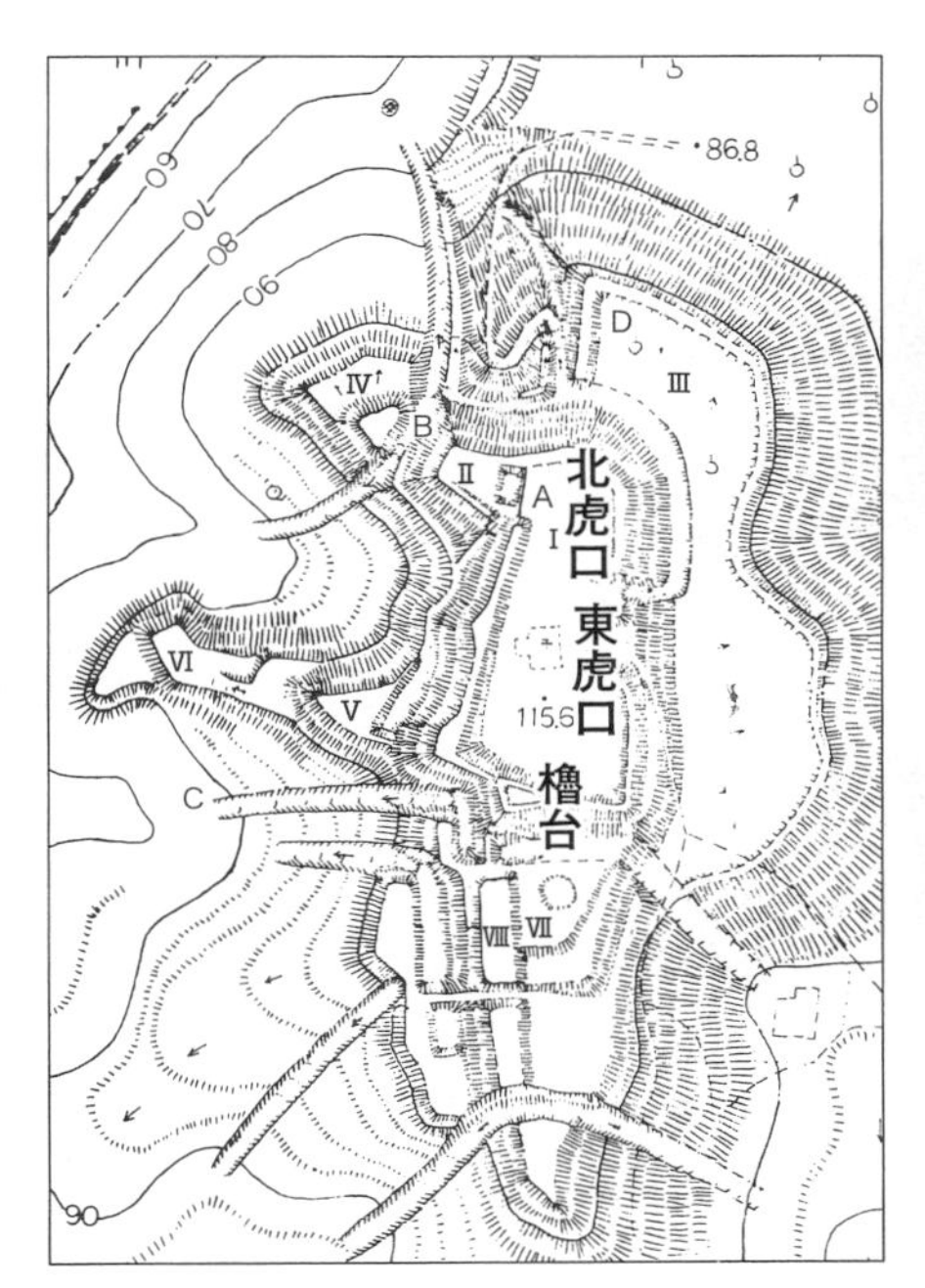

●―橘城周辺図（池田誠作図）
（出典：『香川県中世城館跡詳細分布調査報告』を一部改変）

●―橘城と財田川

●―橘城盛土による西側土塁

その対処として曲輪Ⅳ～Ⅵが設置されたものと思われる。南側も比較的手薄な所である。特に南西斜面は傾斜がほかに比べて緩いことから、曲輪に取りつかれるとすぐに侵入され、落城する可能性がある。その対処として、攻め手の分散を図るため、等高線に直交する形で複数の堀が築かれている。

さて、主郭は六〇×四〇㍍の広さがあり、周囲は土塁で囲まれている。この土塁のうち、東側は地山（じやま）で形成されているが、西側は盛土で形成されていることが発掘調査で確認された。この盛土による土塁は、主郭平坦面を形成するにあたって削平した土砂が使用されたものと思われる。盛土で西側土

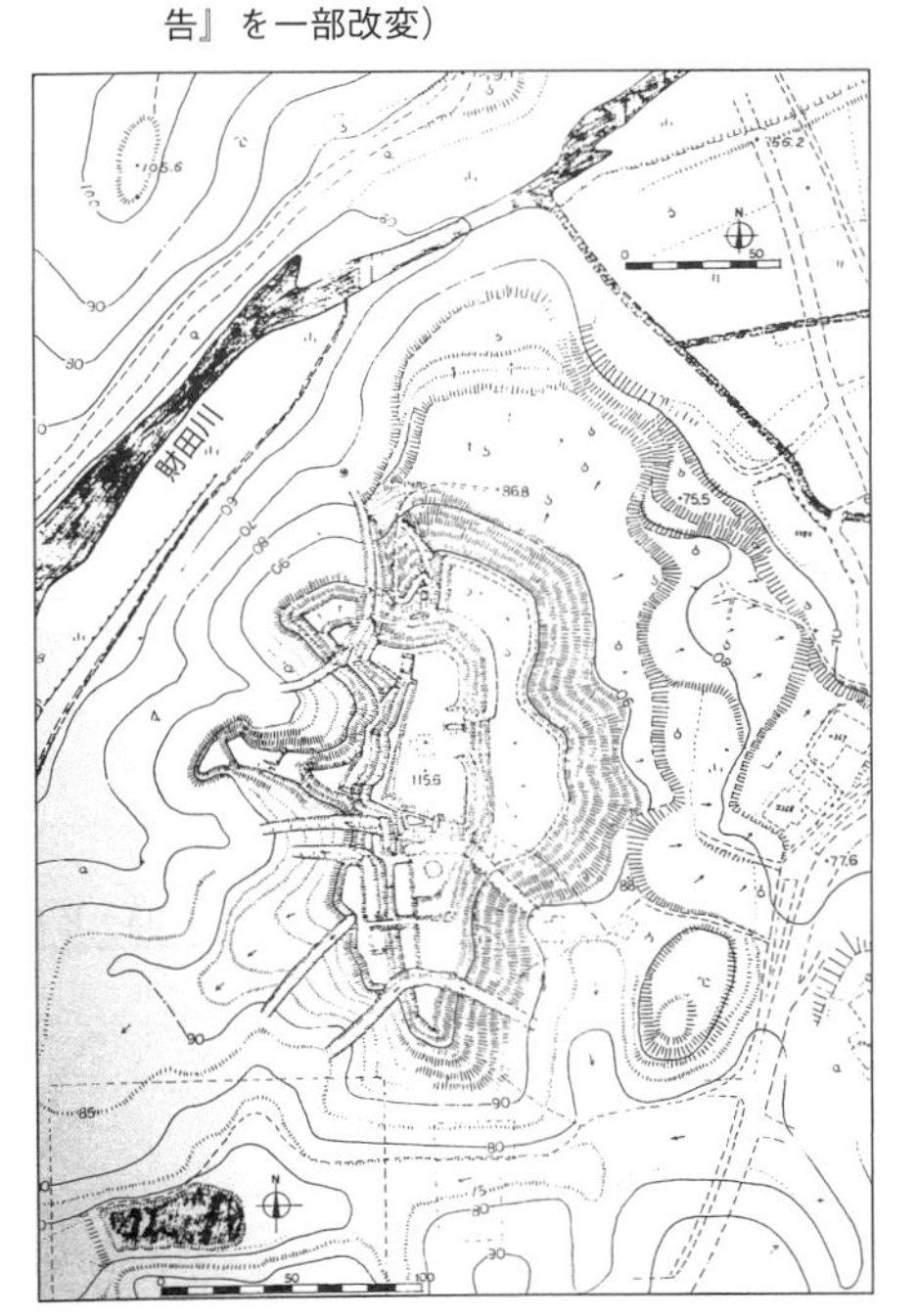

●―橘城縄張図（池田誠作図）
（出典：『香川県中世城館跡詳細分布調査報告』）

●—東側虎口

●—橘城出土遺物

塁を形成したことによって、曲輪Ⅴや曲輪Ⅱに迫った敵の対応が容易になったと推測できる。

主郭には虎口が二ヵ所ある。東虎口と北虎口である。東虎口は、曲輪Ⅲから主郭に至る虎口であり、北虎口は主郭と曲輪Ⅱを行き来する虎口である。東虎口は幅が狭く、坂になっている上に横矢がかかるため、堅固な様相を呈している。発掘調査によって、東虎口には石積みが行われており、この石積みの下方には丁寧に並べられた土師質土器が出土している。これらの土器は、石積みを構築するにあたって、地鎮祭のような儀式が行われた可能性を示唆している。

北虎口と曲輪Ⅱの間には深さが約二メートルもある横堀Aがあり、主郭への侵入を阻んでいる。

主郭の南側には櫓台といわれる高台がある。調査の結果、柱穴は検出できなかったため、櫓のような構造物はなかった可能性が高いが、曲輪Ⅶを見下ろす位置にあるため、手薄な南側を守る重要拠点の一つと思われる。

【出土遺物】　発掘調査によって、大量の遺物が出土している。多くは地元の土師質土器である皿や坏であるが、備前焼（甕）や華南三彩など、広域に分布する遺物も出土している。中には石硯などの日用品や、火縄銃の銃弾などもある。なお、銃弾の出土は県内ではこの橋城のみである。

【橋城の再評価】　橋城はこれまで長宗我部元親に攻め落とされ、その後改築されたという評価を受けてきた。竪堀や畝状空堀群がその根拠といわれてきたが、これらの構築は全国的にみると珍しい手法ではなく、これをもって長宗我部氏による改築というのは根拠が弱い。

これまで出土した多くの土師質土器は一五世紀のものであり、長宗我部氏侵攻以前のものである。長宗我部氏が橋城の近くにある本篠城を攻めたのが天正六年（一五七八）であるため、橋城への侵攻もこの前後であったことが想定できる。出土遺物の年代と侵攻時の年代に一〇〇年弱の時間差があることから、現状において、橋城と長宗我部氏をつなげる物的証拠はない。むしろ、長宗我部氏侵攻に備え、城主である大平国秀が城を改築したとみれば、同じ年に社殿を建立した鉾八幡神社も連動した動きとみることができる。橋城は文献に記載のない山城であり、ここを舞台にした戦いがあったかは定かでない。しかし、各曲輪は非常に効率的に配置されていることから、実践的な山城であることを今に伝えている。

【参考文献】　三豊市教育委員会『橋城　紫雲出山遺跡　山本町大野地区　弥谷寺遍路道』（二〇一四）、香川県教育委員会『香川県中世城館跡詳細分布調査報告』（二〇〇三）

（塩冶琢磨）

●讃岐国最大の中世城郭

天霧城（あまぎりじょう）

〔国指定史跡〕

〔所在地〕善通寺市碑殿町字雨霧、仲多度郡多度津町奥白方字八国、三豊市三野町大見字天道
〔比　高〕三五〇メートル
〔分　類〕山城
〔年　代〕貞治三年（一三六四）～天正十三年（一五八五）
〔城　主〕香川氏
〔交通アクセス〕三豊市コミュニティバス三野線「JR善通寺駅前」から「ふれあいパークみの」まで二五分。

【城の立地と景観】　天霧城は、丸亀平野の西側にある標高三八二メートルの天霧山頂に所在する。山頂部から三方向に派生する尾根筋に曲輪を階段状に配した連郭式の山城であり、城郭規模は約五〇〇メートル、離れた尾根筋頂部にある曲輪を含めると総延長一キロ以上にわたる西讃岐最大の城である。

城からは丸亀平野や三豊方面、北側の瀬戸内海の眺望に富む。南麓には中世の主要道が通り、鳥坂峠を抑える位置にある。

【天霧城主】　天霧城の城主香川氏は、相模国香川荘の出身といわれ、細川頼之に従い白峰合戦で軍功を上げ、貞治三年（一三六四）に詫間氏の跡を継いで多度・三野・豊田郡を領した。居館を多度津本台山に構え、天霧城を築いたとされる。香川氏は、西讃地方に勢力を伸ばし、応永七年（一四〇〇）頃に西讃岐の守護代の地位を確立し、明応二年（一四九三）頃には讃岐一三郡のうち西讃六郡を領有するようになった。

●―天霧城遠景（南東から）

香川氏の系譜は頼景（よりかげ）―和景（かずかげ）―満景（みつかげ）―元景（もとかげ）―之景（ゆきかげ）（信景）―親政（ちかまさ）とされ（『善通寺市史』）、之景のときに阿波三好氏や長宗

我部氏と戦い天霧城に籠城した。長宗我部元親との和睦後、次男親政を養子とし城主とした。羽柴秀吉の四国平定後、香川氏は長宗我部氏とともに土佐へ移ったため、天霧城は廃城となったと伝えられる。

【阿波勢との戦い】 明応三年（一四九四）、阿波守護細川義春は将軍義澄に対する反発から、明応の政変で失脚した前将軍義材側につき、義材を放逐した細川政元に背くこととなった。義春は阿波へ下向し、まもなく亡くなったが、その遺志を慈雲院成之が引き継ぎ、政元の守護分国である讃岐と阿波守護家の分国である阿波との間に緊張関係が生じた。両者が対立している期間の讃岐国は阿波守護家の軍事侵攻を受けている。永正二年（一五〇五）淡路守護家や守護代家の香川氏・安富氏に率いられた軍勢が讃岐に攻め入っている。これは阿波勢の讃岐侵攻に対抗したものと考えられる。

永正三年（一五〇六）、阿波の三好之長は、香川中務丞の知行地の讃岐国西方本山と本領を返還するよう三好越前守と篠原長房に命じている。政元と阿波守護細川家との間に和議が成立し、香川氏の本領の返還はその結果と考えられる。政元と阿波守護家が対立していた期間の讃岐国は阿波守護家からの軍事侵攻を受け、守護代家香川氏の所領が没収されていたことを示し、慈雲院成之が阿波・讃岐領国の実質的な守護とされる。

三好氏は、長慶以来、急速に力を伸ばし、讃岐侵攻を行ない、天文年間頃、東讃は三好氏の支配下となり、三好一存は十河氏の養子となって十河家を継いだ。「南海通記」に永禄元年（一五五八）、三好実休が阿波・東讃の連合軍を率いて丸亀平野に進み、善通寺を本陣にして天霧城を攻め、容易に落ちないので香川氏と和睦したとあるが、同年、実休は兄長慶の援軍として畿内へ出陣し、五年に和泉で戦死していることから、この時期に天霧城を攻めたとする記事は誤載とされる見解がある。永禄三年（一五六〇）の麻口合戦、永禄六年（一五六三）の天霧城の籠城にまつわる三野菅左衛門に宛てた之景、五郎次郎の連署状から三好勢の香川氏攻めはこのときのもので、篠原長房に率いられた軍勢と考えられている。

香川氏は天霧城に籠り、三好氏の攻撃に耐え和睦し、讃岐国は三好氏の支配下となる。天正二年（一五七四）、香川氏は三好氏に反旗を翻し、三好方の大西氏と戦い撤退させ、翌年には三好氏につく金倉氏と金倉合戦が行なわれ、香川氏が勝利し、在地における支配を一層進めていった。

香川氏の所領内で、毛利氏と三好方の讃岐国衆が行なった合戦が、毛利氏側の記録にある。天正五年（一五七七）に堀江口（多度津の東側にある中世の港）で冷泉元満が、長尾氏、

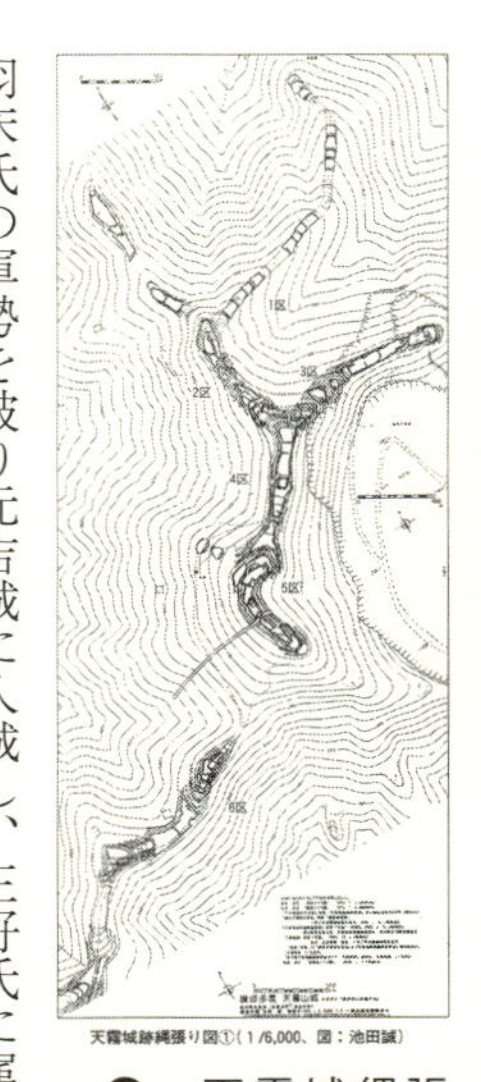

●—天霧城縄張図（『香川県中世城館詳細分布調査報告書』）

羽床氏の軍勢を破り元吉城に入城し、三好氏に属する讃岐国衆と合戦を行ない、毛利氏が勝利し、将軍足利義昭の仲介で和睦した。

【土佐長宗我部氏との戦いから羽柴秀吉の四国征伐まで】 天正六年（一五七八）、長宗我部氏の讃岐侵攻が始まり、香川氏の属城である藤目城や本篠城などが相次いで攻略されるが、香川氏は援軍を出さず、翌七年、香川信景（のぶかげ）は降伏勧告を受け、元親と和睦し、その子親政（和）を婿養子に迎え城主とした。香川氏は元親の配下となり、中讃の羽床氏攻撃や和睦の斡旋を行ない、讃岐平定には西讃の国人を率いて活躍した。

天正十三年（一五八五）、秀吉の四国攻めによって長宗我部元親は降伏し、信景・親和は土佐へ退却し、天霧城は廃城になったと伝えられる。

【城の構造】 天霧城は、急崖急坂な自然地形を利用した山城であり、籠城戦により、三好氏や長宗我部氏に攻められても守り抜いた城であった。

山頂部の尾根筋には曲輪や土塁、枡形（ますがた）状遺構、切岸、石垣、堀切などの防御施設に加え、井戸跡が今も残っている。曲輪も讃岐国の城郭のなかでは広大なものとなっている。縄張は主要部をⅠからⅣ区に分け見ていく。

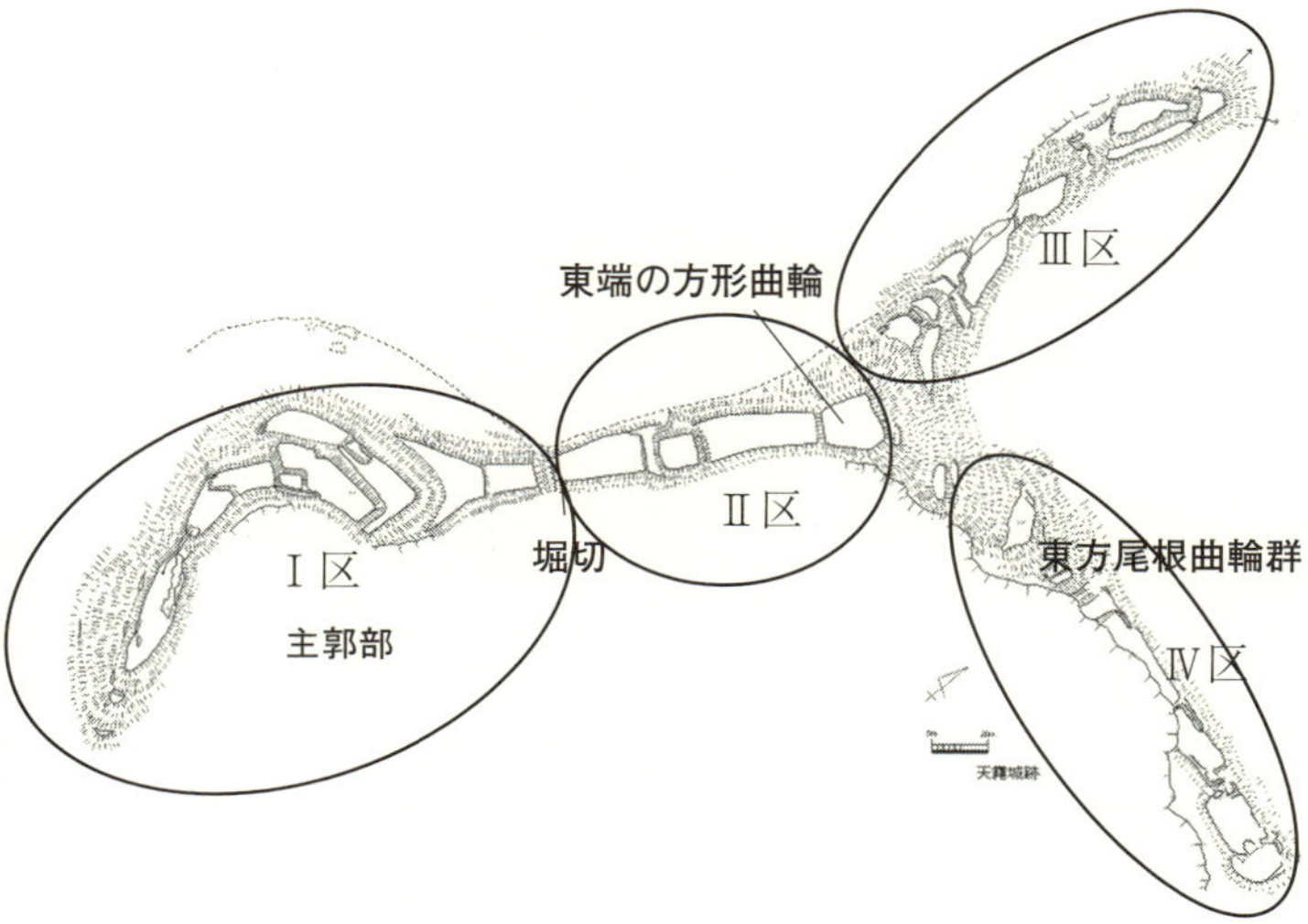

●—天霧城縄張図（東作図）

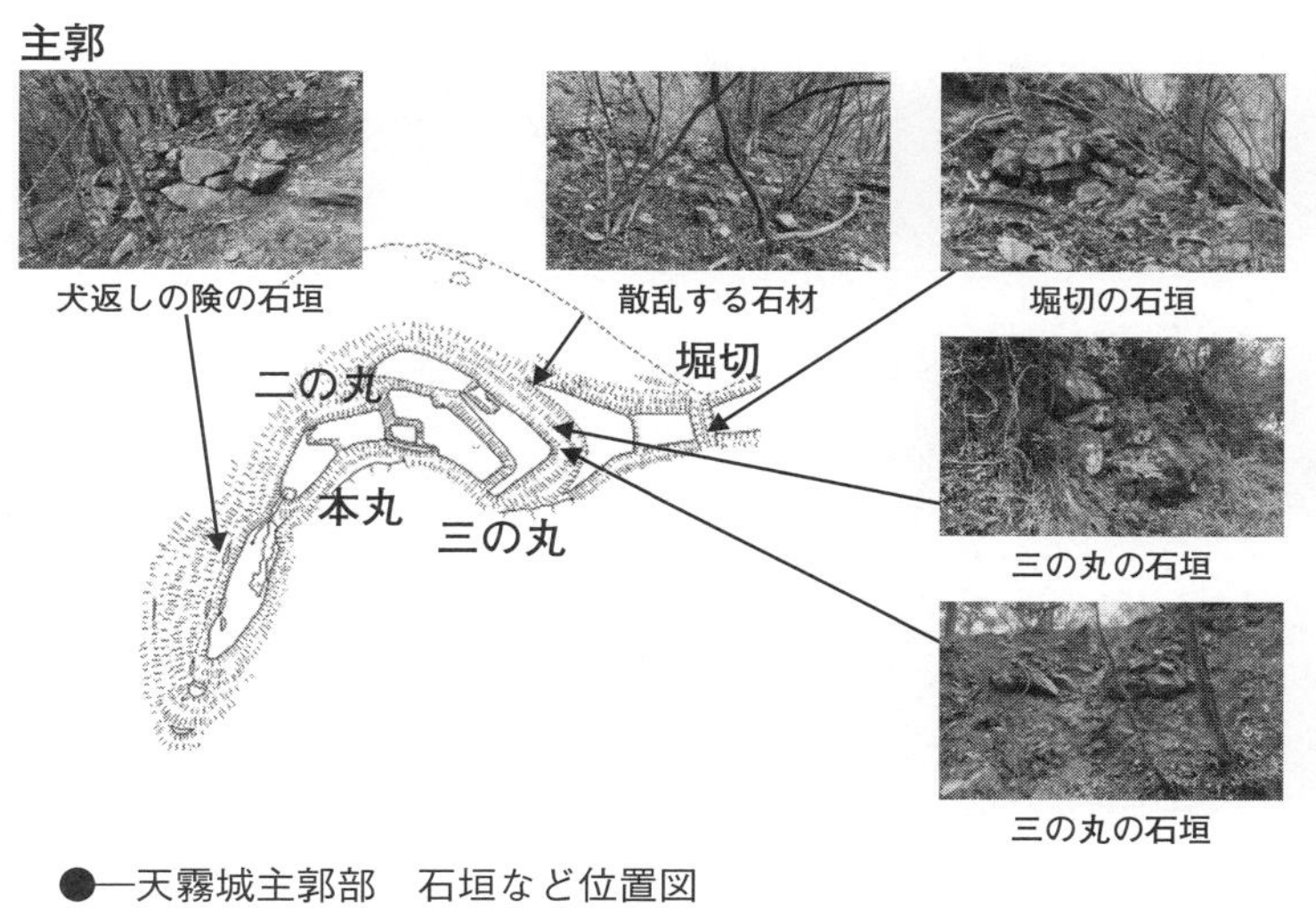

●―天霧城主郭部　石垣など位置図

Ⅰ区は、天霧城の主郭部であり、最高所の本丸を中心に北側に二の丸、三の丸と三の丸から堀切までの三段の曲輪群と本丸南側の犬返しの険と呼ばれる急峻な斜面上にある曲輪までの延長約二〇〇メートルの範囲とする。曲輪の造成は角部を矩形(くけい)に整形し、本丸両端には枡形遺構がみられる。本丸南側の犬返しの険の上は岩盤が露呈し、地形の影響をうけた曲輪である。弥谷寺方面からの急峻な斜面側には部分的に石垣が残っているが、曲輪とほぼ同じ約五〇メートルの長さの石垣があったと推定される。本丸より北側へは二の丸があり、縁辺に土塁のある小曲輪をへて三の丸に至る。三の丸下段の曲輪に石材が散乱しているのは、三の丸の斜面部に築かれた石垣や栗石と推定される。

三の丸に残る石垣は、岩盤上に石垣を築き、四角形や扁平な石材を積み、砕石を間詰している。急勾配の野面積みであり、高さ一メートル程度の二～四段の石垣が残っている。堀切の斜面部に築かれた石垣の近くには岩盤が露呈し、石材が得られやすい環境にある。

Ⅱ区は、堀切から北東端の方形曲輪まで延長約一一〇メートルの曲輪群である。中央部と北端の二ヵ所に約二〇メートルの広さの櫓台状の高台があり、その間に約三三メートルと約四〇メートルの広大な曲輪があり、切岸も高く、曲輪の加工も進み、防御力の高い縄張となっている。多数の兵が駐屯できる広大な曲輪があり、さらに下方に延びる東方尾根や北方尾根にも曲輪群が配されている。

Ⅲ区の北方尾根曲輪群は、瀬戸内海の眺望が良い、延長約一一〇メートルの連郭式曲輪群で、大小様々な曲輪群で岩盤が露呈するなど自然地形による影響を受けている。

Ⅳ区の東方尾根曲輪群は、四段の小曲輪と堀切をへて至る。採石採掘による破壊が進んでいたため昭和五十六年に発掘調査が行なわれた。調査では、石垣や土塁、堀切、枡形状遺構などが検出され、第1郭の石垣は東側や南側斜面に扁平な石材を用いている。第2郭では地山成形と地山の破砕礫を斜面上の石垣の上に積み上げ曲輪の造成を行なっている。堀切に接して、L字形となる枡形状の石積み遺構が検出されている。第3郭は堀切で第2郭と区別され、岩盤上に石垣を築き破砕礫を配置し、露呈した巨石も石積みの一部として用いている。第4郭も同様に石垣の上に破砕礫を積んでいる。第5郭の縁辺に石垣が築かれ北部には石塁がある。ここからは近現代の遺物は出土していない。

第6郭は浅い堀切や石塁がある。第7郭では石垣はなく、破砕礫を積み上げて郭を造成する。第8郭では、基部に石垣を配する北腰曲輪北部は大きな礫を一、二段積み上げ石垣としている。石垣の上に破砕礫を造成する箇所は東北部を中心に築かれており、石垣は多角形状に折れ曲がり築かれている。第8郭の北西部と南東部の二ヵ所で曲輪内部に切り込むように折れひずんだ配置の石垣があり、腰曲輪状の施設である。第1郭〜第7郭では、地山の削平と石垣を用いることで旧地形を克服し曲輪の主軸を一致させ、曲輪を計画的に配している。第8郭はこの主軸とは相違し丸亀平野の中央部を正面とする曲輪の造成がなされている。東方尾根の曲輪群の構築は天霧城跡のなかではⅠ区の主郭部とともに最も新しい曲輪の構築方法を用いていると言える。使用石材も第8郭内側の石垣の石材と比べ大きい。

第1〜8郭から陶磁器が出土しており、第2郭と第3郭からの遺物出土量が最も多い。また、第2郭と第3郭で全体の五〇％以上の貿易陶磁を占める。一五〜一六世紀代の遺物のうち一六世紀代が主体であり、一六世紀末の遺物として漳州窯系青花はあるが、この時期の肥前系・瀬戸美濃系土器は出土していない。東方尾根の出土遺物から一六世紀中ごろから末頃までの遺構と推定され、籠城していた時期と合致している。ただし、東方尾根郭群の構築は、石垣を用いた計画的な造成となっていることから、長宗我部氏や香川氏が土佐へ退いた直後の豊臣大名による施工も考えられる。

これまでの讃岐国の城郭にはなかった構築方法と言え、当該箇所は丸亀平野を望み平野部からも石垣で築かれた曲輪群を見通す場所であり、丸亀平野から城を望む位置にある。天霧城の石垣は、観音寺市の九十九山城や東かがわ市の引田城の石垣に繋がるものと考えている。

【参考文献】秋山忠編『天霧城跡』(一市二町天霧城保存会、一九八三)、斉藤賢一・藤好史郎『天霧城跡発掘調査概報』(一市二町天霧城跡保存会、一九九七)、陶山仁美・片桐孝浩「香川県出土の貿易陶磁―天霧城跡・雨滝城跡ほかの発掘調査事例から―」『城館出土の貿易陶磁器―織豊前夜の西国大名と貿易―』(日本貿易陶磁研究会、二〇〇〇)、『香川県中世城館詳細分布調査報告』(香川県教育委員会、二〇〇三)、池田誠「中世城館詳細分布調査から見た香川の城郭」『香川県中世城館跡詳細分布調査報告』(香川県教委、二〇〇三)、田中健二「永正の錯乱と讃岐国人の動向」『香川県中世城館跡詳細分布調査報告』(香川県教育委員会、二〇〇三)、野中寛文「天正一〇・一一年長宗我部氏讃岐国香川郡侵攻の記録史料」『香川県中世城館跡詳細分布調査報告』(香川県教育委員会、二〇〇三)、橋詰茂「戦国期における香川氏の動向」『香川県中世城館跡詳細分布調査報告』(香川県教育委員会、二〇〇三)、唐木裕志「戦国期の借船と臨戦態勢&香川民部少輔の虚実」『香川県中世城館跡詳細分布調査報告』(香川県教育委員会、二〇〇三)、橋詰茂「西方守護代香川氏」『中世の讃岐』(美巧社、二〇〇五)、東信男「讃岐国における城割について」『西国城館論集I』(中国・四国地区城館調査検討会、二〇〇九)、東信男「西長尾城跡・天霧城跡の石垣について」『城郭研究と考古学 中井均先生退職記念論集』(サンライズ出版、二〇二一)、梶原慎司・松田朝由「天霧城跡・雨滝城跡・聖通寺城跡の出土遺物」高松市教育委員会『勝賀城跡III―総括報告書 考察編』(二〇二二)、乗岡実「出土遺物からみた戦国時代末から織豊期の讃岐の城郭」『勝賀城跡III―総括報告書 考察編』(高松市教育委員会、二〇二二)

(東 信男)

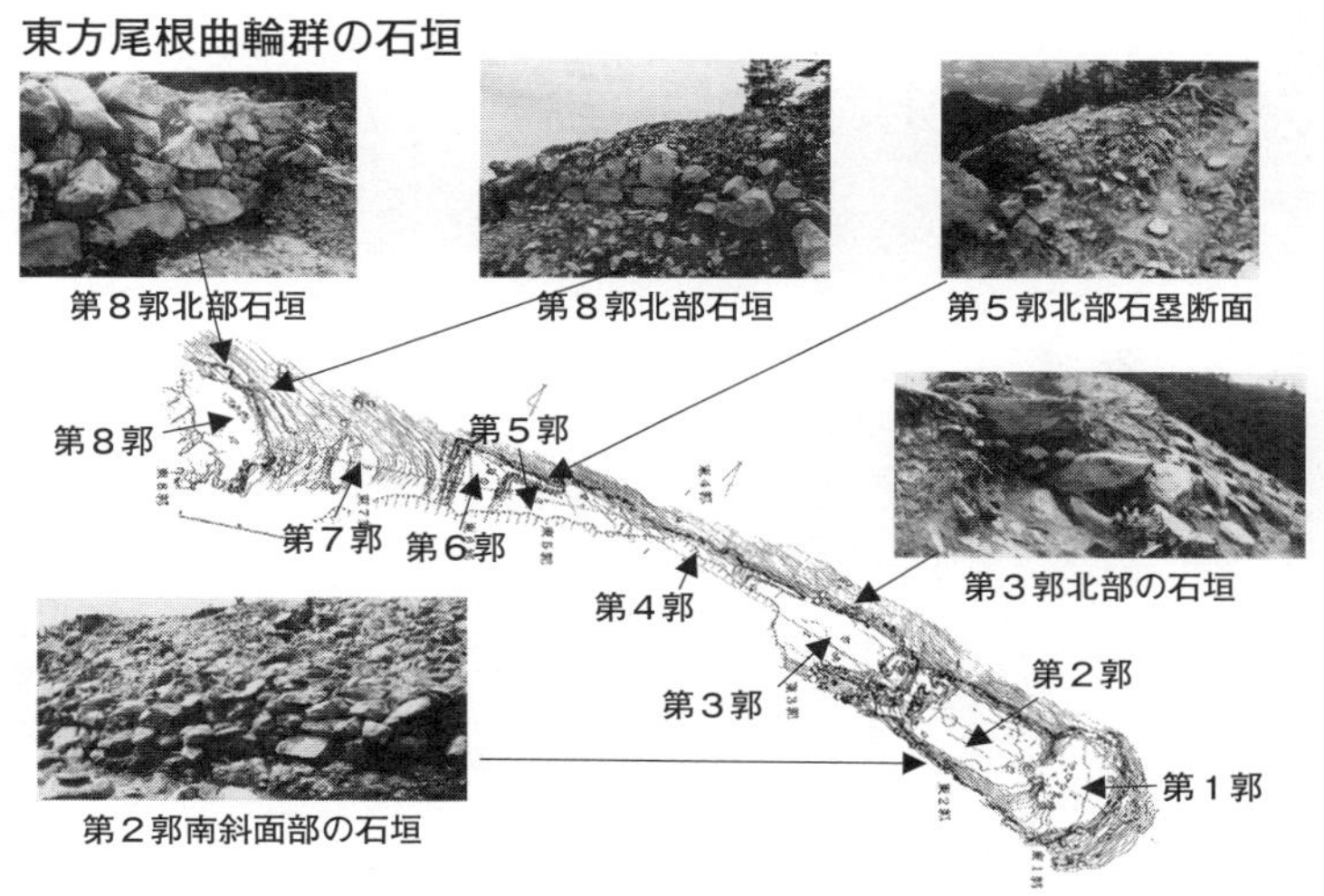

●―天霧山城跡東方尾根郭群．石垣など位置図（『天霧城跡発掘調査概報』1982より）

●羽床盆地の玄関口に構える要衝城郭

後藤城（後藤山城）

〔所在地〕綾歌郡綾川町山田
〔比　高〕三四・二メートル
〔分　類〕山城
〔年　代〕一四世紀頃
〔城　主〕後藤石見守資盛、後藤和泉守俊則、後藤国資
〔交通アクセス〕ことでん陶駅から五・五キロ。徒歩約一時間一〇分で綾川町立綾上小学校前の山道入口。山道入口から五分登坂で城跡。

【後藤城の位置】　後藤城は、塩江から綾川沿いに下った羽床盆地に抜ける手前に位置する。この位置から綾川沿いに平地が開けており、平野へ入る要衝に位置する。

後藤城が配置する丘陵は、標高五一二メートルの高鉢山から複雑に派生する尾根を北東に下った先端付近の綾川に向かって張り出した後藤山と称する独立丘陵で、眼下には綾川の氾濫による平地が広がっている。また、後藤城からは、綾川の上流および下流域を良好に望むことができることからも絶好の立地といえよう。後藤山に所在することから後藤山城とも呼ばれるようである。

後藤城への入り口は、綾川町立綾上小学校の南、綾川に架かる城下橋の西正面の地蔵堂脇で、後藤山の北麓をめぐる小路を道なりに進むと容易に城跡へ辿り着くことができる。

【後藤城の縄張】　後藤城は、綾川に向かって張り出す丘陵先端付近に所在する二つのピーク部を有する独立丘陵の東側の山頂部から中腹部にかけて連続する削平地が展開している。山頂には、東西長約五〇メートルを測る瓢箪型の本丸①が配置されており、くびれ部は幅約三メートルで土橋状に絞られる。本丸西側の曲輪には、中央に南北長七メートル、高さ約一・五メートルの櫓状の高まりが配される。この櫓状の高まりは、付近に所在するほかの城館でも目にすることができる特徴的なものであるが、正確な用途は不明である。本丸の南側には、櫓状遺構の裾から竪堀が一条確認できるのみで、急峻な自然地形で断崖状である。

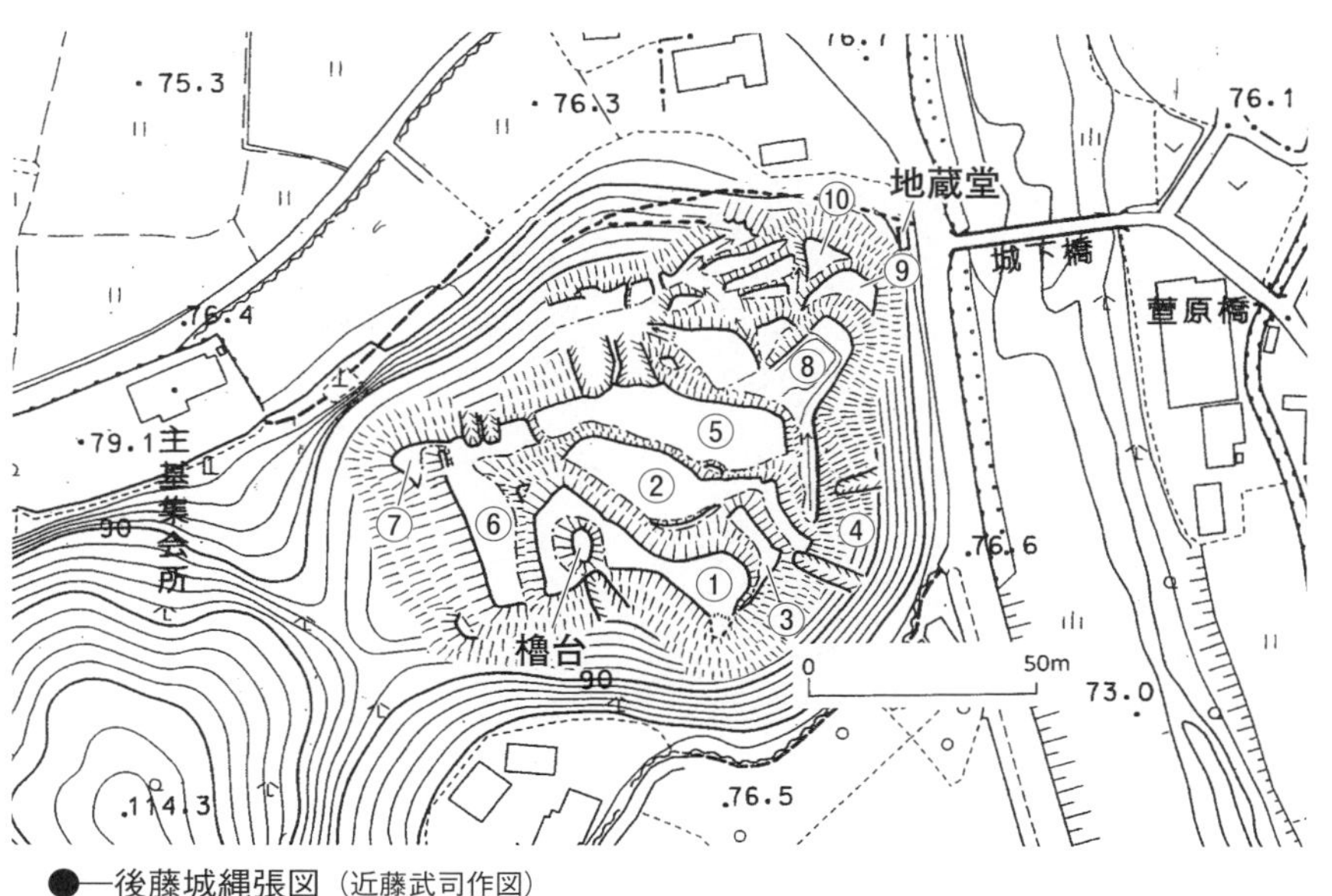

●—後藤城縄張図（近藤武司作図）

本丸の北側には、幅約四五メートル、奥行き一〇メートル余りの曲輪②が配置される。曲輪②の奥側の切岸には奥行き一メートルほどの細い平坦地が延長一五メートル程度確認できるが、遺構であるかの判定は難しい。本丸北東面はやや直線状に整えられており、その下に二段の曲輪③、④が置かれている。いずれも幅約一五メートル、奥行き三メートルを測る。③の南東隅からは、本丸に向けて通路状に細く上がっていく。曲輪④の北西端で曲輪②と連結する。また曲輪④の南東部からは、竪堀が一条備えられる。竪堀は、この北側約一五メートルにもさらに一条配されており後藤山の斜面を伝って南側の本丸方面へ向かうことを遮断するには十分な防御設備といえよう。

曲輪②の北側には、幅約五五メートル、奥行き約一五メートルの曲輪⑤が設けられる。原地形の制約を受けているのか、西にいくに連れ奥行きが減少する。曲輪⑤の中央から西にかけて、北面から始まる大型の竪堀が二条連続して配置される。天端幅五〜一〇メートルを測りこの位置に配する竪堀としてはやや規模が大きいことから、後藤城全体の規模や遺構配置状況などから考えても当初の遺構である可能性は低い。元来配置されていた竪堀が、経年による浸食で拡大していったものと思われる。

本丸西側の切岸を下ると南北約四〇メートルの曲輪⑥が配置される。西面は見事に直線状に整形されており、その様は外部か

●—後藤城本丸

●—後藤城本丸の櫓台

ら望むと脅威であろう。曲輪⑥の中央部はいったん内側に膨らみ、その北側は本丸からの切岸が張り出し、奥行きが狭められている。また、曲輪⑥は北面が逆L字状を呈しており東へ一五メートルほど続いている。その北面中央に二条の竪堀が連続して配置されているが、北面も直線状に整形されている。曲輪⑥の東側は、一段下がって曲輪⑤と連結する。曲輪⑥の北西隅には、わずかに西縁辺に土塁の痕跡が認められ、北端が虎口状に開口している。この虎口から続く通路を少し下ると小曲輪⑦に到達する。

城域の東部には、曲輪④、⑤の東切岸を少し下がったところに通路状の地形が北に向いて下っているが、現段階では曲輪④、⑤とは直接のつながりは不明であるが、曲輪⑤の南東隅へ上がり、さらに曲輪④の北端部につながる現代の通路があることから、虎口の名残なのかもしれない。

後藤山は頂部から北東に向けて張り出した地形を呈しており、その付け根に比較的大型の曲輪⑧がある。幅約一五メートル、奥行き約二五メートルを測り、南東隅には曲輪④、⑤横の通路が連絡する。曲輪⑧の最奥には石塔が建っていたと思われる石組みの壇が残る。また、曲輪中央に五輪石が建てられており、現在は三石が残る。さらにこの曲輪は、中央に一辺約一〇メートルの方形の区画が整えられており、区画部には散乱した墓石や石組みが確認され、ほかの曲輪とは異なる用途があったのかもしれない。曲輪⑧の北西には約一〇×一五メートルの曲輪がつながっており、同一曲輪である可能性がある。

曲輪⑧の北側には、丘陵の張り出した地形が尾根状に延びるが、連続する曲輪が確認できる。曲輪⑧先端の切岸を下ると曲輪⑨、⑩と二段連続してその先は断崖となる。一方、曲輪⑧の北側面側には後藤山の麓付近までの間、細長く奥行きの狭い曲輪が四段連続することが確認できる。地形的な制約上のものと考えられるが、尾根上と側面とでの曲輪形状の違いは興味深いところである。

以上が、後藤山にめぐる遺構からみることのできる縄張である。しかしながら、これらの遺構群もさることながら、後藤城の特徴は立地の良さであろう。南部から綾川に沿って羽床盆地に進攻してこようとすれば後藤城の足元を通過することは避けられず、綾川が僅かに屈折するこの地の内側から張り出した後藤山に築かれた後藤城は、羽床盆地への玄関口における関所となり、脅威であったことには違いない。

【後藤氏代々】　後藤城主の後藤石見守資盛は、大治四年（一一二九）に讃岐の国司となった中御門中納言藤原家成の孫である。藤原氏は讃州藤氏より出て武士になった羽床氏や香西氏らと祖を同じくし、しばしばの合戦で活躍する南条郡の郷侍である。『全讃史』によると、後藤山にいたことから後藤を名乗り氏としたようである。

後藤氏の系譜をみると、資盛から八世の孫資家は三好氏の感謝状を賜り、後藤膳正殿といい、三谷の役に活躍した。資盛の子国資は、土佐長宗我部元親からの感謝状を賜り、備中守を称した。一〇世の是兵衛資治の子四郎右衛門資堅の代で村を失い、その後は生駒侯に仕えて文禄元年（一五九二）の朝鮮役に従った。

一三世伝七資正は、生駒侯の改易後、高松藩初代藩主頼重、二代藩主頼常に仕えたが、死後子が幼少であったため後藤氏としての生活の場を失った。長女は公孫の修理君に侍してその寵を受けたが生憎早死にした。二男は西讃で僧となる。末子の政之助は、栗隈の百姓家五助の家に寄食して成人したようである。正徳三年（一七一三）二月、高松藩の家老となり、一〇〇〇石を得て名を後藤主膳久明とした。享保十四年（一七二九）には一五〇〇石とし、三代頼豊に仕える。

【参考文献】『全讃史』、綾上町『綾上町誌』（一九七八）、香川県教育委員会『香川県中世城館跡詳細分布調査報告』（二〇〇三）

（近藤武司）

●羽床盆地と綾川街道屈指の拠点城郭

羽床城（はゆかじょう）

〔所在地〕綾歌郡綾川町羽床下字城下
〔比　高〕三〇・七メートル
〔分　類〕山城
〔年　代〕一四世紀第3四半期
〔城　主〕羽床氏、羽床伊豆守政成、羽床伊豆守政長
〔交通アクセス〕ことでん羽床駅から二キロ。徒歩約二五分で羽床城入口。入口から二分で城跡。

【羽床城の位置】　羽床城は、大高見峰（標高五〇四メートル）から北東に派生する尾根を下り、綾川の氾濫により開けた平野部に到達した部分に位置する。いったん平地には入るが、城山と称される標高八〇・五メートルの独立した丘陵の山頂を本丸とする山城である。

丸亀平野の南東端と羽床盆地との接点に位置しており、綾川も眼下に望むことができるため、当時の主要交通の要衝となる絶好の立地に構えているといえる。

城山の北側および南側の裾部に案内板が設置されており、いずれからも比較的容易に入城することができる。また、城内にもいたるところに案内板が設置されており、主要部分は容易に見学することができる。

【羽床城の縄張】　羽床城は、城山と称される独立丘陵の山頂部を本丸①とし、ほぼ大半に縄張が展開する。山頂の本丸は東西約七五メートル、南北約三五メートルを測る広大なもので、南縁辺の中央から東面にかけて大型の土塁が備わる。南面の土塁西端部が虎口となっており南の小曲輪へと連絡する。虎口の西脇には竪堀が備わる。本丸の西半部には南北面に土塁などの遺構は認められないが、上水道施設が建設されており改変を受けていることも考えられる。

本丸の北側には一辺二五メートルの方形を呈する曲輪②が連続しており、本丸よりやや低い。本丸と曲輪②の間にも大型の土塁が設けられており、東端部が虎口となっている。曲輪②は、周囲が土塁などで囲われており北東隅、南東隅そして西

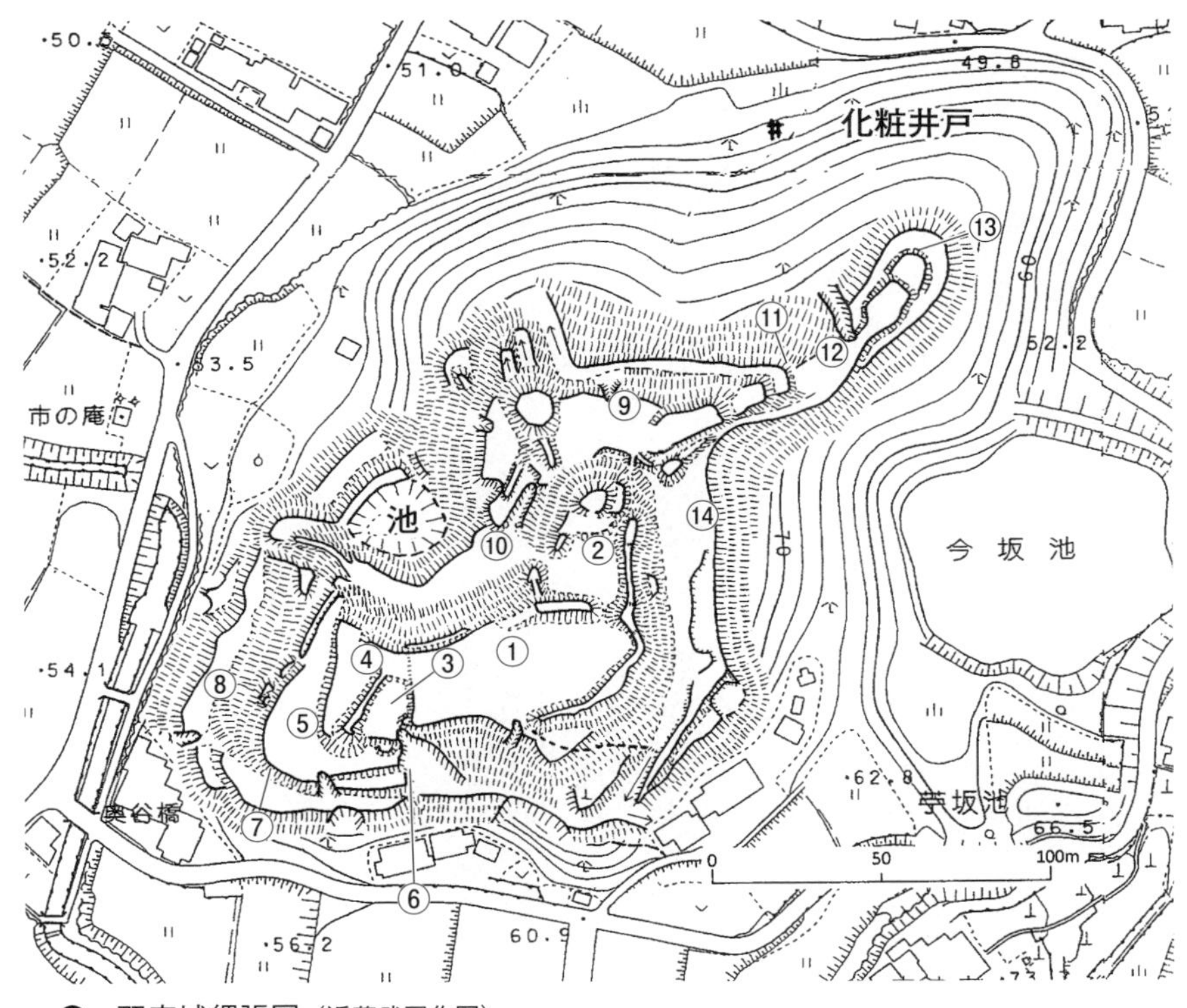

●―羽床城縄張図（近藤武司作図）

中央部にそれぞれ虎口が備わっており、大型の枡形(ますがた)の様相である。北面には、櫓台状の高まりがあり、現在は社が建っており、やや改変を受けている。

本丸の西側は、現在竹林であるが藪の中に連続する中小曲輪が展開する。本丸の北西部は西に張り出しておりその外面は大きな切岸となる。張出の南側にやや低い曲輪③があり、西面には土塁、南東隅には竪堀が備わる。曲輪③の西に三メートルほどの段差を有する南北約三五メートルの曲輪④が配置されており、西面は直線状に整形されており三角形を呈する。さらに西側に三メートルほどの段差で曲輪⑤が配置する。曲輪⑤は南北約五七メートルで、北端は奥行きがないが南端では一五メートルに拡大し、曲輪③、④の南側に回り込みL字状を呈する。南側の奥行きは五メートルほどである。東端部は曲輪③からの竪堀に接続する。曲輪⑤の南側には約二メートルずつの段差で、奥行きは三メートルほどであるが延長のある曲輪⑥、⑦が連続する。下側の曲⑦は延長五五メートルを測り、西端付近では奥行きが一〇メートル近くまで拡大する。曲輪⑦の西下に小曲輪を挟み、その北部には帯曲輪状の細長い曲輪⑧が六〇メートルほど北に延びる。ほかにも小型の削平地状地形があるが、曲輪⑧が羽床城の西端と考えてよいだろう。

●—羽床城本丸

●—羽床城本丸下の枡形曲輪

次に曲輪②の周辺について紹介する。曲輪②の北東隅の虎口から細い通路が延びており、曲輪②とその下の小曲輪を左上に見ながら下っていくと、平坦な丘陵頂部に出る。現在この辺りは墓地となっているが、後述の連続する削平地が確認できる。

曲輪②の虎口から下り、削平地に到達した地点に横堀状の窪地が確認できる。通路はこの横堀を渡っており、土橋であることが見て取れる。横堀は土橋の西側に延長一〇メートルほどの規模であり、埋まっているのか現状としての深さは〇・五メートルにも満たない。しかし土橋の東側にも堀の痕跡があることから、元来はさらに深さがあったものと思われる。曲輪②の北部櫓から眼下に見下ろせる位置である。

横堀を南辺とし、不定形ではあるが東西約四〇メートル、南北約一〇メートルの曲輪⑨がある。墓地として利用されており、後世の改変を受けていることは明白であるが、羽床城主郭部の北縁を守る遺構群の最上位に位置し、これを抜けると本丸に到達することからも重要な役割を担うものである。

東西に長い曲輪⑨の西端部には、北西隅の櫓台とこれから延びる土塁で固められる。曲輪南西隅に虎口が備わり、虎口を通過すると踊り場のような狭い空間があり、西正面には大型の竪堀、その北西側には一段下って不定形の小曲輪が二段連続している。その小曲輪においても、接続する切岸部分に土塁や竪堀が備わっており容易には移動ができないようにされている。

踊り場を下った位置から西にかけて大型の曲輪⑩がある。

地形に合わせてくの字に折れが入るが、東西長約五〇メートル、奥行き一〇～一五メートルを測る。また本丸の北裾に位置するものである。曲輪⑩には、曲輪②の西面の虎口から通路を下ってくると東端部に連絡しており、この位置が曲輪⑨の西虎口を伝って出た先の竪堀の下部にあたり、枡形虎口と考えられる。

曲輪⑩の北側の斜面を下ると、周囲の斜面から下る大きな窪地がある。その北西部を上がると、堤防状の地形が確認できる。その堤防から北西に一段下ると堤防に並行する平場が確認できる。大きな窪地は池跡であると考えてよかろうが、時代の属性については明確に判断する材料がない。

羽床城北東部の縄張をみると、曲輪⑨からは東北東に尾根が緩やかに延びており、延長六五メートルに渡って尾根上が削平されている。五段の曲輪の連続が展開しており、曲輪⑪は小型であるものの、北西隅から西へ帯曲輪状の平坦地が延び、曲輪⑨の北側斜面部につづいてくる。さらに北へ延びていくことから通路である可能性が高い。曲輪⑫中央付近が狭められており、その北側には竪堀状の落ち込みが備わる。現状は山道となっており、北側の入口から羽床城に入ってくるとここに到達する。最東端に位置する曲輪⑬は、上層の曲輪の南北を取り囲むように配置されており、帯曲輪のようである。

本丸および曲輪②からなる中心部の東側の大切岸を下ったところに南北に長い曲輪⑭が所在する。延長約六五メートル、奥行き約一三メートルという規模である。北西隅は曲輪⑨の南の横堀からつづいてくる窪地である。地元の方からの聞き取りによると、この曲輪の北半部には子供ならすっぽりと入るほどの溝状の窪地があったとのことから、本丸の北裾に配置された横堀が東裾にまでつづいていたということかもしれない。

北側の案内板から少し入ったところに、お姫様が顔を洗ったとされる石組みの井戸（化粧井戸）が所在し現在も水を湛えている。

【羽床氏】　羽床氏は、豪族讃岐藤家の祖である藤原家成の孫羽床資高が称して以来、代々継いだ氏である。讃岐の南朝・北朝の抗争において、南朝側に属し、羽床城を南朝軍の拠点とした。天正七年（一五七九）に始まった長宗我部元親の中讃攻略において羽床城へ標的が向けられると、果敢に抵抗するが、天霧城主香川信景の仲介により羽床伊豆守は降伏した。

長宗我部氏の軍門に降った羽床氏は、資吉が家督を継ぎ、後に徳川家康の命により戸次川の戦いに参戦するも敗北し討ち死にし、氏は滅亡した。

【参考文献】　綾南町『綾南町誌』（一九九八）、香川県教育委員会『香川県中世城館跡詳細分布調査報告』（二〇〇三）

（近藤武司）

●毛利氏や長宗我部氏が築城に関わった城郭

櫛梨城（くしなしじょう）

〔所在地〕仲多度郡琴平町下櫛梨、善通寺市櫛梨町
〔比　高〕約一〇〇メートル
〔分　類〕山城
〔年　代〕文明年間（一四六九）〜天正五年（一五七七）
〔城　主〕奈良備前守元吉、三好遠江守、香川義景
〔交通アクセス〕JR善通寺駅から徒歩二五分。高松自動車道路善通寺インターから車で一五分

善通寺IC
善通寺駅
櫛梨城
土讃線

【城の由来】　櫛梨城は、丸亀平野の南側中央部、喉元近くにある琴平町と善通寺市の境にある如意山山系の西側、標高一四七メートルの山頂部にある。城跡へは南麓の櫛梨神社西側から如意山遊歩道が整備されている。櫛梨城の規模は約一六〇メートルあり、おおむね讃岐国の在地領主クラスの城の規模は五〇メートル、国人クラスの規模は一〇〇メートルなので、国人クラス以上の領主による築城が考えられる規模である。

櫛梨城は、元吉城とも呼ばれ、那珂郡の旗頭であった聖通寺城主備前守元吉の名にちなんでいる。また、城主は三好遠江守、香川義景とも伝えられているが、天正五年（一五七七）に毛利氏が築城した可能性が指摘されている。讃岐国では安芸の毛利氏と合戦を行なった記録は残っていないが、毛利氏側には、讃岐国で合戦をした記録が残っている。三好氏の勢力から自立したい香川氏が、毛利氏と手を組み毛利氏の讃岐侵攻を手引きした合戦と言われており、毛利氏は讃岐国内で元吉城を普請し、城番をおいて守備をしていた。

●—櫛梨山城遠景（南西から）

●—櫛梨城縄張図（東作図）

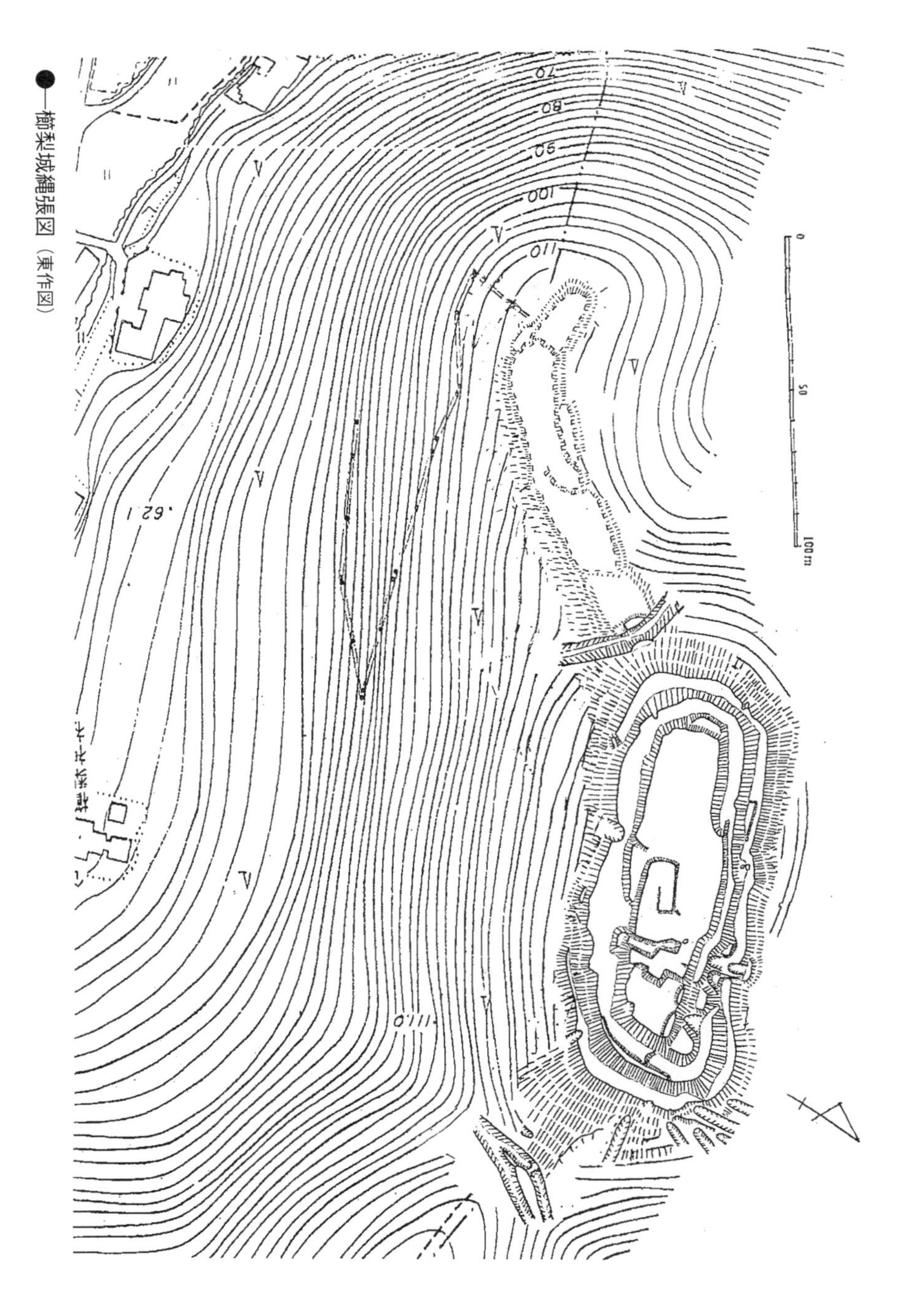

元吉城は長尾、羽床、安富、香西、田村、三好安芸守の三〇〇〇人程度の讃岐国衆から攻撃を受け、毛利方は乃美宗勝、井上春忠、村上武吉らを援軍に送り、磨臼山に陣取らせて、元吉城の麓で戦いが繰りひろげられた。このとき毛利軍は讃岐国衆を数百人打ち取っている。また、毛利軍は堀江口付近に上陸し、長尾、羽床衆と戦っている。その後、九月に足利義昭が三好氏と和議の交渉を行ない、毛利氏は長尾、羽床氏から人質を取り、一部の軍勢を残して撤退し、毛利氏と三好氏は和睦した。

磨臼山は櫛梨城の西側、善通寺市に所在する山であり、堀江は多度津町東側にある集落である。この文書記録にある地名が櫛梨城近くにあることから元吉城は櫛梨山城のことではないかとされる根拠となっている。

如意山山系の東側には堀家刑部少輔の松ケ端城や北側の与北山には三好豊後守の与北城などがあったとある。

【城の構造】　櫛梨城の縄張は、山頂部にある主郭を中心にその周囲に二段の帯曲輪を配している輪郭式の縄張であり、城の尾根筋の前・後面を堀切で防御している。

主郭は三〇×八五メートルと広大であり、東側がやや高くなっている。東端手前に折れのある溝状の掘り込みは、このような場所に溝を掘る必要が認められない。後世にこの山は宝探しのため掘り返されたとする説があり、後の掘削であることも考えられる。

主郭は西側に腰郭があり、北側は中央部から東にかけてやや張出し、下段の帯曲輪に降りる通路状の窪みがある。主郭東側は屈曲し、張り出した折れがある。その東側下段の郭の北側に土塁がある。土塁中央部は公開し下段の曲輪への通路となる。この通路の両側には張り出した曲輪がある。通路を降りると主郭の北側下段にある帯曲輪に至る。

この帯曲輪は主郭の周囲をめぐるもので、東側縁辺に土塁が築かれ空堀状になる。この帯曲輪の下段にも東側と北側、西側を巡る帯曲輪があり、主郭の周囲は二段の帯曲輪がめぐっている。この帯曲輪北側は急斜面であるが、北東側の斜面部は緩斜面であり、竪堀を五条掘り防御力を高めている。如意山に至る尾根筋への傾斜変換点には二重堀切があり、城の背後の尾根筋の防御力を高めている。反対側の主郭西側の尾根筋の傾斜変換点にも堀切があり、城の前面を防御している。この堀切より前面の尾根筋は、緩い自然地形の平坦地であり、兵の駐屯地として使用できる空間となっている。

平成七年に琴平町が実施した試掘調査では主郭中央やや西よりで柱穴が確認されており、構造物のあった可能性が指摘されている。また、主郭西側から前面の堀切の間では、地山を削り出したうえに盛り土を行なった三段の曲輪や、堀切の深さが約三メートルあることが確認されている。また、帯曲輪からは中世の土器片も採取されている。

櫛梨城は毛利氏築城の可能性を指摘されているが、毛利氏が築城した遺構の特徴は不明である。

この元吉合戦の翌年の天正六年（一五七八）から長宗我部氏が讃岐侵攻を始めている。長宗我部氏が讃岐国の支配拠点とした丸亀市と綾歌町に跨る城山に築かれた西長尾城には、櫛梨城と同様に城の後面には二重堀切が用いられている。また、讃岐国内には櫛梨城と同様に広大な主郭に帯曲輪をめぐらせた城郭がある。観音寺市の藤目城や高松市国分寺町の堂山城である。藤目城は長宗我部氏が攻め落とし、使用した記録がある。江戸末期の「讃岐国古城跡」には、「櫛梨城、長宗我部出城」とある。長宗我部氏は毛利氏が築城した城を利用して改修し、現在の縄張となった可能性が高い。

【参考文献】香西成資『南海通記』、香西成資「南海治乱記」、村田修三編『図説中世城郭事典(三)』（新人物往来社、一九八七）、「櫛梨城跡」『香川県埋蔵文化財調査年報』（香川県教育委員会、一九九六）、「櫛梨城跡」『香川県中世城館詳細分布調査報告』（香川県教育委員会、二〇〇三）、池田　誠「中世城館詳細分布調査から見た香川の城郭」『香川県中世城館跡詳細分布調査報告』（香川県教育委員会、二〇〇三）、田中健二「長宗我部元親の東讃侵攻と諸城主の動向」『香川県中世城館跡詳細分布調査報告』（香川県教育委員会、二〇〇三）、野中寛文「天正一〇・一一年長宗我部氏讃岐国香川郡侵攻の記録史料」『香川県中世城館跡詳細分布調査報告』（香川県教育委員会、二〇〇三）、橋詰茂「戦国期における香川氏の動向」『香川県中世城館跡詳細分布調査報告』（香川県教育委員会、二〇〇三）、唐木裕志「戦国期の借船と臨戦態勢&香川民部少輔の虚実」『香川県中世城館跡詳細分布調査報告』（香川県教育委員会、二〇〇三）、橋詰茂「守護細川氏」『中世の讃岐』（美巧社、二〇〇五）、橋詰茂「西方守護代香川氏」『中世の讃岐』（美巧社、二〇〇五）、東信男「讃岐国における城割について」『西国城館論集Ⅰ』（中国・四国地区城館調査検討会、二〇〇九）

（東　信男）

香川

●大規模な堀切を備えた島の城

高(たか)原(はら)城(じょう)

〔所在地〕直島町本村
〔比　高〕約二三メートル
〔分　類〕平山城
〔年　代〕一六世紀
〔城　主〕高原氏
〔交通アクセス〕岡山県宇野港からフェリーで本村港下船、徒歩約一〇分。

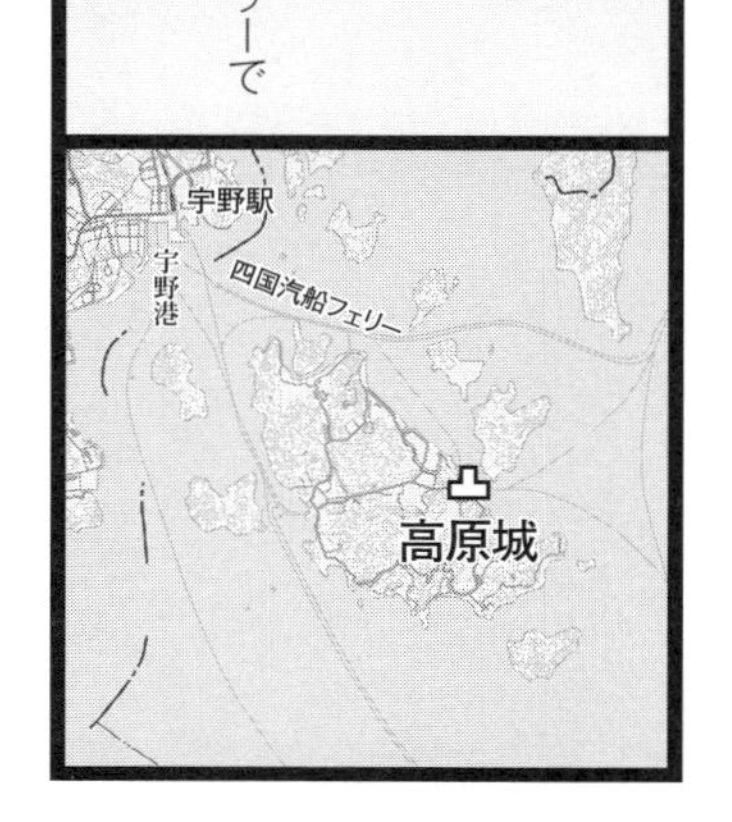

【高原城と笠島城】　香川県内では約四〇〇ヵ所の城もしくは館などが発見されており、このうち約二〇ヵ所以上の遺跡が島嶼部に所在することがわかっている。ただし、旧来の陸繋島であった遺跡や、埋め立てなどによって現在は四国本島と陸続きになっている遺跡を含めるとさらに数が増えることとなり、全遺跡数の約五パーセント以上がかつての島嶼部に存在していたことになる。この事実は、香川県の歴史が瀬戸内海を舞台に展開されたことを如実に物語るものとして重要視する必要がある。

しかしながら、島嶼部という特性において詳細な調査・研究の進展がみられないために、城の実態についてはは明らかになっていないものが多い。

こうした状況下においても高原城と丸亀市本島笠島城についての究明は若干先行しており、共通する特性が明らかになってきた。

まずは立地である。両者ともに独立島の東海岸に所在する標高二〇〜三〇メートル台の低丘陵を占有していることである。おおむね東方向からの敵襲に備えたものと考えられる。その意味において、敵襲に対して高原城を前線施設とし、笠島城を後詰(ごづ)めの施設という関係性も想定できるのではないだろうか。

次は集落との位置関係である。両者ともに山麓の集落は城の西側に所在する。やはり東方向からの敵襲に対して城をもって防御するという思想の現われと判断できるが、高潮や津波から集落を防ぐために自然地形を効果的に利用した結果とも看取することができる。

遺構についての特筆すべき内容として、城の南端部に大規模な堀切が存在することが挙げられる。いずれも南方の丘陵からの敵襲に対する備えと考えられ、高原城の遺構は最大幅七メートル、深さ約二メートル、笠島城の遺構は最大幅約八メートル、深さ約五メートルである。決して広くない城域の中で異様な存在感を放っている。

●—高原城堀切

【高原城の遺構】　丘陵の山頂に開削された曲輪と北側斜面に構築された曲輪から構成されている。前者の規模は南北約五二メートル、東西約三〇メートルで、後者のそれは南北約一二メートル、東西約一七メートルである。各曲輪内部には建物の存在を示唆する遺構は認められない。

また、先述の堀切の北側に沿うかたちで高さ約三メートルの土塁が存在する。この遺構は東西両端部が北方向へ湾曲することにより、主郭の曲輪の東辺部および西辺部の中央部近くまで連続している。

【特徴的な堀切】　先述のとおり、当該城の遺構の最大の特徴は、城域に比較して異様に大規模な堀切が存在することである。同様の特徴が笠島城にも認められることについても先に触れたが、このことについて島嶼部の城郭の特徴と考えてみてはいかがであろうか。

島にとって防御のためにもっとも有効なものは海である。海に天然の堀の役割を担わせていると言えよう。島の住民には、鉄壁の海に守られているという生来の安心感が定着していると考えられるのである。したがって、敵が島へ上陸を果たした状況を想定したときには、城そのものを独立島並みに海に代わる鉄壁の施設で防御しなければならないという意識が働いたと考えられるのである。そのために堀切を必要以上の規模で開削することに専心したと考えている。

【参考文献】　香川県教育委員会『香川県中世城館跡詳細分布調査報告』（二〇〇三）

（西岡達哉）

お城アラカルト

長宗我部元親による讃岐国内の城の進化

西岡達哉

現在、香川県内において確認されている城は、およそ四〇〇ヵ所である。これらの大部分は、数ヵ所の狭小な曲輪を有する構造であり、土塁や堀切などのいわゆる城らしい遺構をともなわないものであることがわかっている。このことから香川県内の城の特徴を簡単に言い表すと、小規模かつ稚拙な内容である。

ところが、西長尾城をはじめ上佐山城、内場城、鷲の山城などにおいては、大規模な城域を有し、多数の曲輪や畝状竪堀群などの精巧な遺構が発見されている。これらの城は、明らかにほかの大多数の城とは規模と内容が異なっている。この差異の要因は何であろうか。香川県内の大多数の城については、有力な戦国大名を輩出することがなかった旧讃岐国の戦国時代を象徴するものとして理解することができるであろう。したがって、西長尾城以下の諸城については、国外からの影響力を想定することが必要となる。

ここに登場するのが旧土佐国に出現し、一時は四国地方のほぼ全域を掌中に収めることに成功した長宗我部元親である。元親によって築城もしくは改築された高知県内の岡豊城や朝倉城などにおいては多数の曲輪や畝状竪堀群のような精巧な遺構が確認されており、とりわけ畝状竪堀群については、高度な土木技術を有していた長宗我部元親が得意とした築城技術と認識されている。さらに近年は、勝賀城にみられるような土塁囲みの曲輪についても同人に特徴的な築城技術として認識され始めているようである。

長宗我部元親が旧讃岐国への侵攻にさいして、同国内の城を改築した事実については西長尾城のみである。しかしながら、同人によって落城の憂き目にあった城の伝承や伝説は香川県内の各地に残されている。現存する城をさらに子細に踏査することにより、必ずや長宗我部元親による進化型の城が確定できるものと考える。

お城アラカルト

生駒親正による讃岐国内の城の進化

西岡達哉

近年、香川県内のいくつかの城に石垣が残存することがわかってきた。香川県を代表する城の石垣としては、従前から高松城と丸亀城が有名であったが、近年引田城の石垣が旧讃岐国における出現期の石垣として高く評価され、国史跡の指定の要件となったことは象徴的な出来事である。同城以外の石垣を有する城には、雨滝城、室山城、勝賀城、黄峰城、天霧城、九十九山城、獅子ケ鼻城などがある。

引田城の石垣の中でも「本丸石垣」と呼称される遺構は、未加工の角石が単純に積み上げられた状態を示しており、同城の石垣の中でも最初期の遺構と認識されるものである。これに類似するのが雨滝城、勝賀城、九十九山城、獅子ケ鼻城の石垣である。おそらくは、天正十五年（一五八七）に旧讃岐国一国を領有することになった生駒親正（ちかまさ）が石垣という進歩的な築城技術を駆使することによって新しい形態の城づくりを行なった痕跡と考えられるのである。

これらの城の所在地を概観すると、香川県の東端部から西端部にわたって、おおむね海岸線に沿った場所に立地することがわかる。さらには、かつての陸繫島などが利用されている状況をみて取ることができる。この城地選定の思想の根源は織田信長の安土城にあると考えられる。若年時代から信長に仕えることにより、彼の築城技術を体得した生駒親正ならではの城づくりと考えることができるのではないだろうか。しかも香川県の東西端部に集中して所在する状態からは、旧阿波国や旧伊予国との国境の防衛を意図していたことも推察できるのである。生駒親正が旧讃岐国へ入部した時期は、戦国時代終末期にあってもまだまだ混沌とした時期である。〝織田信長ゆずり〟の石垣という新たな築城技術を駆使することによって、領国の防衛に専念した戦国武将の姿が垣間見えるのである。

執筆者略歴

氏名	よみ	生年	所属
秋田　愛子	（あきた　あいこ）	1987年生まれ	三好市教育委員会社会教育課
東　　信男	（あずま　のぶお）	1965年生まれ	丸亀市教育委員会 文化財保存活用課課長
石井　伸夫	（いしい　のぶお）	1959年生まれ	別掲
塩冶　琢磨	（えんや　たくま）	1982年生まれ	三豊市教育委員会 生涯学習課主任
岡本　和彦	（おかもと　かずひこ）	1971年生まれ	小松島市教育委員会 生涯学習課文化財専門員
梶原　慎司	（かじはら　しんじ）	1991年生まれ	高松市文化財課文化財専門員
久保田昇三	（くぼた　しょうぞう）	1961年生まれ	元観音寺市教育委員会 事務局文化振興課副主幹
近藤　武司	（こんどう　たけし）	1968年生まれ	丸亀市健康福祉部福祉課課長
佐藤　俊祐	（さとう　しゅんすけ）	1984年生まれ	牟岐町教育委員会
重見　髙博	（しげみ　たかひろ）	1970年生まれ	藍住町教育委員会 社会教育課主幹
下田　智隆	（しもだ　ともたか）	1975年生まれ	鳴門市市民生活部 文化交流推進課副課長
杉原　賢治	（すぎはら　けんじ）	1982年生まれ	（瀬戸内市立）備前長船博物館主査 （学芸員）
西岡　達哉	（にしおか　たつや）	1960年生まれ	別掲
西本　沙織	（にしもと　さおり）	1987年生まれ	徳島市教育委員会 社会教育課主査
拝郷　哲也	（はいごう　てつや）	1989年生まれ	美馬市教育委員会 地域学習推進課事務主任
林　　泰治	（はやし　やすじ）	1968年生まれ	阿波市教育委員会社会教育課
福永　素久	（ふくなが　もとひさ）	1981年生まれ	佐伯市教育委員会社会教育課
松岡　宏一	（まつおか　こういち）	1970年生まれ	香川県立志度高等学校教頭
松田　直則	（まつだ　なおのり）	1956年生まれ	別掲
宮城　一木	（みやぎ　かずき）	1981年生まれ	徳島市教育委員会 社会教育課文化財係長
向井　公紀	（むかい　きみのり）	1981年生まれ	阿南市市民部文化振興課 文化財係長

編者略歴

松田直則

一九五六年、愛媛県に生まれる
一九八〇年、駒澤大学文学部歴史学科卒業
現在、高知県立歴史民俗資料館副館長
〔主要論文・編著書〕
『土佐の山城』（ハーベスト出版、二〇一九）、「長宗我部氏の城郭」『中世城館の考古学』（高志書院、二〇一四）

石井伸夫

一九五九年、徳島県に生まれる
一九八四年、大谷大学文学部史学科卒業
現在、徳島県立鳥居龍蔵記念博物館主席（学芸担当）
〔主要論文・編著書〕
「中世阿波国沿岸部における城館の立地と港津の支配」『徳島県の中世城館』（徳島県教育委員会、二〇一一）、「中世後期の阿波国における港津の簇生と「海城」の展開」『地域社会と権力・生活文化』（和泉書院、二〇二一）

西岡達哉

一九六〇年、愛媛県に生まれる
一九八三年、名古屋大学文学部史学科卒業
現在、高松大学地域連携センター長、高松短期大学ビジネスデザイン学科講師
〔主要論文・編著書〕
「城館跡に見る長宗我部氏の讃岐侵攻」『私の考古学　丹羽佑一先生退任記念論文集』（六一書房、二〇一三）、「旧讃岐国における戦国大名生駒親正の築城思想」『列島の考古学Ⅲ　渡辺誠先生追悼論集』（六一書房、二〇二四）

四国の名城を歩く
徳島・香川編

二〇二四年（令和六）十二月一日　第一刷発行

編　者　松田直則（まつだなおのり）
　　　　石井伸夫（いしいのぶお）
　　　　西岡達哉（にしおかたつや）

発行者　吉川道郎

発行所　株式会社 吉川弘文館
郵便番号一一三―〇〇三三
東京都文京区本郷七丁目二番八号
電話〇三―三八一三―九一五一〈代〉
振替口座〇〇一〇〇―五―二四四番
https://www.yoshikawa-k.co.jp/

印刷＝藤原印刷株式会社
製本＝ナショナル製本協同組合
装幀＝河村　誠

ISBN978-4-642-08459-8

松田直則・日和佐宣正編

四国の名城を歩く 愛媛・高知編

A5判・二八四頁／二五〇〇円

河野・村上海賊・本山・長宗我部氏ら、群雄が割拠した往時を偲ばせる空堀や土塁、曲輪が訪れる者を魅了する。二県から精選した名城六〇をわかりやすく紹介。

◎既刊

飯村 均・室野秀文編　六県の名城一二五を紹介。A5判・平均二九四頁

東北の名城を歩く 北東北編　青森・岩手・秋田　二五〇〇円

東北の名城を歩く 南東北編　宮城・福島・山形　二五〇〇円

飯村 均・室野秀文編　六県の名城一二六を紹介。A5判・平均二八四頁

続・東北の名城を歩く 北東北編　青森・岩手・秋田　二五〇〇円

続・東北の名城を歩く 南東北編　宮城・福島・山形　二五〇〇円

峰岸純夫・齋藤慎一編　一都六県の名城一二八を紹介。A5判・平均三一四頁

関東の名城を歩く 北関東編　茨城・栃木・群馬　二二〇〇円

関東の名城を歩く 南関東編　埼玉・千葉・東京・神奈川　二三〇〇円

吉川弘文館
（価格は税別）

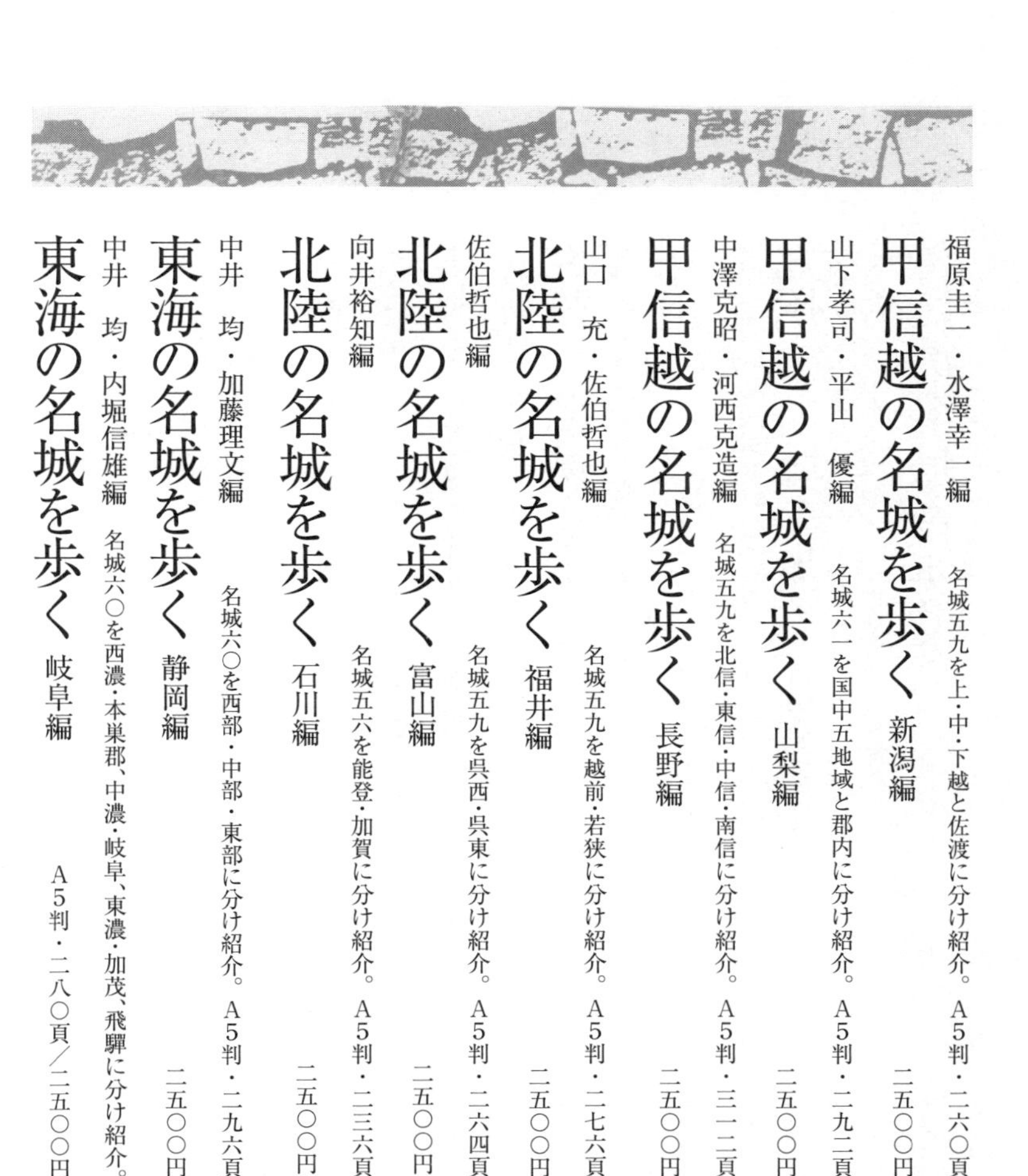

福原圭一・水澤幸一編
甲信越の名城を歩く 新潟編
名城五九を上・中・下越と佐渡に分け紹介。Ａ５判・二六〇頁
二五〇〇円

山下孝司・平山　優編
甲信越の名城を歩く 山梨編
名城六一を国中五地域と郡内に分け紹介。Ａ５判・二九二頁
二五〇〇円

中澤克昭・河西克造編
甲信越の名城を歩く 長野編
名城五九を北信・東信・中信・南信に分け紹介。Ａ５判・三一二頁
二五〇〇円

山口　充・佐伯哲也編
北陸の名城を歩く 福井編
名城五九を越前・若狭に分け紹介。Ａ５判・二七六頁
二五〇〇円

佐伯哲也編
北陸の名城を歩く 富山編
名城五九を呉西・呉東に分け紹介。Ａ５判・二六四頁
二五〇〇円

向井裕知編
北陸の名城を歩く 石川編
名城五六を能登・加賀に分け紹介。Ａ５判・二三六頁
二五〇〇円

中井　均・加藤理文編
東海の名城を歩く 静岡編
名城六〇を西部・中部・東部に分け紹介。Ａ５判・二九六頁
二五〇〇円

中井　均・内堀信雄編
東海の名城を歩く 岐阜編
名城六〇を西濃・本巣郡、中濃・岐阜、東濃・加茂、飛騨に分け紹介。
Ａ５判・二八〇頁／二五〇〇円

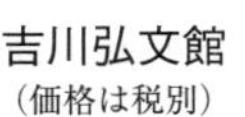

吉川弘文館
（価格は税別）